股票涨跌行为规律解密

宋太平 著

地震出版社
Seismological Press

图书在版编目（CIP）数据

股票涨跌行为规律解密／宋太平著 .—北京：地震出版社，2023.1

ISBN 978－7－5028－5456－0

Ⅰ.①股… Ⅱ.①宋… Ⅲ.①股票交易 Ⅳ.①F830.91

中国版本图书馆 CIP 数据核字（2022）第 110283 号

地震版 XM4983/F(6273)

股票涨跌行为规律解密

宋太平 著
责任编辑：李肖寅
责任校对：凌 樱

出版发行：地震出版社

北京市海淀区民族大学南路 9 号　　邮编：100081
发行部：68423031　68467991　　传真：68467991
总编办：68462709　68423029
编辑一部：68467963
http://seismologicalpress.com
E-mail: zqbj68426052@163.com

经销：全国各地新华书店
印刷：河北盛世彩捷印刷有限公司

版（印）次：2023 年 1 月第一版　2023 年 1 月第一次印刷
开本：787×1092　1/16
字数：455 千字
印张：20.75
书号：ISBN 978－7－5028－5456－0
定价：85.00 元

版权所有　翻印必究

（图书出现印装问题，本社负责调换）

序

在十几年前的某一天，和一位朋友闲聊，听着他对股票的介绍，看着他在电脑上翻着个股K线走势图，我指着电脑上的个股K线走势低点位置和高点位置问他："如果这时候买入，这时候卖出，就能赚到钱了吗？"他说"是的"。自此我对股票产生了浓厚的兴趣。

我至今还记得，平生买入的第一只股票是"北大荒"，第二天该股微跌时我就卖出了，当时心里想着，这只股票不涨就换下一只股票，而且我这新手上路总要"掏学费"学习的。

我对股市的认知可分三个阶段：第一阶段是个股走势认知阶段；第二阶段是大盘走势认知阶段；第三阶段是股市行为认知阶段。对个股走势的认知阶段是在2014年5月之前的时间里，主要对个股技术走势研究和指标研究，投入了大量的业余时间和精力，每次有机会去到大城市必去书店涉猎各种股票书籍，买回来大量股票图书，利用业余时间认真研读。刚开始是对各种形态图形、均线等股价走势方面的研究，之后发现成交量里大有玄机，开始倾向于研究量价关系，接着就是研究指标、个股基本面等。直到2014年5月之后，感觉到当时的大盘走势情况不妙，就放松了一段时间，没怎么关注股市，时间来到2015年时才感觉我已经错过了一轮大牛市，开始反思为什么在2014年中大盘见大底时，我反倒认为大盘无望而放弃呢？因而开始转移精力研究大盘走势，暗下决心，专心提高本事，想着一定不能再错过了下一轮牛市。慢慢地注重从大级别周期看走势了。为此，从书市上找日线级别以上的大级别周期看走势的书籍，却发现这方面的书并不多。到了2018年8月初，我因病在北京做了一次大手术，这段时间我从大盘大级别走势和市场氛围判断，大盘大底渐近了，之后几个月的大盘及市场表现也确认了我的判断。我感到机会来了，但具体操作情况并不如预想那么理想，就此寻根问底，反思之后，我体会到在选择投资品种上没有紧扣市场预期的"热区和高区"，没有把握住国家的政策导向。

  在之后的一段时间里，重新梳理、归纳总结这些年我在股市里犯的错、挨的打、对错得失，便有了本书的内容。本书以先易后难、从小到大的格局，逐渐深入展开，阐述股市行为规律以及利用市场行为规律的操作策略。书中第一章"股票走势行为规律"，主要介绍了单只个股的股票走势行为规律，提出走势博弈、走势结构、走势趋势的概念，系统阐述了价格走势的运行规律；第二章"股市走相行为规律"，主要介绍了由众多股票组成的股市走相行为规律，提出了以个股属相、指数股相、股市走相为一体的概念，系统阐述了股市趋势的行为规律；第三章"股票交易操作艺术"，主要介绍了股票操作层面的技巧，利用股票走势行为规律和股市走相行为规律，提出四选、四作、四控的操盘策略和技术方法。

  正所谓，难者不会，会者不难。本书内容是我一路摸爬滚打过来的"小小心得"，但在真行家面前，这些都是"皮毛"，并非实质，只是想给读者朋友提供一些思考问题的角度和方式，也不一定有多大用处，加之本人为蒙古族，一直在以蒙语授课的学校受教育，汉语写作水平所限，错误纰漏在所难免，敬请谅解。

  最后，在此书出版过程中，得到了各方的帮助与支持，尤其得到了地震出版社编辑薛老师的指导，在此一并感谢！

宋太平
2022 年 6 月 12 日

目 录

第一章　股票走势行为规律 …………………………………… 1

　第一节　量价基础 ………………………………………… 2
　第二节　走势博弈 ………………………………………… 9
　第三节　走势走法 ………………………………………… 12
　第四节　个股走势结构 …………………………………… 36
　第五节　个股走势趋势 …………………………………… 84
　第六节　股票走势行为规律应用 ………………………… 97

第二章　股市走相行为规律 …………………………………… 113

　第一节　大盘走势行为 …………………………………… 115
　第二节　股市走相行为 …………………………………… 159
　第三节　股市走相行为规律应用 ………………………… 240

第三章　股票交易操作艺术 …………………………………… 245

　第一节　四选 ……………………………………………… 248
　第二节　四作 ……………………………………………… 283
　第三节　四控 ……………………………………………… 299

第一章
股票走势行为规律

理论是什么？通俗地讲，就是把已知的、有限的认知范围或片段拼在一起，并对此给出一个符合现下情况且能解释得通的逻辑。有了理论，再看表象便能更容易理解。

股市，虽受着宏观环境、行业状况、公司基本面等方方面面的影响，更为重要的是，还受到买卖双方的技术、资金、心理等诸多层面的影响，但这一切归根结底会反映在最直观、最终极、最本真的价格、成交量以及均线为载体的行为之上。

万物发展有"从小到大、以大统小"的规律，股票、股市走势的变化也是从小级别到大级别逐渐变化的，而小级别变化又受着大级别变化的统管，一切小的偶然背后都有其大的必然。

对于一只股票，有厚积薄发后直冲云天的畅快涨势，也有最后一根稻草压塌的雪崩断崖般下跌走势，对此要分析总结其行为走势规律。

第一节
量价基础

与高楼和平房都离不开沙子、水泥、钢筋等基础材料一样，不论对股市的认知怎样，总离不开价格和量能为基础的基本表述。

一、价格

价格，对于个股来讲指的是股票价格，对于指数来说指的是指数点位，是买卖双方博弈后最终成交的价和位。

（一）K 线

K 线是价格最为普遍的表达形式。根据价格的涨跌分为阴 K 线和阳 K 线，根据数量可分为单 K 线、K 线组和 K 线群。

1. 单 K 线

单 K 线有十字星（上下影线长度基本一样，实体部分小于 1% 涨跌幅），剑线（上影线长，下影线短或无，实体部分小于 1% 涨跌幅），T 线（下影线长，上影线短或无，实体部分小于 1% 涨跌幅），棒槌线（上、下影线长度基本一样，实体部分大于 1% 涨跌幅），锤子线（上影线短，下影线长，实体部分大于 1% 涨跌幅），倒锤线（上影线长，下影线短，实体部分大于 1% 涨跌幅），小阳、小阴（上下影线不长，实体部分在 1%~3% 涨跌幅间），中阳、中阴（实体部分在 3%~6% 涨跌幅间），大阳、大阴（实体部分大于 6% 涨跌幅），涨（跌）停板、一字板等。

2. K 线组

两根或以上的 K 线组成的 K 线组，有吞线（阳吞阴和阴吞阳、阳吞阳和阴吞阴），孕线（阳孕阳、阴孕阳和阳孕阴），三只乌鸦（连续下跌的三根阴线），红三兵（连续上涨的三根阳线），黄昏之星、早晨之星，双阳夹（多）阴、双阴夹（多）阳等。

3. K 线群

由更多根 K 线构成 K 线群，有上坡形、下坡形，A 形、V 形，M 形、W 形，箱体、圆弧，下旗形、上旗形，头肩（底）顶等。

（二）价均线

常用的价均线是通过对收盘价用简单平均移动公式计算得来的均线，价均线状态有交叉、排列和黏缠三种状态。

1. 均线交叉

均线交叉有均线金叉和均线死叉。

均线金叉是指运行时间短的均线上穿运行时间长的均线，金叉是转多转涨的标志，如 5 日线上穿 10 日线，即 5 日线金叉 10 日线。

均线死叉是指运行时间短的均线下穿运行时间长的均线，死叉是转空转跌的标志，如 5 日线下穿 10 日线，即 5 日线死叉 10 日线。

2. 均线排列

均线间排列有多头排列和空头排列。

多头排列是指运行时间短的均线在运行时间长的均线之上运行的排列，如 5 日线在 10 日线之上排列，即短线多排；20 日均线在 30 日均线之上排列，即中线多排；60 日均线在 120 日均线之上排列，即长线多排。

空头排列是指运行时间短的均线在运行时间长的均线之下排列运行，如 5 日线在 10 日线下排列，即短线空排；20 日均线在 30 日均线之下排列，即中线空排；60 日均线在 120 日均线之下排列，即长线空排。

3. 均线黏缠

均线黏缠是指运行时间短的均线在运行时间长的均线上穿下穿反复运行，陷入胶着状态，不好辨别接下来价格运行方向，需要依据更长运行时间均线的运行状态来判断黏缠均线走势运行方向。

均线黏缠有短线缠中线、短线缠长线、中线缠长线。

（三）K 线和价均线状态

K 线与价均线之间的状态有线上（即 K 线在均线上方运行）、线下（即 K 线在均线下方运行）、突破（K 线向上穿突破均线，也叫穿线）、跌破（K 线向下穿跌破均线，也叫切线）。

（四）复权

向前复权是保持现有价位不变，将以前的价格缩减，以现在价格倒推看以前的价格成本，看对应目前价格的历史价格的真实成本。

向后复权是保持先前的价格不变，而将以后的价格增加，看如果没有除权的情况下，股价水平高到什么程度。

向前复权的当前周期报价和K线显示价格完全一致，而向后复权后的报价多数情况高于当前K线显示价格。因此，通常采用向前复权显示的方法，使得当前股价K线及股价均线走势形态不变形，保持一贯性，有利于判断股价走势。

二、量能

量能是成交的总手数和总金额的合称，是仅次于价格的重要因子，是价格的温度和能量。

（一）概况

量能的有些基本概念，没有像价格的开盘价、收盘价、最高价、最低价等基本概念那样易懂，需要简述点明。

1. 先卖后买

正因先卖后买，才有了缩量成为阶段低点、放量成为阶段高点的走势；否则，如果成交是先买后卖在一定价位上形成的话，刚好相反，即缩量成为下跌开始的标志而不是将要结束的标志，放量成为上涨开始的标志而不是将要结束的标志。

2. 内盘和外盘

内盘是以"买一"价主动成交的量，外盘是以"卖一"价主动成交的量，所以内盘为主动卖出，简单理解为"从市场内向市场外卖出"；外盘为主动买入，简单理解为"从市场外向市场内买入"。在有些软件中，用成交总手减去外盘来计算内盘，因此用外盘减内盘可计算外盘力度，部分反映场外向场内主动性买入情况，从而大体判断买卖力量的强弱。若外盘数量大于内盘，则表示买方力量较强，若内盘数量大于外盘，则说明卖方力量较强。

3. 主动成交和被动成交

以"卖一"价以上的价格成交的买单叫主动买单，以"买一"价以下的价格成交的买单就叫被动买单；以"买一"价以下的价格成交的卖单叫主动卖单，以"卖一"价以上的价格成交的卖单叫被动卖单。

买家认为这只股票的股价不可能一直上涨，还有下跌的机会，所以以较低的价位挂单，不急于成交，不是主动去买，所以，这样的买单成为被动买单；而以高于当前成交价挂出的卖单，成为被动卖单，卖家主要看这只股票的价格还有上涨的潜力，所以不急于出手，等待以更高的价格卖出。

在盘口观察中，主力利用主动大单和被动大单掩护大卖或大买，散户需要细心跟踪观察盘口，来判断主力的真实意图和动作。有时，主力挂出被动特大卖单，利用市场活跃主动买入中卖单、大卖单来蚕食其特大卖单，在L2数据中，却只是反映出大单流入状态，其实主力以特大卖单在出逃；有时，主力挂出被动特大买单，利用市场下跌主动卖出中单、大单来蚕食其特大买单，在 L2 数据中，只是显示主力中、大单流出，其实主力以特大买单在悄悄吸货。对这些需要长期实时盯盘或盘后成交量逐笔分析还原才能发现。

4. 成交量、成交额、换手率

在量能分析中，成交金额是买卖双方成交的真金白银，不受成交量除权影响，走势是一贯的、不变形的，但受到股价高低影响明显；成交量是成交的总手数，不受股价高低影响，但受到成交量除权影响，走势会变形；换手率反映成交量在流通盘中的占比，也不受成交量除权影响，走势不变形，相比之下，更能反映市场成交的强度或活跃度。总之，综合运用这些指标才能更全面地分析把握量能语言。

（二）量柱

量柱是成交量能的常规表达形式。

在分钟线、日线、周线、月线、季线、年线级别等不同时间周期的量能中，时间周期越小或越大级别的量柱就越没有分析的意义，因此，日线级别是成交量能的最为重要的时间周期。

根据数量，量柱可分为单量柱、量组、量堆及量群。

1. 单量柱

单量柱即单独一根量柱。单量柱可分为阴量柱和阳量柱，阴量柱是指价格收盘为阴 K 线时的量柱，阳量柱是指价格收盘为阳 K 线时的量柱。

单量柱高度与其他量柱高度相比，有以下几种常见情况。

缩量：当前量柱小于前一根量柱时，当前量柱为缩量柱。

缩倍量：当前量柱缩量程度为前一根量柱的一半或一半以下的量柱。

地量：在一段时间内最小的量柱。

增量：当前量柱大于前一根量柱时，当前量柱为增量柱。

增倍量：当前量柱比前一根量柱放量一倍或以上的量柱，即通常说的倍量，但当前量柱比前一根量柱放大几倍的量柱叫爆量。

天量：一段时间内最大的量柱。

2. 量组

量组是指相邻三根量柱组成的组合，有以下几种常见的量组。

凸量：量组的中间一根量柱大于两边量柱，呈现凸字状的量组。

凹量：量组的中间一根量柱小于两边量柱，呈现凹字状的量组。

梯量：三根量柱一根比一根大的量组叫上梯，三根量柱一根比一根小的量组叫下梯。

平量：三根量柱几乎一样或相差无几的量组。

3. 量堆及量群

超过三日、一个月以下的量柱构成量堆，超过一个月的量柱构成量群。

上坡形：量能逐日堆砌成上坡形，有上坡量堆及上坡量群。
下坡形：量能逐日减小成下坡形，有下坡量堆及下坡量群。
山峰形：量能堆砌成山峰状，有山峰量堆及山峰量群。
山谷形：量能先增后缩再增形成山谷状，有山谷量堆及山谷量群。
长期地量：很长时间段内成交量能处于低迷，无大起伏，犹如平地平川一般的量群。
小洼地量：一段时期内量能从高转低，低迷一段慢慢有所放大，形似小山坳、洼地状。
小山包量：在长期地量或洼地、山谷中，出现凸形量堆或堆砌出形似小山包状量堆。

值得注意的是，由于划分时间段不同，量组、量堆及量群展现或归纳出的形态也不同。

（三）量均线

常用的量均线是通过对量能用简单平均移动公式计算得来的均线。

量均线状态也像价均线状态似的，有交叉、排列和黏缠三种状态。

量均线有短线（即MA5和MA10线）、中线（即MA34和MA50线）、长线（即MA120线）。其中，50日均量线（即MA50线）是及格线，也是人气及格线，价格要上涨一波则成交量柱需在MA50线上才能具有量能的推动基础。

（四）量柱与量均线状态

量柱与量均线之间的状态有量能涨潮和量能退潮两种状况。

量能涨潮是指在一段时间的量能状况呈现逐渐放大趋势，形成上坡量群，同时各量均线也呈现多头排列，犹如海水涨潮一样，故称量能涨潮。

量能退潮是指在一段时间的量能状况呈现逐渐萎缩趋势，形成下坡量群，同时各量均线也呈现空头排列，犹如海水退潮一般，故称量能退潮。

三、量价

量即量能，价即价格，量价即量能和价格关联表达的市场行为语言。在实践中，对于市场行为分析，不能光凭价格走势，也不能单看量能状态，要在价为主、量为辅的分析思路下，量价并举分析才合适。量价分析有量价关系和量价组合两个核心内容。

（一）量价关系

对量价关系的重要认知有先量后价和配合背离。

1. 先量后价

量为先、为因，价为后、为果。在实践中，往往量先异动、价才跟进异动，比如在价格一段下跌过程中，量能先出现增量、形成上坡量堆后，价格才空翻多上涨，在价格一段上涨过程中，量能先出现减量、形成下坡量堆后，价格才多翻空下跌，因此，量能也是预先于价格的指标。

2. 配合背离

通常，价要涨需要增量配合。对于指数（大盘指数和板块指数）来讲，要涨必须要有增量配合，若缩量上涨则后市调整；对于个股来讲，量价齐升也是常见的，少有缩量上涨的个股，这种情况是主力高度控盘的结果。但是，价要跌不需要量的配合。不论对指数（大盘指数和板块指数）还是对个股，下跌不一定需要有增量配合，放量下跌还跌，即使是缩量了也可能还会下跌。

（二）量价组合

市场行为集中体现在量价走势上，量走势是价走势的"影子"，量动为出发点、以价动为落脚点。量价组合有单量价、量价组和量价群三种大的界定，每个大的界定中，有很多种量价组合形式，我们所要关注的是具有突出市场行为意义的组合。

1. 单量价

长体矮柱，即长实体K线踩缩量柱，是"有表无骨"式的表现，多在阶段低位出现。长体矮柱有阳长体矮柱和阴长体矮柱两种，阳长体矮柱是抛盘小、盘子轻、四两拨千斤的表现，阴长体矮柱是假摔洗盘或是"牛刀杀鸡"吓唬人的表现，中K线踩缩量柱不如大K线踩缩倍量经典。

短体高柱，即小实体K线踩倍量或爆量柱，是表面风平浪静其下暗流涌动的表现，反映着在阶段低位主力暗自吸筹，或在阶段高位主力暗自出货。短体高柱分为阳短体高柱和阴短体高柱，小K线踩倍量没有十字星踩天量柱经典。

长体高柱，即长实体K线踩倍量或爆量柱，是表里如一的表现，有阳长体高柱和阴长体高柱，其中，阳长体高柱是做多方强劲的表现，但在阶段高位有可能是主力边拉高边出货的"暗度陈仓"为经典，阴长体高柱是做空方强劲的表现，接下来还是看跌，大阴K线踩倍量的"趁火打劫"为经典。

短体矮柱，即小实体踩缩量柱，虽也有阴阳之分，但基本上也是表里如一地表现为多空不明，多出现在阶段低位，十字星踩地量为经典。

量幅比：用涨跌幅除以成交量，即每单位涨跌幅所需的成交量，是衡量当前盘面轻重的指标，可判断假摔洗盘、四两拨千斤、暗度陈仓出货的有力指标。

2. 量价组

凸量价，其中，红三兵踩凸量组、两阴夹阳踩凸量组、早晨之星踩凸量组为看多；三只乌鸦踩凸量组、两阳夹阴踩凸量组、黄昏之星踩凸量组为看空。通常其中的高量是阳线的则看多，反之高量是阴线的则看空。

凹量价，其中，红三兵踩凹量组、两阳夹阴踩凹量组、早晨之星踩凹量组为看多；三只乌鸦踩凹量组、两阴夹阳踩凹量组、黄昏之星踩凹量组为看空。通常两边高量是阳线或最后一根为阳吞线则看多，反之两边高量是阴线或最后一根为阴吞线则看空。

上梯量价，价格重心也步步抬高则是看多，反之价格重心步步走低则看空，或者价格滞涨也看空。

下梯量价，价格重心也步步抬高则通常是看空，对于个股高度控盘情况下也可看多，反之价格重心步步走低则抛盘枯竭即将触底反弹可看多。

3. 量价群

红肥绿瘦，即阳厚阴薄、阳多阴少、阳高阴低等表现，则后势看多。

红瘦绿肥，即阳薄阴厚、阳少阴多、阳低阴高等表现，则后势看空。

以上是基本的、经典的量价组合状态，但具体多空双方情况，不仅要结合解剖分时走势图，更要结合价格走势位置以及大盘环境情况，来综合研判市场行为意图。

第二节
走势博弈

走势博弈是股市行为的最小基本走势单位，是价格走势的基因，买卖双方博弈的结果，是价格出现了阴阳克顺走势博弈结果，即阴阳克顺都是表达买卖双方博弈结果的概念。其中，阴阳表达的是对单根 K 线中买卖双方博弈的结果，克顺表达的是两根或以上多根 K 线中买卖双方博弈的结果，即原有走势转折还是继续。

一、阴阳

价格在每个价位上都有涨、平、跌三个方向，经过买卖双方博弈后走出阴跌阳涨，但强度不一，一般 K 线实体长度表明强度，再具体就要结合分时图走势剖析判断。

（一）阳 K 线

股价收盘价高于开盘价，收出阳 K 线，表明股价上涨，通常阳 K 线实体越长越表明上涨强烈，上影线越长越表明上方压力强烈，下影线越长越表明下方支撑强烈。

（二）阴 K 线

股价收盘价低于开盘价，收出阴 K 线，表明股价下跌，通常阴 K 线实体越长越表明下跌强烈，上影线越长越表明上方压力强烈，下影线越长越表明下方支撑强烈。

（三）十字星 K 线

十字星 K 线是买卖（多空）双方力量相当的表现，按卖方由强到弱排序：长上影线无下影线、长上影线短下影线、上下影线一样长、长下影线短上影线、长下影线无上影线。

十字星对于当日多空势力判断来讲，虽没有大阳大阴 K 线那么明确，尤其上下影线一样长的标准十字星来讲，不分阳红阴绿，多空势力不分伯仲。如果结合之前几天的有明确方向性的走势判断的话，十字星可能是趋势间歇或是变盘前兆。

（四）跳空K线

跳空K线是指当下K线与前一根K线出现明显的缺口状态的K线走势，有向上跳空K线和向下跳空K线两种。向上跳空K线是指当下K线最低价高于前一根K线最高价并向上跳空留下缺口的K线走势；向下跳空K线是指当下K线最高价低于前一根K线最低价并向下跳空留下缺口的K线走势。

（五）真假阴阳

通常阴阳K线指的是在一根K线开盘价与收盘价比较后的涨跌表现，上影线长度表明空方势力，下影线长度表明多方势力，实体相对长度表明多空方向的指向势力强度，向上跳空是多方力量强盛的表现，向下跳空是空方力量强盛的表现。

在走势博弈中，价格走势走向是跌则为阴、走向是涨则为阳，本着"定性一根K线要看其前后各两K线而定"的原则，还应结合K线在价格运行位置做参考研判，判断走势中出现的各种真假阴阳K线，以此了解主力的真实意图。

上跳真阴是指当日K线为向上跳空阴K线，之后2日的K线实体部分均低于向上跳空阴K线实体下方，呈现下跌状态，则该向上跳空阴K线是真阴K线。

上跳假阳是指当日K线为向上跳空阳K线，之后2日K线实体部分均低于向上跳空阳K线实体下方，呈现下跌状态，则该向上跳空阳K线是假阳真阴K线。

下跳真阳是指当日K线为向下跳阳K线，且之后2日K线是上涨的阳K线，则该下跳阳K线是真阳K线。

下跳假阴是指当日K线为向下跳空阴K线，但之后2日K线是上涨的阳K线，则该下跳阴K线是假阴真阳K线。

二、克顺

价格走势博弈中的阴阳，通常反映的是多空双方在一根K线上的博弈结果，克顺是至少两根K线上多空双方博弈的结果。

（一）克

扭转原有的走势方向叫克，攻克扭转之意，克有价克、量克和双克。

1. 价克

当下K线实体持平或吞掉前一根K线实体的走势叫价克，有价阴克和价阳克。

价阴克是指当下阴K线实体持平或吞掉前一根阳K线实体的K线走势，简称阴克，典型的有阴吞阳线、黄昏之星、双阴夹阳也易出现阴克。

价阳克是指当下阳K线实体持平或吞掉前一根阴K线实体的K线走势，简称阳克，典型的有阳吞阴线，早晨之星、双阳夹阴也易出现阳克。

2. 量克

当下量柱持平或超过前一根量柱且量柱的阴阳性质不一致的走势叫量克，量克的阴量克或阳量克是由价格阴克或阳克而定性。

3. 双克

双克即价量双克，有阳双克和阴双克，是多空双方博弈转向的强烈信号，出现双克的 K 线实体越长、量柱越大者转向信号越强。

对于克来讲，前一根 K 线的实体下方价和最低价是当下 K 线下跌成阴克的重要参考价位，前一根 K 线实体上方价和最高价是当下 K 线上涨成阳克的重要参考价位。

（二）顺

把"克"理解成为"转折"的话，那么"顺"是"不转折"，是保持顺延原有的走势方向，顺有价顺、量顺和双顺。

1. 价顺

价顺是指当下 K 线实体接续前一根 K 线实体的走势方向不变。

2. 量顺

量顺是指当下量柱持平或超过前一根量柱且阴阳性质一致的量能走势。

3. 双顺

双顺即价量双顺，是涨或跌的一边倒行情的强烈信号，有顺涨和顺跌。

对于一天以上的一段走势中，价格即使阴阳相间，只要是有明显一边倒的涨或跌，就叫顺涨或顺跌，也叫串涨或串跌。三只乌鸦、连阴串阴是经典的顺跌（串跌），红三兵、连阳串阳是经典的顺涨（串涨）。

第三节
走势走法

如果说走势博弈表述的是价格走势的延续或转折的话，走势走法则要表述的是价格走势的多个转折或更长时间更多K线的走势。走势走法有二折四位和三带多空，简称为"二折三带"走法。

二折四位是价格在纵向的走法，可用画线的方法进行定位把握。

三带多空是价格在横向的走法，可用均线的方法进行定位把握。

一、二折四位

"折"是指价格出现由涨到跌或由跌到涨的转折，二折是顶折和底折的合称。

价格上涨到某一价位走出了博弈阴克阳或串跌，使得价格出现转向，形成顶折。

价格下跌到某一价位走出了博弈阳克阴或串涨，使得价格出现转向，形成底折。

"位"是指价格出现底折确立的位置，经典位置有多位、高位、底位、空位，即称四位。

多位是指价格出现顶折后，回调不到前高点，而在前高点上方位出现底折确立上攻走势，也叫踩多。

高位是指价格出现顶折后，回调跌破前高点，出现底折确立上攻走势，也叫踩顶。

底位是指价格出现顶折后，回调跌破前高点，继续下跌，跌到前底折低点，在前底折低点上方位才出现底折确立上攻走势，也叫踩底。

空位是指价格跌破前低点底折位之后，才出现底折确立上攻走势，也叫踩空。

（一）基本走法

价格走势过程就是价格突破前高上攻、涨到某价位出现顶折、回调到某价位出现底折确立上攻的运行过程，从走势形态看，价格走势由顶折和底折构成"N"字形，这是走法的基本结构，简称为二折四位走法。

价格的所有周期走势，就是由大大小小不同级别的二折四位走法构成的走势。

（二）走法对称

通常，用一段时间形成的趋势走向大约需要同样的时间才能扭转转向，也叫走势的时间对称性。

走法的繁杂程度取决于走势级别大小和运行时间长短，即越短期走法越简单明了、越长期走法越复杂难明。

（三）二折必经点

涨必经点，价格要上涨创新高则必须突破前顶折高点，前顶折高点就是价格涨必经点。

跌必经点，价格要下跌创新低则必须跌破前底折低点，前底折低点就是价格跌必经点。

（四）多空定性

在二折中，从时间和空间上看，长上攻短回调是价格在走多，短上攻长回调是价格在走空。

在四位中，由多到空的排序是多位、高位、低位、空位，多位形成底折说明走势非常强地走多，在高位形成底折说明走势也是较强地走多，在底位形成底折说明走势不强不弱处于走平，若价格走势跌破前底位向下寻找底在空位形成底折则说明走势是在走空，走弱的程度或者说走空的力度要依跌破前低点破位后下跌深度而定。

二、三带多空

"三带"是指价格短线带、中线带和长线带，"多空"是指价格均线金叉后多头排列或死叉后空头排列。

短线带简称短带，是指 MA5 均线和 MA10 均线之间的带状区域。MA5 均线为短带小线，MA10 均线为短带大线，短带走势有短带走多和短带走空；短带走多是指价格 MA5 均线金叉 MA10 均线后多头排列形成的走势状态，短带走空是指价格 MA5 均线死叉 MA10 均线后空头排列形成的走势状态。

中线带简称中带，是指 MA20 均线和 MA30 均线之间的带状区域。MA20 均线为中带小线，MA30 均线为中带大线，中带走势有中带走多和中带走空；中带走多是指价格 MA20 均线金叉 MA30 均线后多头排列形成的走势状态，中带走空是指价格 MA20 均线死叉 MA30 均线后空头排列形成的走势状态。

长线带简称长带，是指 MA60 均线和 MA120 均线之间的带状区域。MA60 均线为长带小线，MA120 均线为长带大线，长带走势有长带走多和长带走空；长带走多是指价格 MA60 均线金叉 MA120 均线后多头排列形成的走势状态，长带走空是指价格 MA60 均线死叉 MA120 均线后空头排列形成的走势状态。

（一）上涨走法

价格每突破一带使得被突破的带的小线和大线形成金叉，价格上攻到上一个带或压力位形成碰撤回调走势。碰撤回调是对被突破带形成金叉回踩走势，金叉回踩过程中逐渐走平被突破带的均线蓄势，而后确立上攻突破前高或上一带的走法。

价格突破 MA5 线，涨到 MA10 线附近，碰撤 MA10 线，回调到 MA5 线，走平 MA5 线，上攻突破 MA10 线使得 MA5 线金叉 MA10 线形成短带金叉，上涨到中带，在中带压制下形成回踩短带金叉走势，蓄势走平 MA10 线，上涨突破中带，使得 MA20 线金叉 MA30 线形成中带金叉，上涨到长带，在长带压制下形成回踩中带金叉走势，蓄势走平中带大线。

（二）下跌走法

价格每跌破一带使得被跌破的带的小线和大线形成死叉，价格下跌到下一个带或支撑位形成支撑反弹走势，支撑反弹是对被跌破带形成死叉回抽走势，死叉回抽过程中逐渐走平被跌破带的均线蓄势，而后确立下跌破位前低或下一带的走法。

价格跌破 MA5 线，跌到 MA10 线附近，支撑 MA10 线，回抽到 MA5 线，走平 MA5 线，下跌跌破 MA10 线使得 MA5 线死叉 MA10 线形成短带死叉，下跌到中带，在中带支撑上形成回抽短带死叉走势，蓄势走平 MA10 线，下跌跌破中带，使得 MA20 线死叉 MA30 线形成中带死叉，下跌到长带，在长带支撑上形成回抽中带死叉走势，蓄势走平中带大线。

三、走势走法综述

价格突破一带使其形成金叉，受到上一带压制，回踩突破带金叉，走平突破带均线蓄势，上攻突破上一带，在这个上涨走法过程中，价格是以二折四位的走法进行的。

价格跌破一带使其形成死叉，得到下一带支撑，反抽跌破带死叉，走平跌破带均线蓄势，下跌跌破下一带，在这个下跌走法过程中，价格是以二折四位的走法进行的。

因此，克顺研判、二折研判是价格转向的重要一环，也是一段涨或跌行情的重要转折起点。

（一）价位研判

对于某价位的后期走势可利用"九式一线"进行研判，九式一线是米九式和撑压线的合称。

米九式。每一价位的后期走势是涨、平、跌三个去向之一，简称后涨、后平、后跌，每一价位的前期走势是涨、平、跌三个来向之一，简称前涨、前平、前跌，由此，在任何一价位的来势后势都是前涨后涨、前涨后平、前涨后跌、前平后涨、前平后平、前平后跌、前跌后涨、前跌后平、前跌后跌九种情况之一。

撑压线。在任一价位处画一根用于判断后势走向的水平线叫撑压线，该线在一定程度上将成为后势价格上涨后回落的支撑位或下跌后再次上攻的压力位，也因此叫撑压线，即支撑线和压力线的合称。

（二）克顺研判

对于价格 K 线的后势走势，是否走出克顺走势，利用"九式一线"思路进行研判。

K 线米九式中的前涨后跌、前跌后涨、前平后涨、前平后跌都有明显的转折，即有"克"，前涨后涨、前跌后跌是顺延继续原有走势方向，即有"顺"，前涨后平、前跌后平、前平后平是要在为后势可能出现的转折蓄势，若出现"克"则转折确立，若不出现"克"则趋势延续。

K 线撑压线可以有中心撑压线、上撑压线和下撑压线。中心撑压线是价格 K 线最高价和最低价的中心价为取点的撑压线，价格后势运行在线下为走空，线上运行为多；上撑压线是从 K 线实体上方画一根水平线，如果之后的连续 2 根 K 线运行在此线之上则为走多，后期价格回落到此线处将有支撑；下撑压线是从 K 线实体下方画一根水平线，如果之后的连续 2 根 K 线运行在此线之下则为走空，后期价格上攻到此线处将有压力；如果价格运行在上下撑压线之间，则上线有压力、下线有支撑。

撑压线的价位选择和其撑压力度还需结合走势位置、成交量等因素进行综合判断，通常只考虑价格因素来取点取线即可，但在阶段性走势中，考虑阶段高点、低点及阶段成交量高柱、矮柱作为取线依据。

（三）二折研判

研判二折除了要用九式一线的思路和方法外，还要用 K 线及均线状态综合进行，5 根 K 线是克顺运行和判断折出现的基础。

1. 五日 K 线

对于一根 K 线来讲，其之前 2 根 K 线决定着价格的来势是涨势还是跌势，其之后 2 根 K 线决定着是否出现"折"，因此决定一根 K 线性质要看其"前 2 后 2"根 K 线，这五根日 K 线正体现着股价五天的运行趋势。

2. 五日均线

K 线在 MA5 线上为走多，在线下为走空，因此五日均线可作为短期多空分界线，改变 MA5 日线的方向至少需要 3 日 K 线，因此五日均线也是二折研判线。

3. 五日克顺

单K线有阴阳，一根阳K上穿MA5日线为走多表现，一根阴K下穿MA5日线为走空表现。

两三K线有组，组有克顺，其中的克，MA5日线下的双阳夹阴、早晨之星等阳克是要出底折的形态，MA5日线上的双阴夹阳、黄昏之星等阴克是要出顶折的形态。

五根或以上K线有串，即K线不论阴阳运行一致方向性或跌或涨的五根以上K线叫串，串有串跌串涨，即顺跌顺涨，可以把MA5日线作为串的分类线，MA5日线上多根K线叫串涨，其中全都是阳K线的叫连阳，如八连阳、九连阳等；MA5日线下多根K线叫串跌，其中全都是阴K线的叫连阴，如八连阴、九连阴等。

4. 五日底顶

五根日K线构成一周走势，价格上涨（或下跌）5天以下出现的顶折（或底折）的叫小周顶（或小周底），运行大于五天后出现的顶折（或底折）的叫大周顶（大周底）。

简而言之，单从运行时间看，连续或超过5天的上涨后价格出现顶折的概率越来越高；同样，连续或超过5天的下跌后价格出现底折的概率越来越高，当然底折出现，还与价格运行阶段及阶段涨跌幅有很大关系。

（四）短带运行

短带运行是价格K线在短带下方下跌运行状态到突破短带上方上涨运作状态，再从短带上方上涨运行状态到跌破短带下方下跌运行的一个循环过程，称为短带运行，也叫短带运行一次。在日线级短带运行过程中，包括了短带底部、短带上涨、短带顶部和短带下跌四个阶段。

1. 短带底部

短带底部是价格K线陆续突破5日线和10日线，并使5日线和10日线组成的短带两线形成短带金叉，构成短带底部走势的过程。

（1）突破5日线运行过程包括了价格K线上攻5日线、碰撤5日线、回踩5日线和走平5日线的过程。

上攻5日线是在价格K线走出阳克底折走势的当日或次日，K线从5日线下方向上上攻突破5日线的过程。

碰撤5日线是价格上攻5日线后，在短带压制下，出现阴克顶折的走势过程。

回踩5日线是价格K线在短带压制下走出碰撤5日线走势后，价格向下运行，在上攻5日线走势时出现的阳克下撑压线（即上攻5日线时的阳克K线实体下方价位画出的水平横线）之上走出回踩走势的过程。回踩后出现的底折位置表明强势程度，即在5日线上则最为强势，5日线下次之，下撑压线上最为弱势但最常见。

走平5日线是指价格K线走出上攻5日线、碰撤5日线、回踩5日线的走势的结果使得5日线由空翻多，形成走平状态的走势过程。

价格K线运行过程中，5日线本身就是第一道撑压线。撑压线是支撑线和压力线的合称，其中，支撑线体现了当价格 K 线在某一线之上运行时，该线对价格向上运行形成的支撑作用，故称支撑线，支撑线可以是某均线或某价位水平线；反之，当价格 K 线在某一线之下运行时，该线体现了价格向上运行形成的压制作用，故称压力线，压力线可以是某均线或某价位水平线。

上攻 5 日线时的阳克 K 线下撑压线是第二道撑压线。该第二道撑压线是走平 5 日线蓄势后的方向选择的评判线和分水岭线，只要不破该撑压线就继续上攻有望，但若跌破该撑压线，则价格 K 线在短带压制下继续下跌，在更低位寻求底折。

从二折四位的角度，价格 K 线回踩 5 日线使得 5 日线走平后的位置是价格方向选择的位置，在此处除了出现跌破上攻 5 日线时的阳克下支撑线走出"空位"继续下行下跌外，在此处走出"多位、高位、底位"当中的任一位置都是蓄势上攻状态，即走出的多位阳克、高位阳克及底位阳克都是确立上攻走势。

价格突破 5 日线，如图 1-1 所示，该图是 000001 上证指数 2019.07-2019.08 的日 K 线走势图，价格走出了上攻 5 日线、碰撤 5 日线、回踩 5 日线、走平 5 日线的动作过程。

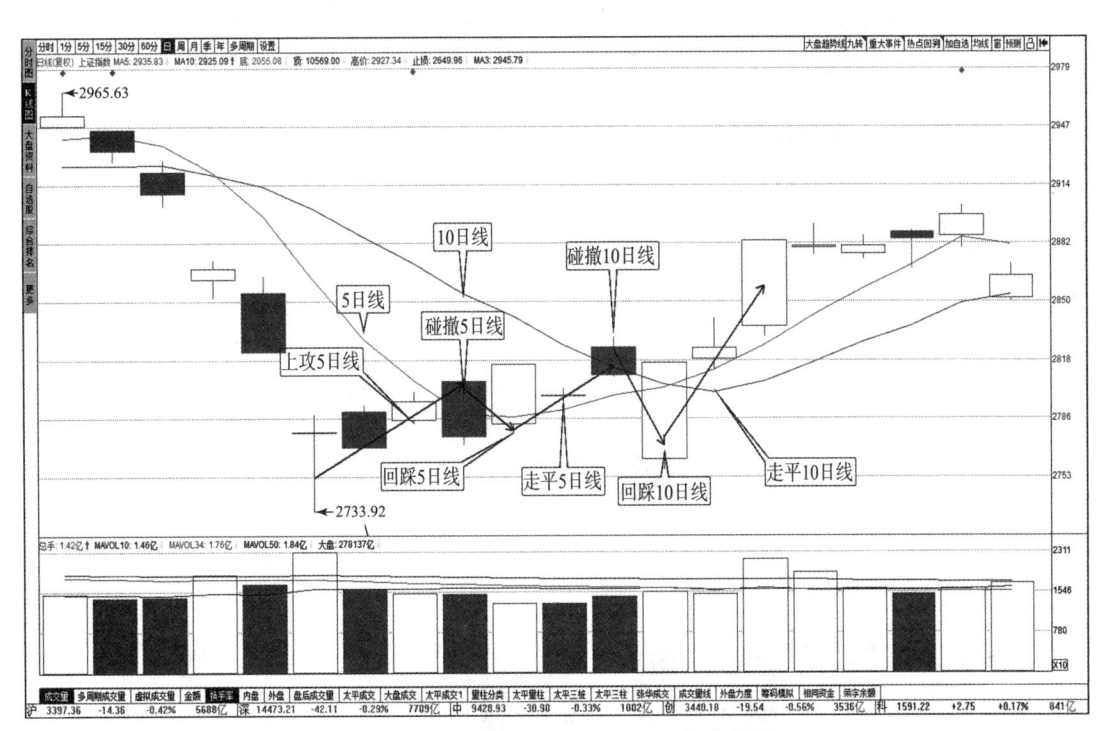

图 1-1　短带底部 5 日线、10 日线走势图
（柱状图中，实心代表红色，空心代表绿色，全书同）

（2）突破 10 日线运行过程包括了价格 K 线上攻 10 日线、碰撤 10 日线、回踩 10 日线和走平 10 日线的过程。

上攻 10 日线是价格 K 线突破 5 日线后，K 线从 10 日线下方向上上攻突破 10 日线的过程。

碰撤10日线是价格上攻10日线后，在中带压制下，出现阴克顶折的走势。

回踩10日线是价格K线在中带压制下走出碰撤10日线后，价格向下运行，在上攻5日线出现的阳克下撑压线之上走出回踩走势的过程。回踩后出现的底折位置表明强势程度，即在10日线上最强势，10日线下次之，在上攻5日线的阳克K线下撑压线之上形成底折最弱但最常见。

走平10日线是指价格K线走出上攻10日线、碰撤10日线、回踩10日线的走势的结果，使得10日线由空翻多，形成走平状态的走势过程。

此时10日线本身就是撑压线，但上攻5日线时的阳克K线下撑压线才是走平10日线蓄势后方向选择的评判线和分水岭线，只要不破上攻5日线时的阳克K线下撑压线就上行有望，但若该撑压线被跌破破位了，则价格在短带压制下继续下行，在更低位寻求底折。

价格突破10日线，如图1-1所示，价格走出了突破5日线后上攻10日线、碰撤10日线、回踩10日线、走平10日线的动作过程。

（3）价格K线陆续突破5日和10日均线后继续向上运行，走出短带底部走势，构成短带底部的走势有短带金叉、金叉回踩、确立上涨，见图1-2。

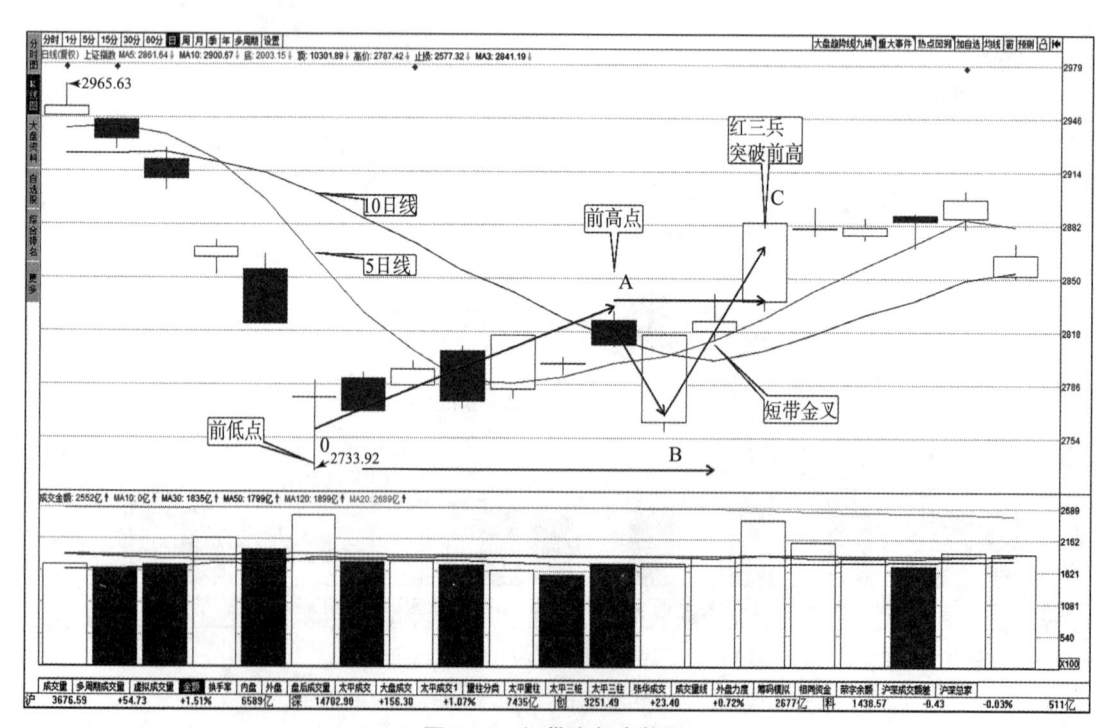

图1-2 短带底部走势图

短带金叉，价格站上走平5日线，标志着突破了5日线运行，攻击10日线后价格在1至3日收盘在10日线之上，突破短带进而使得短带形成金叉，突破5日线的任务是突破 10 日线，突破 10 日线的任务是使得短带形成金叉。

金叉回踩，回踩 10 日线或回踩走平 10 日线过程中，除了出现破位空位走势外，即跌破前期上攻 5 日线底折阳克下方支撑线外，其余三位均是蓄势上攻状态，简而言之，回踩不跌破前低点就是上攻状态。

确立上涨，短带金叉回踩不跌破前低点，走出阳克 K 线走势，形成底折确立上涨，比如一根阳 K 线上穿短带是经典走势，还有双阳夹阴、阳吞线等阳克 K 线向上突破短带，使得短带 5 日线在 10 日线上方形成短带多头排列。

图 1-2 是 000001 上证指数 2019.07-2019.08 的日 K 线走势图，解析为：

O 点到 A 点，是价格 K 线突破短带小大线。

A 点到 B 点，是价格 K 线在短带走空压制下回踩 10 均线的走势，回踩未跌破前 O 点低点，构成了短带金叉回踩走势。

B 点到 C 点，是价格 K 线突破 A 点前高点，其间 B 点次日短带形成金叉，确立上涨。

2. 短带上涨

价格在走出短带上涨走势前，必定走出上穿突破短带，使其短带形成金叉，确立上涨走势，之后短带两线才能多头排列，形成短带上涨状态，在短带上涨过程中 K 线可能也会走出跌穿短带大线的走势，但短带两线不形成死叉，K 线在短带支撑上沿短带大线之上运行的走势，走出短带上涨走势过程，见图 1-3。

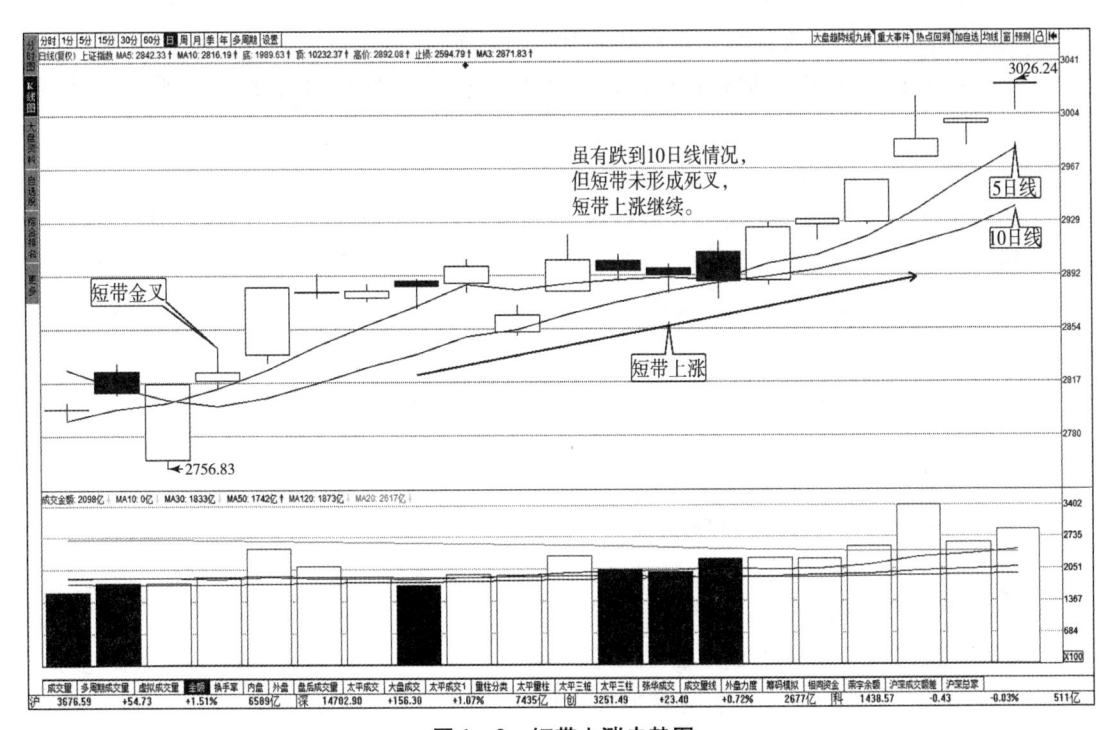

图 1-3 短带上涨走势图

图 1-3 是 000001 上证指数 2019.08-2019.09 的日 K 线走势。如图所示，短带形成金叉，之后展开上涨，在图中斜线所示位置 K 线跌穿 10 日线，但短带未形成死叉，短带上涨继续。

3. 短带顶部

价格 K 线在短带上方运行过程中，陆续跌破 5 日线和 10 日线，并使 5 日线和 10 日线组成的短带两线形成死叉，构成短带顶部走势。

(1) 跌破 5 日线的过程包括了价格 K 线跌破 5 日线、走平 5 日线的走势过程。

跌破 5 日线是价格在上涨过程中，走出阴克 K 线，形成顶折下跌，在顶折下跌的当日或之后的两日跌破 5 日线的走势过程。

走平 5 日线是跌破 5 日线后，价格 K 线在 5 日线下方运行，其结果使得 5 日线由多翻空，形成走平状态的走势过程。

在日线走势中，5 日线本身就是第一道支撑线，跌破 5 日线时的阴克的上撑压线是走平 5 日线后价格方向选择的评判线和分水岭线，是价格上涨的最后的上撑压线和压力位，价格只要不能突破该线位则下行有望，但若该线位被突破了，则价格在短带支撑上继续上行。

10 日线支撑体现了价格 K 线跌破 5 日线或走平 5 日线后，短带大线即 10 日线对价格形成支撑，出现阳克则还有望继续向上运行的走势过程。

跌破 5 日线运行，将在 2 至 5 日完成，其结果走出确定下行还是继续上行的方向性选择，即在四位中，除了突破下攻 5 日线顶折阴克上撑压线外，其他三位都是走平 5 日线蓄势下攻状态，此处出现阴克，则继续下跌。

(2) 跌破 10 日线运行过程包括了跌破 10 日线、反抽 10 日线、走平 10 日线走势过程。

跌破 10 日线体现了价格跌破 5 日线后，继续下行跌破 10 日线的过程。

反抽 10 日线体现了价格 K 线跌破 10 日线后，在走多状态的 10 日线对价格形成支撑，价格 K 线形成底折上行，构成反抽走势的过程。在前期跌破 5 日线的阴克顶折上撑压线之下形成反抽动作，反抽后出现的阴克顶折位置表明股价下行意愿的强弱程度，即在 10 日线下形成阴克则走势最弱势即下跌意愿强烈，在 10 日线之上和跌破 5 日线的阴克顶折下撑压线之下形成阴克则走势弱势次之，能够反抽到只在跌破 5 日线的阴克顶折上撑压线之下形成阴克则走势最为强势也最常见，但只要未能突破跌破 5 日线顶折阴克上撑压制则就是下行状态，即只要反抽未创新高就是下行状态。

走平 10 日线体现了价格跌破 10 日线或出现反抽 10 日线后还是形成阴克下行，使得 10 日线多翻空走平状态过程。

跌破 10 日线运行，价格跌到或跌破 10 日线的运行时间往往是不长的，在走多 10 日线的支撑上或下形成反抽 10 日线动作，反抽能否突破跌破 5 日线时的顶折阴克上撑压线，或简言之，能否突破前高点创新高则是判断继续上行，还是受该上撑压线压制继续下行的分水岭线；下行能否跌破反抽时形成的底折低点下撑压线是继续上行还是继续下行的分水岭线，不论反抽 10 日线动作形成与否或反抽高度如何，价格跌破 10 日线使其由多走空转向是跌破 10 日线的最终标志。

（3）价格 K 线陆续跌破 5 日和 10 日均线后，继续向下运行，走出短带顶部走势，构成短带顶部的走势有短带死叉、死叉回抽、确立下跌，见图 1-4。

短带死叉是价格 K 线运行在走平 5 日之下，标志着 5 日线跌破运行，价格继续下行，跌破 10 日均线后，使得 10 日线形成走平状态，K 线运行在走平的 10 日线下方，意味着 10 日线跌破运行，即跌破短带运行，进而使得短带两线形成死叉。

死叉回抽是价格在走多 10 日线的支撑上或下，在短带死叉前或后出现阳克向上反抽，但在前下攻 5 日线顶折高点上撑压线压制或在短带死叉压制下，反抽高度未超过前下攻 5 日线时的顶折高点，则价格会继续下跌，但在反抽中若突破前下攻 5 日线时的顶折高点，则价格继续上涨。

确立下攻是价格走出短带死叉回抽后，不能突破前下攻 5 日线顶折高点，出现阴克形成顶折构成下跌走势，跌破反抽时形成的底折低点则是确立下攻、继续下跌，比如一根阴 K 线切短带、双阴夹阳、阴吞线等都是经典走势，价格跌破短带，使得短带大小线空头排列。

图 1-4 是 002049 紫光国微 2020.07-2020.08 的日 K 线走势，解析为：

A 点到 B 点，是 K 线跌破短带双线过程，其间，出现阴克，之后出现四串跌，跌破短带。

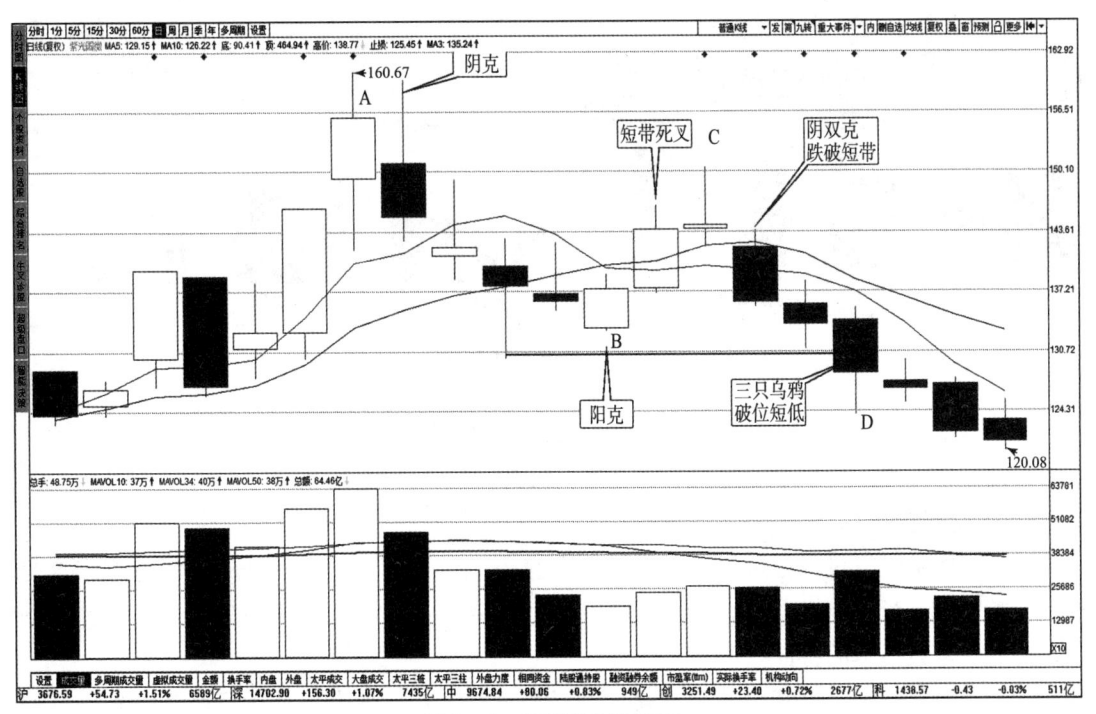

图 1-4 短带顶部走势图

B点到C点，是K线对短带死叉形成回抽走势的过程，其间，出现阳克，短带形成死叉，而后构成红三兵，但是未能突破前期A点短期高点。

C点到D点，是确立下跌的过程，其间，出现阴双克、跌破短带，在D点破位前短期低点下撑压线、三只乌鸦，确立短带下跌走势。

4. 短带下跌

价格在走出短带下跌走势前，必定走出下跌跌破短带，使得短带形成死叉，确立下跌走势，之后短带两线才能空头排列向下运行，其间K线可能也会突破短带小线后还上穿突破短带大线的走势，但短带两线不形成金叉，K线在短带压制下沿短带大线之下运行的走势，走出短带下跌走势过程，见图1-5。

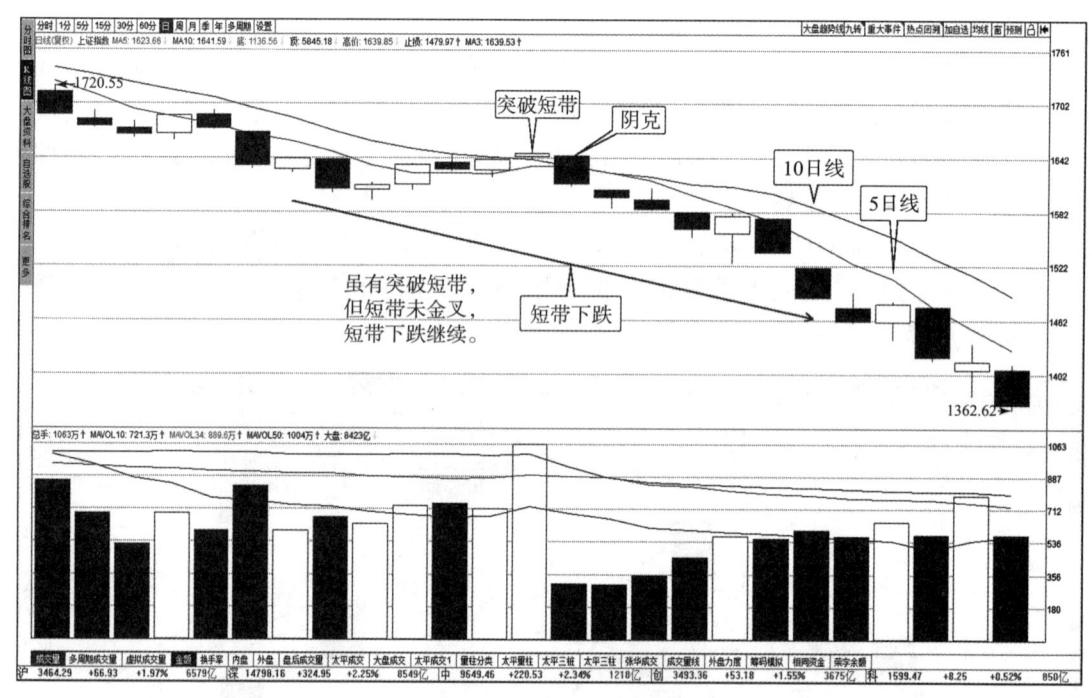

图1-5 短带下跌走势图

图1-5是000001上证指数2001.12-2002.01的日K线走势，图中所示K线突破短带大线，但短带始终未形成金叉，短带空排下跌继续。

5. 短带运行综述

短带运行过程是短带底部、短带上涨到短带顶部、短带下跌的连续过程。这是对短带运行标准格式化的归纳，其中，短带金叉不创新低上涨和短带死叉不创新高下跌是最根本的特征。

通常来讲，短带底部运行扁平、温和、时间长，短带顶部运行高尖、猛烈、时间短，这个特性在价格走势的不同周期都存在，比如较为明显的是价格在日线级别底部区域的走势往往震荡运行时间长于顶部区域时间，因此，也算是价格走势运行的基本规律。

短带运行过程中，若价格完成了一个底顶二折走法，则构成了短带V底和短带A顶，若完成多个二折走法，则构成了短带M顶或短带W底，或箱体底顶，或三角底顶形态，在实践中，短带运行往往是以上各形态底顶的自由组合构成复杂的走势，如价格走出短带W底后在短带顶部短带死叉回抽非常弱或未回抽直接下跌构成了A顶，如果顶部构成复杂，则有了W底和M顶组合、W底和三角顶组合等。

（五）中带运行

中带运行是K线在中带下方运行状态到突破中带上方运作状态，再从中带上方下穿跌破中带到中带下方运行的一个循环过程。在整个中带运行过程中，包括了中带底部、中带上涨、中带顶部和中带下跌四个阶段。

1. 中带底部

价格K线从中带下方向上运行，构筑中带底部走势的过程中，走出短带突破、短带金叉及短带上涨运行，价格继续上行突破中带的20日线和30日线，使得中带两线形成金叉，构成中带底部走势。

（1）突破20日线是价格短带上涨突破20日线后，在中带30日线压制下，回踩中带20日线，走平20日线的走势过程。

（2）突破30日线是回踩20日线后未跌破前低点，形成底折确立上攻，突破30日线的过程。

价格从中带下方突破中带的过程也是价格短带运行、短带上涨的过程，图1-6是000001上证指数2020.03-2020.05的日K线走势，价格经历了陆续突破了短带的5日和10日线、形成短带金叉、短带金叉回踩后，短带上涨才突破了中带的20日和30日线，突破各线的过程中走出碰撒、回踩、突破、回踩的步骤。

（3）价格K线陆续突破中带的20日线和30日线后继续运行，构筑中带底部走势的过程，该过程包括了走出中带金叉、金叉回踩、确立上涨，见图1-7。

中带金叉是价格突破中带两线后，使得中带大小线形成金叉。

金叉回踩是价格突破中带后在中带金叉前或后，形成中带金叉回踩走势，回踩走平30日线的过程中，价格回踩到20日线的底折下撑压线是第一支撑位，短带底部形成的回踩走平10日线底折下撑压线是第二支撑位，短带底部形成时的回踩走平5日线底折下撑压线位是最后支撑位，除了出现跌破最后支撑位创新低形成空位走势外，其余回踩位都是蓄势上攻状态。

确立上涨是中带金叉回踩不破短带底部前低点，不创新低，出现阳克底折形成确立上涨走势。图1-7中，价格在D-E点走出阳克、突破前高走势。

图1-7是000001上证指数2020.03-2020.05的日K线走势，解析为：

O点至A点，完成了突破短带的5日和10日双线，使得短带形成金叉走势。

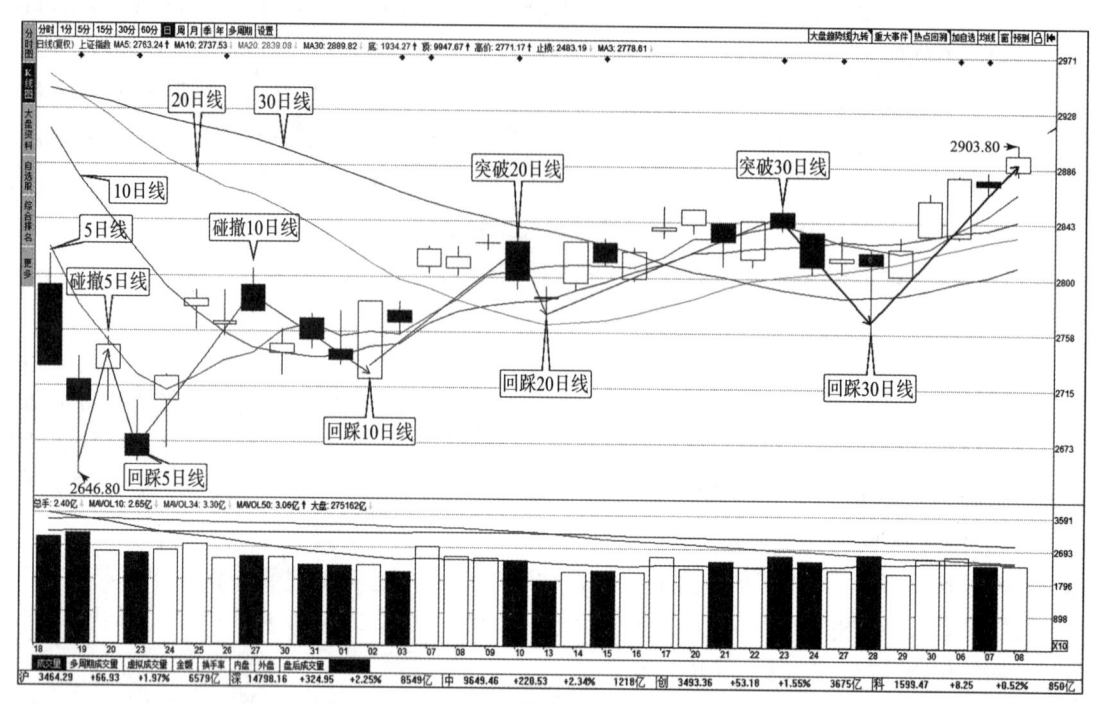

图1-6 中带底部均线运行图

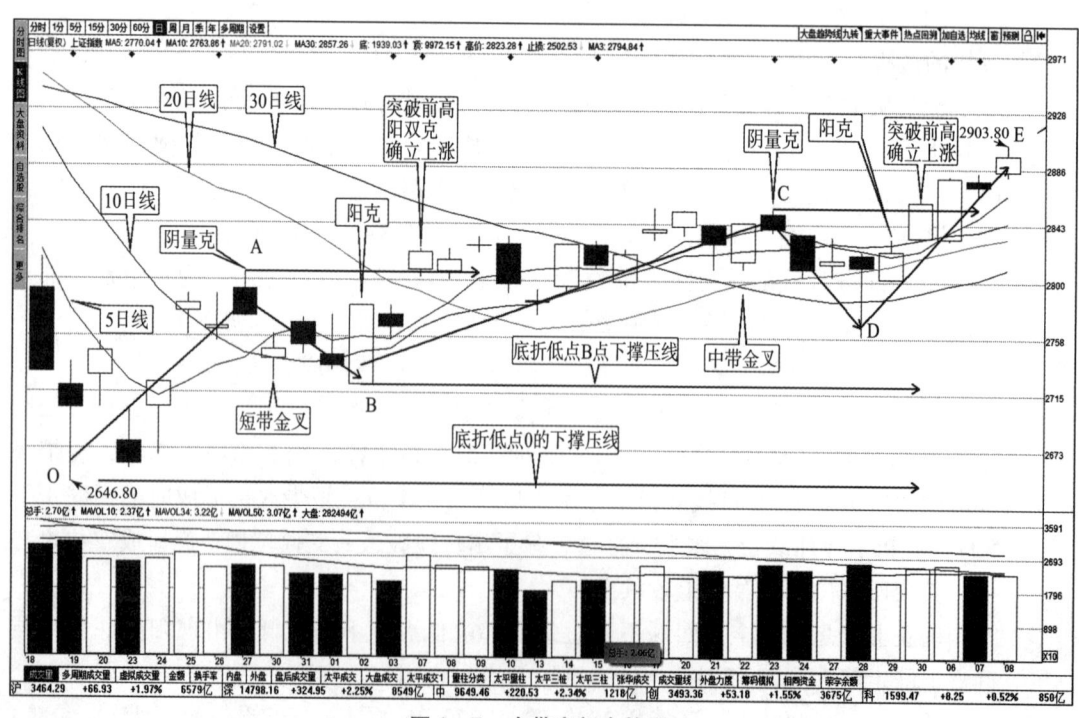

图1-7 中带底部走势图

A点到B点，完成了短带金叉回踩走势，在短带金叉回踩过程中未跌破前底折低点的下撑压线，即O点最低价下撑压线。

B点到C点，是通过B点出现阳克和突破前A点顶折上撑压线构成了短带确立上攻，展开短带上涨走势，完成了价格突破中带的20日和30日双线的动作，使得中带形成金叉。

C点到D点，是四连串跌使得短带形成死叉，完成了中带金叉回踩走势，回踩过程中，在D点K线长下影线还刺破了中带大线，但未跌破短带金叉回踩底折B点下撑压线，更不用说跌破上攻5日线底折O点下撑压线了，是底部逐步提高的过程。

D点到E点，是通过阳克和突破前C点顶折上撑压线构成了中带确立上攻，展开中带上涨的过程。

2．中带上涨

价格从中带下方向上走出中带上涨走势前，必定走出上穿突破中带，使得中带形成金叉，确立上涨走势，之后中带两线才能多头排列，形成中带上涨状态，在中带上涨过程中，K线可能也会走出跌穿中带大线的走势，但中带两线不形成死叉，K线在中带支撑上沿着中带大线之上运行的走势，走出中带上涨走势过程，如图1-8所示。

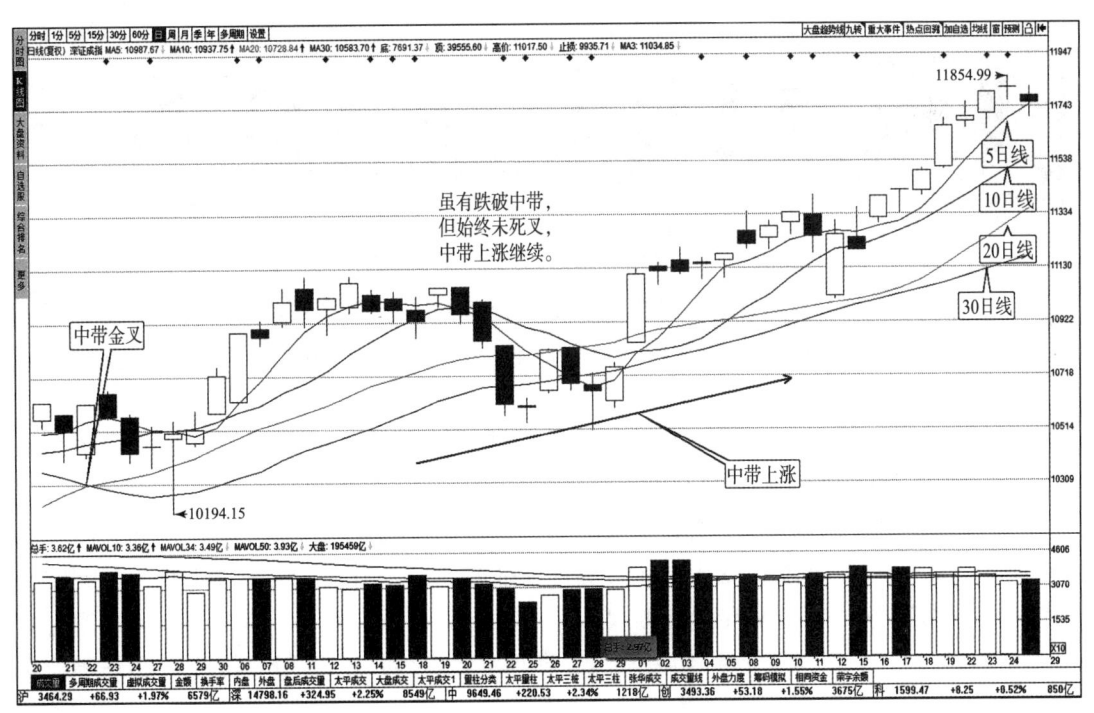

图1-8　中带上涨走势图

图1-8是399001深证成指2020.04-2020.06的日K线走势，图中实斜线所示位

置价格K线出现跌穿中带大线的走势,但是中带两线始终未形成死叉,中带上涨继续。

3. 中带顶部

短带顶部及短带下跌运行,跌破中带支撑,使得中带两线形成死叉,构成中带顶部走势,中带顶部走势有跌破中带、中带死叉、中带死叉回抽、确立下攻,见图1-9。

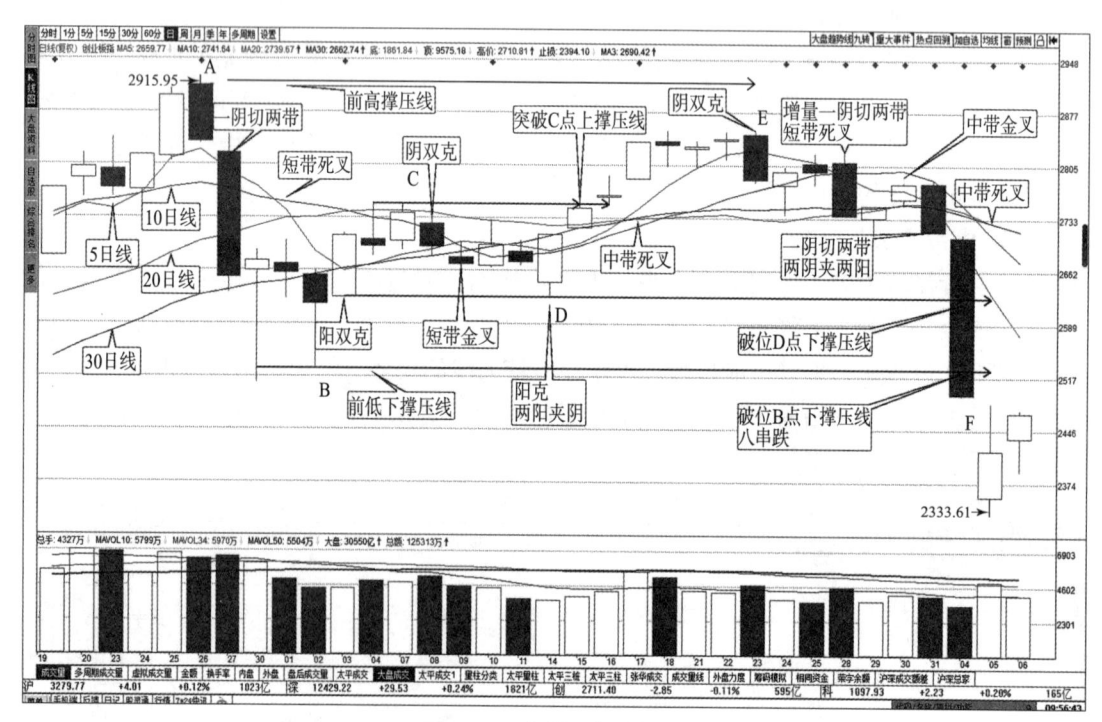

图1-9 中带顶部走势图

(1)跌破中带是价格K线首先从短带上方向下运行跌破短带两线,并使得短带两线形成死叉,价格K线继续下跌,跌破中带两线,K线在中带两线下方运行的走势。

(2)中带死叉是价格跌破中带小线即20日线,使得中带20线多翻空走平与中带大线即30线形成死叉的走势。

(3)死叉回抽是中带形成死叉之后,价格出现阳克向上运行形成反抽,但在中带死叉压制下,反抽高度未能超过短带顶部前高点,出现阴克继续下跌,若突破前短带顶部高点的话,中带上涨继续。

(4)确立下攻是价格走出中带死叉回抽走势后,走出阴克K线并继续下跌破位中带死叉回抽时形成的短期底折低点,形成下跌的走势,如图1-9中E、F点间的走势。

图1-9是399006创业板指2015.11-2016.01的日K线走势图,解析为:

A点到B点,是跌破中带过程,该过程中,出现了一阴K线切短中两带、短带死叉以及A到B的五根K线重心逐步下跌,构成了五串跌,跌破了中带。

· 26 ·

B 点到 D 点，是中带小线多翻空走平的过程，该过程中，B 点到 C 点是在中带走多支撑上走出的突破走空短带的过程，其间出现阳克，C 点到 D 点是短带金叉回踩过程，回踩未跌破 B 点附近的阳克下撑压线，其间 C、D 点间出现阴双克和短带金叉走势。

D 点到 E 点，是中带死叉回抽的过程，该过程中出现阳克，价格 K 线继续上攻，突破前 C 点顶折高点上撑压线确立短带上涨，同时还出现了中带死叉走势。

E 点到 F 点，是中带下跌确立的过程，该过程中，出现阴双克，增量一阴切短中两带、短带死叉以及四串跌，之后还出现了一阴切两带、两阴夹两阳，一根大阴 K 线陆续破位，由 B 点附近阳双克和 D 点下撑压线构成的重叠的精准下撑压线，还破位跌破了 B 点下撑压线，且与 E 点以来七根 K 线构成八串跌。虽然前一天出现了中带金叉，但一日内破位这些重要支撑位，可谓去意坚决，确立了中带下跌，而后中带形成了死叉。

4. 中带下跌

价格在走出中带下跌走势前，必定走出跌破中带两线，使得中带形成死叉，确立下跌走势，之后中带两线才能空头排列向下运行，其间 K 线可能也会出现突破中带小线后还突破中带大线的走势，但中带两线不形成金叉，K 线在中带压制下沿中带大线之下运行，走出中带下跌走势，见图 1-10。

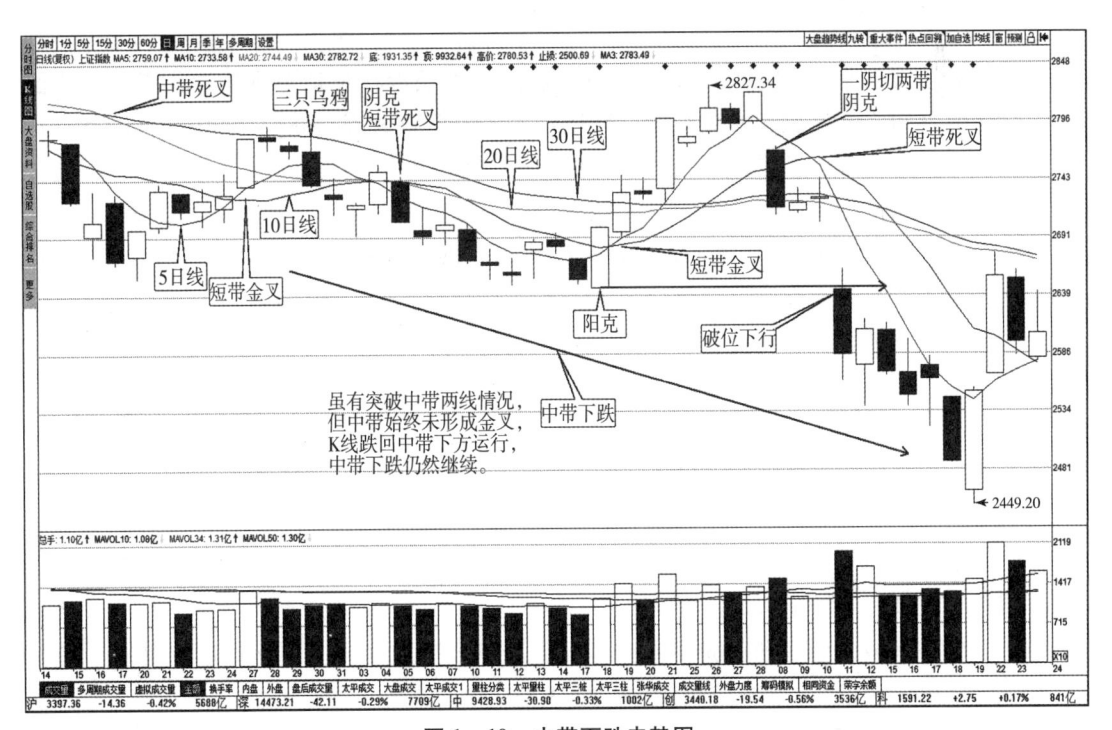

图 1-10 中带下跌走势图

图 1-10 是上证指数 2018.08-2018.10 的日 K 线走势，图中实斜线显示走势是在中带形成死叉之后，中带两线空头排列向下运行，其间有一段时间内价格 K 线突破中带运行在中带之上，而后出现一阴切两带的顶折后跌破中带，又回到中带下方运行，中带始终未形成金叉，构成了中带下跌走势。

5. 中带运行综述

中带运行过程是中带底部、中带上涨到中带顶部、中带下跌的连续过程。

在中带运行过程的中带底部、中带上涨、中带顶部和中带下跌等四个阶段走势的每个走势都有可能运行若干次短带运行。其中，在中带底部或在中带顶部阶段走势中，①若价格 K 线完成了一次短带运行，则可构成了中带 V 底或中带 Λ 顶；②若经过两次短带运行才完成了中带底部或中带顶部阶段，则可构成了中带 W 底或中带 M 顶；③若经过多次短带运行才能完成中带底部或中带顶部阶段，则可构成中带箱体（或三角）底部或中带箱体（或三角）顶部形态。在价格具体实践走势中，中带运行往往是以上各形态底顶的自由组合构成复杂的走势。

在均线系统运行过程中，遵循"以大统小"原则，即中带空排走空对短带运行有压制作用，反之，中带多排走多对短带运行有支撑作用，同时，也遵循"从小到大"原则，即中带空排走空运行是从短带空排走空开始，反之，中带多排走多运行是从短带多排走多开始。

（六）长带运行

长带运行是 K 线在长带下方运行状态到突破长带在长带上方运行状态，再从长带上方运行下跌跌破长带到长带下方运行的一个循环过程。在整个长带运行过程中，包括了长带底部、长带上涨、长带顶部和长带下跌四个阶段走势。

1. 长带底部

价格 K 线从长带下方向上运行，构筑长带底部走势的过程中，走出中带突破、中带金叉及中带上涨运行，价格 K 线继续上行突破长带的 60 日线和 120 日线，使得长带两线形成金叉，构成长带底部走势。长带底部走势由长带金叉、长带金叉回踩和确立长带上涨三段走势构成，见图 1-11 和图 1-12。

（1）长带金叉，是价格 K 线在长带下方运行过程中，走出中带底部及中带上涨走势，价格继续上涨陆续突破长带 60 日线和 120 日线之后，在长带上方运行，使得长带大小线形成金叉。

（2）回踩金叉，长带金叉后走出回踩长带金叉走势，若出现回踩走势至少是中带运行级别的回调走势。

（3）确立上涨，价格走出长带金叉回踩下行过程中，出现阳克形成底折，确立上涨走出上涨走势，突破前期高点确立上涨。

图 1-11 是 399005 中小 100 指数 2014.04-2014.09 的日 K 线走势图，解析为：

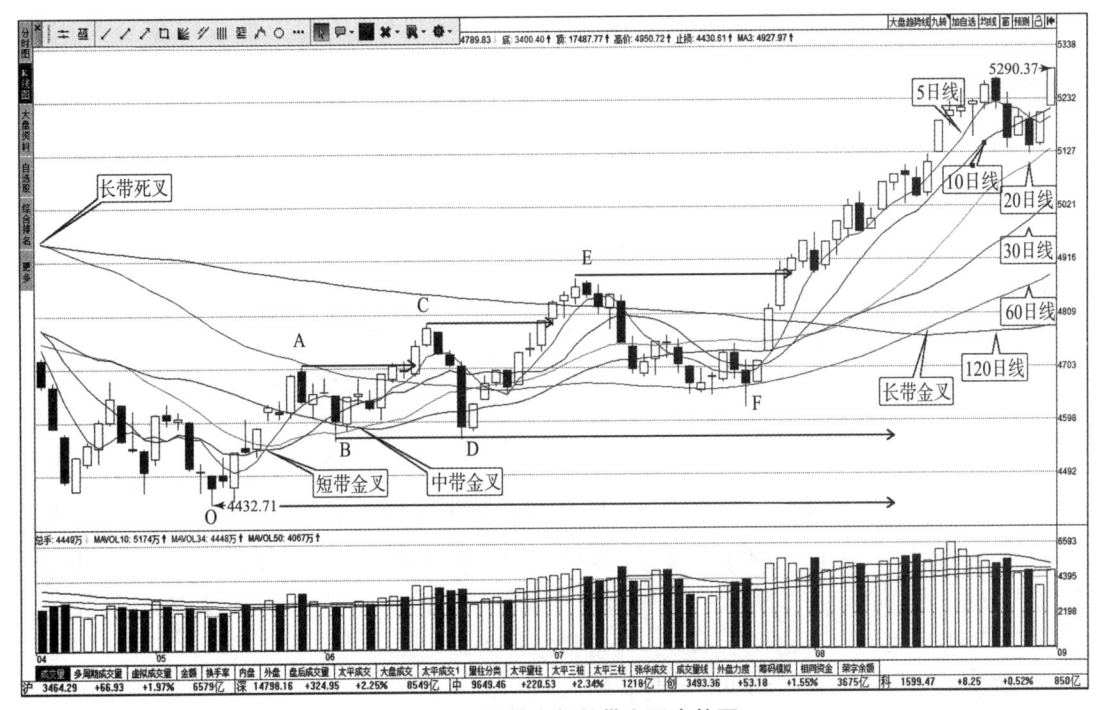

图1-11　长带底部长带金叉走势图

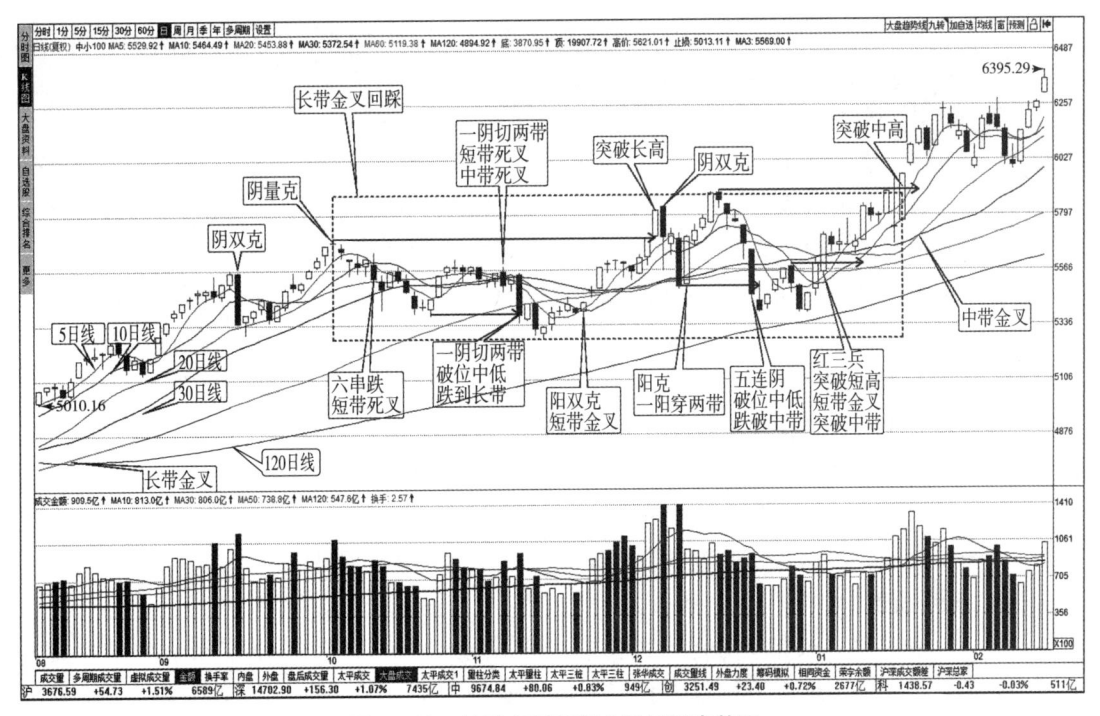

图1-12　长带底部长带金叉回踩走势图

A 点到 B 点，是 K 线突破中带但在走空中带的压制下形成短带金叉回踩走势。

C 点到 D 点，是 K 线突破 A 点前顶折高点、突破长带小线，在空排走空长带压制下构成了中带金叉回踩走势，但未跌破 B 点前底折低点下撑压线位。

D 点到 E 点，是 K 线突破 C 点前顶折高点上撑压线、突破长带大线的过程。

E 点到 F 点，是在走空长带大线压制下回踩长带小线，使得长带小线走平的过程。严格来讲，该走平长带小线的过程是从 B 点开始一直 F 点出现阳克为止。

长带金叉，在 F 点出现阳克，并与之后的两根阳 K 线组成红三兵突破 E 点前顶折高点上撑压线，展开了中带上涨走势，使得长带形成金叉。

图 1-12 图是 399005 中小 100 指数 2014.08-2015.02 的日 K 线走势图，解析为：

在图中，长带形成金叉后，价格 K 线在长带多排状态运行，之后走出了长带金叉回踩走势，如图中虚线框所示。其间，价格 K 线走出六串跌并使得短带形成死叉，出现一阴切两带 K 线并使得中带形成死叉走势，价格继续下行，破位中期低点，跌穿长带小线，而后出现阳双克、短带金叉走势，走出一段上行走势，之后在五连阴、破位中低、跌破中带的下行走势下再次跌穿长带小线。

在展开长带金叉回踩走势过程中，通过以下关键走势完成了长带金叉回踩后的确立上涨走势：价格再次在长带小线下方运行过程中，未破前期低点，而且走出红三兵、突破短期高点、短带金叉、突破中带的 K 线走势，价格继续上行，突破了中期高点，确立上涨走势。

2. 长带上涨

长带上涨走势中，不论能否走出长带金叉回踩不破前底的走势，但必须走出长带金叉走势，长带双线才能多头排列，其间 K 线可能也会跌破长带小线后还跌破长带大线，但长带不出现死叉，K 线在长带支撑上沿长带大线之上运行的走势，见图 1-13。

图 1-13 是 399005 中小 100 指数 2017.04-2017.08 的日 K 线走势图，该图中所示长带形成了金叉之后，完成了长带金叉回踩走势，如图中虚线框所示，之后走出长带上涨走势的，解析为：

确立上涨：如图中虚线框所示，价格在 A 点走出中带金叉，继续上涨，在 B 点走出突破前长期高点走势，完成了长带金叉回踩后的确立长带上涨走势。

长带上涨：自长带确立上涨后，价格在长带上方运行，在 C 点连续两日 K 线刺穿长带大线，但是长带始终未形成死叉，长带上涨继续展开。

3. 长带顶部

价格 K 线在长带上方运行过程中，价格陆续跌破短带、中带，形成中带死叉及中带下跌走势，继续下行跌破长带支撑，使得长带大小线形成死叉，构成长带顶部走势，长带顶部走势由长带死叉、长带死叉回抽、确立长带下跌组成，见图 1-14 和图 1-15。

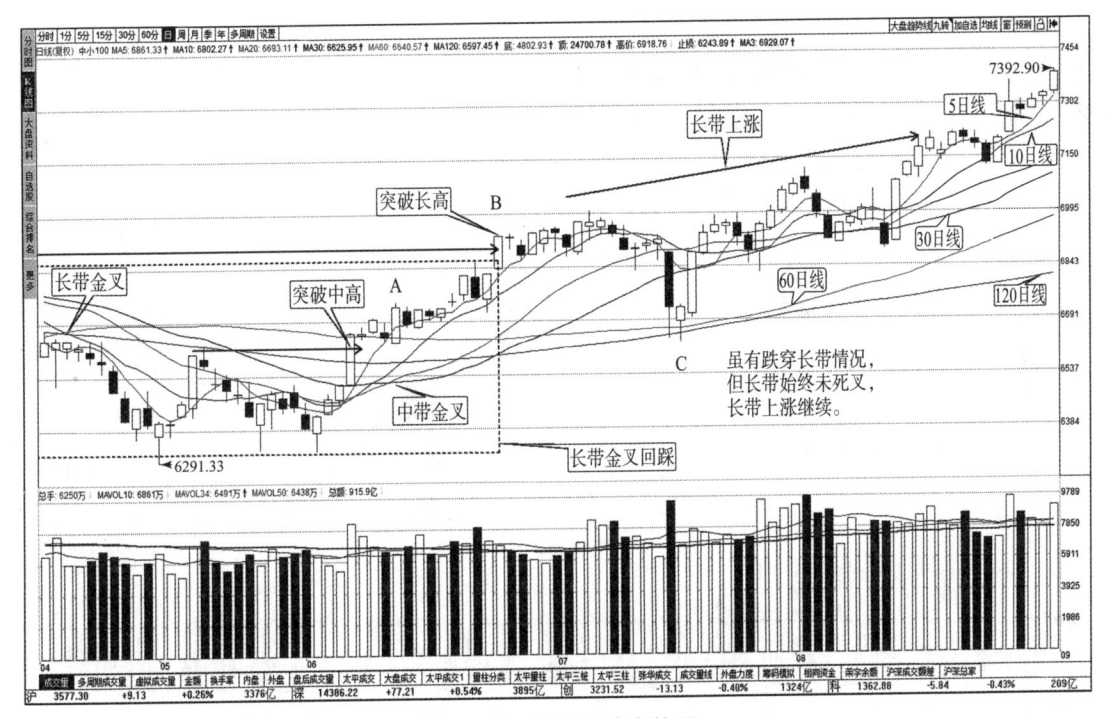

图 1-13　长带上涨走势图

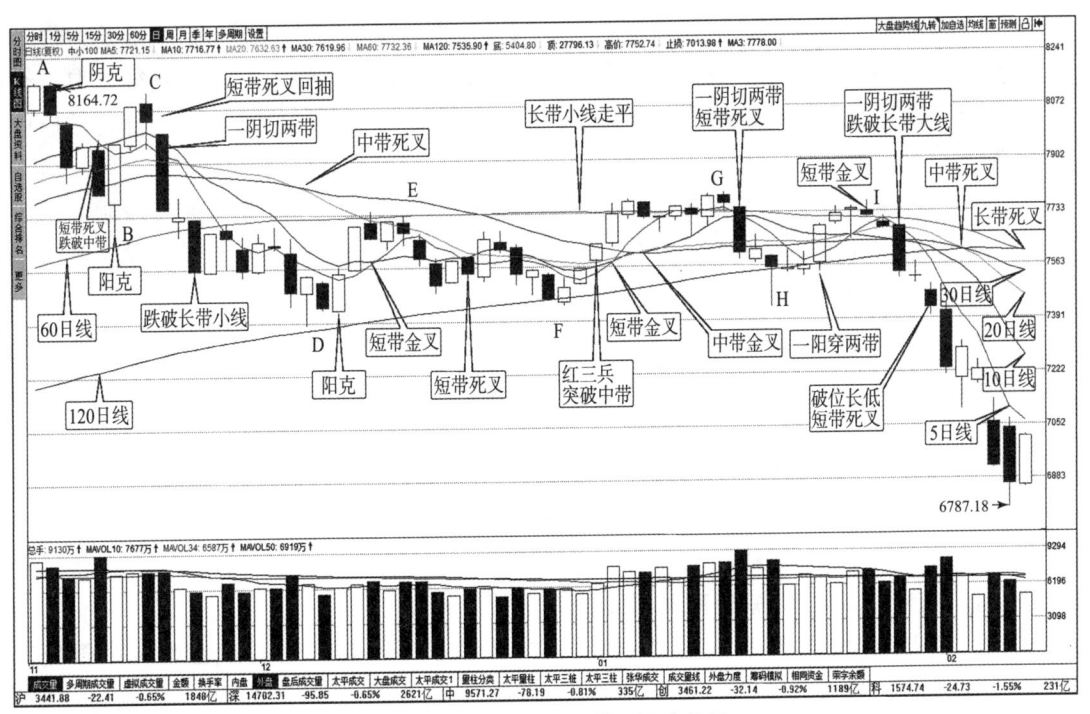

图 1-14　长带顶部长带死叉走势图

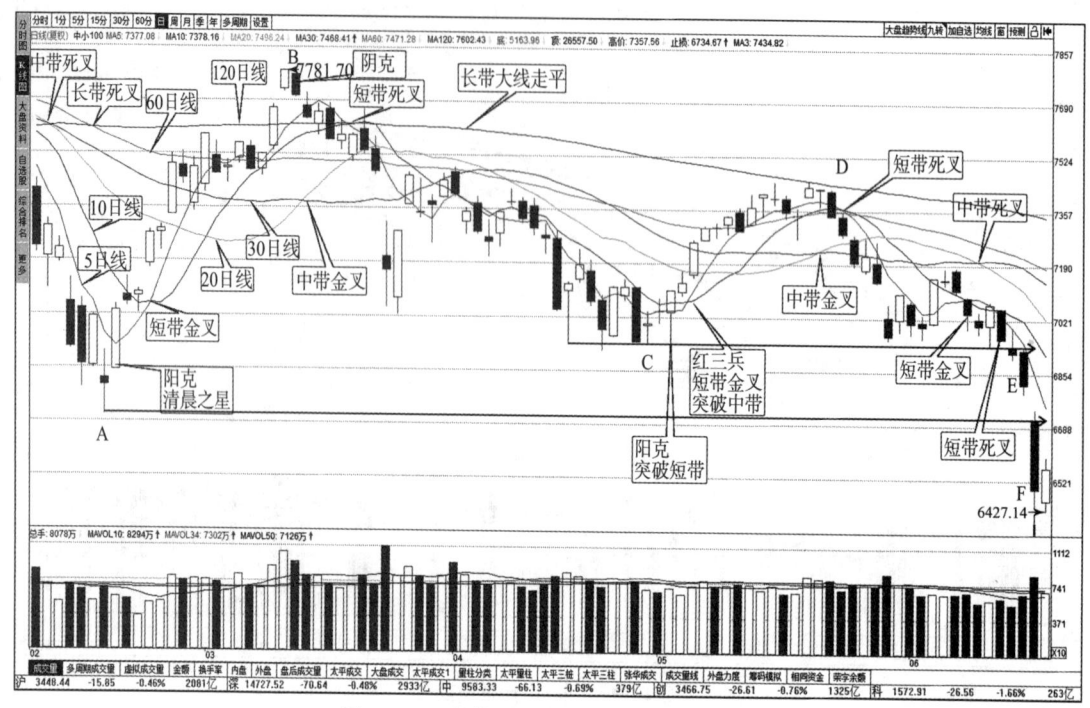

图 1-15 长带顶部长带死叉反弹走势图

（1）长带死叉是价格在长带上方运行过程中，价格陆续走出中带顶部及中带下跌运行走势，价格继续下行跌破长带小线，K线在长带小线下方运行使得长带小线多翻空走平，继续下跌跌破长带大线，K线在长带下方运行的结果是使得长带形成死叉，见图1-14。

（2）死叉反弹是长带形成死叉之后，价格出现反弹，但在长带死叉压制下，反弹高度不超前短带顶部的最高点，出现阴克继续下跌的过程，但反弹若突破前短带顶部高点创新高的话，长带上涨继续，见图1-15。

（3）确立下跌是长带死叉回抽反弹过程中，价格K线出现阴克，形成顶折走势，价格下行形成下跌走势，价格继续下跌，使得长带两线形成空排的过程，见图1-15。

图1-14是399005中小100指数2017.11-2018.02的日K线走势图，解析为：

A点到B点，是价格出现顶折下跌，跌穿中带的走势，其间出现了价格阴克K线走势和短带死叉走势。

B点到C点，是短带死叉回抽走势。

C点到D点，是中带死叉过程，其间走出了一阴切两带K线走势和中带死叉走势。

D点到E点，是价格在长带大线上方得到支撑的走势，走出了阳克K线和短带金叉走势。

E点到F点，是在中带走空压制下形成的短带金叉回踩，演变为中带压制下的D点到F点的短带运行走势，其间走出了两阴夹一阳K线走势、三只乌鸦等走势。

F点到G点，是价格在长带大线上方得到支撑的走势，K线走出了红三兵、短带金叉和中带金叉走势，中带形成金叉后，K线上穿了长带小线，之后，价格K线在几乎走平的长带小线上横盘震荡到G点。

G点到H点，是中带金叉回踩，其间走出了一阴切两带、短带死叉的K线走势，确立中带金叉回踩方向，直到在H点处收出长下影线锤子线，最低价直指前期低点即F点处低点，收盘还在长带大线之上。

H点到I点，是第三次在长带大线得到支撑的走势，其间K线出现了一阳K线上穿短中两带的走势，在I点处短带形成死叉，虽然此K线在长带小线之上，但是此时的长带小线已经多翻空，走空了。

自I点之后K线向下串跌直至长带死叉形成，其间K线走出一阴K线切短中两带同时跌破长带大线的走势，价格继续下行破位长期低点、短带死叉，破位表现K线下行确立，之后价格下跌陆续使得中带形成死叉、长带形成死叉走势。

图1-15是399005中小100指数2018.02-2018.06的日K线走势图，解析为：

A点到B点，是对图中长带形成死叉的反弹走势的过程，其间K线出现阳克、早晨之星，形成底折，价格上行使得短带形成金叉，价格继续上涨。

B点到C点，是在长带压制下走出中带金叉回踩动作，演变为长带压制下的中带运行走势，其间走出阴克K线、跌破短带、短带死叉的酝酿调整态势，价格继续下行，跌破中带小线确立下调，价格在中带大线下方运行，使得中带形成死叉，之后价格K线在长带大线下方运行，使得长带大线走平多翻空、长带两线空排走空压制下，中带下跌到C点，形成了中带运行走势。

C点到D点，是再次形成反抽走势，其间K线出现阳克、突破短带酝酿反抽，K线出现红三兵、短带金叉、突破中带确立上攻。

D点到F点，是确立长带下跌走势，其间虽然中带形成金叉走势，但在长带大线走空压制下，K线出现阴克走势，价格下行出现三只乌鸦、短带死叉、跌破中带走势，构成确立中带金叉回踩走势，价格继续在长带走空压制下中带下方运行，使得中带形成死叉，构成中带运行走势，价格下行，E点K线位置是短带、中带、长带三带空排走空强势压制下构成的破位，即C点处多根K线最低价重合的前长期低点下撑压线，意味着下行正在进行中，此后，在三带空排走空强势压制下走出大阴K线，与前六根K线构成七串跌也就不奇了，更严重的是，在F点出现大幅跳空低开低走，大阴破位A点前长期低点下撑压线，彻底确立长带下跌趋势走势。

其实，从A点到B点是长带死叉回抽走势的话，B点到F点就是长带下跌的确立走势过程。

4. 长带下跌

价格在走出长带下跌走势前，必定走出跌破长带两线，使得长带形成死叉，确立下跌走势，之后长带两线才能空头排列向下运行，其间 K 线可能会出现突破长带小线后还突破长带大线的走势，但长带不形成金叉，K 线在长带压制下沿长带大线之下运行的走势，见图 1-16。

图 1-16　长带下跌走势图

图 1-16 是 399005 中小 100 指数 2018.04-2018.10 的日 K 线走势，图中 C 点到 D 点价格 K 线虽有突破长带小线、在长带大线走出碰撤走势，但是长带始终未形成金叉，K 线在长带走空强大压制下，长带下跌运行。

5. 长带运行综述

长带运行过程是长带底部、长带上涨到长带顶部、长带下跌的连续的过程。在长带底部、长带上涨、长带顶部和长带下跌的四个阶段走势中，每个阶段走势都有可能包含若干次中带运行走势，因此，在整个长带运行过程包含了多次中带运行的复杂运行走势过程。

（七）综述

走势走法中的各阶段、各步骤，是对价格走势的分解、归类，成为标准化、格式化归纳的结果和界定，在实践走势中，具体每个运行阶段及每个步骤的走势，有的标准、有的不标准，形成变形走势，因此，走势走法是对价格走势行为的一种认知、一种思路，在具体实践中，还得时刻尊重市场、善于向市场行为学习，要学会应变。

均线运行始终本着"以大统小、从小到大"的方式进行，即小级别走势服从大级别的走势、由小级别走势演变成大级别走势。也就是说，在走势走法中，每条均线、每一带都有可能成为压力，也有可能成为支撑，得看均线或均线带走多还是走空，更重要的还得看价格运行的走势结构位置。

第四节
个股走势结构

价格运行规律中，从走势博弈到走势走法的规律，个股和大盘都是一致的，但到了走势结构就不一致了。在价格走势行为中，走势博弈是短带及以下走势，走势走法是三带多空走势，此外，还要增加一带，即年带，才能够表述走势结构，年带是由250日均线为年带小线和500日均线为年带大线构成的带。

走势结构有个股走势结构和大盘走势结构，价格是在纵、横两坐标走势形成整体的完整的走势。个股走势结构着重的是在横向坐标轴上主力运作的结果，而大盘走势结构着重的是在纵轴空间走势上构成的结构。

个股走势结构的"四区十二相"是以主力操作开始到结束的整个过程为研究分析对象，对个股走势进行总结归纳的规律。

主力利用基本面、消息面、大盘环境来运作个股，来达到操盘目的和目标，整个过程分为四区域、十二个具体表相，简称为四区十二相。

四区是指底部区域、上涨区域、顶部区域和下跌区域，每个区域可分初段、中段和末段，每段为一个表相。

十二相是由底部区域的底仓、拉升、整理，上涨区域的长升、年升、主升，顶部区域的出货、反弹、甩货，下跌区域的初跌、整理、再跌等十二表相构成。

一、底部区域

在底部区域，主力最终目的是让散户卖出手中股票，进而低价吸筹。底部区域是主力悄然大量买入低价位股票的阶段；从均线走势上看，是股价在年带压制下年带金叉前的一段走势。

走势总体表现是股价不再创新低，低点逐步提高，价涨量增、价跌量缩、红肥绿瘦，股价能够长带运行，即使突破年带小线，但突破不了年带，在年带压制下，在年带金叉之前走平年带小线的一段运行阶段。

底部区域由底部底仓、底部拉升、底部整理构成。

（一）底部底仓

股价在长期下跌，使得各均线带形成空头排列下跌运行的过程中，股价走出不再创新低，走出逐步突破短带、突破中带的上涨走势，构筑底部区域走势的过程中，股价在长带走空压制下的中带运行过程是底部底仓阶段走势。

1. 市场表现

长带空排压制下，长带金叉前，中带上涨攻击长带，中带金叉回踩，中带黏缠长带小线运行，走平长带小线、长带金叉为止是底仓阶段，是底部初段。

股价创出低点后不再创新低，反而慢慢上涨，但股价波段涨跌波动不大，K线多见小K线居多，小阳K线居多偶见大阴K线，这是主力多小阳吸筹、少大阴打压恐吓的结果，主力总的目的是通过此法折腾散户，让其交出手中筹码。

量能整体表现低迷，波澜不惊，多数时间运行在120日均量线下，见有百日地量群、小洼地量群出现，在中带上涨和中带金叉回踩过程中，量能放大出现小山包量群、堆量群出现。

运行时间，一般是几个月甚至更长。

2. 基本方式

根据底部底仓走势的形态，可分为砸坑式、横盘式、爬坡式、拉高式和打压式底仓。

（1）砸坑式，即个股在筑底过程中，利用大盘环境用先买进的筹码砸出断崖式更低的深坑，然后慢慢收集更多的便宜筹码，这种方式比较常见，见图1-17。

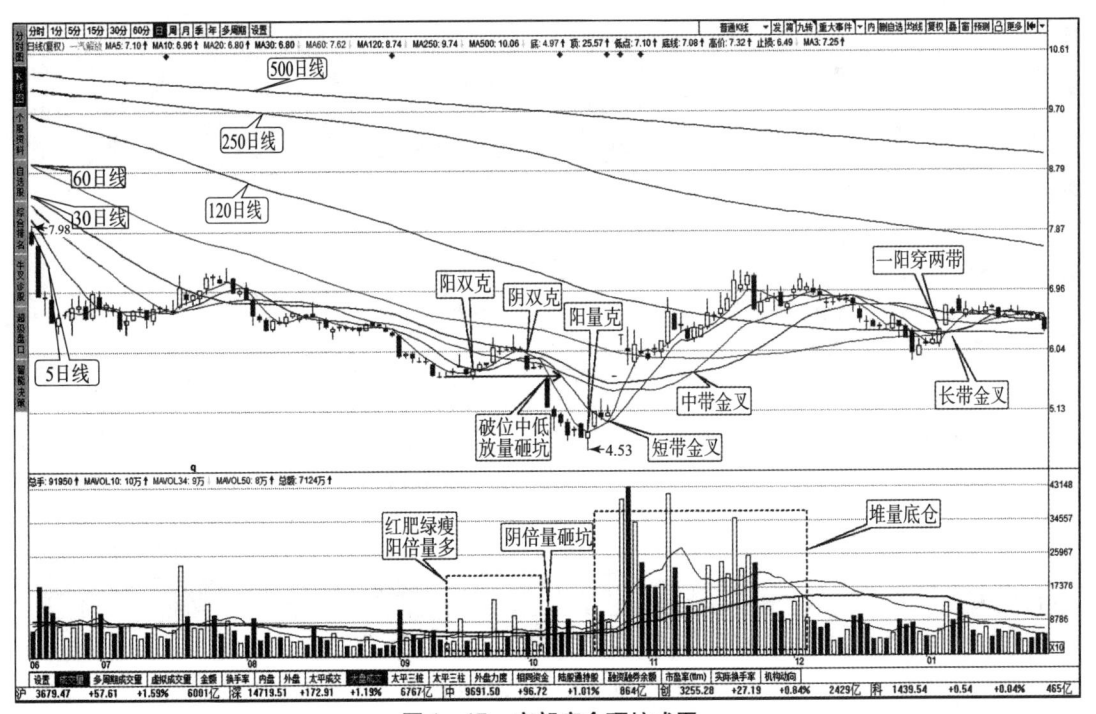

图1-17 底部底仓砸坑式图

图1-17是000800一汽解放2018.06-2019.01的日K线走势图，解析为：

先买入部分筹码，如图中主图水平箭头实线所示，股价短带金叉上涨量能明显的红肥绿瘦、阳倍量多，图中成交量坐标虚线框所示，说明主力买入了部分筹码。

放量破位砸坑，在短带金叉刺穿中带大线后在中带走空压制下形成短带金叉回踩走势且缩量止跌明显，但在图中标注的"破位中低放量砸坑"处，K线为跳空低开低走，大阴K线跌破前中期低点，直到走出阳量克K线走势，其间，价跌量缩挖坑。打开同期的上证指数日K线走势图，即2018年10月11日上证指数也是跳空低开低走踩增量柱，说明主力借助大盘走势环境砸坑。

中带上涨建仓，即股价走出中带上涨突破走空长带量能堆量明显、红肥绿瘦，如图中成交量坐标虚线框堆量底仓所示。打开同期上证指数日K线走势后发现，该个股该期间明显跑赢大盘，说明个股建仓积极。

长带形成金叉，即股价在走空长带压制下走出中带死叉下跌运行，但是价跌量缩未破前期低点，即图中主图最低价K线下撑压线，股价K线出现一阳穿两带走势，股价继续上行，长带形成了金叉。

图中所示整体区间走势，是个股整体底部底仓过程，完成底仓动作时形成了头肩底形态。

（2）横盘式，即股价基本在一个箱体内窄幅运行，见图1-18。

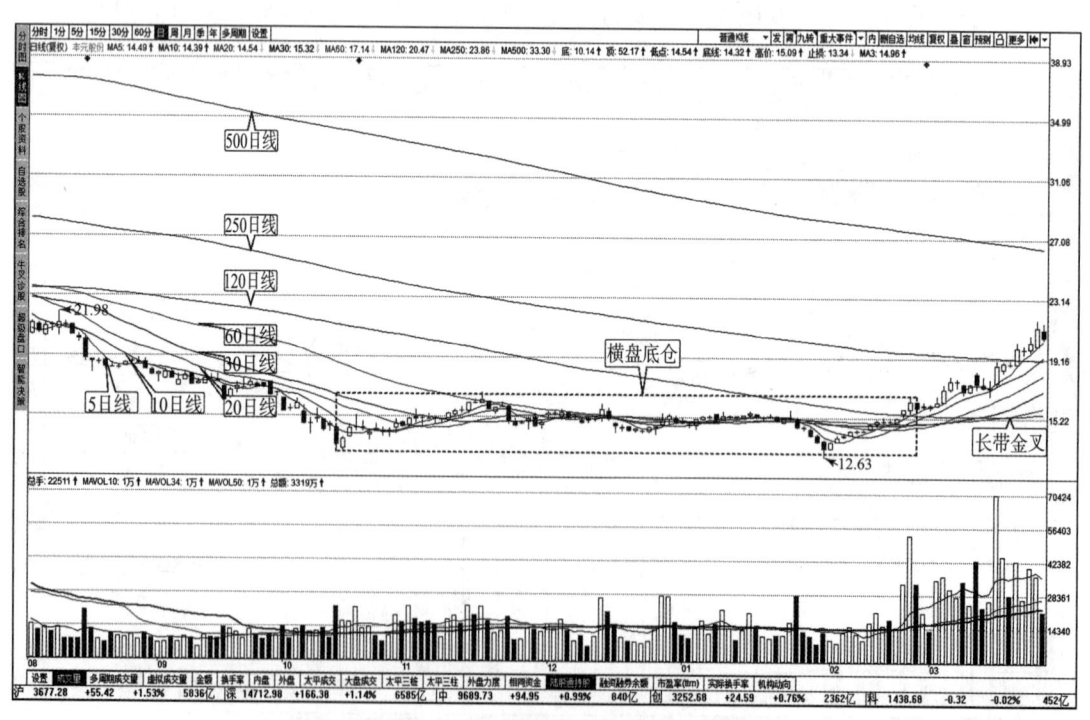

图1-18 底部底仓横盘式图

图1-18是002805丰元股份2018.08-2019.03的日K线走势，图中虚线框区间为个股走出的底部横盘式底仓阶段，是在长带金叉之前在长带走空压制下，中带运

行在窄箱体内构成了横盘建底仓走势。

（3）爬坡式，即逐步推高股价，逐步提高底部爬坡建仓，见图1-19。

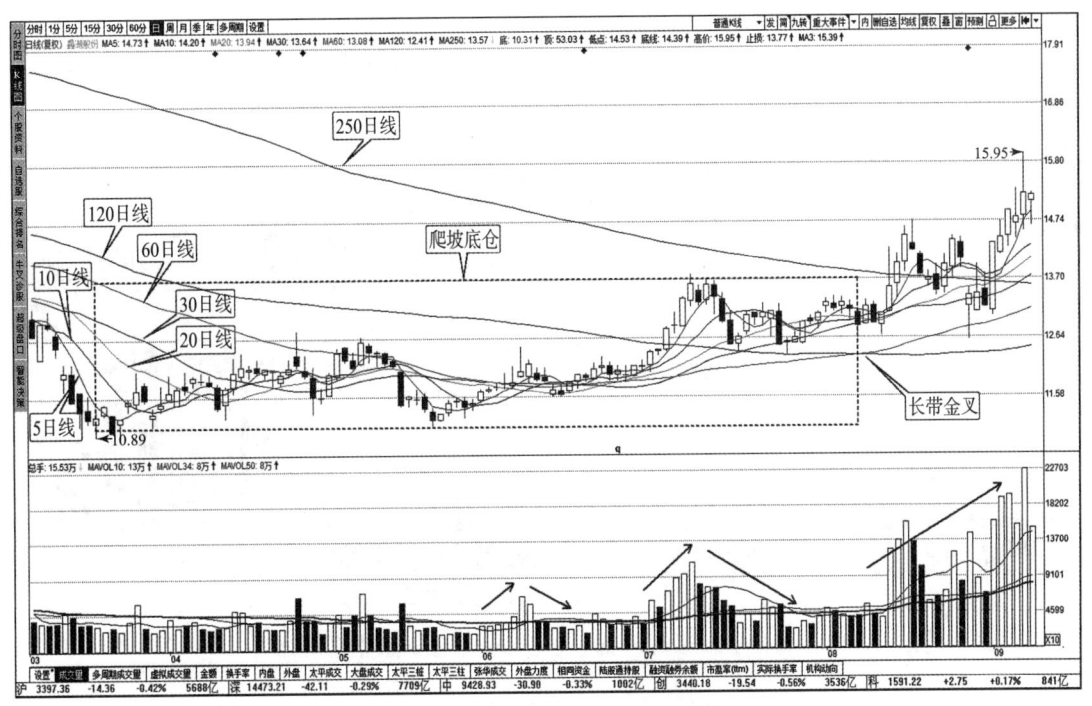

图1-19　底部底仓爬坡式图

图1-19是300694蠡湖股份2020.03-2020.09的日K线走势，图中虚线框区间为个股走出的底部爬坡式底仓阶段，在长带金叉之前，在长带走空压制下，股价跌出的低点逐步抬高，量能量堆逐步堆高，说明主力爬坡式建仓。

（4）拉高式，即暴力拉高后进行大幅度建仓，见图1-20。

图1-20是600210紫江企业2018.07-2018.11的日K线走势，图中虚线框区间为个股走出的底部拉高式底仓阶段，是在长带金叉之前在长带走空压制下，股价阳倍量涨停板突破前中期高点、突破中带之后，股价连续大幅拉升踩爆大量堆建仓，构成了拉高建底仓走势。

（5）打压式，即暴跌后大力建仓，见图1-21。

图1-21是002810山东赫达2018.02-2019.01的日K线走势，股价在连续跌停之前股价长带也形成金叉了，突破了年带小线，股价经过连续跌停跌破前长期低点，创出新低，年带小线继续空排下行、未空翻多走平，在图中虚线框区间走势，打压暴跌爆出天量之后成交量群明显加厚，说明主力大力建仓，年带小线也开始慢慢走平。这种情况不常见，可考虑上市公司或主力出现大的问题所致，可在股价跌破中带时考虑清仓等待，可在查明暴跌原因后再操作。

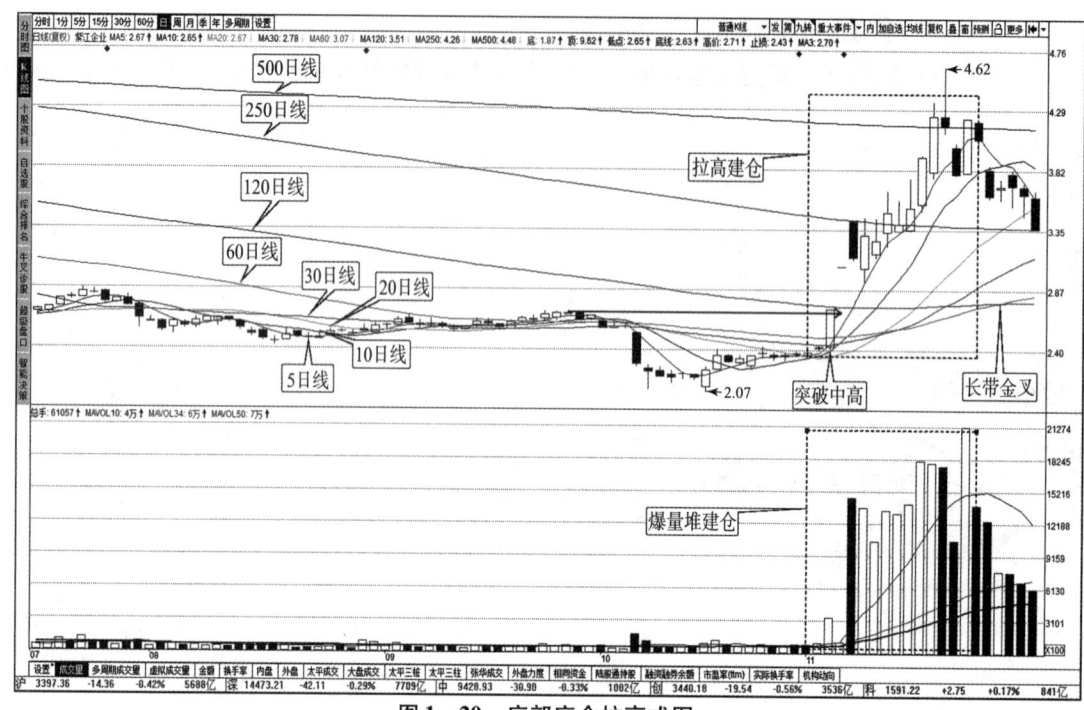

图1-20 底部底仓拉高式图

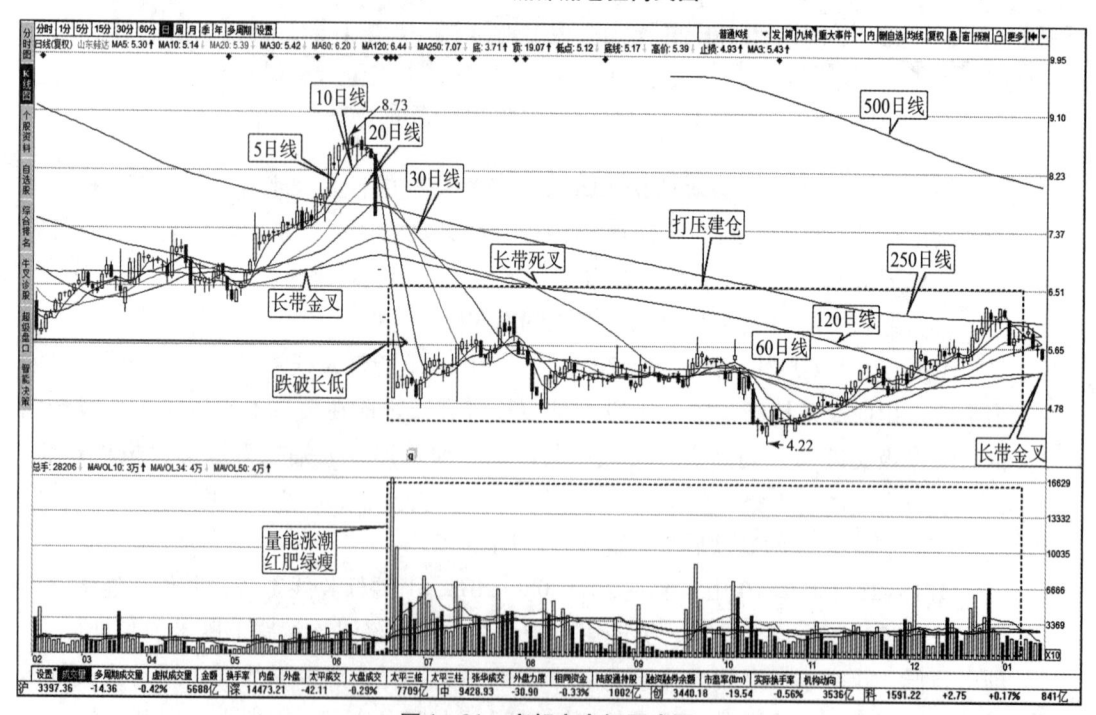

图1-21 底部底仓打压式图

（二）底部拉升

股价在不断创新低，长期下跌使得各均线带形成空头排列下跌运行的过程中，股价不再创新低，走出逐步突破短中两带、突破长带的上涨走势，构筑底部区域走势时，股价在年带走空压制下长带上涨为主的长带运行过程是底部拉升阶段走势。

1. 市场表现

经过底部底仓建仓后，股价突破中带使得中带形成金叉，在中带多排运行下走出长带金叉上涨走势，直到股价顶折出现短带死叉并继续跌破中带为止，但整个过程始终在年带空头压制下运行，未能突破年带，其间中带可若干次运行。

底部拉升是底部中段，也是在整个底部区域中涨幅最大的一段。股价虽然长带金叉后进入长带上涨、三带多排推动上涨，但突破不了年带，即使进入底部整理的长带金叉回踩走势动作也不能使年带形成金叉，始终是在年带压制下运行。

K线长阳增多，上影K线增多，K线振幅变大，阳多阴少。

量能红肥绿瘦，长阳高柱多，长阴矮柱少，量能涨潮，量能明显放大，量增价涨量缩价跌，量价配合，量能活跃，上坡量群。

运行时间不长。

2. 基本方式

根据底部拉升方式完成在年带两线位置，可分为在年带小线压制下拉升和在年带大线压制下拉升。

（1）底部拉升在年带小线压制下拉升，即股价突破长带，走出长带上涨走势，股价上涨过程中在年带小线受阻受挫，股价由上涨转向下跌的走势过程，见图1－22、图1－23。

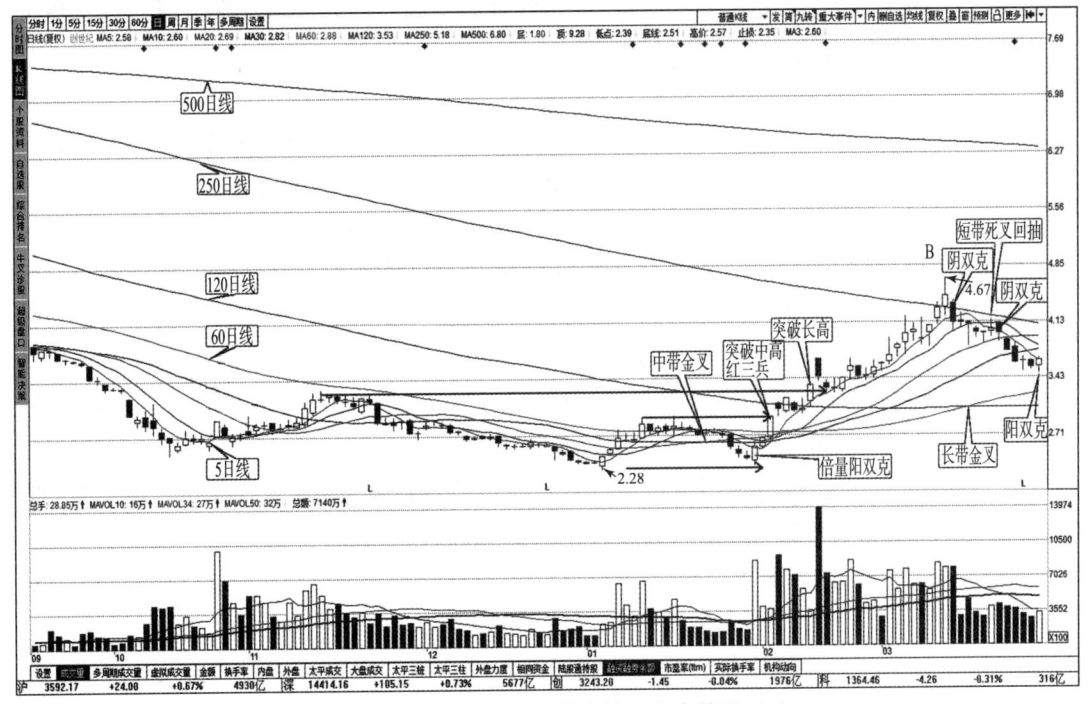

图1－22　底部拉升在年带小线下方走势图（1）

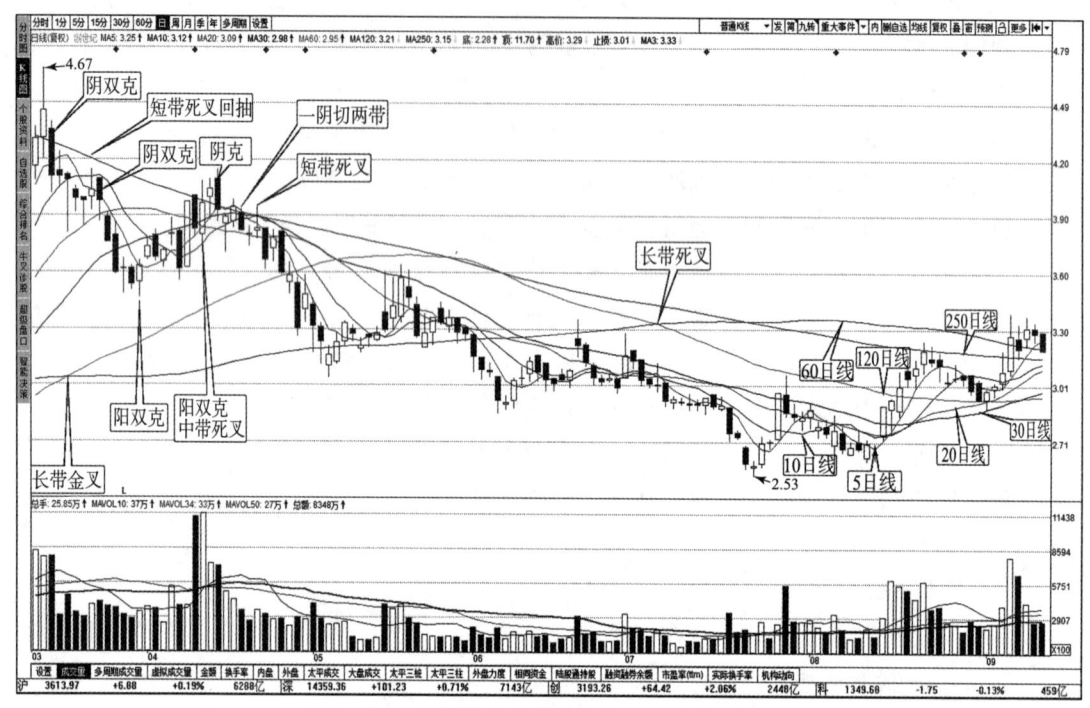

图 1-23　底部拉升在年带小线下方走势图（2）

图 1-22 是 300083 创世纪 2018.09-2019.03 的日 K 线走势，解析为：

股价 K 线在 A 点出现倍量阳双克，股价走出红三兵并突破中期高点、突破短中两带和走平的长带小线，确立上攻。

股价上涨陆续突破了长带和前长期高点，股价继续上涨攻击年带小线过程中，股价 K 线在 B 点出现阴双克走势，而后走出短带死叉回抽和阴双克走势，确立下行，之前长带虽然形成金叉，但是在年带小线走空压制下，在年带小线附近受挫酝酿回调。

图 1-23 是 300083 创世纪 2019.03-2019.09 的日 K 线走势，解析为：

股价虽然长带金叉，但在年带小线的压制下长带金叉上涨未突破年带小线，股价在年带小线附近出现阴双克、阴克以及一阴切两带等 K 线走势，进而形成了短带死叉，确立回调走势，年带小线压制明显。

股价确立回调后，在年带小线下方走出中带下跌运作走势，陆续跌破长带两线，在长带下方运行的结果，使得长带形成死叉。

（2）底部拉升在年带大线压制下拉升，即股价突破长带，走出长带上涨走势，股价上涨过程中在年带大线受阻受挫，股价由上涨转向下跌的走势过程，见图 1-24。

图 1-24 是 000875 吉电股份 2019.01-2019.06 的日 K 线走势，解析为：

股价在 A 点出现阳双克、红三兵后短带金叉，突破走平的长带小线，之后中带金叉，展开中带上涨走势，股价陆续突破长带两线，使得长带形成金叉，继续上涨突破年带小线。

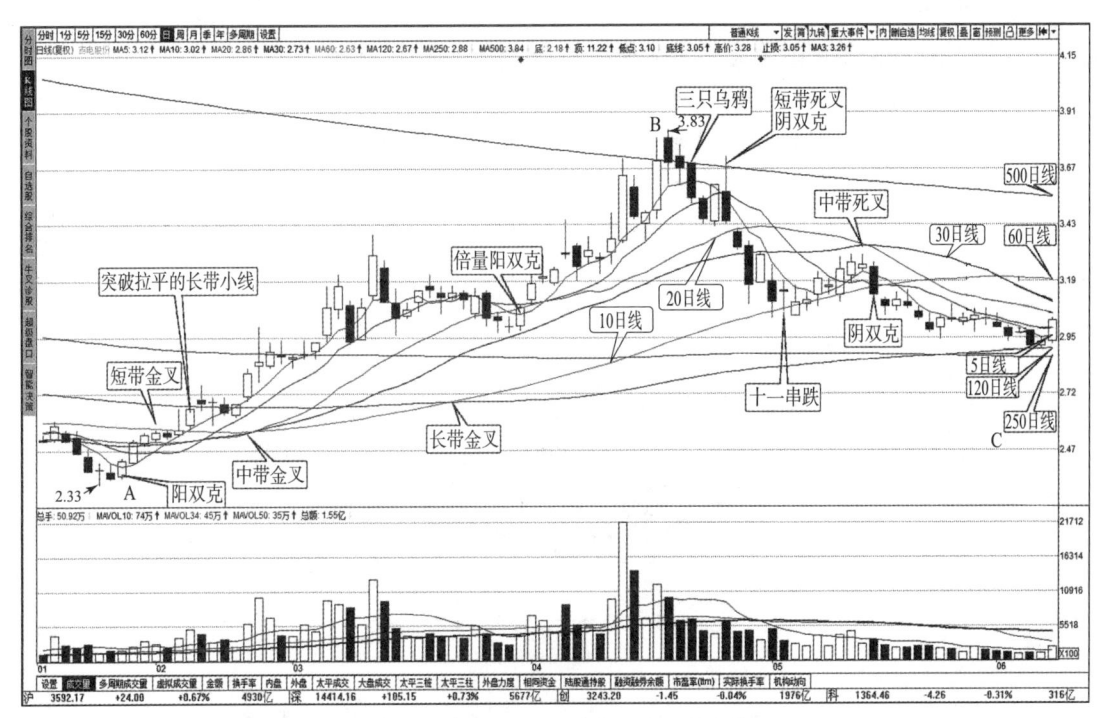

图 1-24 底部拉升在年带大线下方走势图

股价 K 线在 B 点突破年带大线后，当日收阴，而后走出三只乌鸦，也随着量能的萎缩股价下跌，走出短带死叉，回抽动作收出长上影线阴线，且增量形成阴双克，意味着底部长带金叉上涨，底部拉升走势结束，在年带大线压制下底部调整正式开始，股价出现十一串跌，跌破中带，在中带下方运行的结果是使得中带死叉。

（三）底部整理

股价走出不再创新低，逐步突破短中两带、突破长带的上涨走势过程中，股价在年带走空压制下，形成不突破年带的长带金叉回踩走势过程就是底部整理。

1. 市场表现

底部整理是对底部拉升时留下的市场波动进行整理，使得市场中的各方力量趋于统一化，为下一步进入上涨区域做好准备，其走势是长带金叉上涨后的长带金叉回踩动作，也可形成长带死叉下跌，一般会回调到前底仓低点，甚至跌穿前底仓低点创新低，通常运行时间比较漫长，是底部区域的末段，也是底部区域的第三阶段，完成这个步骤后股价将进入上涨区域。

K 线光脚大阴线多，初期大阴线多，到中后期小阳小阴居多，且价均线黏缠状态多。

量能萎缩明显，量能退潮，长阴矮柱、下坡量堆、小洼量群频现，偶有小山包量堆出现。

2. 基本方式

根据底部整理的形态，分为横盘整理、跌到前低和跌破前低三种整理形态。

（1）横盘整理，即在底部拉升后股价下跌进入底部整理阶段，其整理的结果是股价在底仓低点上方横盘整理，见图1－25。

图1－25 底部整理横盘整理走势图

图1－25是000973佛塑科技2019.01－2019.12的日K线走势，解析为：

股价中带上涨运行突破年带小线，突破年带大线留下长上影线阳K线，之后走出一阴切两带且跌破前低点，大阴跌入长带小线构成三只乌鸦K线走势，确立回调，之后量能退潮明显。

股价确立回调，股价横盘整理不破前低点即主图实线框所示，量能也出现百日地量群即成交量坐标实线框所示。

（2）跌到前低，即在底部拉升后股价下行进入底部整理阶段，其整理的结果是股价跌到底部底仓前低点附近进行整理，见图1－26。

图1－26是002526山东矿机2018.07－2019.02的日K线走势，解析为：

股价突破年带大线后，在年带大线上方运行过程中，出现倍量光头光脚大阴克K线、大爆量阴剑线等K线走势，而后出现四串跌、跌破中带、破位短期低点，确立回调。

股价进入调整后，股价跌到前低点撑压线附近，如图A、B、C点所示。

股价在B、C点处出现阳双克和阳克K线，中带也形成了金叉，此段走势在长带下方运行，构成了W底，量能出现小山包红肥绿瘦，调整进入了尾声。

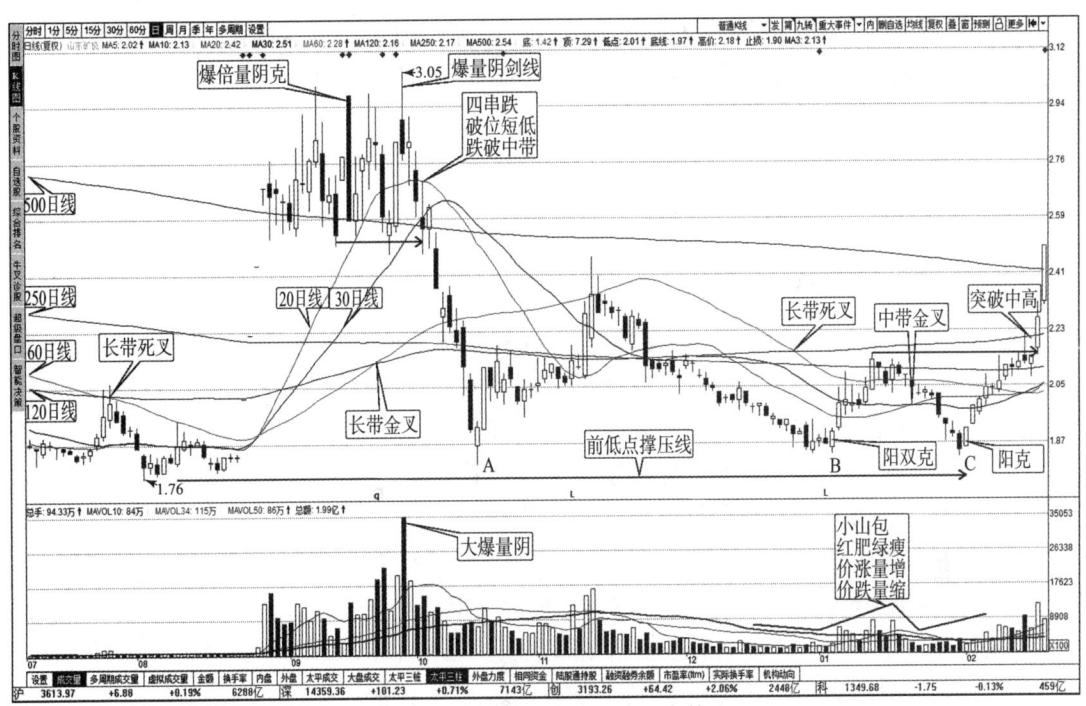

图 1-26 底部整理跌到前低走势图

（3）跌破前低，即在底部拉升后股价回调下行进入底部整理阶段，其整理的结果是股价跌破底部底仓前低点，见图 1-27。

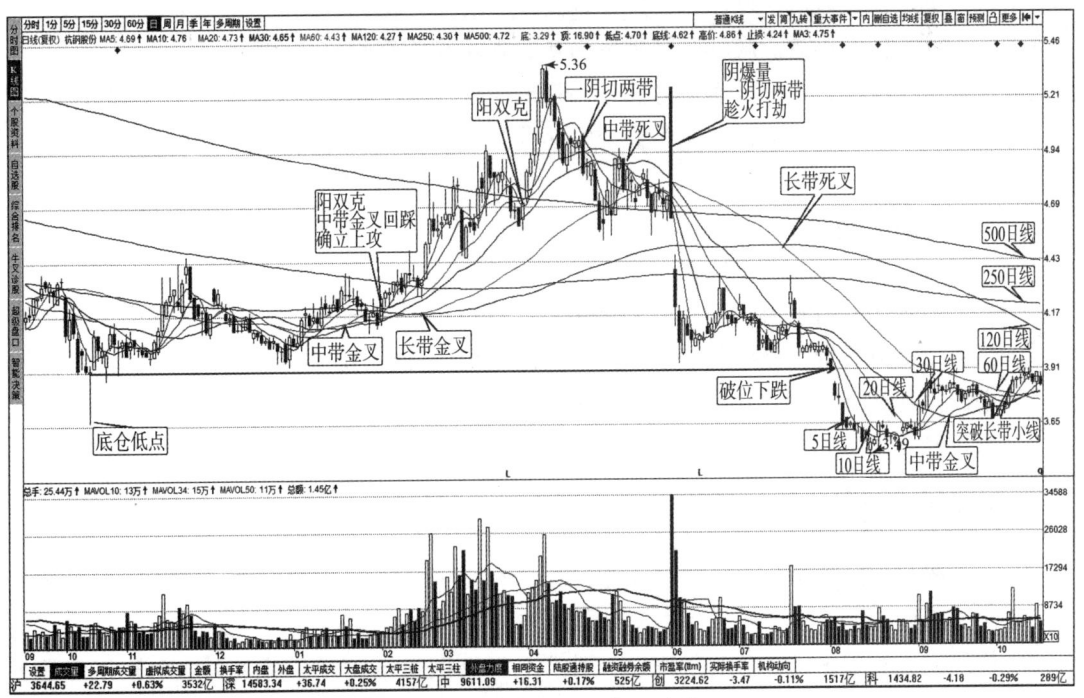

图 1-27 底部整理跌破前低走势图

图 1-27 是 600126 杭钢股份 2018.09-2019.10 的日 K 线走势，解析为：

股价陆续突破了年带两线后，出现一阴切两带 K 线走势，走出中带死叉走势，进入整理走势。

股价跌破中带后，陆续跌破长带两线，在长带下方运行使得长带形成死叉，股价继续下跌，跌破前期低点创出新低，构成了股价底部整理跌破前低点的整理走势。

（四）底部区域综述

初段底仓、中段拉升、末段整理，构成整体的底部区域走势。底部区域整体走势的终极目标是建仓，因此，在底部建立底仓后，不论是进入底部拉升段，还是拉升过后的进入整理段，都离不开主力尽量多收集低价筹码的最终目的。据此，量价分析就有依据，也正因此，底部整体呈现出运行时间漫长、整体涨幅不大、量能红肥绿瘦、慢涨量增、凶跌量缩的整体特点。

从具体走势来看，可简要归纳为"底部区域是在年带压制下长带运行的走势"，其中，底部底仓段是在长带空排压制下中带金叉上涨和中带金叉回踩过程，底部拉升段是年带压制下长带金叉上涨过程，底部整理段是在年带压制下对长带金叉回踩过程。

从整个底部区域走完的均线任务看，是为使年带小线走平、为年带形成金叉提供基础。

从投资交易赚钱效应看，在整个底部区域三段走势中，底部拉升段的上涨幅度最大，操作价值最大，但运行时间不长，其他多数时间段股价震荡、整理，因此，从整个底部区域看，操作机会少、难度大。

创新低，不妙。底部区域是不创新低后才开始有底部意义的，底部整理过程中，在年带小线附近横盘整理最为强势，若整理跌穿底仓段低点创新低，那可就不妙了，那就要重新考虑、分析、研判整个底部区域了。

二、上涨区域

上涨区域指主力利用各种资源和条件营造个股活跃度，促使各路资金纷纷积极买入，使得股价突破年带小线进入大幅拉升的阶段。整个上涨区域分为初段拉升、中段拉升和末段拉升，这三段拉升中，每段拉升中涵盖着拉升和回调两个动作，根据拉升的主题分别命名为长升浪、年升浪和主升浪拉升。

（一）长升浪

股价不断创新低，长期下跌使得各均线带形成空头排列下跌运行，直到股价走出不再创新低，逐步突破短中两带，突破长带上涨，在受到年带压制出现回调走势，构筑完成底部区域走势的过程后，股价上行突破长带两线，继续上涨突破年带的上涨过程就是长升浪行情，长升浪走势包括长带金叉上涨走势和长带金叉回踩走势。

1. 市场表现

股价从底部区域的末段即底部整理段的中带金叉上涨开始上攻，突破长带使得长带形成金叉、展开长带金叉上涨，突破年带小线压制、突破底部区域高点上涨，直到股价跌破中带、中带死叉，确立回调，展开回调走出长带金叉回踩的过程。此回踩过程中，或将年带形成金叉，这样一段能够突破年带压制的长带金叉上涨行情及回调过程，是因长带金叉发动的行情，故称长升浪，是上涨区域的初段拉升。

K 线比起底部区域，中、大阴阳 K 线多起来，上涨过程和回调过程中，均线系统上攻角度缓慢。

量能比起底部区域，增量涨潮明显。其中，长升浪上涨中，量能涨潮甚至是爆量堆，常见山峰量群、山谷量群。长升浪回调中，量能退潮或缓或急，常见注量群、小山包群。

2. 上涨方式

股价从底部区域走出突破长带两线的走势，股价继续上涨，突破年带两线的长升浪上涨走势，长升浪上涨走势可分为长升浪确立上涨启动在年带金叉前和长升浪确立上涨启动在年带金叉后两大类。

（1）长升浪上涨在年带金叉前启动上涨，是股价在走出底部区域的底部整理走势过程中，出现中带金叉上涨突破长带，使得长带形成金叉走势，其结果使得中带两线多排、长带两线多排，股价上涨，陆续突破年带两线，此时年带还未形成金叉，股价已经走出长升浪上涨的走势，见图 1－28。

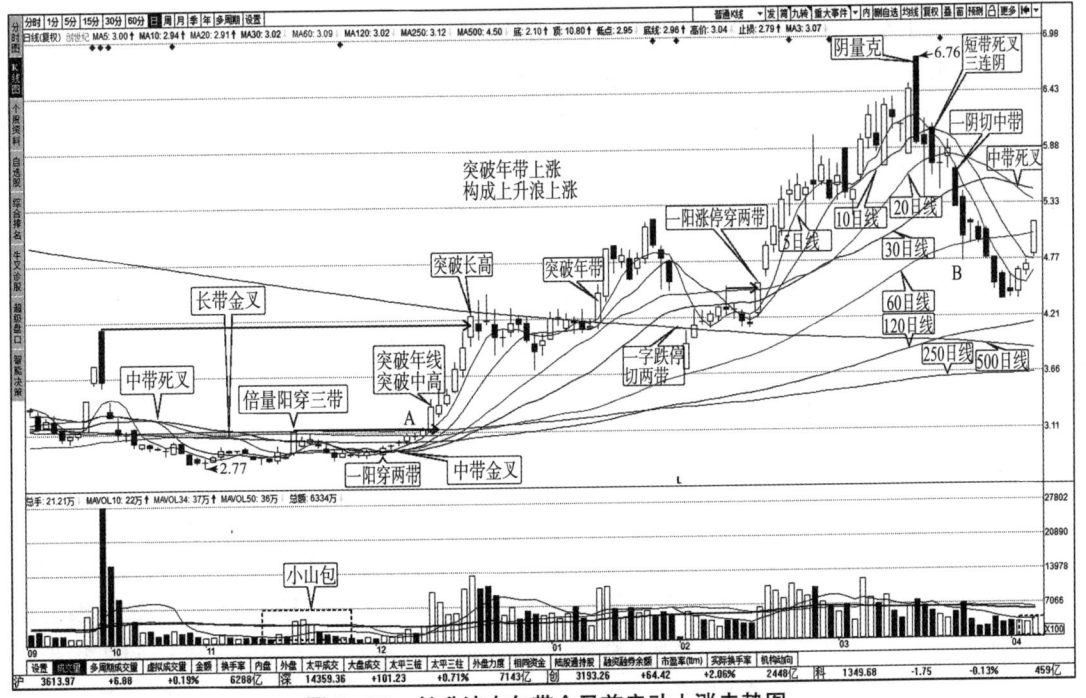

图 1－28　长升浪在年带金叉前启动上涨走势图

图1-28是300083创世纪2019.10-2020.04的日K线走势，解析为：

股价运行长带形成金叉，长带多排，在A点位置走出一阳穿两带K线走势，并中带形成金叉，量增价涨、价跌量缩的小山包量群。

行情启动上涨，在图中A点处走出一根大阳K线突破走平年带小线、突破前中期高点的走势，使得短中长三带构成多排上攻状态。

股价继续上涨突破前长期高点，该前长期高点压力位如图中所示，爆量大阴K线上撑压线，与此同时，股价也受年带大线的压制，在年带大线附近走出了震荡走势，而后股价继续长带上涨走势，突破了年带大线；在受大盘大跌影响下，个股走出了一字板跌停，切断了中带的走势，但很快走出一阳涨停穿两带走势，继续上涨，股价在年带两线上方继续上涨运行，构成了长升浪上涨走势。

在展开长升浪上涨过程中，出现阴量克K线走势，三连阳、短带死叉走势和一阴线切中带走势，之后在图中B点处出现下影线刺穿长带小线的走势，回调开始。

图中A点处股价启动上涨，陆续突破年带两线，构成了长升浪上涨走势，股价上涨运行到B点位置，股价跌破中带，意味着长升浪上涨走势确立回调，此时年带两线还未形成金叉，因此，在年带未形成金叉之前走出的长升浪上涨走势称为长升浪上涨在年带金叉前启动上涨走势。

（2）长升浪上涨在年带金叉后启动上涨，是股价在走出底部区域的底部整理走势过程中，出现中带金叉上涨突破长带，使得长带形成金叉走势，其结果中带两线多排、长带两线多排，股价上涨，陆续突破年带两线，此时年带已经形成金叉，股价已经走出长升浪上涨的走势，见图1-29。

图1-29是300198纳川股份2020.05-2020.09的日K线走势，解析为：

股价整理走出短中长年四带黏缠状态，如主图虚线框所示，其间走出中带形成金叉和短带金叉、一倍量阳穿短中两带的K线走势，股价继续上涨，突破年带并使得年带形成金叉走势。

股价继续上涨突破长期高点，打开上涨空间继续上涨，走出了四带上涨运作走势。

股价在四带多排上涨过程中，出现了阴量克大振幅十字星K线，增量中阴K线跌破短带、短带死叉、六串跌的K线走势，跌入中带酝酿回调。

股价陆续跌破中带两线后，出现了增量阴剑线，大阴切两带、中带小线走平、破位前短期低点的K线走势，结束中带死叉回抽动作，确立回调走势。

3. 回调方式

股价从底部区域走出突破长带两线的走势，继续上涨，突破年带两线，形成了长升浪上涨走势，在长升浪上涨走势过程中，股价出现回调，随着回调走势的展开，股价陆续下跌，形成了长升浪上涨回调走势；长升浪上涨回调走势分为长升浪上涨回调在年带两线之上、长升浪上涨回调在年带两线之内和长升浪上涨回调在年带两线之下三大长升浪上涨回调走势方式。

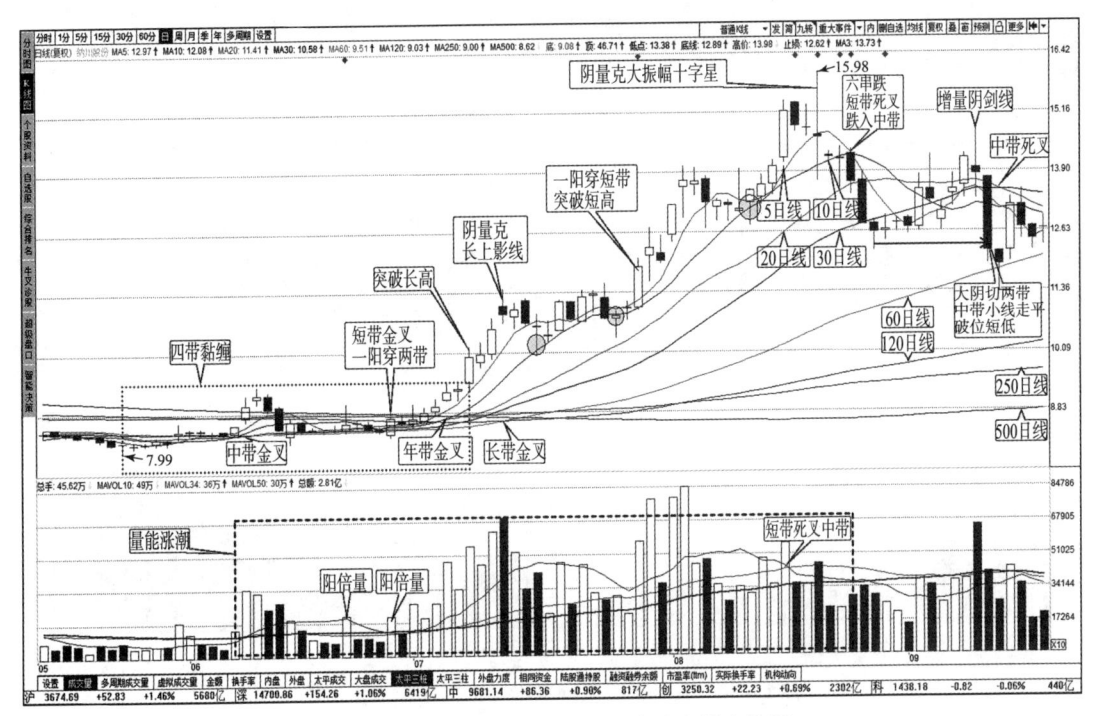

图 1-29 长升浪在年带金叉后启动上涨走势图

（1）长升浪上涨回调在年带两线之上，是股价从底部区域启动上涨，陆续突破年带两线形成长升浪上涨走势，在长升浪上涨过程中，股价展开回调走势，股价陆续跌破短中两带，之后陆续使得短中两带纷纷形成死叉，股价下行跌入长带，形成长升浪上涨回调走势，其回调过程在年带两线上方才企稳止跌的走势过程，见图 1-30。

图 1-30 是 300083 创世纪 2020.03-2020.07 的日 K 线走势，解析为：

股价在突破年带展开长升浪上涨过程中，出现了光头光脚大阴量克，即图中 A 点处，之后走出三只乌鸦、短带死叉、中阴 K 线切入中带小线的走势，股价继续下行，出现跳空一阴切中带、形成六串跌，开始了长升浪上涨回调走势。

A—B 点，是股价长升浪上涨确立回调走势。

B—C 点，是股价长升浪上涨回调走势阶段，其间股价运行到长带大线上方，成交量走势出现红肥绿瘦，量价呈现价涨量增、价跌量缩，吸筹明显，如图中成交量坐标虚线框所示。

C 点处，走出红三兵 K 线，之前已经走出一阳穿三带和阳双克 K 线走势，股价在长带大线上运行，使得中带金叉，在年带金叉上构成了三带多排走势态势，意味着下一个上涨行情启动。

D 点处，突破了 A 点的长期高点，打开了上涨空间。

（2）长升浪上涨回调在年带两线之间，是股价从底部区域启动上涨，陆续突破年带两线形成长升浪上涨走势，在长升浪上涨过程中，股价展开回调走势，股价陆

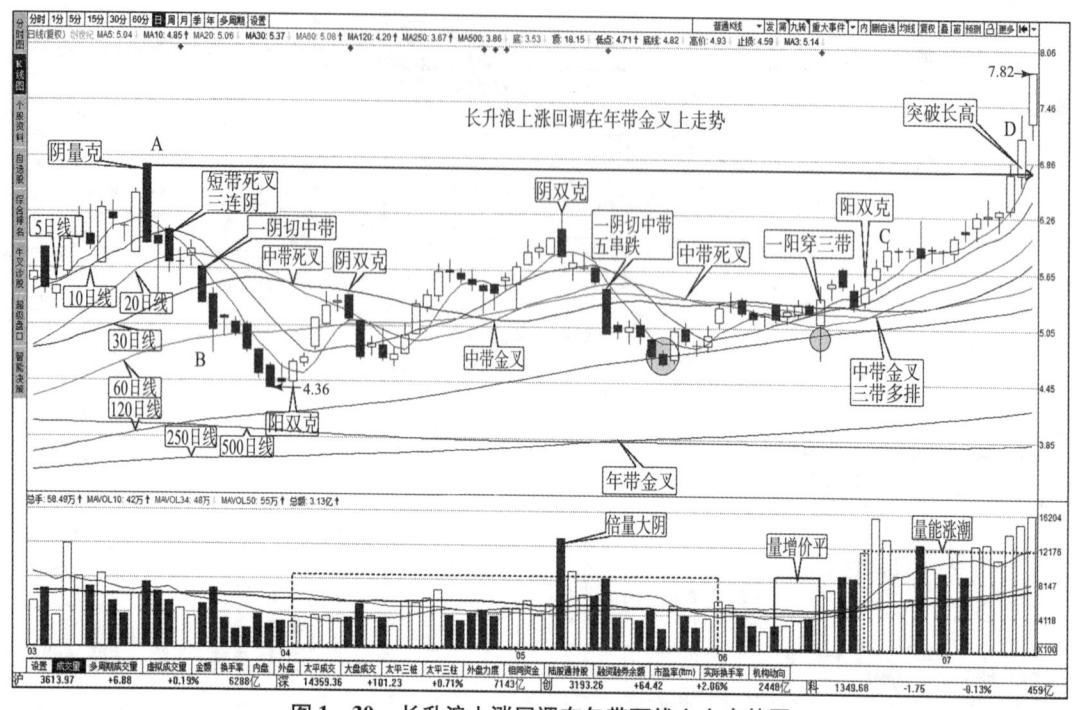

图1-30 长升浪上涨回调在年带两线之上走势图

续跌破短中两带，之后陆续使得短中两带形成死叉，股价下行跌破长带，形成长升浪上涨回调走势，其回调走势在年带两线之内才企稳止跌的走势过程，见图1-31。

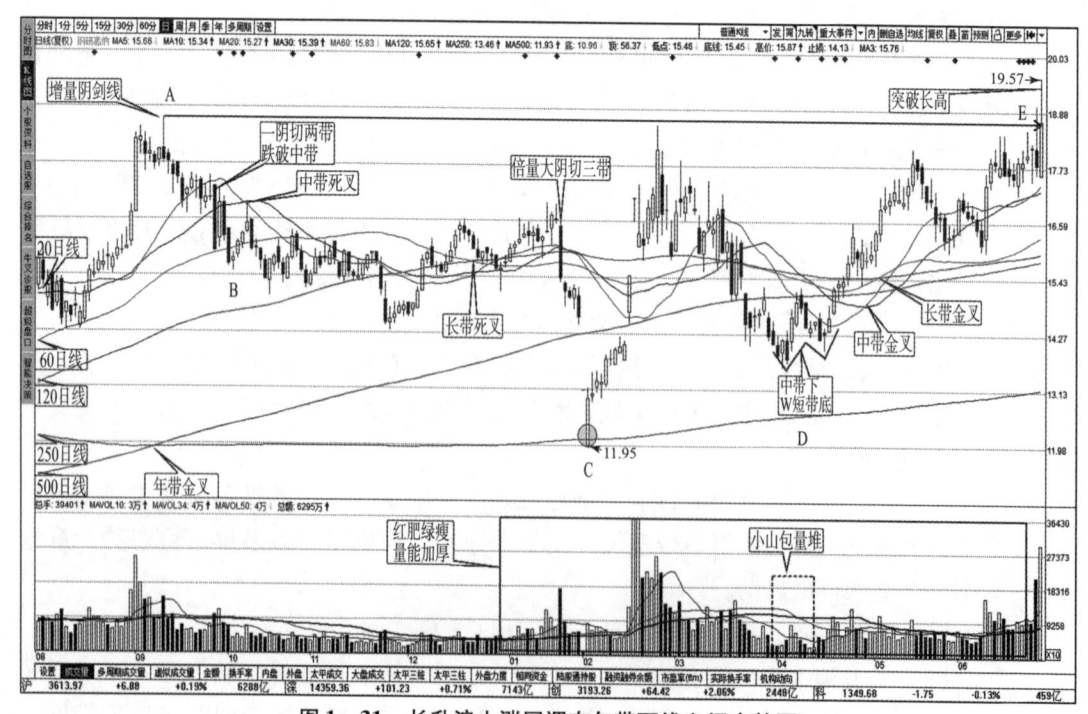

图1-31 长升浪上涨回调在年带两线之间走势图

图 1-31 是 300034 钢研高纳 2019.07-2020.06 的日 K 线走势，解析为：

A—B 点，股价长升浪上涨走势过程中，K 线走出增量阴剑线，之后股价继续下行，走出一增量中大阴 K 线切两带、跌破中带，股价 K 线在中带下方运行，使得中带形成死叉，确立长升浪上涨回调。

C—D 点，股价回调下跌，跌破年带小线后在年带两线之间走出止跌走势，其间，成交量出现红肥绿瘦、量能增厚现象，如图中量能实线方框所在位置，主力借助回调大力吸筹，后期可期。

E 点处，股价突破了 A 点处的长期高点，打开了上涨空间。

（3）长升浪上涨回调在年带两线之下，是股价从底部区域启动上涨，陆续突破年带两线，形成长升浪上涨走势，在长升浪上涨过程中，股价展开回调走势，股价陆续跌破短中两带，之后陆续使得短中两带形成死叉，股价下行跌破长带，形成长升浪上涨回调走势，股价继续下跌，跌破年带，在年带两线之下才企稳止跌的走势过程，见图 1-32、1-33。

图 1-32 长升浪上涨回调在年带两线之下走势图（1）

图 1-32 是 600359 新农开发 2019.06-2020.01 的日 K 线走势，解析为：

在股价突破年带两线，形成长升浪上涨走势继续上涨过程中，在图中 A 点出现平量阴剑线 K 线，股价继续下跌，走出六串跌、短带死叉走势，股价一直在短带下方继续下行，直到 B 点处使得中带形成死叉，回调确立。

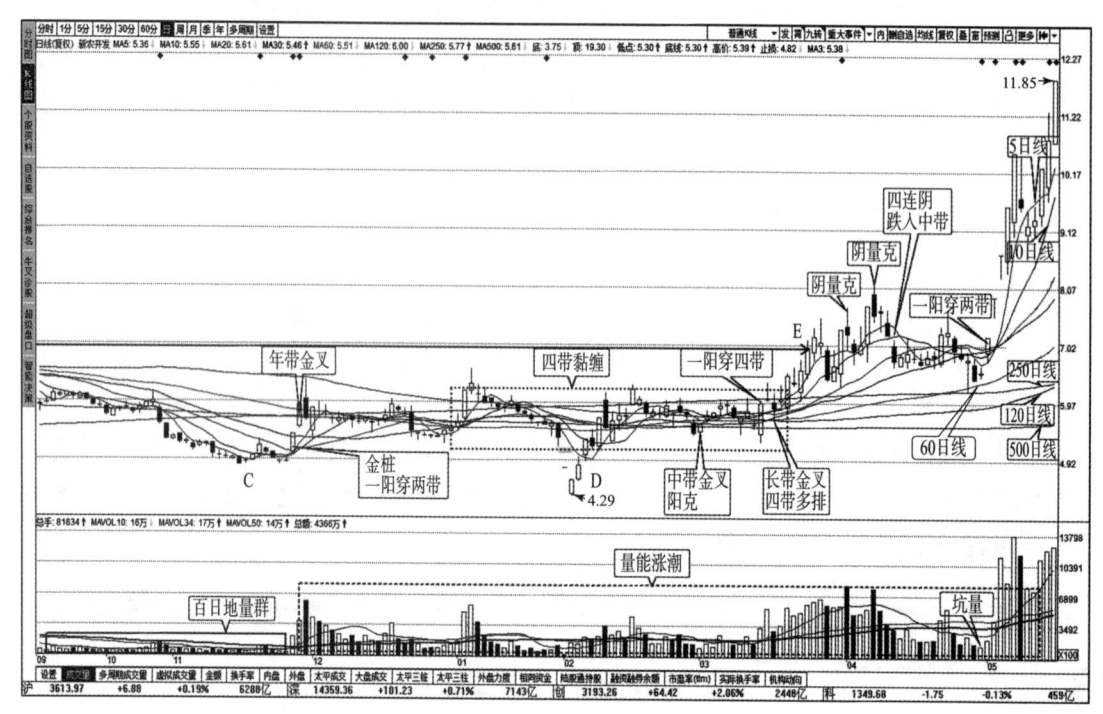

图1-33 长升浪上涨回调在年带两线之下走势图（2）

B—C点，股价走出长升浪上涨回调确立后，股价下行跌破年带两线，其间，成交量出现百日地量群，即成交量坐标实线框所示。

图1-33是600359新农开发2019.09-2020.05的日K线走势，解析为：

量能涨潮：股价长升浪上涨回调至如图中C点处，出现金桩、一阳穿两带K线走势之后，量能涨潮明显，如图中成交量坐标内虚线方框所示。

四带黏缠：在主图虚线方框所示区间，四带均线出现黏缠状态走势，与此同时，股价K线在年带两线下方运行，如图中D点所示。

调整尾声：股价K线走出中带金叉、阳克，年带金叉下，长带小线走平、短中均线黏缠，出现罕见的一阳穿四带K线走势，意味着调整进入尾声了。

行情再启：股价上行，使得长带形成金叉，实现了四带多排助推上涨，之后陆续突破了长期高点，即图中E点所示位置。

临门一坑：股价在四带助推上涨过程中，出现了阴量克K线走势和四连阴跌入中带，而后股价调整，成交量出现坑量，次日走出跳空一阳穿两带、金桩K线走势，之后以连续的T字涨停突破中期高点，跳出临涨前一蹲，这一临涨短洗盘过程构成了临门一坑走势。

4. 长升浪综述

长升浪上涨走势是长带金叉上涨突破年带的行情，一般从最低点启动到最高点涨幅一倍左右；长升浪上涨和长升浪回调走势的结果是年带形成金叉；长升浪上涨是长带金叉上涨，长升浪回调在长升浪高点附近横盘整理、回调到长升浪涨幅的一半位置、回调到长升浪启动时的前低点、回调跌破长升浪启动时的前低点还低，依次从强到弱。

长升浪上涨与底部拉升，股价长带突破年带大线则是长升浪，不能突破的则是底部拉升。

创新低，不妙。长升浪中，回调在年带金叉上横盘为最强势，回调在年带金叉下创新低不妙。

不创新高，不妙。在短期走势看，不创新高，不妙；在更长的走势看，价涨到前期高点处不创新高，不妙。

（二）年升浪

年升浪是年带金叉上涨为主的过程，包括年带金叉上涨和年带金叉回踩两部分走势。

1. 市场表现

股价走出长升浪走势，继续向上运行使得年带两线形成金叉，股价在年带金叉上涨运行为主的上涨行情，是整个上涨区域的中段上涨阶段。

K线多见中K线、大K线、跳空高开现象，比起长升浪阶段，大阳K线多起来，上涨过程和回调过程中，均线系统上攻角度变陡。

在整个过程中，量能比长升浪阶段还要放大，在年升浪上涨过程中，常见山峰量群、山谷量群，在年升浪回调过程中，量能退潮是常态，退潮或缓或急，常见注量群、地量等缩量现象，退潮大势尾声还可常见吸筹小山包量群。

2. 上涨方式

根据年升浪的上涨启动运行在年带两线位置，可分为年升浪上涨在年带两线多排之上启动走势、年升浪上涨在年带两线多排之下启动走势和年升浪上涨在年带两线空排之下启动走势三大类年升浪上涨走势方式。

（1）年升浪上涨在年带两线多排之上启动走势，是股价在年带多排上方，走出长升浪上涨回调走势过程中，股价企稳走出中带金叉上涨，股价继续上涨突破长带，从而形成四带多排助推股价继续上行，突破长升浪高点创新高，继续展开上涨，形成的年升浪行情走势，见图1-34。

图1-34是300207欣旺达2019.03-2020.02的日K线走势，解析为：

A—B点，是长升浪上涨回调至低点的走势过程，即B点是股价本轮长升浪回调的最低点位置。

行情启动：长升浪上涨回调到B点位置后，股价走出一阳穿两带、倍量阳双克K线走势，但此处长带也形成了死叉，此后股价运行走出一阳穿两带、阳双克、中带金叉K线走势和突破中期高点的走势，说明长升浪调整基本进入尾声，酝酿着新一波上涨走势。

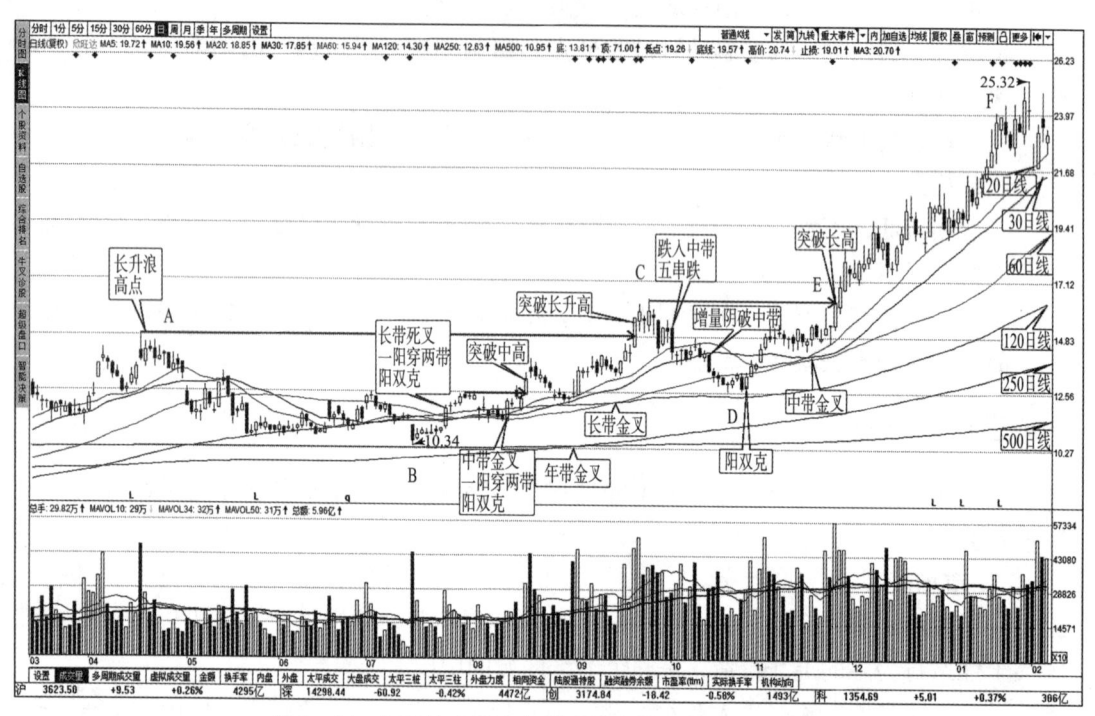

图1-34 年升浪上涨在年带两线多排之上启动走势图

突破长升高：股价继续运行使得年带形成金叉，长带形成金叉，股价在图中C点处走出突破长升浪高点。

中带调整：在图中C点到D点走出跌破中带、跌破长带小线的调整走势，其间走出大阴K线跌入中带、五串跌的K线走势，股价在中带小线下方运行使得中带小线走平，增量阴K线跌破中带，进而使得中带形成死叉的走势。

行情再启：股价跌破长带小线后走出阳双克K线走势，即在图中D点处位置，而后股价陆续突破长带小线以及中带两线，在中带两线上方运行使得中带形成金叉，股价运行到图中E点处突破C点长期高点，之后，在中长年三带多排推动下，继续展开年带金叉上涨行情，即年升浪上涨走势。

B—C点，是长升浪回调尾声也是年升浪上涨的启动阶段；B—F点，是年升浪上涨走势阶段。

（2）年升浪上涨在年带两线多排之下启动走势，是股价在年带多排下方，出现中带金叉上涨，股价继续上涨突破长带和年带，从而形成四带多排，助推股价继续上行，突破前期高点创新高，继续展开上涨，形成年升浪上涨行情，见图1-35。

图1-35是300092科新机电2019.09-2020.08的日K线走势，解析为：

四带黏缠：如图中主图虚线框所示区间是四带黏缠走势阶段，其间，股价跌破年带金叉后多排的年带两线，在年带两线多排下方运行并创出阶段低点，而后股价震荡上行，陆续走出短带形成金叉、长带金叉和中带金叉走势。

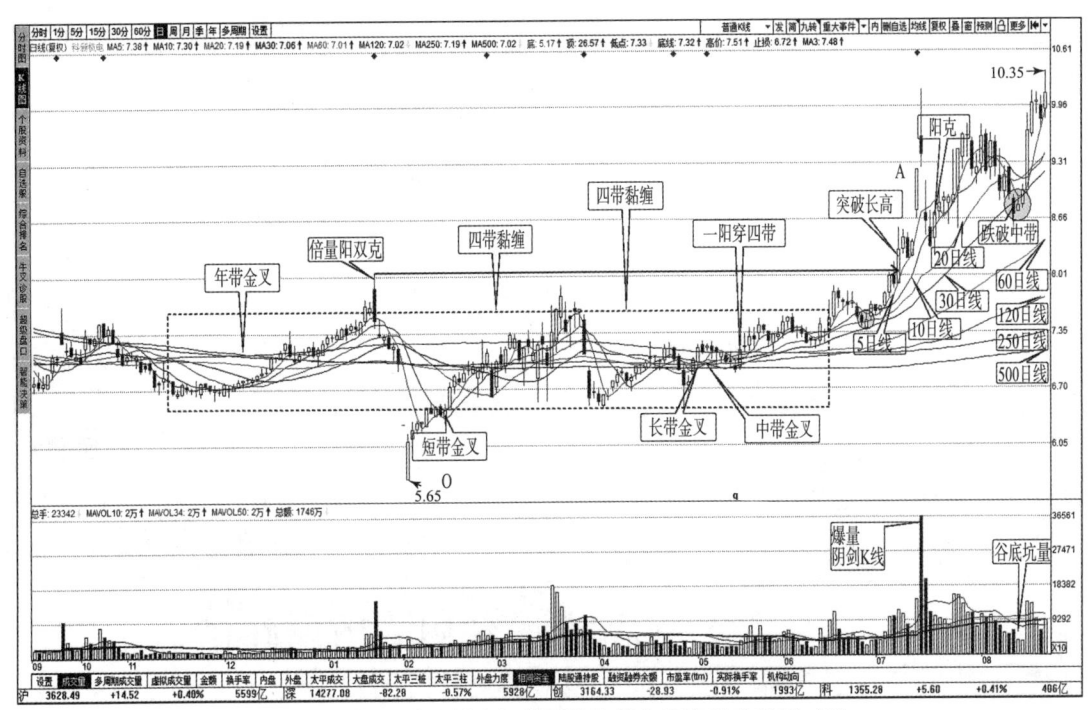

图1-35　年升浪上涨在年带两线多排之下启动走势图（1）

行情启动：股价走出长带金叉和中带金叉后，走出罕见的一阳穿四带K线走势，而后走出四带助推股价上行突破长期高点，打开了上升空间。

图1-36是300092科新机电2020.05-2020.12的日K线走势，解析为：

股价走出四带黏缠走势，即图中主图虚线框所示区间走势。其间，走出一阳穿四带K线走势后，股价逐步上行，形成四带多排，助推股价上涨，在图中A点位置突破长期高点，股价上涨形成年升浪上涨走势到图中B点。

从本轮行情的最低点即图1-35的O点到最高点即图1-36的B点，涨幅近3倍，可认为是长升浪+年升浪。目前，跌到2019.04.08日前高点，是重点关注的止跌位置，另外，从图1-36的最高点B点价位已跌50%，还跌近年带小线，从跌穿长带看，说明是长带级别调整后才能发动行情，从缩量明显看，如回调结束，后期可期待有一波行情。

（3）年升浪上涨在年带两线空排之下启动走势，股价在年带空排下方，出现中带金叉上涨，股价继续上涨突破长带和年带，使得长带形成金叉、年带形成金叉，从而形成四带多排，助推股价继续上行，突破前期高点创新高，继续展开上涨，形成年升浪上涨行情。从启动最低点上涨两三倍或以上，形成巨大涨幅，也只有涨幅巨大才能构成合并了长升浪的年升浪，见图1-37。

图1-37是002131利欧股份2019.09-2020.04的日K线走势，解析为：

行情启动：股价在年带两线走空下方，走出倍量阳克、爆量阳突破中期高点（简称中高）、中带金叉、爆量阴突破长期高点（简称长高）等K线走势，意味着行

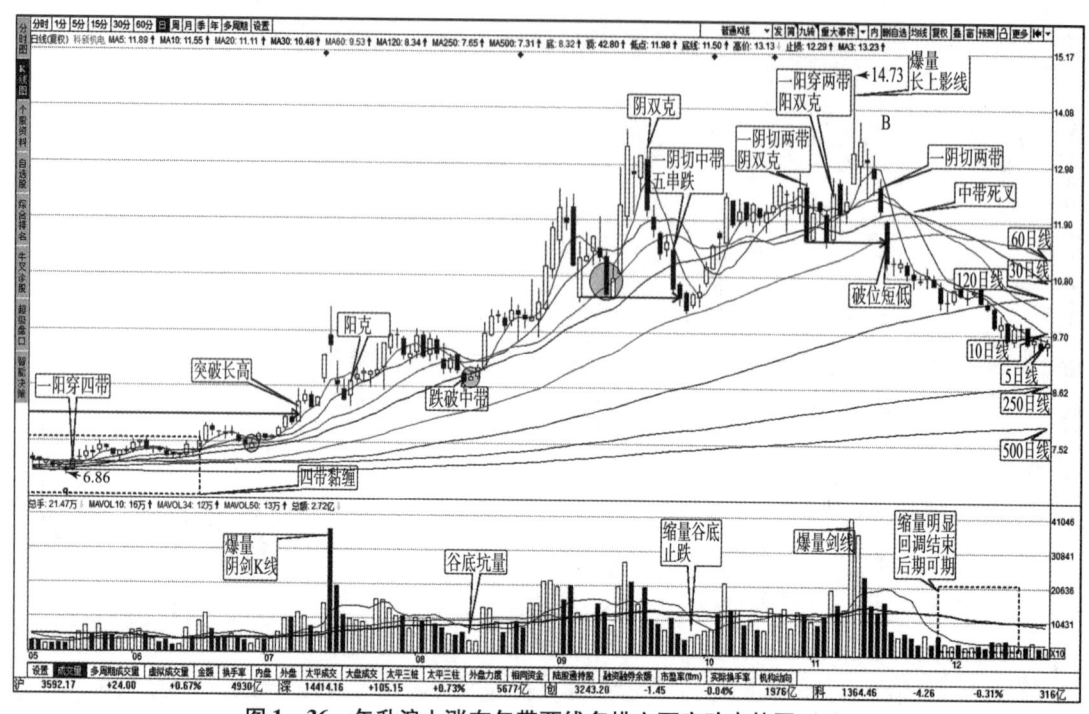

图1-36 年升浪上涨在年带两线多排之下启动走势图（2）

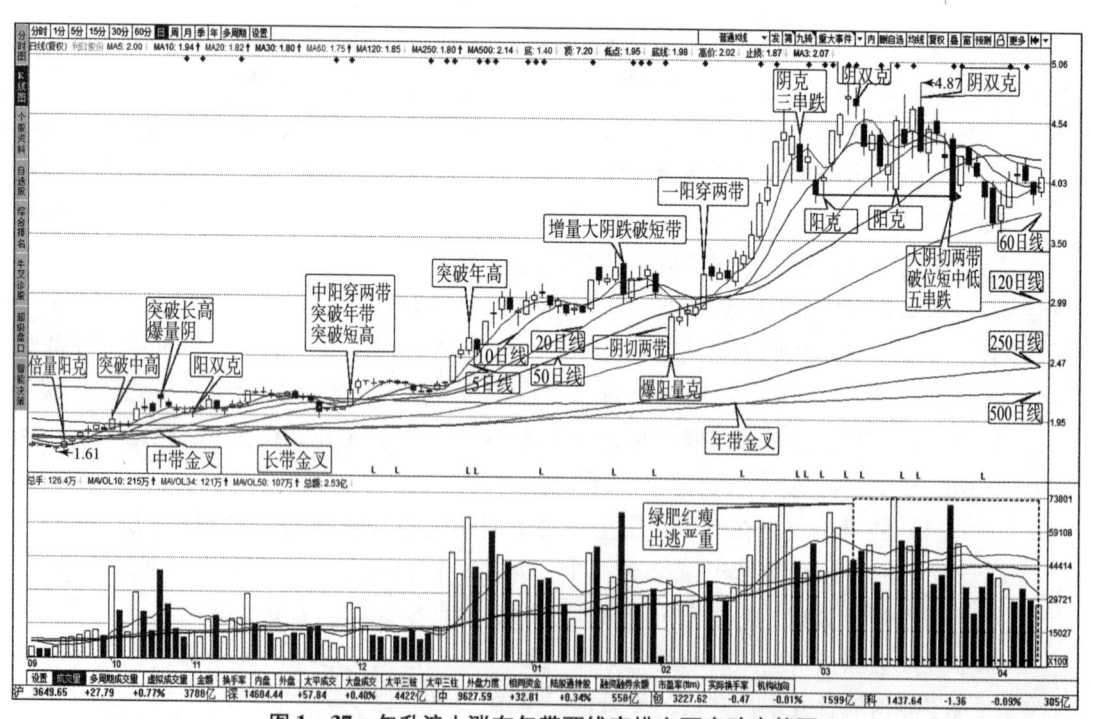

图1-37 年升浪上涨在年带两线空排之下启动走势图

情启动。

中带整理：股价在年带大线下方，突破长带运行，使得长带形成金叉，K线走出中阳爆量阳穿两带、突破短高、突破年带，结束了年带大线下中带调整。

突破年高：股价继续上行，走出增量阳突破年期高点（简称年高）、底部区域高点的K线走势，打开了上涨空间。

短带调整：股价在还未形成金叉的年带上方向上运行过程中，走出增量大阴，跌破短带和一阴切两带的K线走势，之后走出爆阳量克和一阳穿两带K线走势，结束了调整，股价在三带多排助推下在年带上方上行，使得年带形成金叉。

确立调整：股价在四带多排助推上涨过程中，走出阴克、阳克，阴双克、阳克的反复短带震荡走势，之后股价K线走出增量阴双克，跌破中带小线和增量大阴切两带、破位中期低点（简称中低）、五串跌的K线走势，确立调整走势。

值得注意的是，在图中成交量坐标虚线框所示区间，量能绿肥红瘦出逃严重，加之，股价从图中最低点1.6元附近涨到图中股价最高点4.87元，涨幅达三倍，构成了本轮长升浪+年升浪合并浪行情，合并浪行情如果从高点向下调整过程中成交量不能迅速萎缩，而是放量出逃严重的话，后期透支严重。

3. 回调方式

年升浪上涨回调从走势强势到弱势排序可分为回调在中带上、回调在长带上、回调在长带内和回调在长带下等四种走势。

（1）年升浪上涨回调在中带两线之上走势，是股价在展开年升浪上涨过程中，跌破短带下行，在中带得到支撑，再回上涨的走势，见图1-38。

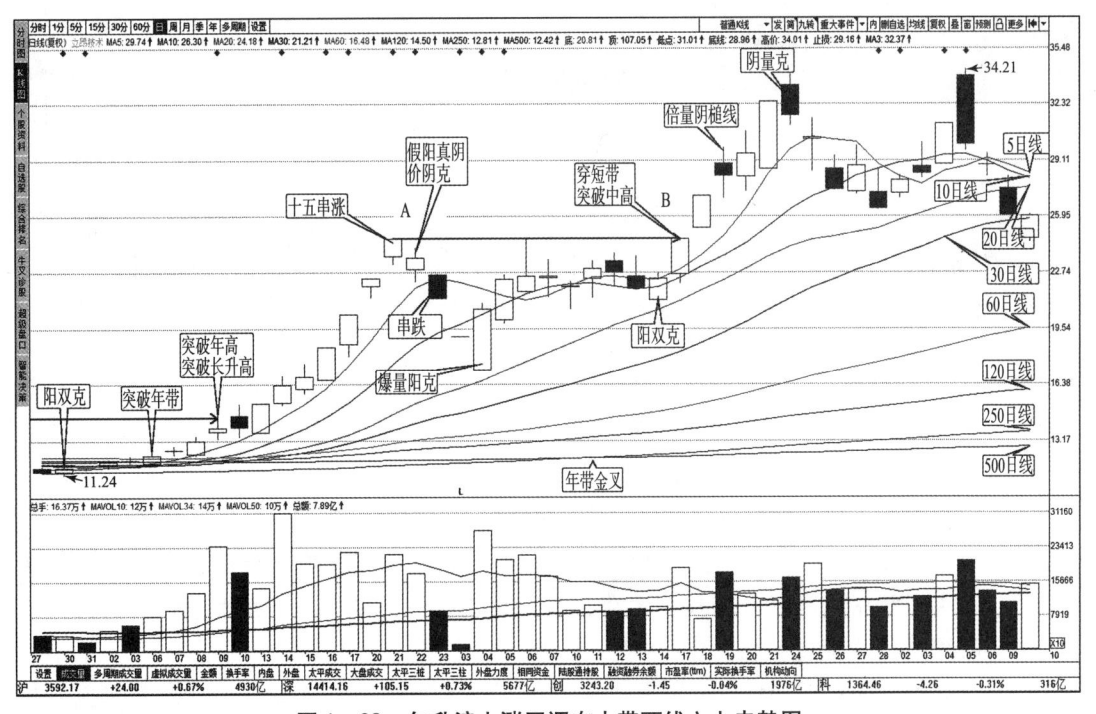

图1-38 年升浪上涨回调在中带两线之上走势图

图1-38是300603立昂技术2019.12-2020.03的日线走势，解析为：

顶折出现：股价在年带上方三带多排上涨过程中，在图中A点位置，走出十五串涨、跳空高开高走的加速上涨K线走势，之后出现假阳真阴、价阴克和缩量阴跌破5日线的串跌K线走势，形成了顶折走势。

中带支撑：出现顶折股价下行一字板跌停，跌破短带，而后走出爆量阳克K线走势，股价K线在中带上方继续运行，在图中B点位置，走出阳双克和突破中高、穿短带的K线走势，结束了短带调整走势。

（2）年升浪上涨回调在长带两线之上走势，是股价在展开年升浪上涨过程中，股价跌破短中两带，形成回调走势，回调到长带，得到长带支撑，不跌破长带，再启动行情重回上涨的走势，见图1-39。

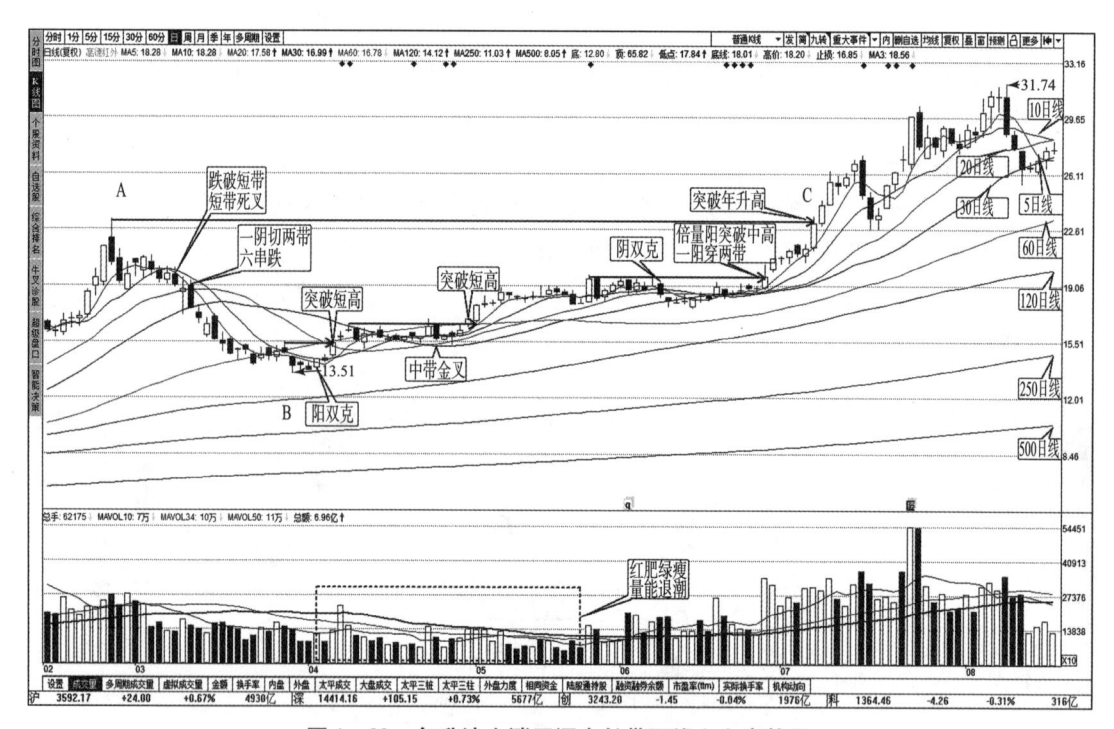

图1-39　年升浪上涨回调在长带两线之上走势图

图1-39是002414高德红外2020.02-2020.08的日K线走势，解析为：

回调确立：在图中A点位置，股价在四带多排助推年升浪上涨过程中，走出一阴跌破短带、短带死叉和一阴切两带、六串跌的K线走势，回调确立。

长带支撑：在图中B点位置，股价调整下跌，跌破长带小线后，在长带大线上方走出阳双克和突破短高K线走势，股价继续运行突破中带，使得中带金叉，突破短高的K线走势，突破长带小线，之后股价在长带上方中带上涨运行。

吸筹酝酿：成交量坐标图虚线框所示，该区间量能整体表现出，红肥绿瘦，相应股价缓慢上行，量价呈现缩量上涨的整体态势，吸筹明显，后期可期。

A—C点，股价在C点位置突破A点高点，结束了年升浪上涨回调在长带两线之上的走势，打开上涨空间，继续上涨。

（3）年升浪上涨回调在长带两线之间走势，是股价在展开年升浪上涨过程中，跌破短中两带，形成回调走势，回调跌破长带小线，跌穿长带大线后股价在年带上方得到支撑，长带未形成死叉，再启动行情重回升势的走势过程，见图1-40。

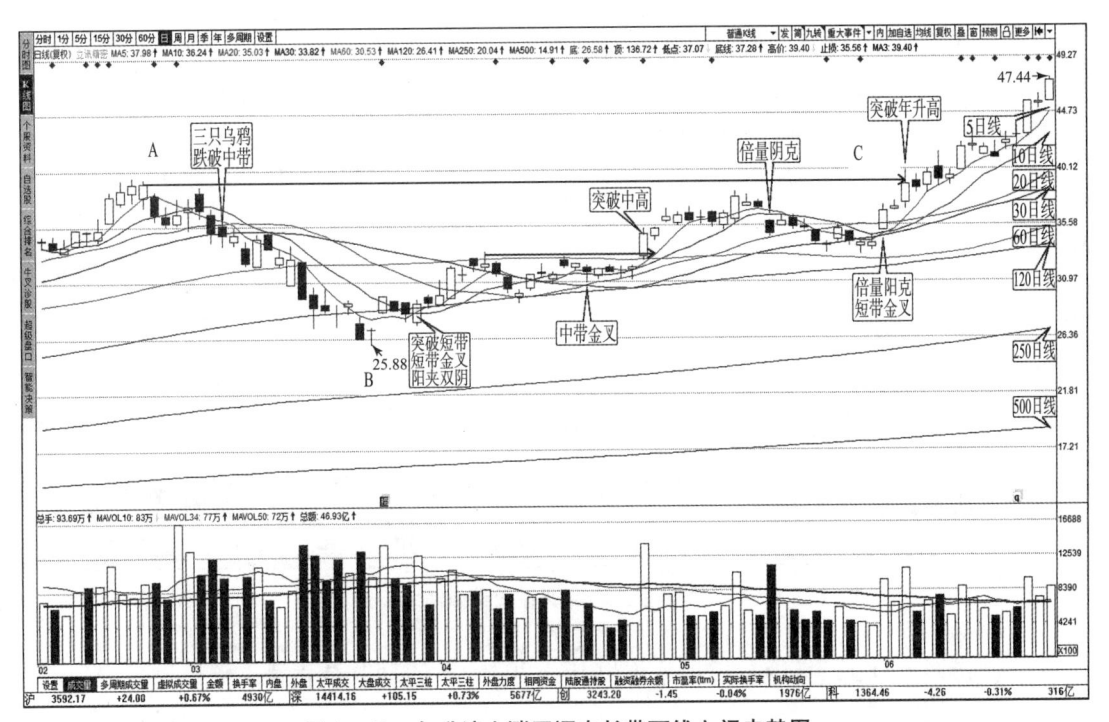

图1-40　年升浪上涨回调在长带两线之间走势图

图1-40是002475立讯精密2020.02-2020.06的日K线走势，解析为：

确立回调：在图中A点位置，股价在四带多排上涨过程中，走出三只乌鸦、跌破中带走势，确立回调。

长带支撑：股价在图中B点位置，回调下行跌穿长带后，走出突破短带、短带金叉、阳夹双阴K线走势，说明在长带大线附近得到支撑。

突破中高：股价在长带大线上方运行，使得中带形成金叉，出现突破中期高点的K线走势，突破了长带。

行情启动：股价在C点位置，继续在长带上方运行过程中，走出倍量阴克跌破短带，而后走出倍量阳克、短带金叉、四带多排走势状态，股价上涨突破年升浪高点，打开上涨空间。

A—C点，走出年升浪上涨回调走势过程中，股价在B点位置跌穿长带大线，但长带未形成死叉，年升浪回调在长带两线之间运行。

（4）年升浪上涨回调在长带两线之下走势，是股价在展开年升浪上涨过程中，股价跌破短中两带，形成回调走势，回调跌破长带，股价在年带上方得到支撑，长带形成死叉，再启动行情重回升势的走势过程，见图1-41。

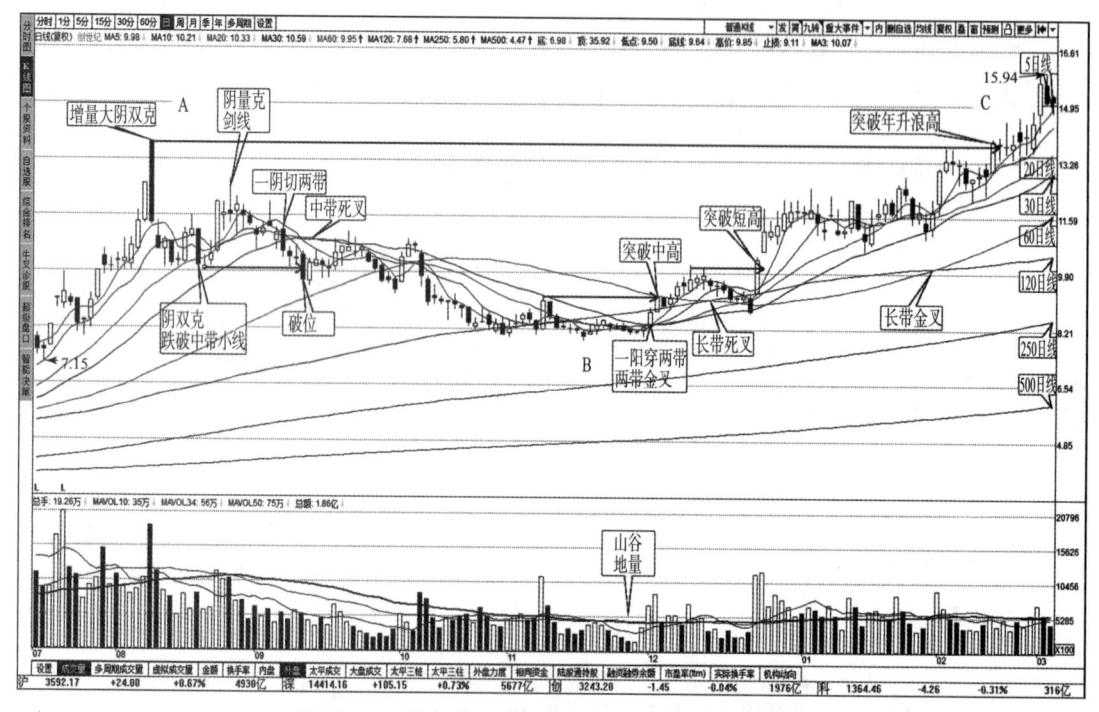

图1-41 年升浪上涨回调在长带两线之下走势图

图1-41是300083创世纪2020.07-2021.03的日K线走势，解析为：

酝酿回调：在图中A点位置，K线走出增量大阴双克和阴双克、跌破中带小线走势，酝酿着回调。

确立回调：股价在中带上方出现阴量克剑线和一阴切两带K线走势，跌破中带，而后股价K线走出破位下行，使得中带形成死叉，回调确立。

行情再启：股价回调下行跌破长带，在B点位置，长带下方走出一阳穿两带、两带金叉K线走势，股价上行突破中期高点走势，股价继续运行使得长带形成死叉，之后股价走出突破短高走势，在长带上方运行，长带形成金叉，形成了股价在四带多排上涨运行走势。

4. 年升浪综述

年升浪是年带金叉上涨行情，是承上启下的行情。年升浪之前是长升浪行情，之后是主升浪行情。年升浪是上涨区域的主体行情，只要股价出现年带金叉，总是要有一波行情的。

长升浪+年升浪合并浪，可能发生在年带下方启动行情和年带上方启动行情。

回调强弱方面，年升浪行情的回调越浅，行情就越强；如果回调深，到了跌破长带使得长带形成死叉的程度，那么，有可能演变成顶部区域。

（三）主升浪

股价年升浪上涨后，走出年带金叉回踩构成年升浪回调走势，之后股价再回升势，在四带多排推动上涨的行情过程，就是主升浪上涨。

1. 市场表现

年升浪回调结束后，在四带均线多头排列强力推动上涨，直到股价加速上冲赶顶。

此时，个股从大底起已经波段运行几次，运行时间可达一两年甚至更长，累计涨幅一两倍或更大，进入主升浪后股价进入高位区间。

K线大阳、跳空高开高走、涨停多见，主升浪行情是表现个股独立走势的过程。

量能逐渐放大，出现山峰量群，或者在高度控盘情况下，量能逐渐退潮状，但股价依然创新高。

主升浪行情涨幅是整个个股上涨区域的最为迅猛、最为可观的拉升行情，特点是时间短上涨迅猛，同时也是赶顶的过程，也就意味着随时见大顶、风险最高的时候，正因此，在主升浪冲顶过程中，月线级别走势常见月太平K线。

2. 上涨方式

主升浪的主要上涨方式有直拉暴涨、滑行起飞和台阶拉升式三种。

（1）直拉暴涨式，是股价突破年升浪高点之后直接拉升，从启动低点上涨2倍以上的大幅拉升居多，少有1倍涨幅，不出现中带或以上级别回调，一路高歌猛进，甚至赶顶呈现90度凶猛上涨，见图1-42。

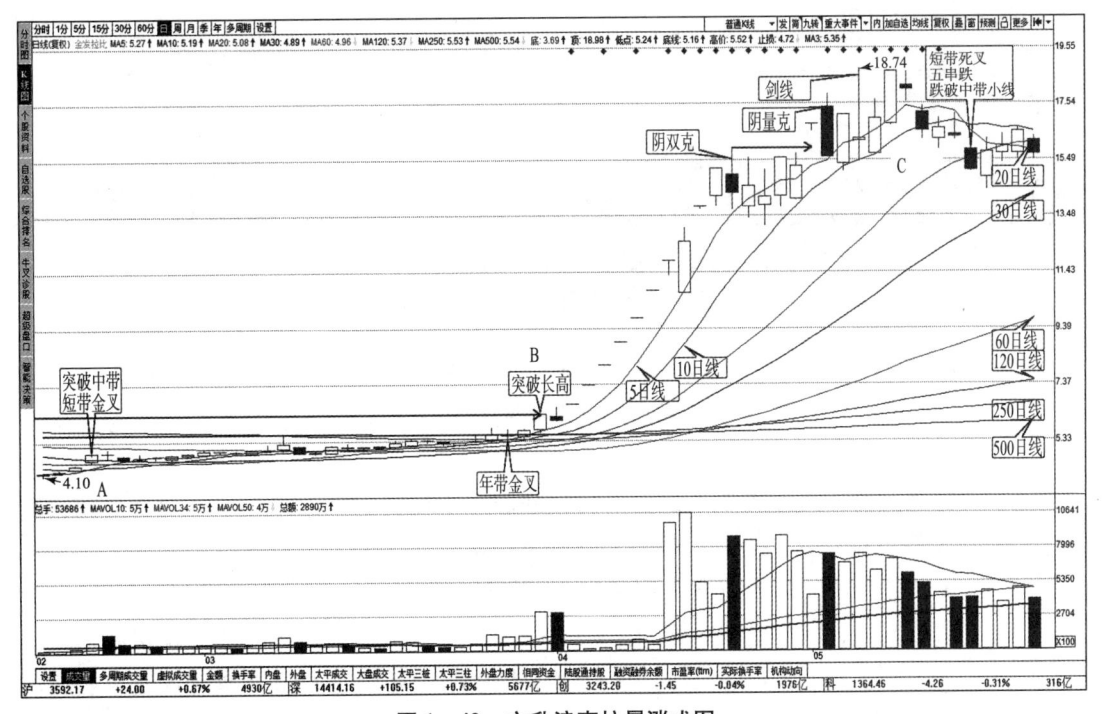

图1-42　主升浪直拉暴涨式图

图1-42是002762金发拉比2021.02-2021.05的日K线走势，解析为：

启动行情：在图中A点，股价走出突破中带、短带金叉后启动上涨行情。

突破长高：在B点，股价上行使得年带形成金叉，而后走出倍量阳突破长高走势，打开上涨空间。

B—C点，股价直拉暴涨，从A点的4.10元低点到C点的18.74元高点，上涨了4.5倍，是在四带走多推动下形成上涨，属于合并浪行情。

（2）滑行起飞式，是股价突破年升浪高点之后不是直接拉升，而是先出现慢慢推高、台阶爬升，而后才出现加速赶顶，大阳K线增多，一路高歌猛进，这类型的常见，如图1-43所示。

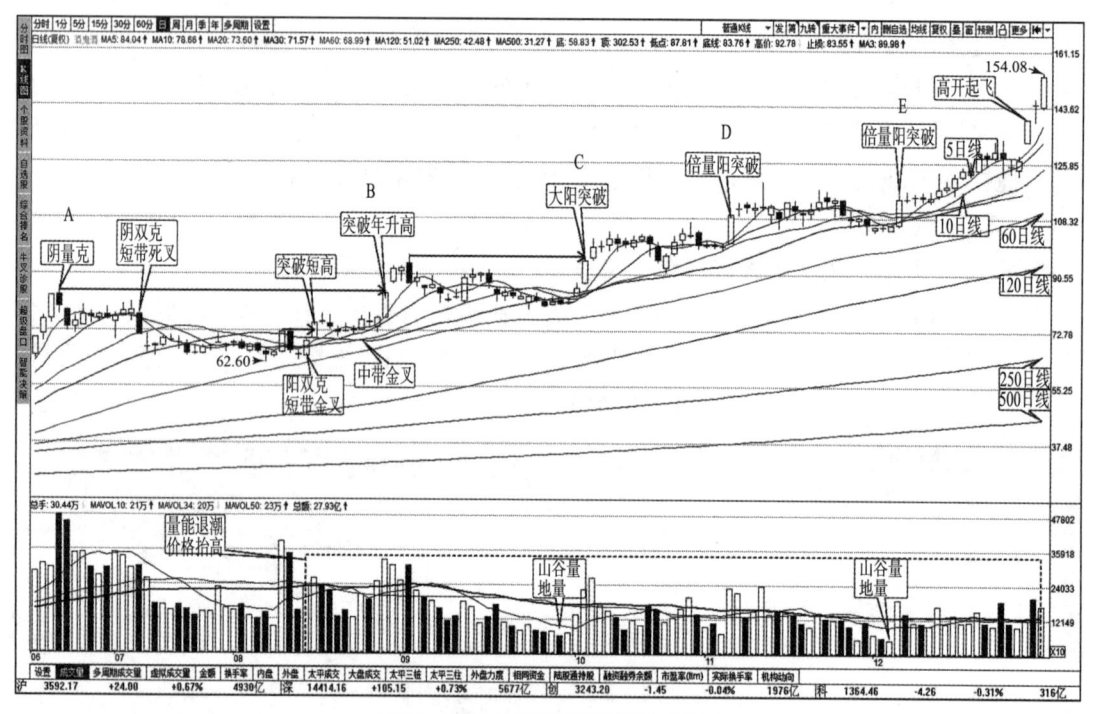

图1-43 主升浪滑行起飞式图

图1-43是000799酒鬼酒2020.06-2020.12的日K线走势，解析为：

确立回调：在图中A点位置，出现阴量克和阴双克、短带死叉K线走势，确立回调。

启动行情：股价从A点位置下行，跌破中带后，走出阳双克、短带金叉和突破短高K线走势，在中带上方运行使得中带形成金叉。

突破年升高：股价在B点位置，突破年升浪高点，之后形成慢慢滑行态势。

滑行起飞：股价慢慢上涨，在C、D、E位置走出三次大阳K线步步走高的台阶式拉升走势，其间，量能整体呈现退潮，并伴随山谷量、地量等缩量现象，如果后期走势出现放量上涨，则小心。

（3）台阶拉升式，是股价突破年升浪高点之后，开始主升浪行情，拉升到一定高度后，股价进入整理，接着突破整理前高点走出二次拉升，见图1-44。

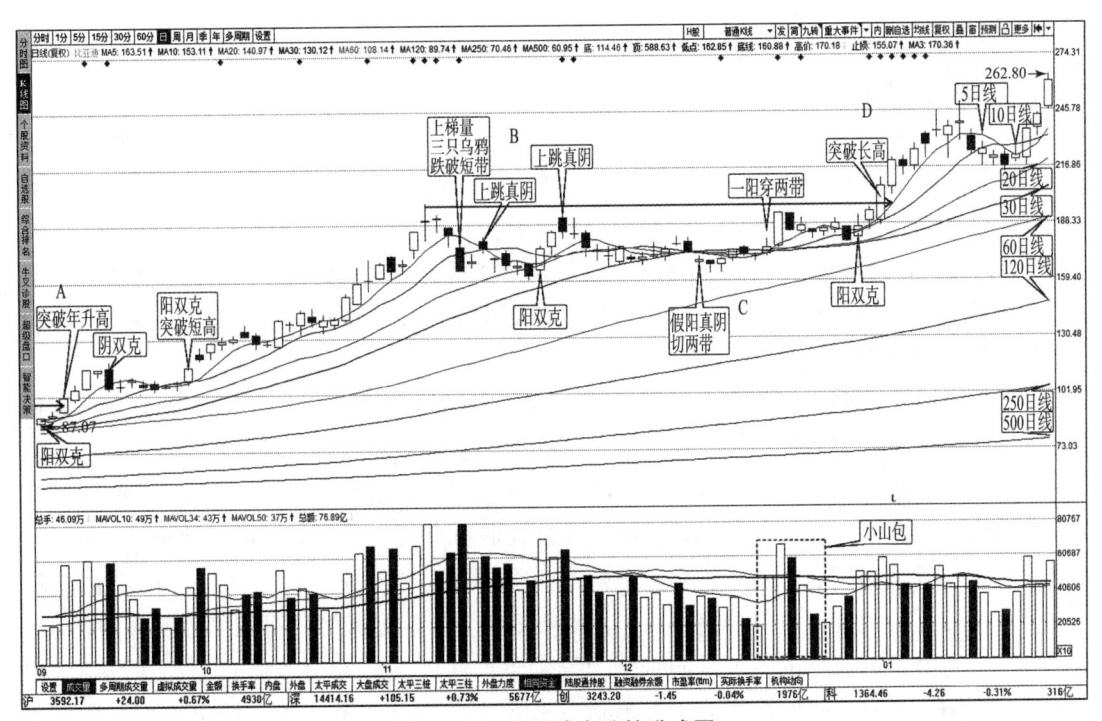

图1-44 主升浪台阶拉升式图

图1-44是002594比亚迪2020.09-2021.01的日K线走势，解析为：

突破年升高：在图中A点位置，股价走出放量突破年升浪高点走势，进入主升浪第一台阶拉升。

酝酿整理：股价上涨过程中，在B点位置出现三只乌鸦、阴上梯量、跌破短带K线走势和上跳真阴K线后短带形成死叉，酝酿回调整理。

死叉回抽：股价跌到在中带小线走出阳双克和上跳真阴K线的短带死叉回抽走势，量能退潮，缩量价平走势。

酝酿启动：股价在C点位置，走出一阳穿两带K线走势，之前走出假阳真阴、切两带K线走势，缩量上涨，说明高度控盘。

确立启动：股价在中带上方运行，在D点位置放量突破长高、红三兵K线走势，打开上涨空间，进入主升浪第二台阶拉升，之前走出阳双克K线，量能出现小山包量走势。

（四）上涨区域综述

股价在上涨区域的走势，虽然可以总体归纳为长升浪、年升浪、主升浪三大拉升浪，但在具体个股走势中有多种组合、变形，对此从以下几方面进行综述。

1. 上涨三浪常规走势

把股价走势上涨区域分为长升浪、年升浪、主升浪，不是什么一成不变的定式或是包治百病的神丹妙药，只是一种对个股走势的认知思路罢了。在实盘中，要把握住行情走势趋势和行情见顶走坏状态，多多研究市场规律，随着走势行为作出相应的操盘动作，才是正道、才是胜道、才是本事。

在长升浪、年升浪、主升浪行情的涨势依次加速，长升浪和年升浪行情从启动的最低点到该行情最高点，涨幅一倍左右基本就是目标位，股价走势有上涨有回调，才能走得更远、走得更高，这样的走势主升浪涨幅会更高。

长升浪是突破年带大线的发生在年带金叉附近的初级拉升，拉升幅度通常相对小些，年升浪是在年带金叉后出现的上涨过程，主升浪是上涨区域的重头戏，但也是最后的辉煌。

长升浪回调通常围绕在年带金叉附近，回调的深度在年带金叉之下也是常有形态，回调过程中量能退潮、缩量是正常状态，也有伴随小山包量群吸筹现象。

年升浪可在长升浪回调缩量调整进入末段时，围绕并以年带金叉为基础的行情，通常，年升浪行情确立和年升浪拉升段是在股价突破长升浪高点后开始展开上涨。

年升浪回调到年带小线之上是常态，回调最大的特征是量能退潮，出现洼量群、地量等缩量现象，也有伴随小山包量群吸筹现象，这是酝酿主升浪的最明显的特征。

主升浪最典型的特征是四带强力推动下产生的突破年升浪高点后加速赶顶，出现大阳、涨停、跳空高开高走等迅猛上涨现象，这是酝酿大顶、构筑顶部、拉高出货的必要走势。

2. 上涨三浪涨幅涨速

每浪一倍与三浪八倍：股价从 1 元经过长升浪后涨幅一倍，即 2 元，股价从 2 元经过年升浪后涨幅一倍，即 4 元，股价从 4 元经过主升浪涨幅一倍，即 8 元。在实盘中，涨幅大小、回调深浅、运行时间长短等不同，构筑了不同的个股运行走势。

三倍涨速与三浪上涨：如果股价在短带和中带上出现连板涨停 90 度发射，一口气最多三个月时间暴涨约三倍或以上巨大涨幅的，就是整个长升浪＋年升浪＋主升浪合并的整个上涨区域都完成了，但凡只要出现一气呵成涨势迅猛、三浪并一浪的涨幅巨大的行情，行情过后恐怕只剩长期的回调了；如果股价在长带的推动下慢慢上涨，涨幅在三倍或以上的，不是长升浪＋年升浪合并浪行情，就是年升浪＋主升浪合并浪行情。

股价上涨迅猛、短期涨幅大的个股后期调整时间漫长，股价持续慢慢上涨的个股后期涨幅更大且上涨持续时间长的特点。

通常，只要是一倍涨幅的个股就应注意回调，三倍左右涨幅的个股，股价回调的可能性必然更大。这样的走势一旦回调，则需要半年、一年或更长，甚至转熊。其中，①慢涨构成长升浪＋年升浪合并浪的要认真研判调整已结束或可再启动行情；②慢涨三倍构成年升浪＋主升浪合并浪的行情，之前已经走出过长升浪行情，也就是说三段拉升步骤都已走完，后续行情仅剩下如何出货了；③暴涨三倍构成三浪合并浪行情，由于三段拉升步骤也都走完了，所以，也仅剩下出货行情了，因此该行情过后股价会进入熊市。

股价三浪拉升八倍和一浪拉升三倍，这两种走势表现并不常见，更为常见的是股价经过三浪拉升后整体涨幅四至五倍走势现象，即个股股价从2元低价启动，经过一浪一倍拉升涨到4元，而后走势回调到3元，再次启动第二波拉升一倍后股价为6元，走势再次回调到4.5元，启动第三波拉升一倍后股价为9元。在这整体三浪拉升后股价从2元涨到9元，整体涨幅为4.5倍，其间，每次回调目标位是在高点和低点中间位置，即每次涨幅的一半位置。

根据二折四位走法，股价底部区域运行时底折出现在低位较多甚至空位较多，进入上涨区域初段时底折位置出现在高位走势，也可以和底部区域顶形成踩顶之势，随着上涨区域的展开，越往后段越出现涨幅加大、涨速加快，且越多出现多位走势。这一点在周线和月线级查看比日线级走势更为简洁明朗，但不能在季线级和年线级走势查看，因为这两个级别走势只能显示克顺和串跌串涨。

3. 拉升三浪特例走势

通常，一口气上涨三倍或以上涨幅的合并浪行情，之后接下来就是长期的大幅度回调走势，因此，只要见这种走势的个股一旦出现回调则尽量远离，但股市里始终不缺各种特例现象。比如，002607中公教育，在2017.12.26日从2.95元低点启动，2018.01.04－2018.05.22日停盘，2018.06.13日达到14.23元高点，涨幅4.82倍，一年后2019年7月突破2018年6月高点走牛。

年升浪回调一般回调在长带之下年带小线之上，量能有明显的缩量，形成洼量群较为典型走势，如果回调跌破年带小线或年带的视为走坏，但还是有例外走势。比如，300207欣旺达，2020.03.23－2020.06.01日期间，在年升浪回调过程中跌破年带小线，回调在年带内，之后才进入四带推动的主升上涨；还有，002674兴业科技，在2020.02.03－2020.06.15日期间，在走出合并长升浪的年升浪回调过程中跌破年带，回调到年带大线下方，之后才突破年带大线，走出四带推动的主升行情。

总之，股价走势变化万千，有下跌的、有不上涨的、有上涨几倍的，但仅对上涨走势来讲，上涨走势不论几波拉升上涨，最终突破前期顶折高点才算打开向上通道，同时必须要有"上涨到一倍时注意回调、拉升三波后要注意到大顶和一气呵成上涨三倍后要注意到大顶"的风险意识和走势认知。

三、顶部区域

主力通过上涨区域走势过程之后，达到了拉升价位，开始兑现获利了，因此，顶部区域最终目的是出货，且尽量在高价位出货。跟底部区域的收集低价位筹码相比，顶部区域正好相反，在底部位置主力惯用大阴K线踩矮柱急跌来恐吓散户低位交出筹码，在顶部位置加速赶顶过程中，主力惯用长上下影K线踩高量、大阳高量、放量滞涨、堆量滞涨，来边拉升边暗度陈仓隐蔽出货，主力还惯用大阴踩增量、大阴踩天量，连续大阴大量，来直接大力打压出货，其结果是股价出现明显大幅下跌的走势，这些意味着大顶到了。

市场总体表现：股价在顶部区域时，不再创新高，高点逐步走低，放量滞涨、堆量滞涨、绿肥红瘦，股价中带死叉跌穿长带，甚至跌入年带，股价长带运行走平年带小线，在年带死叉之前的运行过程。如果股价跌穿年带，最终使得年带形成死叉，则意味着股价运行进入了下跌区域。

顶部区域分筑顶出货、整理反弹和砸盘出货三个阶段。①筑顶出货是顶峰打压出现下跌，使得中带形成死叉及中带死叉回抽，股价下行跌入长带、走平长带小线的过程；②整理反弹是顶部整理和顶部反弹的合称，顶部整理的过程是使得长带形成死叉的过程，顶部整理的后势走势有横盘整理后直接下行跌破年带进入下跌区域、有整理蓄势形成反弹不创新高的弱势反弹、有整理蓄势形成反弹创新高的强势反弹，顶部整理过程有繁有简、有长有短，顶部反弹有高有低，简而言之，整理反弹是股价在年带走多支撑上长带运行过程，即长带死叉及长带死叉回抽过程；③砸盘出货是整理反弹之后股价下行跌破年带大线的过程。

量能表现：顶部区域整个过程里，量能常出现天量、山峰量堆、山峰量群，且伴随阴量量堆、绿肥红瘦；①筑顶出货过程中，出现上坡山峰量群；②顶部整理反弹过程中，如果堆量滞涨或堆量下跌是整理出货，如果下坡缩量群止跌，尤其是量能出现萎缩明显、出现坑量且跌幅深的走势则是蓄势酝酿反弹；③砸盘出货是股价运行到走平年带小线状态时，经过股价跌穿年带大线的过程，因经历过筑顶出货和整理反弹出货过程，所以砸盘出货是最后的砸盘甩货过程，量能一般没有前两步骤大。

（一）筑顶出货

筑顶出货是股价出现暴跌走势，之后跌穿长带的过程。

1. 市场表现

股价在年带、长带、中带均线多头排列强力推动出现加速上涨冲顶过程中，出现短带死叉，或走出短带死叉回抽后形成中带死叉，或大幅低跳或高开大跌或长实体形成大阴K线下穿短中两带使得中带很快形成死叉，甚至很快下跌到长带小线以下，在这个过程中，大阴线踩增量现象增多，也就是说，顶部形成是从K线跌破中带开始确立的。

此时，个股从底部区域启动拉升已经有几波上涨，运行时间已达一两年甚至更长，累计涨幅两三倍或更大，也就是说，股价进入主升浪后的高位行情段才有筑顶出货出现。

在K线出现大阳、跳空高开高走、涨停多的赶顶过程中，不时出现低开十字星、低开低走大阴、高开低走大阴、三只乌鸦、连阴、串跌、假阳真阴等 K 线形态多起来。

量能逐渐放大，出现上坡山峰量群，其间不时出现增量阴、十字星踩高量、小棒槌 K 线踩高量，或者是堆量滞涨。

K 线出现顶折，短带小线多翻空，短带死叉，如果之后 K 线形成底折空翻多，继续上涨创新高后增量下跌是诱多出货。

2. 基本方式

顶折出现后股价下行跌破中带，短中两带走空是酝酿顶部，股价自顶折开始下跌，下跌到长带大线为止的整个过程就是筑顶出货，其间量价绿肥红瘦，筑顶出货位置一般有边赶顶边出货、顶峰后打压出货和反弹诱多后打压出货三种常见走势。

（1）边赶顶边出货走势，是股价冲顶过程中，多次出现阴高量，或集中出现阴放量，或放量滞涨，意味着向顶峰攻击的过程中开始出货，也可叫作赶顶出货或顶前出货，见图 1-45。

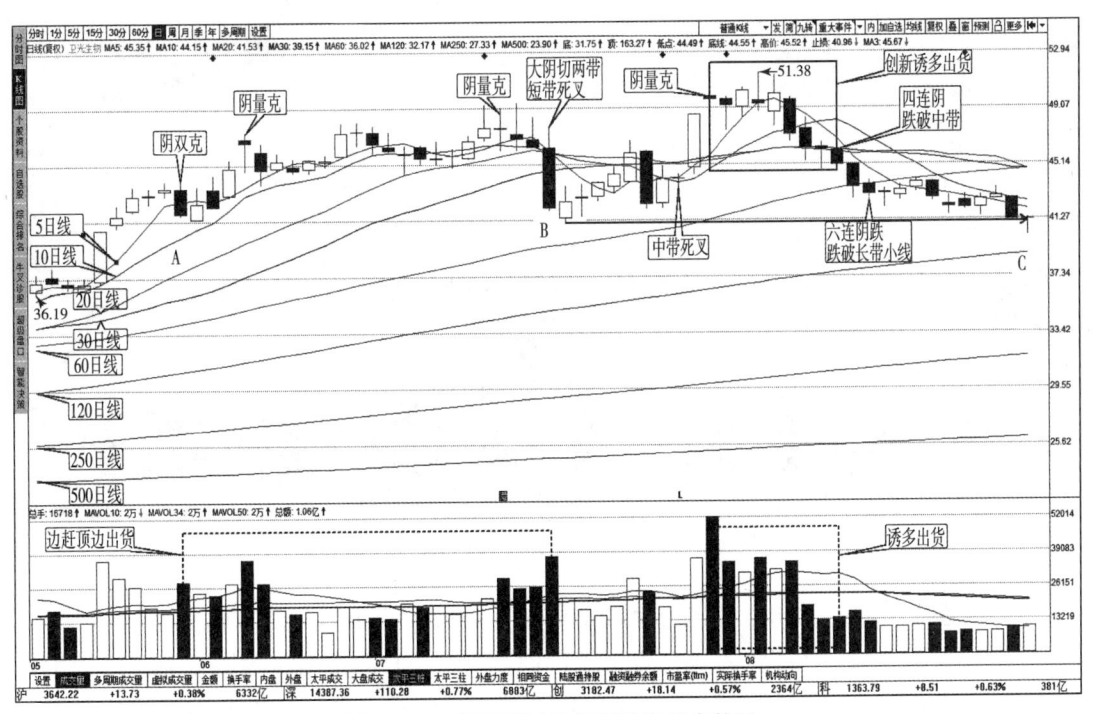

图 1-45　顶部区域边赶顶边出货走势图

图 1-45 是 002880 卫光生物 2020.05-2020.08 的日 K 线走势，解析为：

边赶顶边出货：在图中，股价在主图 A—B 点走势区间，长上下影线十字星踩高量滞涨，成交量坐标图虚线框所示区域增量阴柱增多、绿肥红瘦，在 B 点处走出增量大阴切两带、短带死叉走势，酝酿顶部，A—B 点走势构成了边赶顶边出货走势。

创新诱多出货：主图实线框所示走势为阴量克 K 线走势，虽然突破了前短高但成交量出现阶段最高阴量柱，一直到走出四连阴跌破中带K线走势，相应成交量坐标虚线框所示区域增量阴柱多，其间，创新高诱多明显，构成了创新高诱多出货走势。

六连阴确立筑顶：之后股价继续下跌，走出六连阴跌破长带小线的K线走势，意味着顶部确立。

（2）顶峰后打压出货，是在上涨过程中，不出现或偶尔出现增阴量，量能红肥绿瘦配合正常，但当顶折出现后长上下影线或长实体大阴K线踩增量开始增多，股价串跌下跌明显，这是顶峰后打压出货走势，也叫作顶后出货。

通常，短带级别回调，中带走多一路急涨三倍或以上的个股，几乎都是一口气冲到顶峰，然后大力出货，其走势结果一般采用顶峰后打压出货方式，见图1-46。

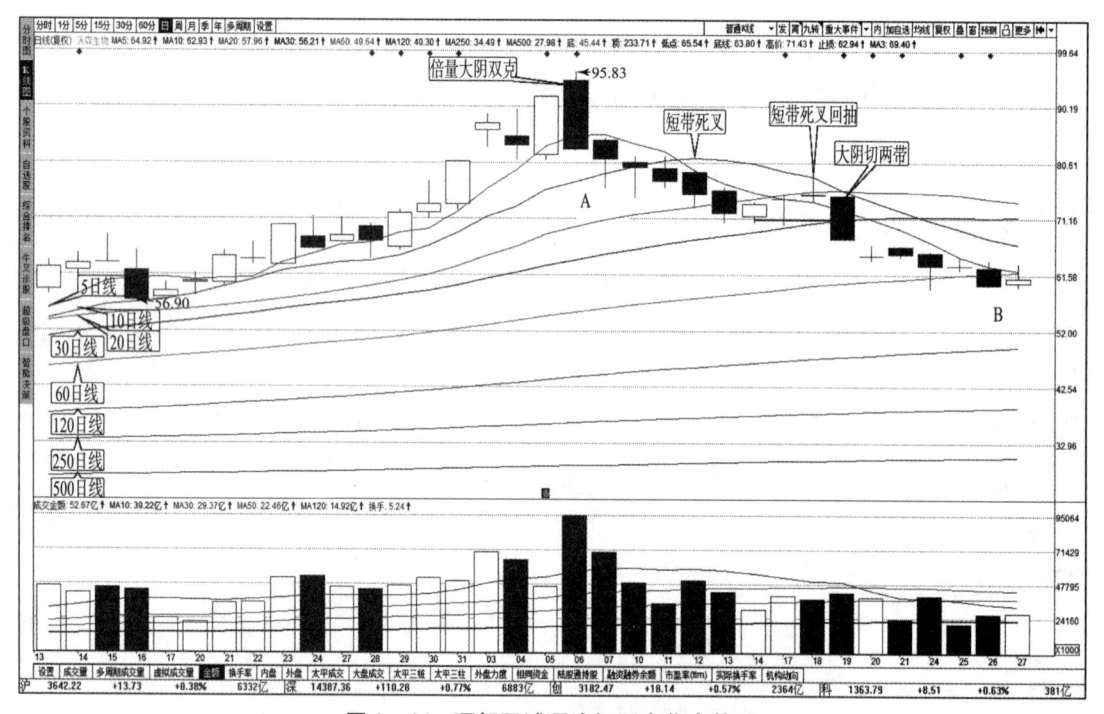

图1-46 顶部区域顶峰打压出货走势图

图1-46是300142沃森生物2020.07-2020.08的日线走势，解析为：

大阴顶峰：在图中A点位置，股价创新高，当日收出倍量大阴双克，成为本轮行情自2020.02最低点以来上涨了三倍多涨幅后的最大单日跌幅K线，构成了大阴墓碑顶峰，意味着顶峰到了，接下来就是本轮一路急涨后的放量打压急跌出货。

串跌成顶：紧接着A—B点区间走出了仅在短带空排下，一路短带下跌运行十串跌、跌破中带走势，进一步跌穿长带小线，意味着确立顶部。

（3）反弹诱多后打压出货，是已经走出了边赶顶边出货或顶峰打压出货后，股价进行调整，调整结束再次上攻，不论创不创新高几乎都属于诱多，而后大概率出现出货走势，见图1-47。

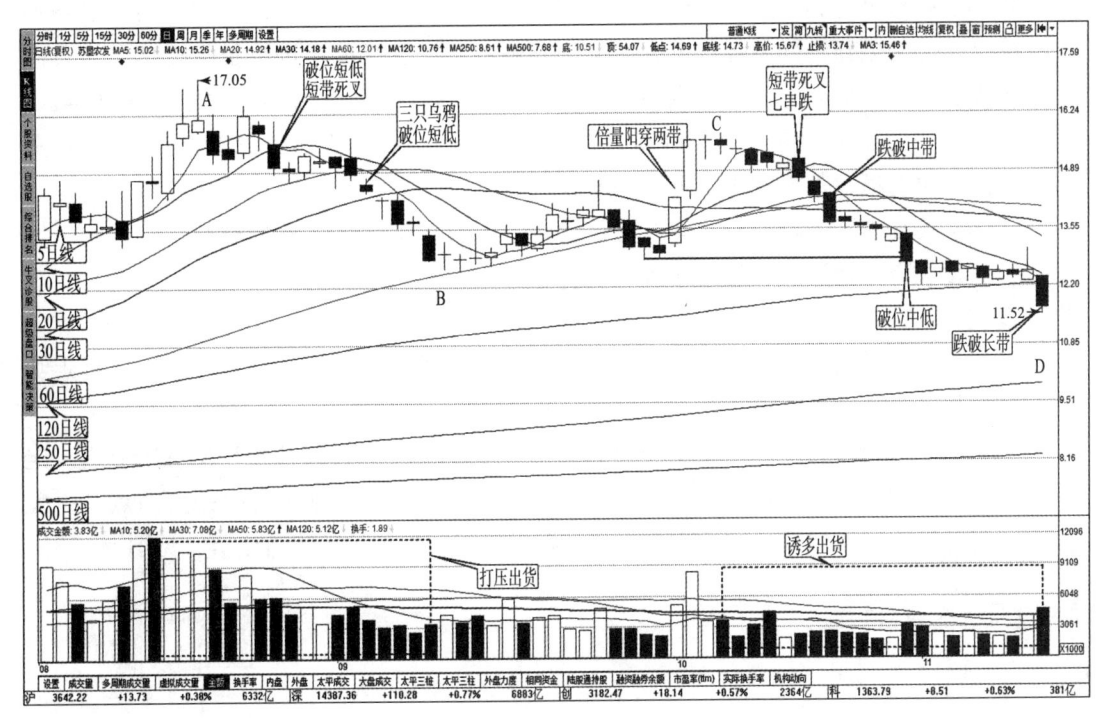

图1-47 顶部区域顶后诱多出货走势图

图1-47是601952苏垦农发2020.08-2020.11的日K线走势，解析为：

回调确立：股价在上涨过程中，在图A点位置，走出三连阴、破位短低K线走势，回调确立。

打压出货：股价继续下跌，走出七连阴且量能堆量，在主图A—B点区间走势股价跌破中带，在成交量坐标图虚线框所示区间内绿肥红瘦，打压出货出逃明显。

一阳穿两带：股价在长带小线附近得到支撑，股价在B—C点区间上涨运行走势，其间走出一阳穿两带。

回调确立：股价从C点位置下跌，走出十串跌、跌破中带，确立下行。

诱多出货：股价在C—D点走势运行过程中，在成交量坐标图中虚线框所示区间绿肥红瘦、阴量堆量，相应的股价已经下跌跌破长带大线，说明在前期在A—B点区间走出完成顶峰打压出货后，缩量止跌，蓄势酝酿反弹形成B—C点走势，而后反弹诱多出货，在C—D点构成了顶部区域反弹诱多出货走势。

（二）整理反弹

顶部区域走出筑顶出货后，股价下跌的结果使得长带形成死叉，在年带走多支撑上形成整理及反弹的过程。

1. 市场表现

顶部反弹是在顶部筑顶出货后，股价下跌到长带附近得到支撑或跌穿长带在年带小线附近上得到支撑,形成震荡后继续下跌或者蓄势后反弹的过程。根据反弹的高度可分为创新高的是强势反弹、未创新高的是弱势反弹、围绕长带震荡及未突破长带震荡。简而言之,长带是顶部出货后股价下行的强有力的支撑带,就算再弱,走势也一般会在长带大线附近横盘一段后才向下运行,当然,股市中变化是常态,因此,也有横盘都没有直接下行的走势。

K线有小阴小阳、长上下影线K线居多,也有大阳大阴K线相伴。

量能有堆量滞涨或退潮缩量及小山堆量。

2. 基本方式

顶部区域整理反弹方式有整理强反弹诱多出货走势、整理弱反弹诱多出货走势和堆量横盘平台走弱出货走势。

(1)顶部区域整理强反弹诱多出货走势,是股价完成顶部筑顶出货走势后,走出顶部区域整理反弹走势,其反弹走势的高度达到顶部筑顶出货时的前高点及以上的走势后,进入回调跌破长带的走势过程中出货,构成诱多出货走势,见图1-48。

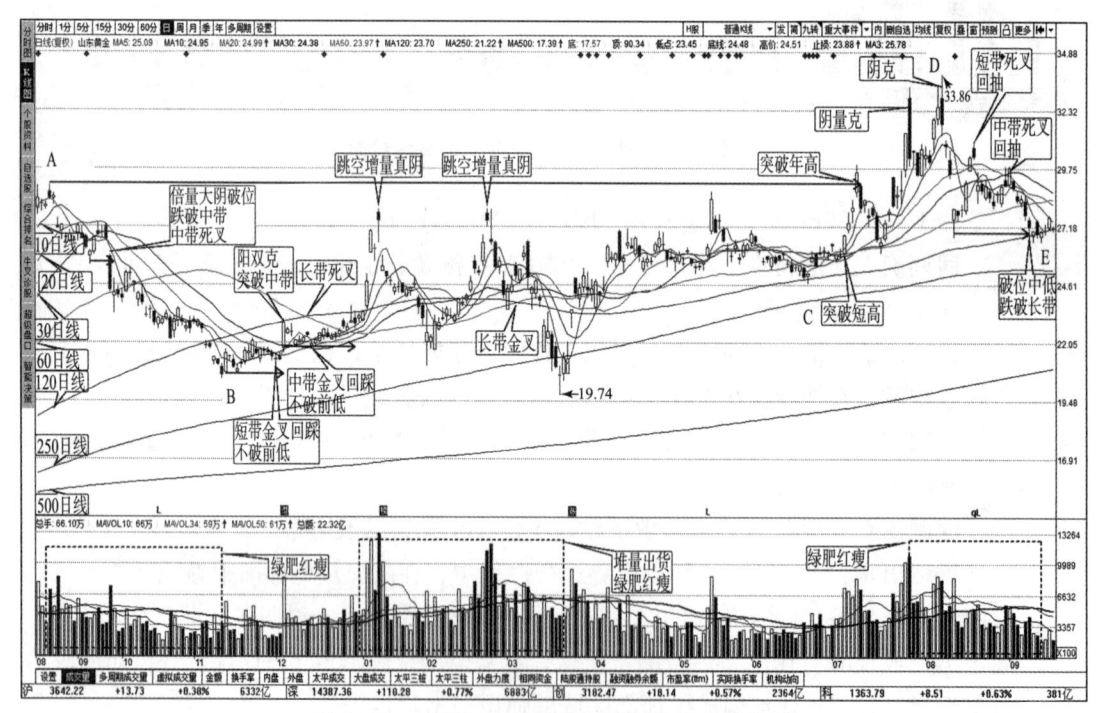

图1-48 顶部区域整理强反弹诱多出货走势图

图1-48是600547山东黄金2019.08-2020.09的日K线走势,解析为:

A点到B点,是顶部区域筑顶出货阶段。

确立回调:股价从A点下跌,走出倍量大阴破位短低、跌破中带、中带死叉,决意下行回调。

打压出货筑顶:股价确立回调走势后,在A—B点区间走势相应的成交量坐标虚线框所示量能绿肥红瘦，股价跌破长带大线，构成了打压出货筑顶走势。

B点到C点，是顶部区域整理阶段，其间出现堆量滞涨现象。

酝酿反弹：股价跌破长带大线后，走出短带金叉回踩不破前低，走出中带金叉回踩不破前低，酝酿反弹。

堆量整理出货：股价继续运行，在成交量坐标虚线框所示之处，成交量出现绿肥红瘦堆量出货状态，其间走出跳空增量真阴K线出货走势。

C点到D点，是顶部区域整理后反弹阶段；反弹上涨突破A点高点创新高，形成了顶部区域整理强势反弹走势。

确立上涨：股价运行在C点继续上行，走出突破短高，确立上涨。

突破年高：股价上涨突破年高即A点年内高点创新高，形成四带走多推动下的上涨走势。

D点到E点，是反弹创新高后形成诱多出货走势，即在相应的成交量坐标虚线框所示绿肥红瘦出货。

酝酿回调：股价上涨过程中，走出阴量克和阴克K线走势，在D点位置走出短带死叉、跌破中带K线走势，酝酿回调。

死叉反抽：股价跌破中带后，走出短带死叉回抽和中带死叉回抽走势。

确立下行：股价继续下跌，在E点位置破位中期低点、跌破长带大线。

总之，B点到E点，是顶部整理反弹阶段，其中，B点到C点是堆量整理出货走势、C点到D点是反弹创新高走势、D点到E点是打压出货走势；如果在B点到C点的整理期间是缩量明显，或许后期反弹高度更高，形成上涨行情，而非构成反弹创新高诱多行情，这一点从月线级别走势看更为明显。

（2）顶部区域整理弱反弹诱多出货走势，是股价完成顶部筑顶出货走势后，走出顶部区域整理反弹走势，其反弹走势的高度达不到顶部筑顶出货时的前高点走势后，进入回调跌破长带的走势过程中出货，构成诱多出货走势，见图1-49。

图1-49是300603立昂技术2020.02-2020.10的日K线走势，解析为：

B点到C点，是股价走出中带级别反弹走势，这是从图中A点到B点区间完成顶部区域筑顶打压出货后走出的弱反弹走势，即反弹高点C点高度未达到筑顶出货时的A点位置高点。

确立上攻：股价从A点下跌回调到B点位置，在B点位置走出突破前中高、突破中带K线走势，确立上攻。

确立回调：股价反弹到C点位置，走出了三只乌鸦、跌破中带的K线走势，开始回调，反弹高度远未达到A点的高点，只是弱的反弹。

B点到D点区间，构成了顶部区域弱势反弹诱多出货走势，在成交量坐标两个虚线框所示，量能堆量滞涨，这一点在日线级别量幅比明显下降，在周线、月线级别走势图更为清晰可辨，且堆量量群中伴随红肥绿瘦，出货明显。

（3）顶部区域堆量震荡平台走弱，股价从顶峰下跌后堆量震荡整理无明显反弹，

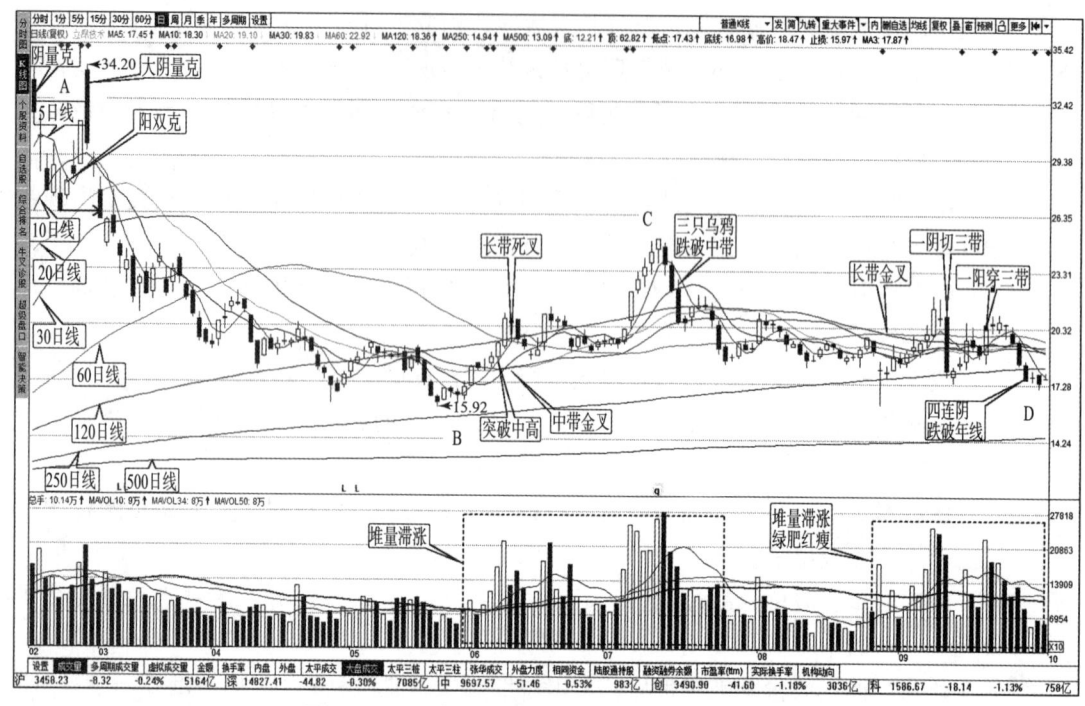

图 1-49 顶部区域整理弱反弹诱多出货走势图

构成平台之后走弱的走势，见图 1-50。

图 1-50 顶部区域堆量震荡平台走弱走势图

图 1-50 是 600529 山东药玻 2020.07-2021.01 的日 K 线走势,解析为:

确立顶折回调:股价在四带多排上涨过程中,在图中 A 点所示位置走出阴双克和六串跌、跌破中带的 K 线走势,确立回调。

箱体震荡平台:如主图实线框所示,股价进行箱体震荡整理,构成平台整理走势。

堆量平台走弱:主图实线框所示箱体震荡平台走势,相对应的成交量坐标虚线框所示堆量量群,在 C 点位置股价下跌,走出破年带小线和破位 B 点前长期低点走势,确立下行。

横盘整理后平台走弱,周线和月线级别上看得更清楚。

(三) 砸盘出货

砸盘出货是股价走出顶部整理反弹之后,不计成本甩尾货,使股价跌破年带小线的过程。

1. 市场表现

顶部整理反弹过后,股价下行跌破长带大线向下运行过程就是顶部砸盘阶段。砸盘出货的结果是股价跌穿年带小线,尤其是长带小线死叉年带小线。简而言之,筑顶出货和整理反弹在年带走多支撑上完成,砸盘出货的结果是股价下行跌破年带小线,使其多翻空走平。

K 线有串跌、连阴跌、大阴踩高量、长上下影线踩高量、低开低走大阴等。

量能有堆量、下坡量群、绿肥红瘦等。

2. 基本方式

砸盘出货的基本方式有弱势反弹后砸盘出货和横盘震荡后砸盘出货。

(1) 弱势反弹砸盘出货,股价完成顶部整理形成弱势反弹而后砸盘出货,构成股价跌破年带小线即年线的走势,见图 1-51。

图 1-51 是 603160 汇顶科技 2020.02-2020.08 的日 K 线走势,解析为:

堆量砸盘:C 点到 D 点,即主图实线框所示区间,股价跌破年带小线即年线,相应的成交量如坐标虚线框所示,堆阴爆量、绿肥红瘦出货明显,构成了砸盘出货。之前的 B 点到 C 点,是 A 点到 B 点顶部区域筑顶打压出货后的弱势反弹阶段。

破位下行:股价从 A 点到 B 点完成弱反弹而后在长带空排下,在 C 点到 D 点完成绿肥红瘦砸盘出货跌破年带小线走势,而后,在 D 点位置走出破位 B 点前低点下跌,意味着主力向下去意已决,从堆量砸盘看,主力出逃了大量的筹码。

(2) 平台走弱砸盘出货,股价完成顶部整理形成平台走弱而后砸盘出货,构成股价跌破年带小线即年线,使其多翻空的走势,见图 1-52。

图 1-52 是 600547 山东黄金 2020.07-2021.02 的日 K 线走势,解析为:

平台整理:股价从 D 点位置下行运行,如主图实线框所示,股价构筑箱体平台整理走势。

图1-51　顶部区域弱势反弹砸盘出货走势图

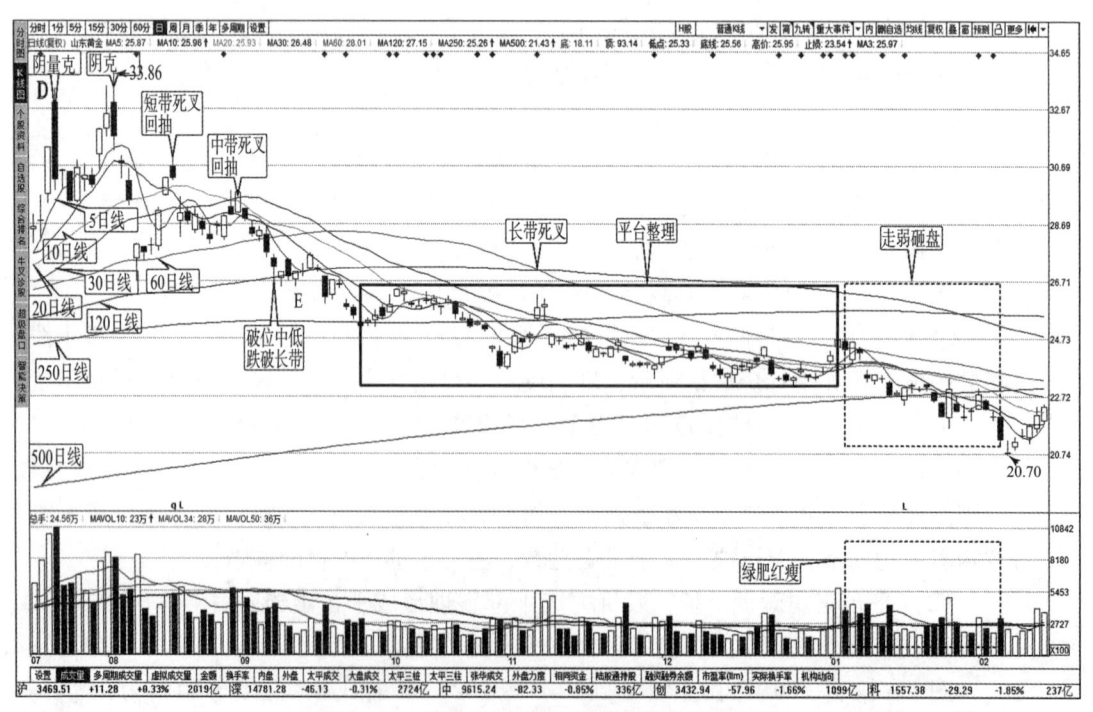

图1-52　顶部区域平台走弱砸盘出货走势图

走弱砸盘：如主图虚线框所示，股价构成前平台走弱下跌跌破年带大线，其结果使得年带小线多翻空走平，与之相应的成交量坐标虚线框所示区间量能绿肥红瘦出货明显。

平台走弱砸盘出货，是图中股价从 D 点到 E 点顶峰打压出货下跌走势后，在主图实线框和主图虚线框所示区间，构成了平台走弱砸盘出货走势。

（四）顶部区域综述

顶部区域是个股股价出现大幅上涨后，以出货为目的的复杂走势。

1. 顶部区域位置

顶部区域是上涨区域之后出现的，也就是说，涨幅最小的长升浪 + 年升浪 + 主升浪合并浪急拉情况下，底部最低点到最高点也得三倍左右的涨幅才算是存在上涨区域，有了底部区域，有了上涨区域，才能有顶部区域。

2. 顶部区域目的

顶部区域最终目的是出货，因此在量价留下的行为表现，有长上下影线十字星踩高量、棒槌线踩高量、阴双克、大阴踩高量、绿肥红瘦、量群堆量、放量滞涨等。这些量价组合走势可在边拉赶顶边出货，也可在顶峰后打压出货，也可在顶部反弹前整理堆量出货，也可在反弹诱多打压出货，也可在长带下砸盘出货等位置出现。

3. 顶部区域过程

股价跌破中带，使得中带死叉，短带在中带下，短中两带空排运行，就是在酝酿顶部，股价继续下行跌进长带就算顶部确立，顶部确立后走出的顶部形态有单峰型、双峰型、三峰型和多峰型。

单峰型是股价直接下跌跌穿长带后不反弹而是构筑平台震荡，之后直接下穿年带，完成顶部全过程，合并浪急涨大涨冲顶走势的个股易出现该顶部形态。

双峰型是股价在长带上方，或长带内，或长带下方运行，酝酿顶部反弹。如果在长带上方酝酿并形成反弹上涨，则是中带死叉回抽动作；如果在长带内酝酿并形成反弹上涨，则是长带支撑下的反弹；如果在长带下方或在年带小线附近止跌酝酿并形成反弹上涨，则是长带死叉回抽反弹动作。股价反弹的结果是与前顶峰构成左右双峰结构，后形成的右峰高过前形成的左峰，创新高的是强反弹，否则是弱反弹。简而言之，股价在年带支撑上形成的反弹，形成左右顶峰，反弹形成的右峰之后，出现砸盘出货跌破年带，则结束顶部区域的反弹是诱多反弹。

三峰型是股价形成双峰后又一次反弹拉起诱多出货而形成，一般情况下，像"山"字模样，中间峰为最高峰，也叫头肩顶形态。

多峰型是股价经过多个顶峰震荡构筑复杂的圆弧状或经过大幅反复震荡构筑的复杂顶部形态。

以上走势形态是股价在年带上方长带附近，横盘整理堆量未出现反弹或出现反弹所形成，之后股价调整下行，一旦再次跌破长带意味着顶部已至尾声，次轮下跌使得股价长带被砸盘甩货跌进年带小线下方，跌穿年带意味着顶部结束，年带下方进入下跌区域。

对于顶部区域从均线角度讲，中带是持股带，跌破中带就可注意减仓避险，股价跌入长带小线就是顶部确认的开始。长带是顶部重要的支撑带，股价在长带附近整理酝酿，若继续下行直接跌穿年带顶部区域结束；若短中两带开始走多构成顶部反弹，而后打压出货形成反弹诱多出货行情，出货的结果使得股价下行跌穿年带，顶部区域结束。

四、下跌区域

个股通过顶部区域过程，起码基本完成高位兑现筹码的出货走势步骤，或者说，走完顶部区域三步骤之后，若主力还有大量筹码，则出货不易，甚至只能被套，因为，股价跌破年带进入下跌区域，意味着股价运行失去了走多均线基础或均线支撑；反而，在年带空排走熊大势下三带均线走空，对股价走多形成了强大压制，同时，随着顶部区域大量量能形成山峰量群之后，量能明显大幅退潮，甚至出现无量阴跌走势，股价又跌向低位。在这种情况下，谁都无能为力，主力也不例外。这就好比，种庄稼什么季节干什么农活，该春播就春播，该秋收就秋收，想要违背规律秋播冬收，是不行的。

市场总体表现：股价运行在年带走空大熊环境下，股价"跌跌不休"，逐步创新低，量能退潮明显，偶有大级别反弹突破长带碰撒年带，此时量能出现单薄的小堆量，更多的时候是技术性反抽突破中带碰撒长带，在强大的空排压制下，始终都被打回跌势。

下跌区域可分为初段下跌（即长带下跌走势）、中段下跌（即下跌整理走势）和末段下跌（即年带下跌走势）。

①长带下跌是在年带小线多翻空下，长带死叉空排下跌，长带下跌的任务是使得年带形成死叉。

②下跌整理是年带死叉回抽形成整理或反弹动作。

③年带下跌是年带死叉回抽后，在年带空排、长带空排强大压制下，漫长下跌，下跌任务是下跌赶底。

（一）长带下跌

下跌区域长带下跌，是指股价跌破年带小线后在长带空排走空压制下，继续下跌跌破年带大线的过程。

1. 市场表现

股价虽然经过了顶部区域，但还是处在相对高位，股价整体走势还处在年带多翻空交替位置，所以，在此位置股价还是需要反复震荡，才能跌破年带，打开下跌空间。其实，股价长带死叉空排下，跌入正在走平或多翻空的年带小线基本确认顶部区域的完结。因此，下跌区域初段长带下跌就是从长带死叉后，三带空排跌入年带小线开始，尤其是长带空排跌入年带小线开始，进而三带跌破年带，使得年带形成死叉的下跌阶段，这也是长带下跌的均线任务。

2. 基本方式

根据长带下跌的运行时间长短及跌幅大小分为大长带下跌走势和小长带下跌走势。

（1）大长带下跌走势，是股价跌破年带小线后展开的下跌过程，该段下跌过程跌幅大、运行时间长，见图1-53。

图1-53 下跌区域大长带下跌走势图

图1-53是600268国电南自2011.05-2012.04的日K线走势，解析为：

跌破年线：股价在A—B点下跌运行过程中，走出跌破年带小线的走势。

破位下跌：股价下跌到B点跌破了O点的撑压水平颈线位，打开了下跌空间，继续下跌跌破了年带大线。

大长带下跌走势阶段是，自股价跌破年线下跌至C点位置创出低点，即主图实线框所示区间走势，大幅下跌、长时间运行构成的大长带下跌过程。其间，虽然出现了中带级别反抽，但在年带小线走空和长带空排压制下重回跌势，长带空排跌穿年带大线，在年带下方运行，为年带形成死叉提供了基础。

（2）小长带下跌走势，是股价跌破年带小线后展开的下跌过程，该段下跌过程跌幅小、运行时间短，见图1-54。

图1-54 下跌区域小长带下跌走势图

图1-54是000973佛塑科技2016.06-2017.04的日K线走势，解析为：

跌破年线：股价从A点下跌运行，在B点跌破年带小线、破位O点长期低点，打开下行空间。

小长带下跌走势是，自股价在B点跌破年带小线到C点区间走势，即主图实线框所示区间走势，下跌幅度不大，运行时间不长构成的小长带下跌走势，构成小长带下跌走势期间，股价在年带下方运行，为年带形成死叉提供了基础。

（二）下跌整理

下跌区域的下跌整理，是在股价年带形成死叉之后对年带死叉回抽的过程。

1. 市场表现

股价经过下跌区域长带下跌之后，使得年带形成死叉。同时，经过一轮下跌之后，股价需要整理，本轮下跌整理也就是对年带死叉的回抽动作。

2. 基本方式

下跌整理时间有长有短、震荡幅度有高有低、位置在年带死叉之前之后及在年带大线之上之下，但大致分为下跌整理强势走势和下跌整理弱势走势两大类走势。

（1）下跌区域下跌整理强势走势，是股价在完成下跌区域长带下跌走势，使得年带形成死叉，而后，股价在年带两线空排压制下，走出整理走势，股价在整理震荡上行过程中，能够陆续突破年带小线和年带大线的强势走势，见图1-55。

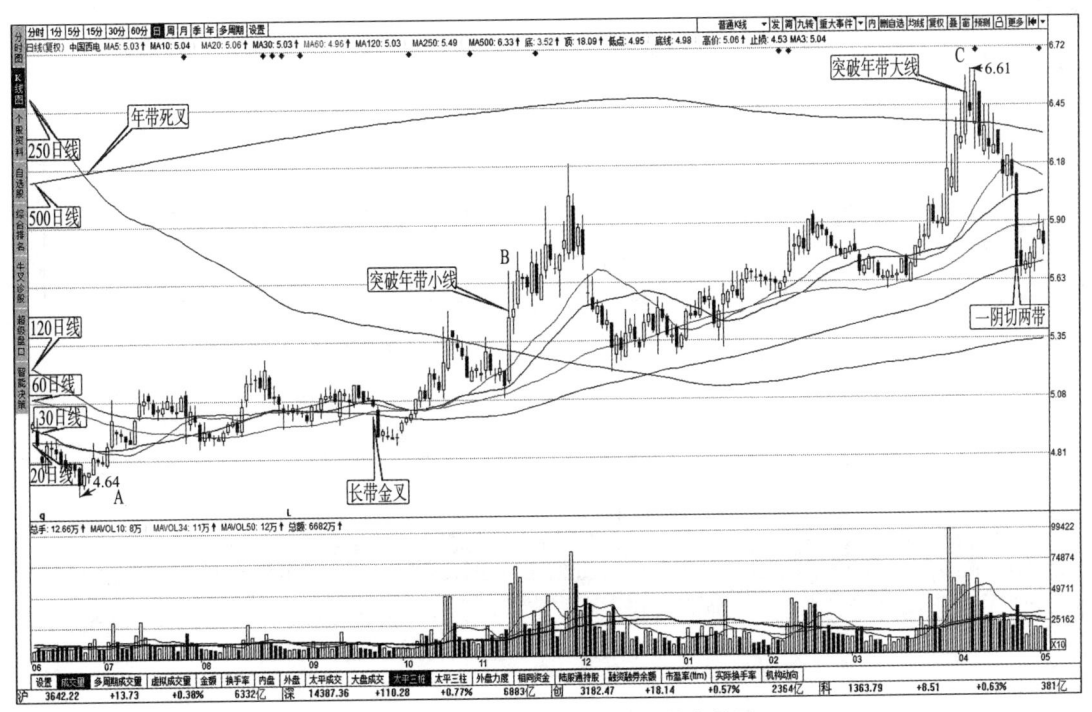

图1-55　下跌区域下跌整理强势走势图

图1-55是601179中国西电2016.06-2017.05的日K线走势，解析为：

A—B点，是股价在年带小线下方进入下跌区域后，走出下跌区域长带下跌走势，使得年带形成死叉，股价在年带两线空排下，震荡上行，陆续突破中带和长带，使得长带形成金叉，在B点位置突破年带小线。

B—C点，股价继续长带上涨运行，在C点位置突破年带大线，构成了下跌区域下跌整理强势走势。

（2）下跌区域下跌整理弱势走势，是股价在完成下跌区域长带下跌走势，使得年带形成死叉，而后，股价在年带两线空排压制下，走出整理走势，股价在整理震荡上行过程中，上涨未能突破年带大线的弱势走势，见图1-56。

图1-56是600272开开实业2017.05-2018.01的日K线走势，解析为：

A—B点，是股价进入下跌区域后，走出长带下跌走势，使得年带形成死叉，股价在年带两线空排下，震荡上行突破中带，使得中带形成金叉，在B点位置受到长带压制，走弱，未突破长带大线。

B—C点，股价在长带压制下，在C点位置破位A点长期低点下跌，构成了下跌区域下跌整理弱势走势。

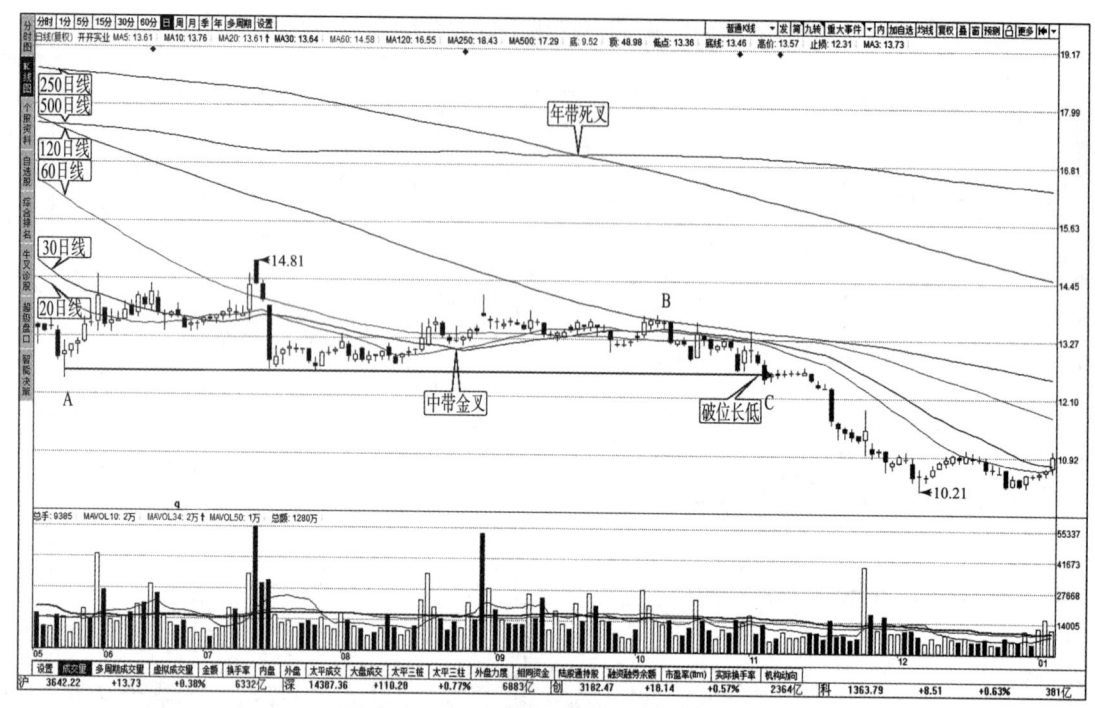

图 1-56 下跌区域下跌整理弱势走势图

（三）年带下跌

下跌区域年带下跌走势，是股价在年带下方运行使得年带形成死叉之后，走出对年带死叉回抽的下跌区域下跌整理走势，而后在年带两线空排强大压制下，股价继续下跌，形成了下跌区域年带下跌走势的过程。

1. 市场表现

股价完成了年带死叉回抽的下跌整理之后，在年带走空和长带走空强大压制下，不断创新低下跌的过程。直到股价不再创新低，出现中带金叉进入底部底仓阶段，是股价走熊大跌的主体部分。

2. 基本方式

根据年带下跌的运行时间长短及跌幅大小分为年带下跌大跌走势和年带下跌小跌走势，简称大年带下跌和小年带下跌。

（1）年带下跌大跌走势，是股价完成下跌区域下跌整理走势后，股价在年带下方运行使得年带形成死叉，股价在年带空排压制下，展开了一段跌幅大、运行时间长的长带下跌走势过程，见图 1-57。

图 1-57 是 600303 曙光股份 2017.04-2019.05 的日 K 线走势，解析为：

A—B 点，是股价跌破年带大线后，在年带死叉后的年带两线空排压制下，长带下跌运行走势过程，该段跌幅巨大、运行时间长，构成了下跌区域年带下跌大跌走势。

（2）年带下跌小跌走势，是股价完成下跌区域下跌整理走势后，股价在年带下

图 1-57 下跌区域年带下跌大跌走势图

方运行使得年带形成死叉，股价在年带空排压制下，展开了一段跌幅小、运行时间短的长带下跌走势过程，见图 1-58。

图 1-58 下跌区域年带下跌小跌走势图

· 81 ·

图1-58是000973佛塑科技2011.12-2013.04的日K线走势，解析为：

A—B点，是股价跌破年带大线后，在年带死叉后的年带两线空排压制下，长带下跌运行走势过程，该段跌幅不大、运行时间不长，构成了下跌区域年带下跌小跌走势。

（四）下跌区域综述

综合而言，对于主力来讲，运作一只股票主要把握底部区域、上涨区域和顶部区域即可。从主力角度看，在个股四区走势中，底部区域吸足筹码，上涨区域拉足空间，顶部区域出足筹码，就算圆满了，没有必要在下跌区域恶劣环境下折腾。正因此，个股在下跌区域大长带下跌配合小年带下跌和小长带下跌配合大年带下跌较为常见，下跌空间位置一般会在前底部区域位置，当然也有跌穿前底部区域创新低下行的；正因此，底部区域量能小、运行时间长、震荡幅度小，股价突破长带大线、年带小线都是重要位置，顶部区域量能大、下跌凶狠、震荡幅度大、运行时间短，股价一旦跌破长带小线，就注意结合股价整体涨幅、整体走势区域步骤等因素，研判个股运行状态和走势结构位置，控制仓位、控制风险。

总之，对于个股走势来讲，长带是底顶的重要带，另外，不论什么时候都要牢记"大盘走势大环境时时刻刻影响着个股走势"这一硬道理。

五、个股走势结构综述

个股走势结构的四区十二相，是在大盘走牛环境下，个股走牛的走势归纳形成的经典结构。大盘不走牛，个股难走出牛市走势；但即使大盘走牛，个股也不一定都会借势走牛。归结为一点，如果个股走不出牛市走势，那么四区十二相的典型走势结构就难以套用或借鉴。

非经典的个股走势有各种各样，什么"歪瓜裂枣"丑相走势都会有，但个股走势结构经典也好、非经典也好，不管怎么走，只要有走势都会遵循阴阳克顺博弈和二折三带走法，从这一点上说，走势博弈和走势走法是个股走势遵循的普遍基础规律。

对个股走势四区十二相的底部区域有底部底仓、底部拉升、底部整理，上涨区域有长升浪、年升浪、主升浪，顶部区域有筑顶出货、整理反弹、砸盘出货，下跌区域有长带下跌、下跌整理、年带下跌。

底部区域：底部底仓是股价砸坑之后中带运行，增量进货上涨短带突破长带小线，长带小线空翻多走平的过程；底部拉升是在年带走空压制下股价突破长带，形成长带金叉上涨的过程；底部整理是在年带走空压制下长带金叉回踩，回踩蓄势重回上涨状态运行到年带小线附近，或者，长带金叉不回踩而是短期整理后直接攻击年带小线的过程。底部区域的最终目的是主力进货，所以在底部区域三步都可进货，即使是创新低砸坑也是为进货的诱空走势，低点逐步抬高、量能涨潮、红肥绿瘦，底部区域均线运行任务是走平年带小线，使其空翻多，使得股价运行到年带小线附近，集中攻击突破年带小线，意味着底部结束进入上涨区域。

上涨区域：长升浪是发生在年带金叉附近的长带金叉上涨突破年带的拉升及调整过程，其任务是使得年带形成金叉；年升浪是在年带金叉前后出现的年带金叉上涨拉升及调整过程；主升浪是四带多排强势推动下加速迅猛冲顶拉升过程，也是个股上涨最后的辉煌，任务是上冲赶顶。上涨区域目的是股价拉升到目标价位，为接下来高位出货拉升出空间，均线任务是突破年带，使其形成金叉上涨。

顶部区域：筑顶出货是股价冲顶之后中带运行，打压出货下跌短带跌入长带小线，长带小线多翻空走平，使得长带形成死叉的过程；整理反弹是在年带多排走牛支撑上形成整理震荡或整理蓄势后长带死叉回抽反弹的过程；砸盘出货是在整理反弹之后，出货下跌股价跌破年带小线，三带空排在年带小线下方运行，股价进入下跌阶段。顶部区域最终目的是主力出货，所以在顶部区域三步动作中都可出货，即使创新高反弹也是为了出货的诱多走势，顶峰逐步走低、量能退潮。顶部区域均线运行任务是使年带小线多翻空走平，股价运行到年带小线下方，意味着顶部区域结束，进入下跌区域。

下跌区域：长带下跌是长带死叉空排下跌，股价在多翻空走平的年带小线下运行跌破年带大线的过程，长带下跌的任务是使得年带形成死叉；下跌整理是在长带下跌后形成的年带死叉回抽动作，其走势状态有弱势反抽或横盘震荡；年带下跌是年带空排、长带空排压制下的下跌，也是年带死叉下跌，任务是下跌赶底。下跌区域目的是股价随市场大势价值回归或被主力资金借势压低股价，为低价位吸筹提供洼地、砸坑，均线任务是跌破年带使其形成死叉下跌。

第五节
个股走势趋势

个股走势由走势博弈、走势走法、走势结构、走势趋势组成，构成对股票行为的完整认知，缺一不可。

个股走势趋势用"一带一线"来定位，其中，个股一带一线的一线牛熊，是指股价突破或跌破三带多空中的某一线定为走牛或走熊的开始；个股一带一线的一带牛熊，是在一线牛熊的基础上，附以某一带为牛熊趋势界定的分界带。

一、日线级牛熊

日线级牛熊是指股价在日线级别的个股一带一线，其中，日线级别简称为日线或日线级，其他周期级别以此类推。

（一）基本界定

在日线级别走势中，短带为攻击带，中带为操盘带也叫持股带，长带为多空带。

日线级一线牛熊是250日年线，即年带小线为牛熊线。

日线级一带牛熊是250日与500日线构成的年带为牛熊带，即年带金叉后多排走多是牛市，年带死叉后空排走空是熊市。

年带为牛熊带，配合年带小线即250日线为牛熊线，通过用一带一线作为日线走势趋势定位，是比较准确、直观、直接有效的，具有指导实战意义。

（二）界定优化

日线级一带一线有以下两种较为常见的骗线现象，需要对日线级别一带一线界定进行优化研判。骗线现象是指股价均线交叉信号与后势股价走势相反运行的走势现象，比如，股价走出年带两线形成死叉走势后，后势股价走势未形成大跌的下跌走势，而是相反走出了大涨的上涨走势。

1. 年带金叉回踩骗线

下面实例在以下时段走势中，股价虽突破了日线牛熊线，但是后期走势并未形成牛市走势，而是形成了年带金叉回踩走势，之后股价再次启动三带陆续金叉，才走出了牛市走势，见图1-59。

图1-59 日线级一带一线年带金叉回踩骗线走势图

图1-59是000800一汽解放2013.09-2014.12的日K线走势，解析为：

A—B点，股价上涨到A点位置，使得年带形成金叉，而后走出年带金叉回踩走势，回踩走势过程中，股价下行运行跌破年带大线。

B—C点，股价在长带下方，长带下跌运行，跌破年带，在年带下方呈楔形整理走势，如主图实线框所示，相应的量能逐渐萎缩，形成止跌企稳走势。

C—D点，股价在C点位置，走出爆倍量一阳穿三带、突破长带、突破年带大线，股价上攻，突破长带，使其形成金叉，股价长带上涨运行，突破年带小线，但年带形成死叉，股价继续上涨，运行到D点位置时突破了前一年的高点，即A点处的高点，才展开了走牛上涨，相应的在成交量坐标虚线框所示，量能明显涨潮、红肥绿瘦，量价齐升走牛。

根据个股日线级一带一线牛熊规律研判该股走势，自股价突破年带使其形成年带金叉，之后走出年带金叉回踩走势，也不破年带或即使是跌破年带也不该在年带下方运行那么长时间，即图中B点到C点区间；股价在年带下方运行时间过长的结果是，股价从C点上涨到D点运行过程中，使得年带形成死叉，按个股日线级一带一线牛熊规律研判的话，年带形成死叉，个股应该是走出下跌走势，但该股具体走势截然相反。这就构成了个股日线级一带一线年带金叉回踩骗线现象。

2. 超级反弹骗线

虽然年带大线走多，但在年带死叉、金叉、死叉交错中，走出超级反弹行情，形成骗线现象，见图1-60。

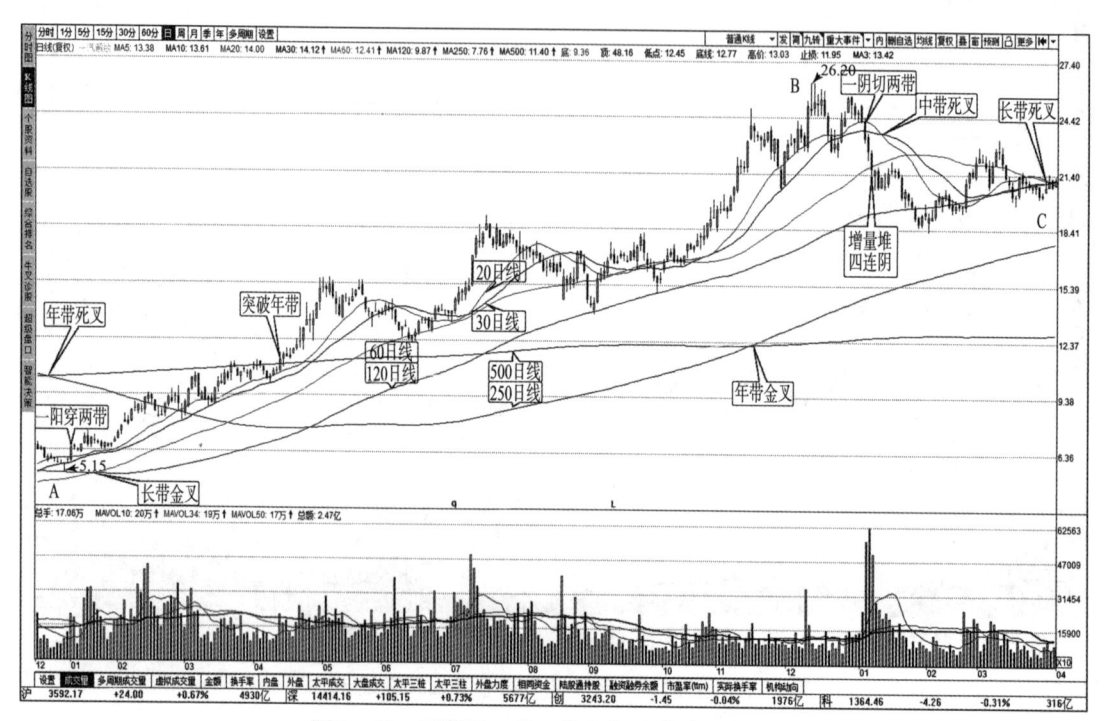

图1-60 日线级一带一线超级反弹骗线走势图

图1-60是000800一汽解放2008.12-2010.03的日K线走势，解析为：

A—B点，股价在A点位置，走出一阳穿两带K线走势后，在长带中带短带之上上攻，使得长带形成金叉，股价继续上涨突破年带两线，但是此时年带在A点位置形成的年带死叉空排环境下长带上涨运行，直到股价涨到B点位置，其间年带形成金叉。

B—C点，股价在B点创出阶段高点后，走出一阴切两带、跌破中带和四连阴踩增量堆、跌破长带小线的K线走势，破位前低点进入调整，在C点位置，长带形成死叉，上涨行情告一段落。

根据个股日线级一带一线牛熊规律研判该股走势，该股在A点位置，年带形成死叉后，股价未形成大跌走势，而是走出了A—B点的上涨行情，其间，股价突破年带两线，在年带上方运行，使得年带形成金叉；年带形成金叉后，股价未形成继续大涨走势，而是走出了B—C点的回调走势；这就构成了个股日线级一带一线超级反弹骗线现象。

第一章
股票走势行为规律

对以上两种骗线情况，需要从日线年带大线走势多空加以界定优化研判，还可用更长时间周期级别的均线系统进行研判。

二、周线级牛熊

周线级牛熊是指股价在周线级别的个股一带一线。

（一）基本界定

在周线级别走势中，短带为操盘带，中带为多空带，长带小线为牛熊线，长带为牛熊带，即周线长带和周线长带小线作为周线级一带一线。

（二）界定优化

周线级别的一带一线对日线级别的一带一线有一定的过滤、研判作用，但还会有些周线级别的一带一线骗线现象。

1. 过滤日线骗线

周线级别一带一线定位走势趋势，具有一定程度过滤掉日线级别一带一线走势骗线现象的作用，见图1-61。

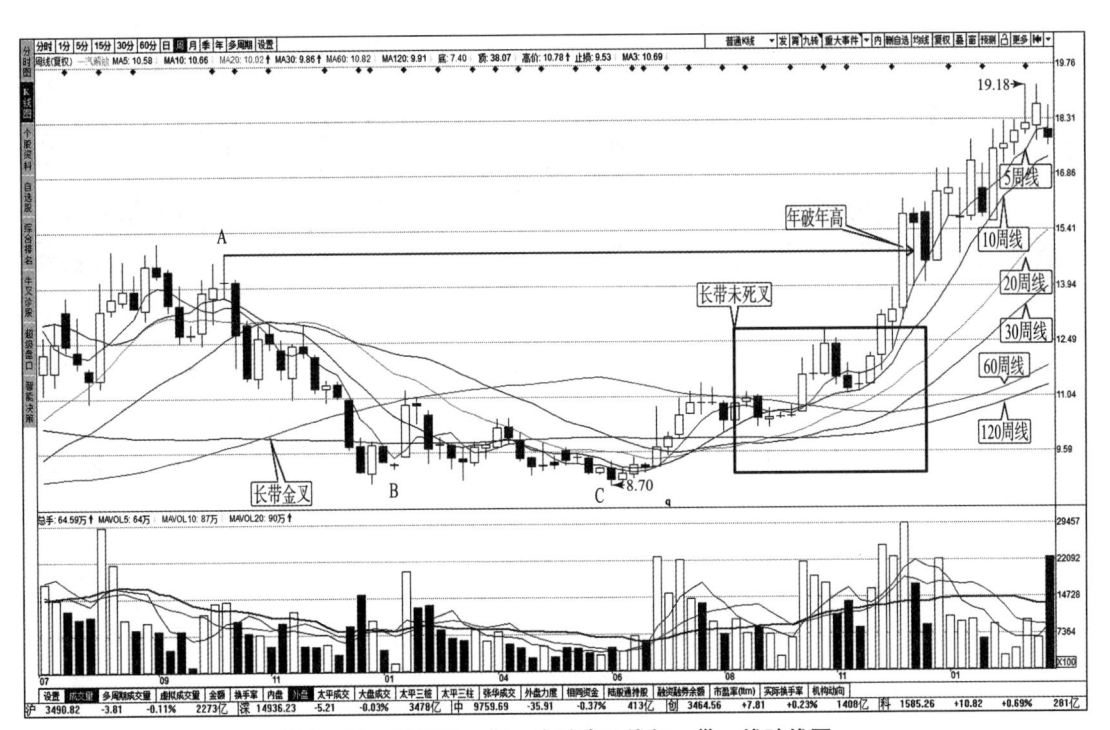

图1-61 周线级一带一线过滤日线级一带一线骗线图

图1-61是000800一汽解放2013.07-2015.03的周K线走势，解析为：

该股在日线级K线走势，如图1-59所示股价向D点上涨运行过程中，日线级牛熊带即年带形成死叉，但在周线级K线走势，如图1-61实线框所示，周线级牛熊带即长带始终呈现多排走势状态，未形成死叉走势。这说明，周线级一带一线牛熊走势过滤了日线级一带一线牛熊骗线现象。

2. 周线骗线现象

周线牛熊带即长带交错，形成一定程度上信号模糊、骗线现象，见图1-62。

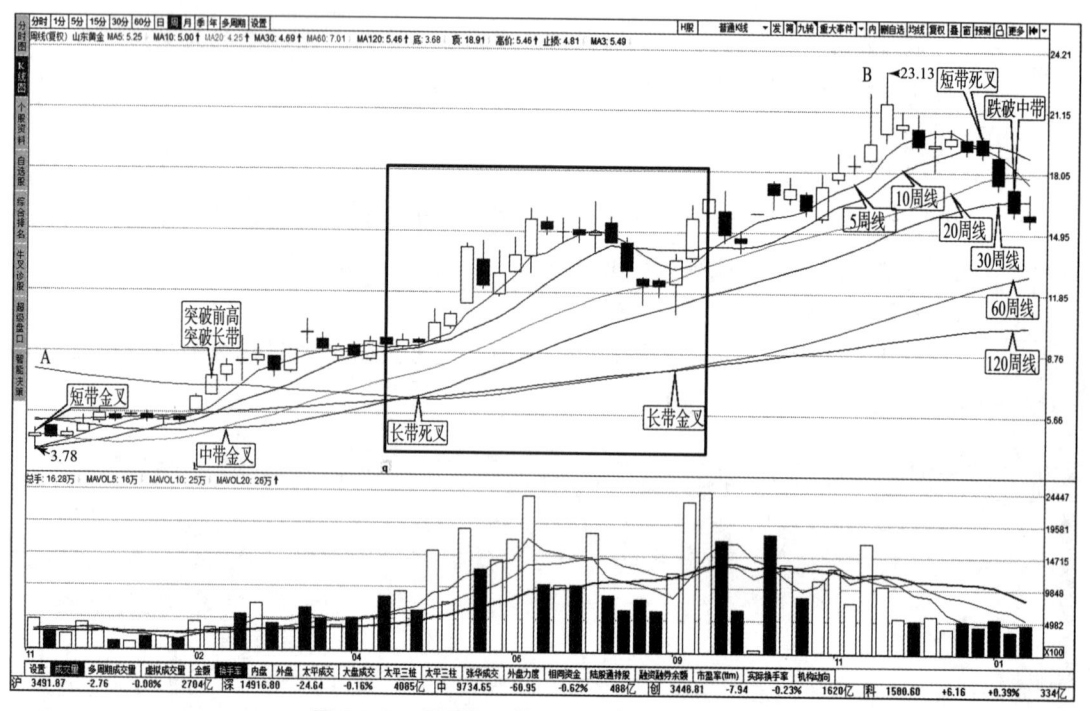

图1-62　周线级一带一线牛熊带交挫骗线图

图1-62是600547山东黄金2008.11-2010.02的周K线走势，解析为：

A点到B点，是股价中带金叉上涨运行过程。

主图实线框，是周线牛熊带即长带死叉、金叉，交错牛熊信号模糊、骗线的位置。

三、月线级牛熊

月线级牛熊是指股价在月线级别的个股一带一线。

（一）基本界定

在月线级别走势中，短带为操盘带，中带小线为牛熊线，中带为牛熊带，即月线中带和月线中带小线作为月线级一带一线。

月线太平 K 线是指一根月 K 线的最高价减最低价的差与最低价比值大于等于 0.5 的 K 线，即一根月 K 线的最高价高出最低价 50%。可分月线阴太平 K 线和月线阳太平 K 线。

（二）界定优化

月线级别的一带一线是个股研判走势牛熊的重要参考，能过滤日线、周线一带一线骗线，而且月线级别牛底线对个股走势走牛具有补充参考意义。

1. 过滤骗线作用

月线一带一线定位走势趋势能过滤日线和周线牛熊骗线现象，见图 1-63、1-64。

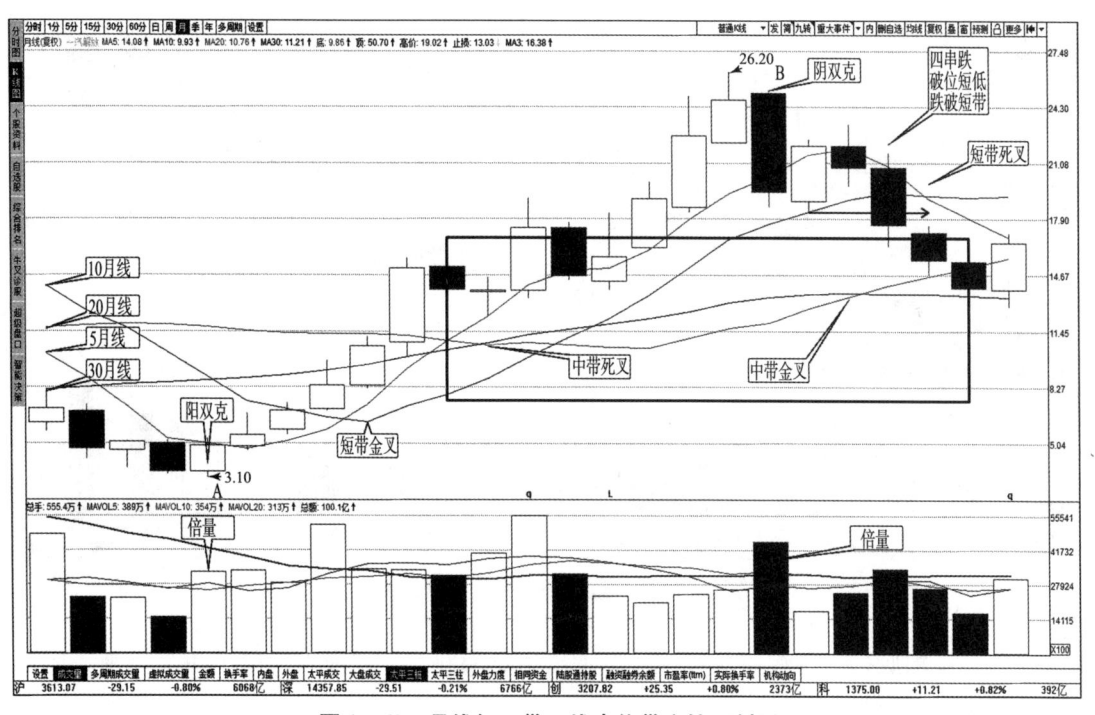

图 1-63 月线级一带一线牛熊带交挫研判图

图 1-63 是 000800—一汽解放 2008.07-2010.07 的月 K 线走势，解析为：

阳双克：在图中 A 点位置，股价走出标准的倍量阳双克 K 线走势后，形成了红三兵 K 线走势，形成底折并突破短带小线。

短带金叉：股价继续上涨，使得短带形成金叉且突破了中带大线。

中带死叉：股价继续上涨，构成六连阳 K 线走势，但中带形成死叉，如图中实线框所示。

酝酿顶折：股价在短带上涨运行过程中，在图中 B 点位置，走出增量大阴双克

K线走势。

顶折确立:股价下跌,走出破位前阳K线低点、跌破短带的K线走势,与前三K线形成四串跌,短带小线走空,但是与此同时,中带形成金叉。

图1-63主图实线框所示位置,也是该股在图1-60所示日线级一带一线超级反弹骗线现象位置。在图1-63中,实线框所示位置虽有中带死叉和中带金叉,但在此过程中,中带大线始终走多,因此,在月线级一带一线牛熊研判中,月线级中带大线多空是研判月线级牛熊的重要依据。

图1-64是000800一汽解放2012.10-2015.07的月K线走势,解析为:

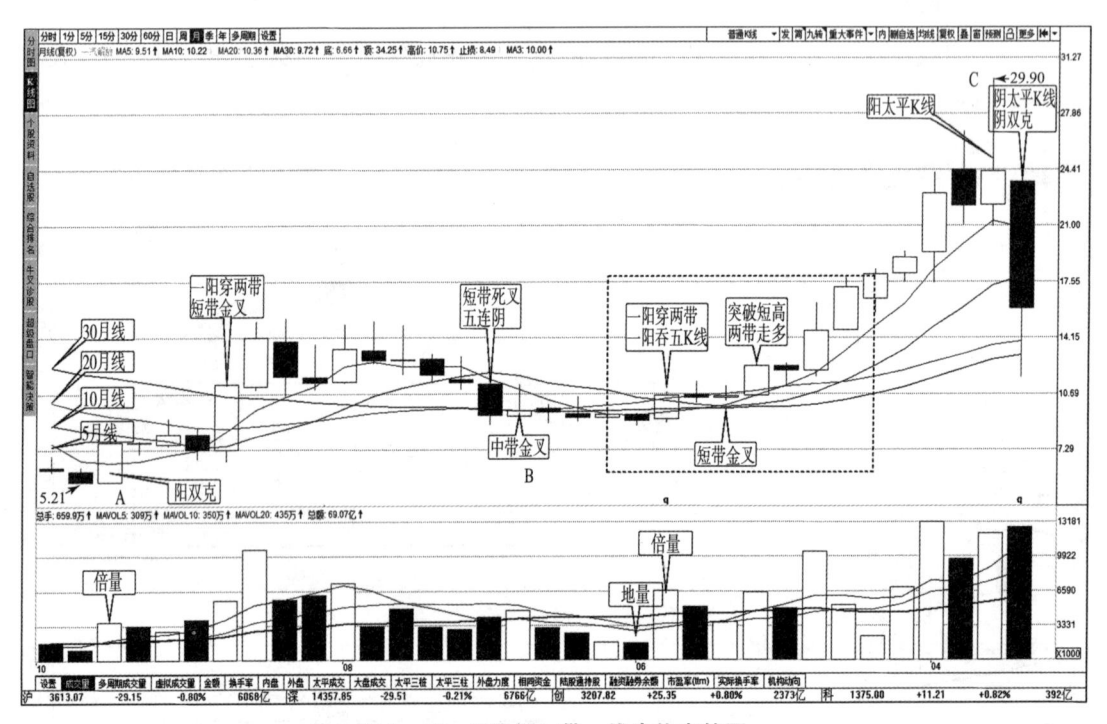

图1-64 月线级一带一线牛熊走势图

酝酿底折:在A点位置,股价走出倍量阳双克,之前也形成了短带反弹,但在中带走熊压制下重回跌势。

底折确立:在A点位置走出阳双克K线走势之后,股价走出双阴夹阳凹量走势,且运行在A点阳双克K线上方高位运行,意味着A点位置的月K线底折确认。

短带金叉:股价继续运行,走出一阳穿短中两带,短带形成金叉。

中带金叉:股价在A—B点走出短带运行走势,在图中B点位置,股价走出中带形成金叉走势,意味着大牛势趋势已成。

打开上行:股价继续上行,走出短带金叉、突破短高K线走势,使得短中两带走多,真牛上涨。

酝酿顶折:股价牛势上涨,在C点位置走出长上影线月线阳太平K线,见月线阳太平 K 线就注意控制仓位、控制风险。

确立顶折：股价走出月线阳太平 K 线后，走出刺穿中带长下影线，月线阴太平 K 线增量阴双克、一阴切短带，意味着顶折确立。

股价在图中 B 点位置，走出中带形成金叉后，走出横盘整理走势，在图中主图虚线框所示区间走势，是该股在图 1-59 中走出的日线级一带一线骗线现象的走势阶段，但是在月线级一带一线牛熊走势即图 1-64 中，月线级牛熊带即中带未出现死叉走势，说明，月线级一带一线牛熊走势很好地过滤掉了日线级别一带一线牛熊骗线现象。

2. 牛底线作用

牛底线对个股走势趋势底部及牛市判断具有补充参考价值，月线牛底线是月线级别长带小线，见图 1-65。

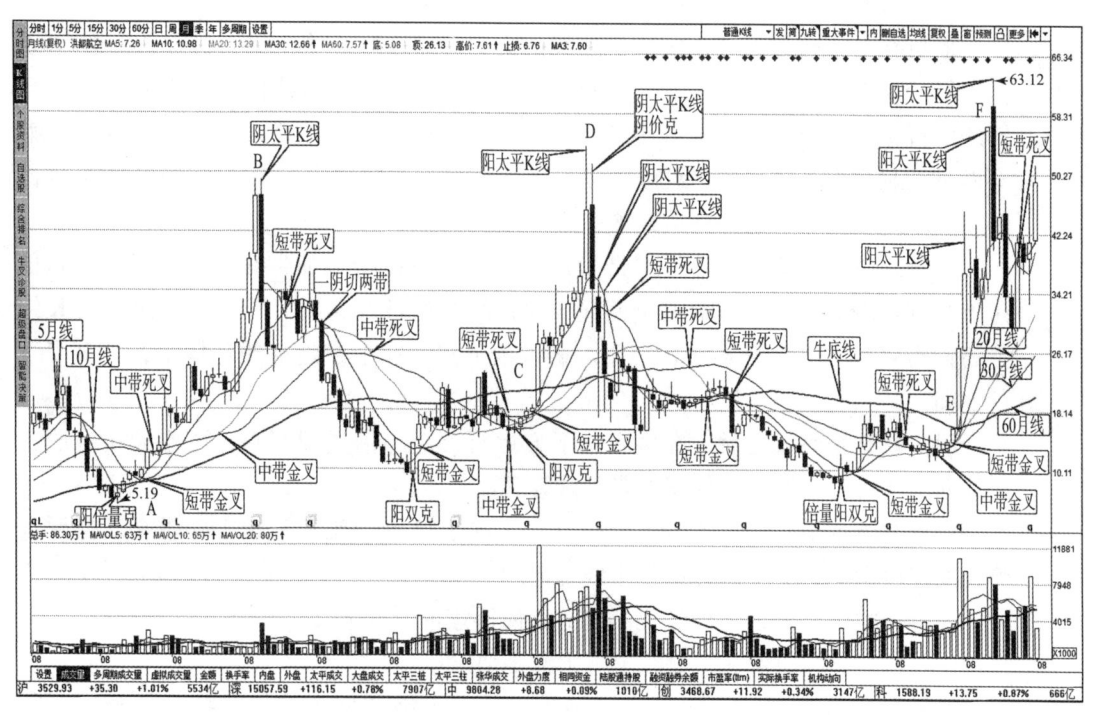

图 1-65　月线级一带一线牛底线图

图 1-65 是 600316 洪都航空 2007.08-2021.07 的月 K 线走势，图中粗线为牛底线，解析为：

A 点到 B 点，股价在牛底线上方上涨走势阶段。

在 A 点位置，走出阳倍量克 K 线走势，酝酿底折，而后股价突破牛底线，突破短带走出五串涨，使得短带形成金叉，意味着开始走多。

股价继续上涨运行，中带形成死叉，但股价突破中带，意味着打开上行，而后中带形成金叉，意味着大牛环境。

股价在短中两带上方上涨运行过程中，在图中 B 点位置，走出月线阴太平 K 线倍量阴双克，酝酿顶折，而后股价跌破短带，使得短带形成死叉。

股价下跌运行，走出一阴切两带、破位走势，意味着顶部区域结束进入下跌区域。

股价跌破中带，在中带下方运行，使得中带形成死叉，意味着大熊环境。

股价跌破牛底线之后，在牛底线下方运行，走出阳双克 K 线走势，酝酿底折，股价在中带走空下方继续运行，走出凸量红三兵、短带金叉，开始走多。

股价突破中带两线，走出中带金叉、短带死叉，根据"以大统小"原则，中带金叉为主，意味着大牛环境，之前走出了中带金叉回踩走势，其结果形成短带死叉。

股价在中带大线上方，走出阳双克 K 线酝酿底折，股价继续上涨形成四连阳、短带金叉走势。

C 点到 D 点，股价在牛底线上方上涨走势阶段。

股价在 C 点位置，走出突破牛底线、突破前高点的 K 线走势，打开了上涨空间。

股价在上涨过程中，在图中 D 点位置，走出长上影线月线阳太平 K 线和长上下影线阴价克、月线阴太平 K 线走势，酝酿顶折，走出长下影线月线阴太平 K 线，刺穿两带、刺穿牛底线，走出跌破中带长上下影线月线阴太平 K 线，与前 K 线形成凸量三只乌鸦，意味着短带肯定死叉、成顶部。

股价跌破中带运行，使得中带形成死叉，股价在中带和牛底线下方运行，量能短带空排在中带小线下退潮缩量明显，股价继续运行，走出短带金叉、四连阳 K 线走势，而后，一根大阴 K 线切短带、破位前低点，在中带走空熊环境下，打开了下行空间。

股价跌破牛底线之后，在牛底线下方运行，走出倍量阳双克，酝酿底折，股价继续向上运行突破短带，使得短带形成金叉。

股价突破中带，使得中带形成金叉，之前走出短带死叉开始了中带金叉回踩走势，回踩过程中，成交量在中带小线上出现小山包堆量，呈红肥绿瘦走势状态。

股价在中带上方，走出红三兵走势，使得短带形成金叉。

E 点到 F 点，股价在牛底线上方上涨走势阶段。

股价在 E 点位置，走出倍量突破牛底线、突破前期高点，意味着打开了上行空间。

股价在上涨过程中，在 F 点位置走出阴太平 K 线，酝酿顶折，而后走出一阴 K 线切短带走势，并与前 K 线形成三串跌，量能短带死叉，意味着正在筑顶过程中。

A 点到 B 点、C 点到 D 点、E 点到 F 点三段牛市上涨过程的共同点是，在短带金叉后股价突破牛底线上形成的上涨行情。

总之，对个股而言，月线短带为操盘带，月线短带金叉是走牛的必经基础，若突破中带上攻则也可走出反弹大牛走势，若在充分酝酿的月线中带金叉则必出真正大牛走势，这是个股大牛规律。月线长带小线是牛底线，可作为个股牛势底部参考线，来考虑研判个股走势趋势。

月线一带一线是研判个股牛熊走势趋势的核心标准。

四、季线级牛熊

季线级牛熊是指股价在季线级别的个股一带一线。

（一）基本界定

在季线级别走势中，短带小线为主，克顺为辅，短带小线是牛熊线，短带为牛熊带，作为研判个股趋势的补充参考，见图1-66。

季线太平K线是一根季K线的最高价减最低价的差与最低价比值大于等于1的K线，分季线阳太平K线和季线阴太平K线。

（二）界定优化

季线级牛底线为中带大线即季线MA30线，可作为个股走势趋势研判重要的补充参考，尤其对个股底部区域判断具有更为简洁、明朗的参考作用，见图1-66。

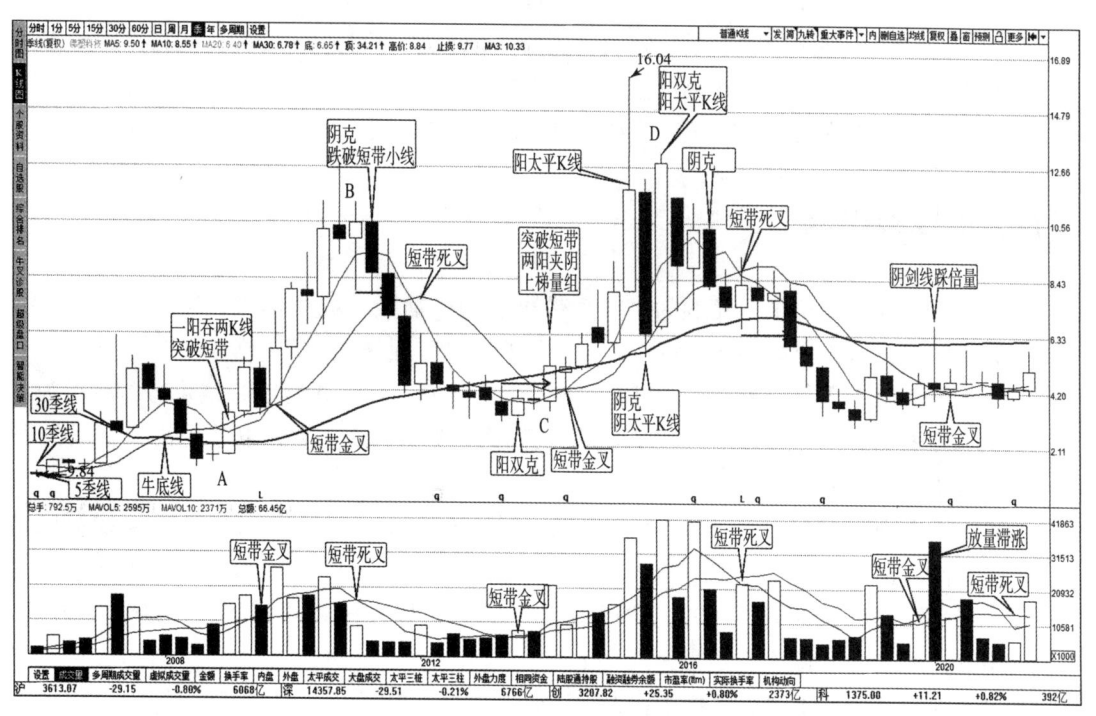

图1-66 季线级一带一线牛底线图

季线级走势有助于日线级别走势的底部区域与顶部区域的大势判断，尤其有助于对日线走势顶部区域筑顶出货、整理反弹和砸盘出货三步的界定和判断。

图1-66是000973佛塑科技2005.12-2021.06的季K线走势，图中粗线为牛底

线，解析为：

股价在 A 点位置，走出一阳吞两 K 线、突破短带、突破季牛底线，意味着前一季 K 线形成的短带死叉被克、扭转，股价突破短带，在短带上方运行，使得短带形成金叉，继续展开上涨。

股价在 B 点位置，走出阴价克、跌入短带小线下，短带小线由多走平，而后走出一阴切短带、破位 K 线走势，意味着股价进入熊市，在短带小线下方串跌，使得短带形成死叉，继续下跌跌破牛底线。

股价在 C 点位置，走出阳双克后，走出倍量阳突破短带、突破短高、突破季牛底线，与前 K 线形成上梯量两阳夹阴走势，而后在短带上方运行，使得短带形成金叉上涨。

股价上涨，创新高后留下长上影线的季线阳太平 K 线，意味着在日线级走势主升浪上涨已经冲顶后回调了。

股价在 D 点位置，走出阴价克、长实体季线阴太平 K 线，意味着在日线级走势凶猛杀跌，而后走出阳双克、长实体季线阳太平 K 线，意味着在日线级走势反弹凶猛，之后的三根 K 线构成两阴夹一阳走势，在短带小线附近大幅震荡筑顶后下跌运行，跌破短带，使得短带形成死叉，股价下跌破位，跌破牛底线。

在季线级别研判时，股价方面，短带小线可视为趋势斜线系，量能方面，重趋势轻单量柱，结合换手率更可靠。

总之，在季线级，在短带小线下方串跌是走熊，在短带小线上串涨是走牛。

五、年线级牛熊

在年线级走势中，克顺为主、短带小线为牛熊线，无牛熊带，年线级 MA20 线为牛底线，对于个股年线级可以不作为研判参考，见图 1-67。

图 1-67 是 000973 佛塑科技 2000.12.29-2021.06.30 的年 K 线走势，解析为：

环境配合：年线级别涨跌基本和大盘年线级别涨跌一致，也就是说，个股的涨跌需要大盘环境的配合。

大涨顺跌：2010 年 K 线涨幅 2 倍，而后连续顺跌了三年，2015 年 K 线涨幅 3 倍，而后连续顺跌了三年。

牛熊界线：2007、2009、2010、2015 年，涨都在短带小线之上，2012、2013、2017、2018 年，跌都在短带小线之下。

双阳克涨：年线级别主要看克，2006、2009、2014 年，阳双克后涨。

行为分析：2019 年只是量阳克价，未出现价阳克，那么 2020 年上涨基础就薄。从日线级别看，2019 年在底部区域的底部整理动作过深过长，2020 年长升浪回调后未形成年升浪。分析原因，还得看个股量价行为以外的原因，目前，看量能是积极健康表象，但股价什么时候能大幅拉升，得看大盘环境、个股基本面和主力意图。

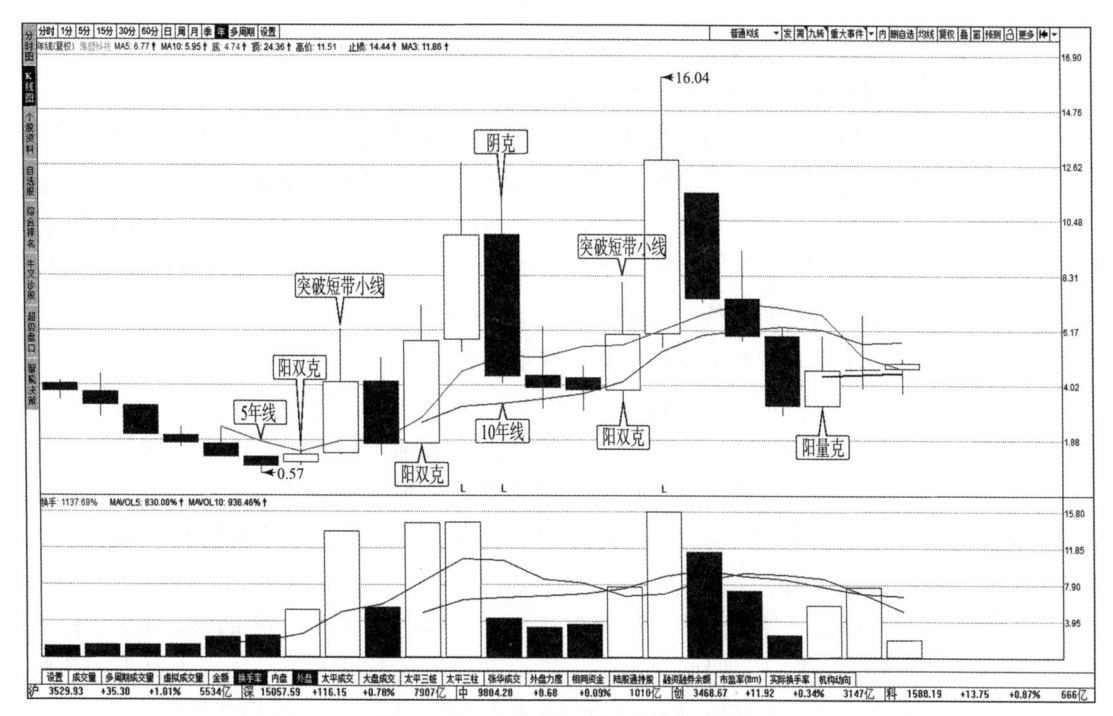

图 1-67　年线级一带一线牛底线图

六、个股一带一线综述

　　对于个股走势趋势定位，日线、周线、月线、季线级别都有其相应的一带一线，其中，月线一带一线是判断个股走势趋势的首要依据，其次是季线一带一线，然后是周线一带一线，最后是日线一带一线。

　　走势趋势是宏观大格局下的走势，应首先从大格局出发定性趋势方向，然后再向更小周期级别去判断、把握具体的实际操作时机与位置。

　　因此，在具体个股操作中，除了考虑大盘运行环境外，用月线中带来判断个股牛熊趋势，周线中带作为周线多空趋势判断，日线中带作为日线强弱走法判断，这三周期共振才有可能把握大波段牛势行情。

　　日线牛熊带金叉大约早于周线牛熊带金叉两个月，周线牛熊带金叉大约早于月线牛熊带金叉两个月。

七、股票走势行为规律综述

　　不管是量价行为分析还是技术指标分析，日线级别都是中轴参考周期级别，对于日线和周线及月线级别的走势，可以量价并举分析，对于小于日线级别或大于月

· 95 ·

线级周期的走势，要以重价轻量为分析原则。

走势的博弈和走法是股市行为的 DNA，也是股票市场行为的认知思维，在股市行为的任何周期、任何行为中都有表达。

在均线运行中，日线短带大线下的博弈和走法是微观，包括日线级别以下周期级别的走势，反映强弱；从日线中带小线到长带大线之间的博弈和走法是中观，反映多空；日线长带大线上和周线级及以上周期级别的走势行为是宏观，反映牛熊。

在日线级别，短带为攻击带，即股价沿着短带进行下攻或上攻；中带为操盘带，即股价在中带上运行时可持股可操盘、中带下运行时不持股不操盘；长带为多空带，即股价在长带上走多、长带下走空；年带小线为牛熊线，年带为牛熊带。

在日线级别，股价突破上攻、碰撒回调、确立中带上涨是波段上涨行情，长带突破回撤、走平长带均线、金叉回踩、确认上攻是准牛行情，股价突破年带小线是牛势行情；股价破位下跌、死叉反抽、受压确立中带下跌是波段下跌行情，股价跌到长带、年带都会有支撑、死叉反弹、走平均线、确认下跌是准熊行情，股价跌破年带小线是熊市行情。

在股价牛熊循环往复的整个过程中，越大级别的均线和均线带的压制或支撑力度越大，走势也越复杂、时间也越长，不论顺牛市还是顺熊市，均由大级别的均线带统领，但不论转牛市还是转熊市均由从小级别的均线带启动。简言之，"以大统小，从小到大"的均线运行规律，并以均线带运行为准绳，归纳出走势博弈、走势走法、走势结构、走势趋势，勾勒股票走势行为规律，反而言之，股价要上涨或下跌，均线带得走出相应的状态才可。

走势结构是日线级别的宏观面的走势归纳，走势结构决定走势走法性质，走法决定 K 线性质。

股票走势结构四区十二相，如果日线级别判断或划分不明朗时，要以季线级和月线级趋势判断为准，包括量能走势状态判断。具体做法是，先用季线和月线级别进行趋势定位，再逐级回到日线级别，精准划分各区各相。

第六节
股票走势行为规律应用

对股票走势认识，是"从小到大"逐级认识，进而扩大提升到股票整体走势的过程，包括从走势博弈到走势趋势的逐级扩大，构成股票走势的整体全貌认知架构。

对股票操作落实，是"从大到小"逐级确认缩小精准到股票具体价位的过程，包括从走势趋势到走势博弈的逐级缩小，构成股票操作的具体精准关键位置。

一、应用思路

在个股具体操作中，应用股票走势行为规律的思路是定向定位，即用大周期级别走势进行定向，再在日线级别走势定位。

（一）定向

从大周期级别走势上判断个股走势所处的方位，运用股票走势行为规律的走势趋势一带一线进行分析，判断个股走势处在底部、上涨、顶部、还是下跌四区中的哪个区域阶段，通过定向分析对个股操作投入资金在总仓位中所占资金量大小和对该股总的进出大方针起到把总舵、把方向、定调子的作用。

（二）定位

对股票走势经过以月线级别为首的大周期级别走势定向分析后，在日线级别上运用股票走势行为规律的走势结构四区十二相进行分析，判断个股走势处在哪个表相阶段，据此确定相应的操作思路、交易位置、交易仓位等具体交易计划。

二、应用区域

在个股具体操作中，运用股票走势行为规律定向定位的方法，用一只个股走势为实例进行表述。

下面根据走势结构的四区，对实例个股在底部、上涨、顶部、下跌四个区域的具体定向定位应用进行阐述。

（一）底部区域

阐述个股股价处在底部区域时，季线级别、月线级别、周线级别走势的定向应用和日线级别走势的定位应用。

1. 季线定向

根据个股走势趋势的季线级牛熊规律，季线级别走势出现阳价克是股价触底信号，K线突破短带小线就意味着股价开始走多，见图 1-68。

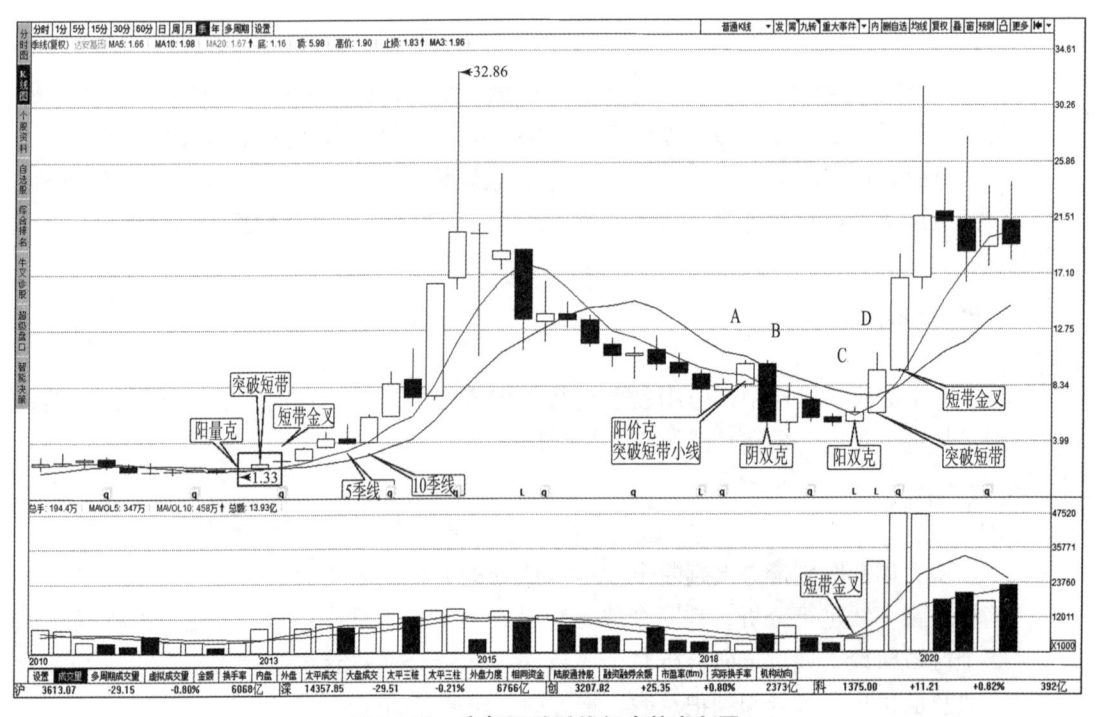

图 1-68　底部区域季线级走势定向图

图 1-68 是 002030 达安基因 2010.09-2021.09 的季 K 线走势，解析为：

如图中主图实线框所示，股价走出阳量克、突破短带、短带金叉，形成底部区域走势，而后股价进入上涨区域，股价在 5 季线上方展开上涨走势。

股价在图中 A 点位置，出现阳价克、突破短带小线，股价触底走多，但是在 B 点位置走出阴双克、一阴切短带，扭转了 A 点的走势。

股价在图中 C 点位置，走出阳双克 K 线，股价触底后，突破短带小线，意味着股价开始走多。

2. 月线定向

一般情况下，用个股的月线级别 K 线走势图进行定向分析就够用。运用一带一线牛熊规律，对股价月K线与短中两带之间的状态，来判断个股走势所处牛熊方位。

月K线在空排短带下方、短带在空排中带下方运行，则股价还在下行寻底或在触底阶段，不持股观望为宜。

月K线在短带金叉上方、短带在空排中带下方运行，则正在筑底，可少量参与或再观望，但要密切跟踪，加大关注度。

月K线突破长期空排走空的中带，则考虑长线持股，见图1-69。

图1-69 底部区域月线级走势定向图

图1-69是002030达安基因2016.06-2020.03的月K线走势，解析为：

在图中虚线框所示区间走势中，走出了短带金叉走势，要密切跟踪后期走势，但在后期走势走出一阴吞多阳、一阴切两带、跌破前低K线走势，股价下跌向下寻底。

在图中实线框所示区间走势中，走出一阳吞多阴、阳双克突破短带走势，形成缩量回调底部抬高的底部整理走势后，走出一阳穿两带、短带金叉的走势，考虑长线持股。

月线级别短带金叉是非常关键的走势，是个股牛涨的底部必经走势状态，月K线首次突破长期空排走空的中带更是非常关键的走势位置，是个股走出底部区域进入上涨区域牛涨的必经位置。简而言之，月线级别短带金叉和月K线突破中带是个股成为牛股的必经走势特点。

3. 周线定向

周线级别走势是月线级别和日线级别走势的过渡与衔接阶段，是重要的参考。

在周线级别，股价在长期长带走空压制下运行时出现短带金叉，就值得关注或考虑少量参与跟踪。

进而，若走出中带金叉，则加强关注度或加大参与力度。

在周线级别，股价在长期长带走空压制下运行时，首次出现突破长带小线的走势时，是重点买入目标位，在此之前，走出短中两带金叉是必须经历的走势。

在周线级别，股价首次突破长带大线，是重点买入目标位置。

在周线级别底部区域位置量能出现红肥绿瘦堆量表现，是底部拉升建仓的表现，见图1-70。

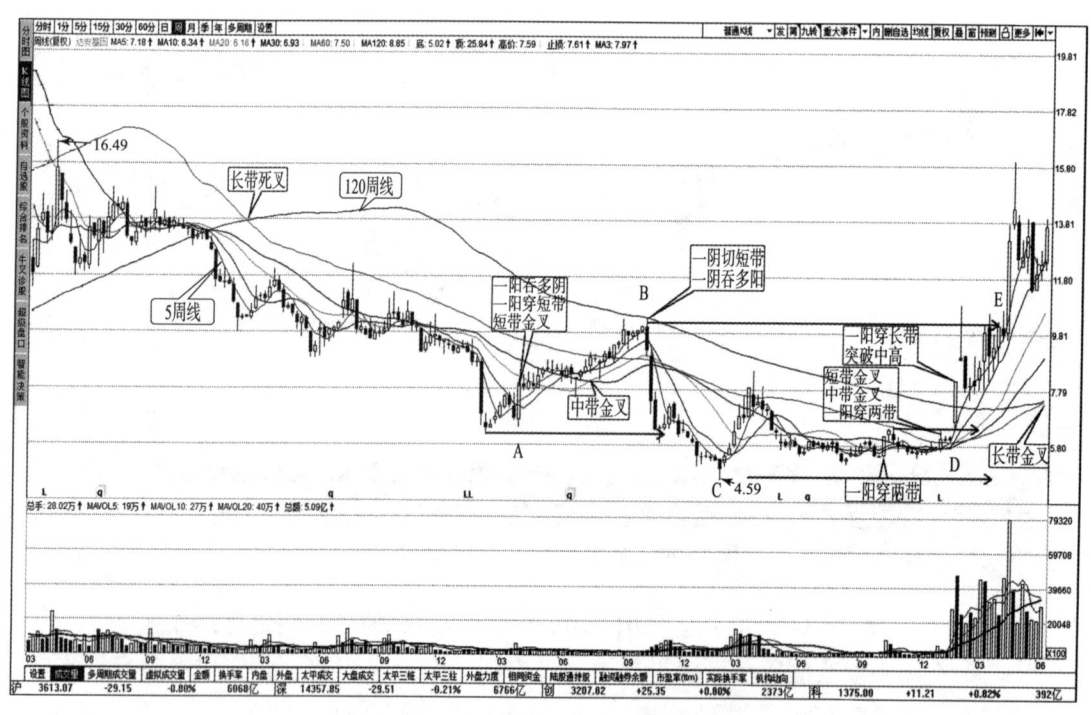

图1-70 底部区域周线级走势定向图

图1-70是002030达安基因2016.03-2020.06的周K线走势，解析为：

A—B点，股价在A点位置，走出一阳吞多阴、一阳穿短带K线走势后使得短带形成金叉，继续上涨突破中带，使得中带形成金叉。

B—C点，股价上涨突破长带小线，在B点位置走出一阴切短带、一阴吞多阳K线走势后向下调整，破位A点低点，创新低下跌运行。

C—D点，股价在长带走空压制下，走出底部抬高整理走势，其间走出一阳穿两带K线走势，使得短带金叉、中带金叉。

D—E点，股价走出一阳穿长带、突破前中期高点的走势，继续在短中两带多排上涨，突破长带，在长带上方运行，在 E 点位置突破 B 点高点，意味着进入上涨区域，打开了上涨空间。

4. 日线定位

在日线级别年带空排走空的压制是强大的，根据个股走势结构四区十二相规律，在底部区域底部拉升是该区域最为可观的拉升阶段。当然，股市里不乏特例和个性表现，而且根据走势变化是"从小到大"的过程规律，所以以下位置是我们关注的重点操作位置。

在日线级别，股价在年带空排走空大熊环境中长期运行状态下，走出中带金叉，则可加入自选股池或买上一两手，观望跟踪。

进而，股价突破长带小线时，是加仓买入位置。

在日线级别，股价在年带走空环境中长期运行状态下，首次突破年带小线时，是重点买入位置。

当然，以上买入位置的判断，要分析考虑股价走势处在底仓阶段、底部拉升还是底部整理阶段，如果是底部拉升过后的底部整理阶段出现的买入位置，则操作价值更高，见图 1-71 至图 1-73。

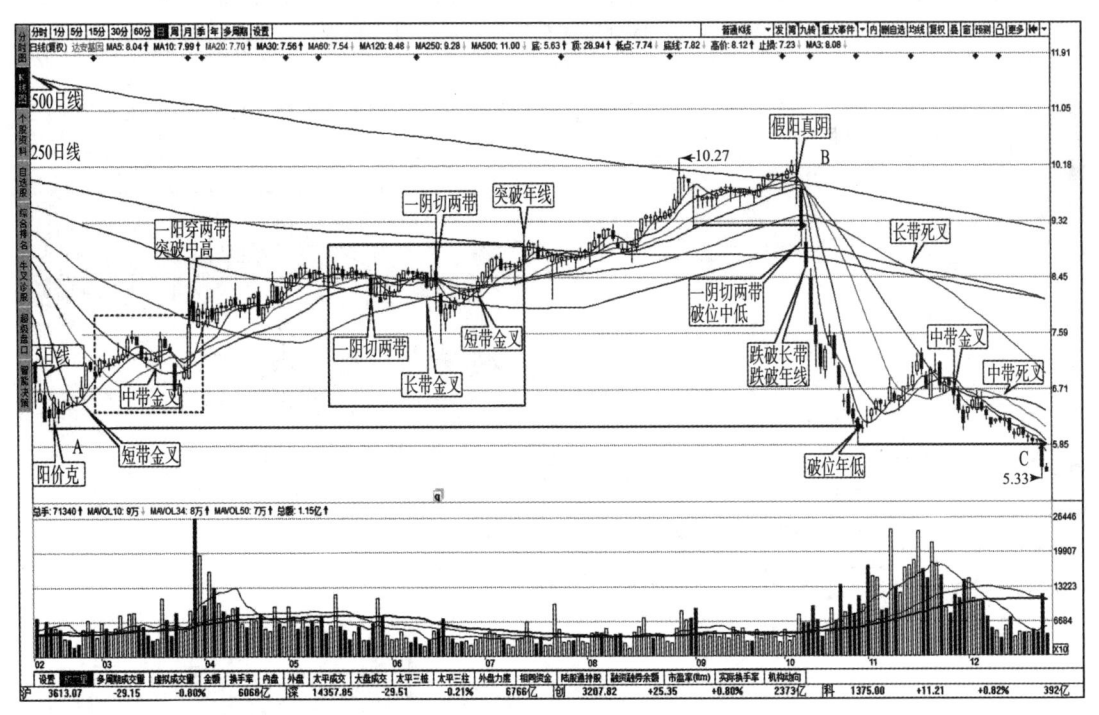

图 1-71 底部区域日线走势定位图（1）

图 1-71 是 002030 达安基因 2018.02-2018.12 的日 K 线走势，解析为：

A—B 点，股价在年带走空下方，走出的长带金叉上涨走势。其间，在 A 点位置走出了阳价克和短带金叉后短带上涨运行，突破中带使得中带形成金叉，而后在长

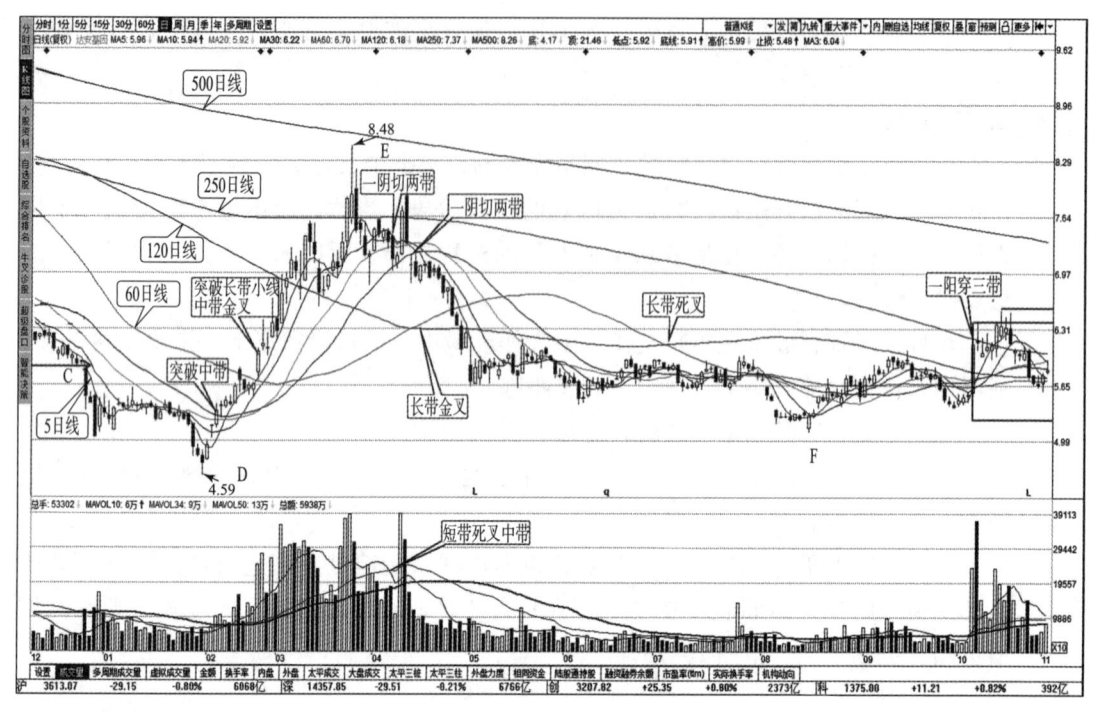

图 1-72 底部区域日线走势定位图 (2)

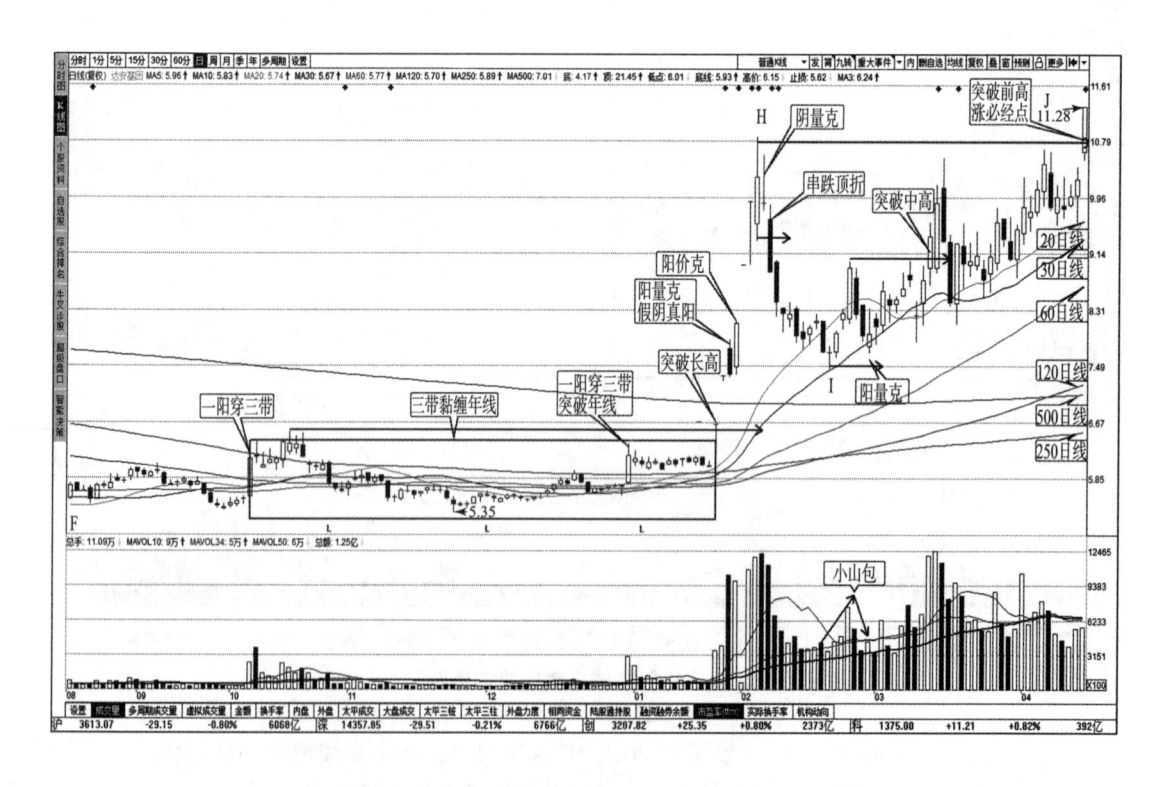

图 1-73 底部区域日线走势定位图 (3)

带走空压制下，如图中虚线框所示，形成了中带金叉回踩走势。中带金叉回踩不破前低，走出一阳穿两带、突破中高的K线走势，展开上涨突破长带两线，使得长带形成金叉，而后走在年带走空压制下，如图中实线框所示，形成了长带金叉回踩走势，长带金叉回踩不破前低，走出八连阳上涨突破前高。

B—C点，股价在B点位置，走出假阳真阴K线和一阴切两带、破位中低K线，而后继续下跌，跌破长带、跌破年带小线，股价在年带下方运行，跌破A点低点，创新低。

图1-72是002030达安基因2018.12-2019.11的日K线走势，解析为：

D—E点，股价在D点位置，走出阳克和五连阴突破中带，继续上涨突破长带两线，股价在E点位置突破年带小线。

E—F点，股价在E点位置，陆续走出两根一阴切两带K线走势，跌破短中两带，向下运行跌破长带，在长带下方运行不创新低。

图1-73是002030达安基因2018.08-2020.04的日K线走势，解析为：

F—G点，股价年带走空下方整理走势，在实线框所示区间，走出短中长三带黏缠年带小线走势，其间，走出两根一阳穿三带K线走势。

G—H点，股价在G点位置，走出突破长期高点K线走势，之后走出假阴真阳K线后继续上涨走势。

H—J点，股价在H点位置，走出阴量克和串跌，跌破短低，形成顶折酝酿回调，回调运行到I点位置，在中带大线得到支撑，走出阳量克K线后震荡上行，在J点位置突破H点前高点的上涨必经点，打开了上涨空间。

（二）上涨区域

阐述个股股价处在上涨区域时，季线级别、月线级别、周线级别走势的定向应用和日线级别走势的定位应用。

1. 季线定向

季线K线突破长期走空短带大线，意味着进入上涨区域，短带形成金叉则意味着股价在走牛市中，季K线在走多短带小线上串涨，应持股，见图1-74。

图1-74是002030达安基因2010.09-2021.09的季K线走势，解析为：

股价在主图D点位置，走出爆量一阳穿短带，是强烈的季线级别走牛信号。

股价在主图E点位置，走出短带金叉，之前在C点位置相应的成交量短带金叉，意味着个股进入上涨区域，持股待涨。

2. 月线定向

在月线级，短带走多正在突破空排的中带，则要长线持股。

在月线级，股价在短带上方运行，短带在中带金叉后走多，应持股守仓，见图1-75。

图1-75是002030达安基因2016.08-2020.05的月K线走势，解析为：

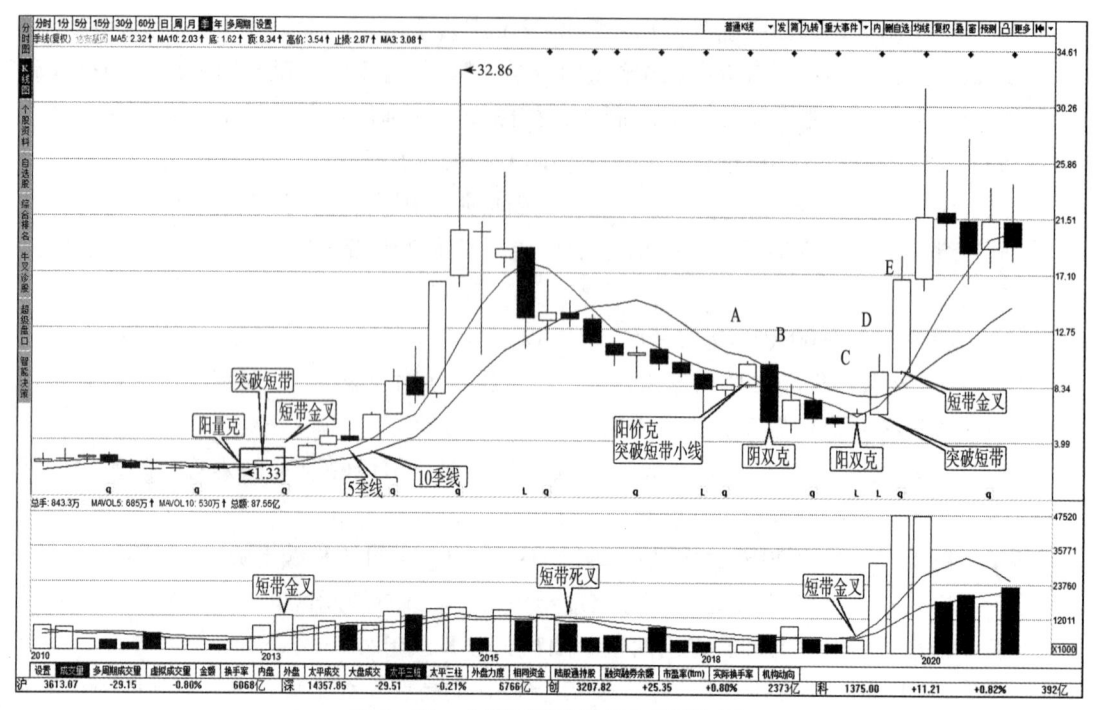

图1-74　上涨区域季线级走势定向图

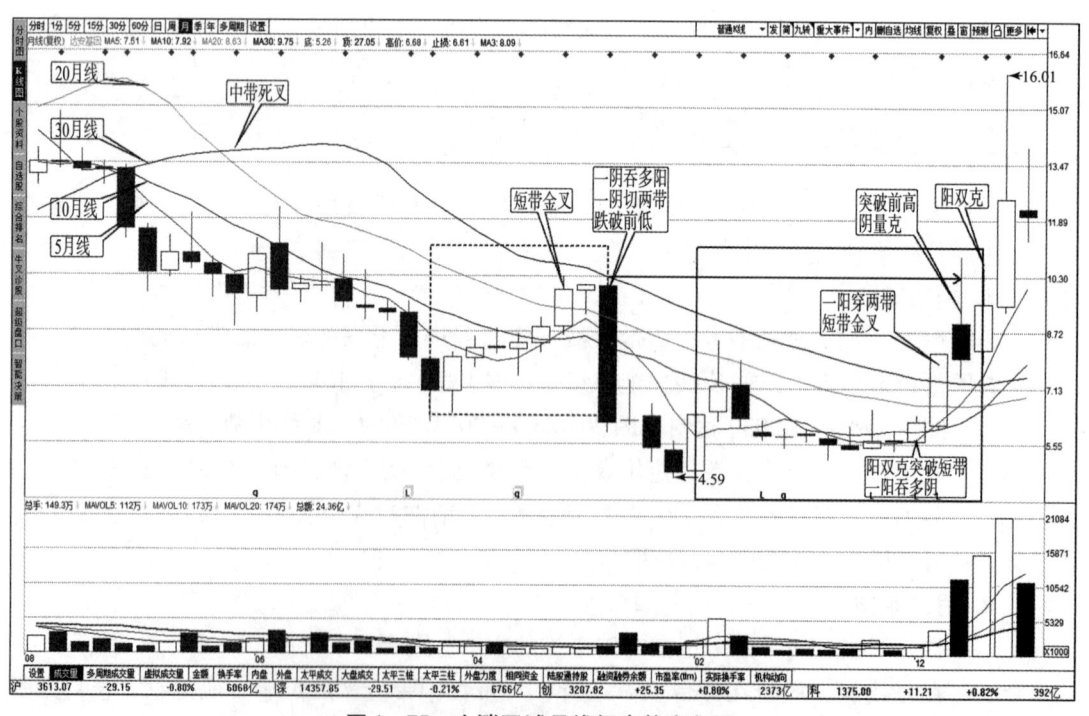

图1-75　上涨区域月线级走势定向图

如图中实线框所示，股价走出阴量克K线走势，突破前期高点，随后量能放大明显，同时，多排短带运行在空排中带内，正在突破中带，意味着上涨正延续上攻中酝酿大牛涨，之后走出阳双克K线，克服扭转了阴量克的风险，确立上涨，应持股待涨。

3. 周线定向

在周线级，股价突破长带小线后，K线在走多中带上运行，使得长带小线空翻多，进而使得长带大线走平，是股价进入上涨区域的标志，股价在走多中带上方运行，应持股，见图1-76。

图1-76 上涨区域周线级走势定向图

图1-76是002030达安基因2017.07-2020.07的周K线走势，解析为：

股价在D点位置，走出一阳穿长带K线，首次突破走空长带大线，意味着股价正在走出底部进入上涨区域后，在短中两带走多推动下，使得长带小线空翻多、长带大线走平，考虑长线持股待涨。

股价在E点位置，突破消化B点高点附近的压力，且股价在长带上方运行，使得长带两线空翻多，使得长带形成金叉，应持股待涨。

4. 日线定位

根据个股走势结构四区十二相特征，股价突破年带小线就意味着进入上涨区域，要积极加仓做多、长线持股。

在日线级别，股价在年带走空环境下长期运行，股价首次突破年带大线，以及突破长期或更长时期前高位置,都是非常重要的长线买入位置,是股价完成底部区域走势进入上涨区域的重要节点位置。

在股价进入上涨区域后,不论走出怎样的上涨行情,出现了顶折跌破短带则应注意风险,跌破中带应考虑加大减仓力度,股价整理突破中带应加仓买回。简而言之,始终以中带为持股带的大原则下进行操作,见图1-77。

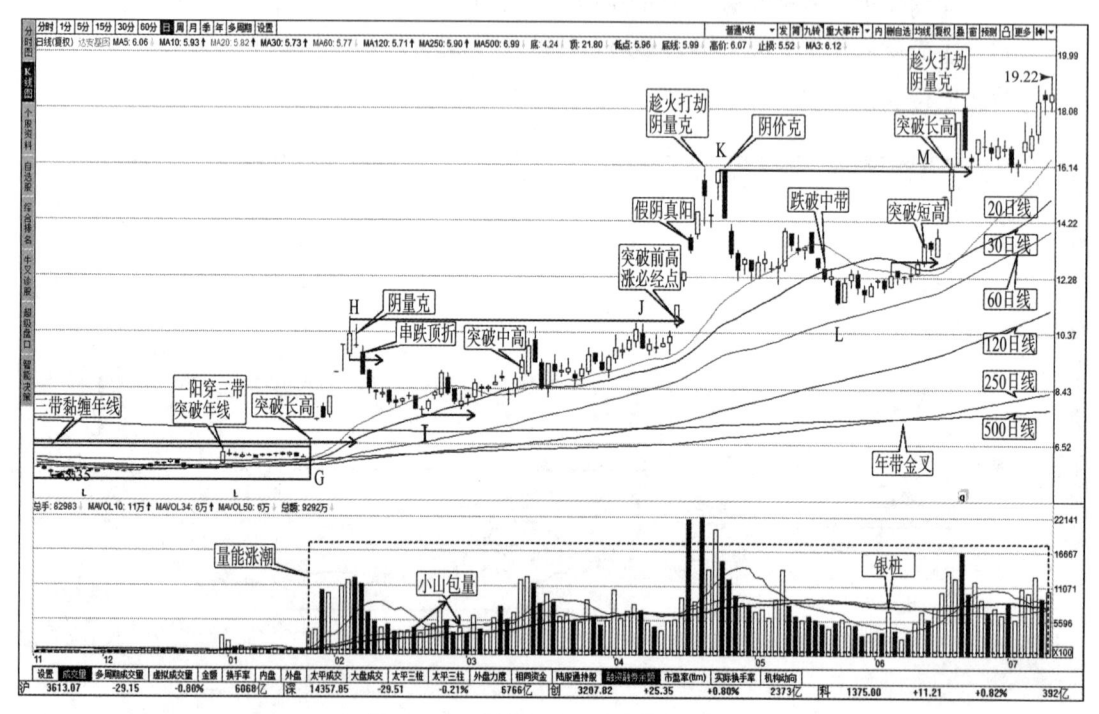

图1-77 上涨区域日线走势定位图

图1-77是002030达安基因2019.11-2020.07的日K线走势,解析为:

J—K点,股价在年带空排上方,借助短中长三带多排上涨,其间出现假阴真阳K线走势。

K—L点,股价在K点位置,走出阴量克和阴价克K线走势酝酿调整,股价调整跌破中带,在L点位置,走出在长带小线上方得到支撑震荡走势。

L—M点,股价在L点位置,走出震荡缩量止跌走势后,走出突破短高、突破中带走势,股价在年带上方上涨运行使得年带形成金叉,股价在M点走出突破K点的长期高点走势,形成了四带多排上涨态势。

值得注意的是,自股价突破年带之后,量能出现明显涨潮,如图成交量坐标虚线框所示,助推股价上涨。

股价从图中实线框低点5.38元涨到H点高点10.83元,涨了一倍,回调到I点低点7.44元,回调目标中心为10.83-(10.83-5.38)/2=8.11元,涨到K点高点16.01元,涨了一倍多,回调到L点低点11.30元,回调目标中心为16.01-(16.01-

7.44)/2＝11.73元，涨到2020年08月04日的31.66元。在整体上涨过程中，比较清晰地走出了长升浪上涨及回调、年升浪上涨及回调和主升浪走势动作。

（三）顶部区域

阐述个股股价处在顶部区域时，季线级别、月线级别、周线级别走势的定向应用和日线级别走势的定位应用。

1. 季线级别

对季线级单根K线，要关注出现季线太平K线、长上影线、大阴K线，关注风险。

对季线级多根K线，要注意出现阴克、顶折，考虑被动减仓降低风险。

对季线级K线与均线，K线出现跌入短带小线、跌破短带小线，考虑加大减仓力度或清仓，见图1－78。

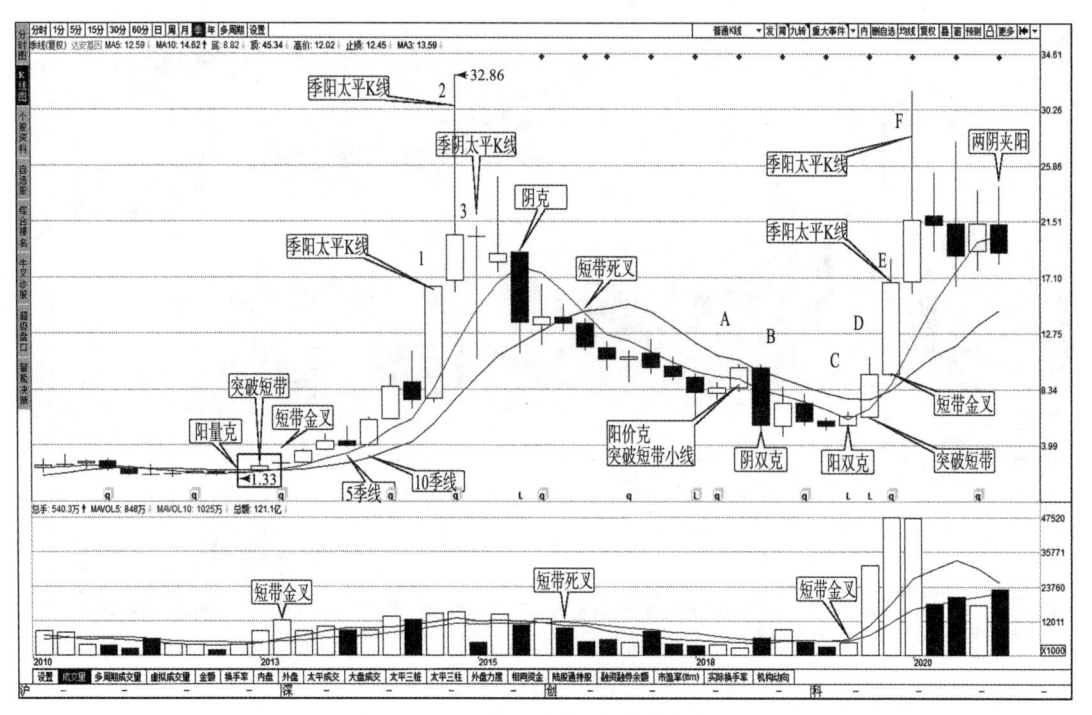

图1－78 顶部区域季线级走势定向图

图1－78是002030达安基因2010.09－2021.09的季K线走势，解析为：

季阳太平K线：图中1点位置，走出光头季线级阳太平K线，在2点位置，走出长上影线季线级阳太平K线，意味着股价在该季度内出现了从最低价到最高价涨幅一倍的走势，且出现大幅回调，说明在日线级走势上形成了筑顶走势过程。

季阴太平K线：图中3点位置，走出倒剑线季线阴太平K线，意味着股价打压出货非常凶狠，且反弹也非常可观，此后走出阳剑K线和阴克、跌破短带小线K线走势，意味着股价牛势上涨走势结束。

以上是季线级历史顶部区域走势表现，现在的走势状况是，在图中 E 点位置，走出季线阳太平 K 线，在 F 点位置，出现了带有长上影线的季线阳太平 K 线，目前，走出两阴夹阳踩凹量组，量能短带小线已经多翻空。

2. 月线级别

对月线级单根 K 线，要关注出现月太平 K 线、长上影线、大阴 K 线，要关注风险。

对月线级多根 K 线，要注意出现阴克、顶折，考虑被动卖出位置。

对 K 线与均线，K 线出现跌入短带小线、跌破短带小线、短带形成死叉、短带死叉回抽，这些都是月线顶部走势特征，若股价走势出现这些特征，股价跌破中带小线进入下跌区域只是时间问题，见图 1-79。

图 1-79　顶部区域月线级走势定向图

图 1-79 是 002030 达安基因 2014.02-2021.09 的月 K 线走势，解析为：

A—B 点，是股价冲高回落跌破中带小线的走势，意味着个股顶部区域走势结束。其间，在 A 点位置走出了长上影线阴太平 K 线，意味着个股日线级走势顶部打压出货凶猛；之后走出倒剑线月线阴太平 K 线，表明个股下跌幅度很大且在本月内反弹也可观；在 B 点位置走出跌破短带，跌穿中带小线的走势，使得短带形成死叉，相应的成交量短带形成死叉。

以上是历史顶部表现，目前该股表现为：

C—D点，是股价冲高回落跌破中带小线的走势。其间，在C点位置走出了月线阳太平K线；而后走出了两阴夹阳、四串跌、跌破短带小线和阳剑线的K线走势，跌破短带，使得短带形成死叉；在D点位置走出阴双克、两阴夹阳K线走势。

3. 周线级别

在周线级，出现阴克、两阴夹阳、一阴切短带等顶折表现，进而串跌，跌破短带走势，意味着筑顶出货。

在周线级，在中带走多支撑上，构成串涨是顶部反弹诱多。

在周线级，跌破中带、使得中带形成死叉的过程是顶部整理，之后若有串涨是诱多，股价跌破长带小线，则进入下跌区域已成大趋势，见图1-80。

图1-80 顶部区域周线级走势定向图（1）

图1-80是002030达安基因2015.04-2018.06的周K线走势，解析为：

在图中A—B点，是股价顶峰高点回调跌破长带的走势。其间，在A点位置，走出三只乌鸦、跌破中带和五连阴K线跌破中带、短带死叉的走势，而后震荡下跌，走出一阴切两带K线走势跌破中带，使得中带形成死叉，之后，股价走出中带下跌运行，跌破长带；在B点位置，长带形成死叉，意味着顶部区域走势结束。

如图中成交量坐标虚线框所示，量能退潮、绿肥红瘦。

以上是历史顶部区域走势表现，该股后续走势见图1-81。该图是002030达安基因2020.01-2021.09的周K线走势，解析为：

F—G点，是股价顶峰高点回调跌破长带小线，使得长带小线多翻空走平的走势。其间，在 F 点位置，走出阳剑 K 线后七串跌、跌破短带，使得短带形成死叉走势，震荡下跌跌破中带，使得中带形成死叉；而后，走出中带下跌运行，跌破长带小线，使得短中两带在长带小线下方运行；在 G 点位置，长带小线多翻空走平走势。与此同时，相应的成交量走势，如图中成交量坐标虚线框所示，退潮明显、绿肥红瘦。

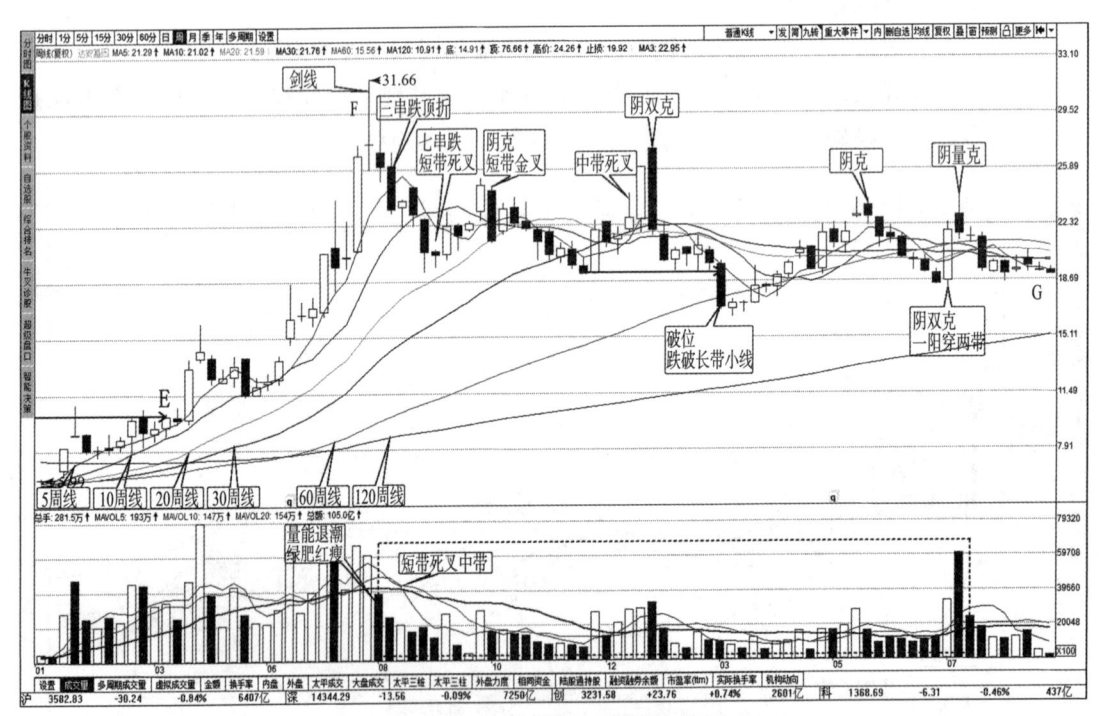

图 1-81 顶部区域周线级走势定向图（2）

4. 日线级别

在月线级别见月阳太平 K 线，则在日线密切关注随时主动减仓位置。日线出现阴克、顶折、跌破短带则主动减仓，在日线跌破中带则大幅减仓或考虑清仓。

股价在日线大跌，跌破长带小线，是走出了顶部区域的筑顶出货表现，意味着股价走势进入顶部区域，之后走出的反弹都是以诱多出货为目的，见图 1-82。

在月线级出现大跌急跌构成的月阴太平 K 线，之后的反弹走势的高度相对于缓慢下跌震荡后构成的反弹，要迅速猛烈，可参与操作价值更高些。

对于顶部反弹，在日线股价突破中带时才可考虑，并抱有短线或中线思路参与操作，不可抱有长线参与思路，同时，要有随时止损或随时获利了结的意识。

图 1-82 是 002030 达安基因 2020.06-2021.05 的日 K 线走势，解析为：

A—B 点，股价在 A 点位置，走出阴量克和三只乌鸦 K 线走势，跌破短带，使得短带形成死叉，短带下跌运行跌破中带，在中带下方走出破位短低、跌破长带小线，使得中带形成死叉，展开调整走势，陆续跌破长带两线，下跌在 B 点位置时使

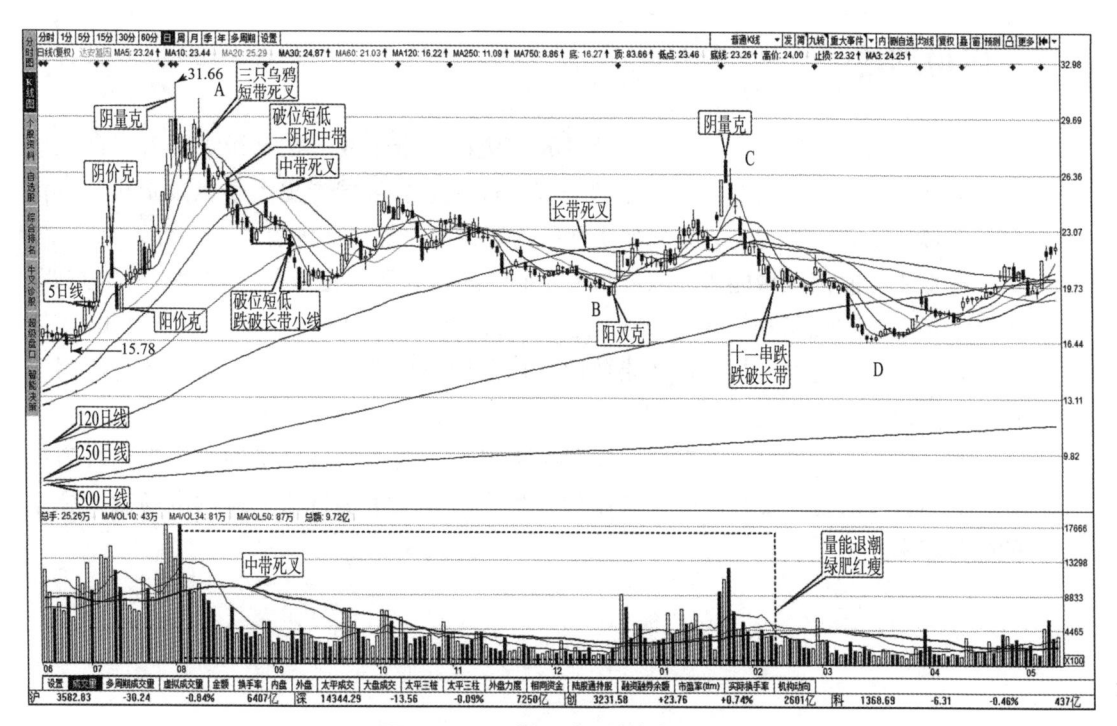

图 1-82 顶部区域日线走势定位图

得长带形成死叉。

B—C 点，是股价对长带死叉回抽走势，其间，在 B 点位置出现阳双克 K 线走势，在 C 点位置出现阴量克 K 线走势。

C—D 点，股价走出十一串跌、跌破长带 K 线走势，中带下跌运行继续下跌，跌破年带小线，其结果使得长带两线双双多翻空走空。

该股自在 A 点位置创出最高点后，股价大幅下跌，跌破长带小线，完成了顶部区域筑顶打压出货走势和使得长带死叉、长带两线走空的顶部区域整理走势，相应的量能如图中成交量坐标虚线框所示，退潮明显、绿肥红瘦。

（四）下跌区域

对于个股走势下跌区域，在月线级别短带死叉后 K 线跌入中带小线，在日线级别长带死叉后股价跌入年带小线，就意味着股价走势进入下跌区域了。股价在月线级别中带死叉，在日线级别年带死叉，则个股走势大熊市，直到出现底部区域走势特征，结束下跌区域。

在下跌区域尽量不参与持股操作，要以多看少动为大前提、大原则。想要参与股票操作，则轻仓参与股价突破日线级中带的超跌反弹或充分整理后的反弹走势，并要有随时准备卖出的意识。

总之，对于在下跌区域走势的个股大原则上应避而不做。

三、应用综述

　　股价在月线级别出现短带金叉及月K线突破中带小线、在日线级别出现日K线突破年带小线及年带大线的重要走势位置，进入上涨区域走出大牛以及走出顶部区域、下跌区域等走势行为，是股票走势行为规律所要探讨的内容。

　　个股走出底部区域能否大涨成为大牛股，还得看股票走势行为规律以外的东西，即涵盖个股基本面情况、个股所属行业板块、个股行业地位等涉及个股属相内容，和大盘走势行为规律、行业板块指数股相以及行业产业政策、宏观政策环境等因素内容的股市走相行为规律。

　　在具体股票操作时，不仅要掌握股票走势行为规律，还要掌握股市走相行为规律，更为重要的是，要明白股票操作行为是一门尊重市场行为、遵循市场行为规律的操盘艺术。

第二章
股市走相行为规律

如果把股市比作是一片森林，第一章的内容只围绕单独一棵树进行了表述解析。而对于森林来讲，不仅有树木，还有森林生长的土壤环境、气候环境、森林生态以及生态演替等等。股市也一样，不仅有单只股票的行为，还有股票市场的行为。

股市是由众多只股票组成的，股市行为是市场中所有股票的行为，有在领头羊的带领下形成的羊群效应，有石头掉湖里出现的水波涟漪效应，有第一张牌倒下后的多米诺骨牌效应，也有众人参加奔向终点的马拉松效应，这就需要分析总结股市行为的规律。

股市行为牛涨熊跌的变化发展中，也遵循着事物发展中普遍的"从小到大"的规律。大盘在底部区域是市场启动期，盘面资金量不多，随着行情的上涨展开，盘面资金逐渐增加，因此在整个市场中，易出现流通盘从小到大的轮动炒作过程；当大盘进入上涨区域末段时，量价异动诱多，易出现超级大盘股上涨，即所谓的大象起舞，使得市场出现量能不济但指数继续上涨现象，此时环顾整个市场，个股整体跌多涨少。从均线趋势上看，大盘指数在底部区域时，先是从短带出现空翻多，而后这种空翻多走势向中带、长带、年带逐级扩大，形成整体空翻多趋势；大盘指数到顶部区域时,先是从短带出现多翻空走势,这种多翻空走势向中带、长带、年带逐级扩大,形成整体多翻空趋势。

　　股票行为着重研究了单只个股走势行为规律,股市行为研究的对象不仅包括表征股市行为的大盘指数走势行为规律,还重点研究股市行为横向表征表现,以及股市纵向历史发展演进的行为根本和股市行为自身特点等内容。

第一节
大盘走势行为

大盘走势对整个股市趋势的影响是显而易见的。大盘走势不仅影响着市场资金的进退，也是标杆、样板，是最大的"领头羊"。个股主力利用大盘走势为环境走出个股的走势，比如主力往往借助大盘下跌来对个股进行洗盘、试盘，也利用大盘的上涨来对个股进行拉升、出货等。总的来讲，主力借助大盘走势的大环境来实现对个股的走势操作。

一、大盘走势结构

个股可以有比较明显的主力运作，构成了个股走势结构四区十二相。大盘指数是市场各股的走势综合，也无所谓主力运作，股市是在国家发展意志和有效管控下运行的走势行为，因此，虽有四区但却只有八相。

大盘走势结构四区八相以指数牛熊走势为主要的研究分析对象，对指数走势的纵向空间走势结构的定位进行总结归纳。四大区域包括底部区域、上涨区域、顶部区域、下跌区域，每区域包含两个表相。

（一）底部区域

底部区域是由"量增价跌创低点，突破长带大线见底"和"回调缩量不创低，量价配合整理成底"两相组成。

1. 量增价跌创低点，突破长带大线见底

在一轮大熊市下跌过程中，出现量能逐渐放大迹象，即量群谷底在抬高，但指数继续下跌创新低，这是指数在逐步触底的表现。

在日线级走势上，指数出现短带金叉，随着量能的增加，指数继续突破中带，中带金叉上涨突破长带，则是大盘指数见底的表现。

出现量增价跌，虽然量在增加，但是价还在下跌，出现了量价背离异动现象，这种量增价跌的背离出现在底部区域，是市场诱空行为，指数K线走势表现为逐步下跌，相应在量能表现为逐步涨潮。

以000001上证指数1849底部区域为实例，在不同周期级别走势的底部区域见底走势表现进行表述。

（1）在日线级走势，出现量增价跌创大低诱空后，量增指数突破长带的走势，是见底，见图2-1。

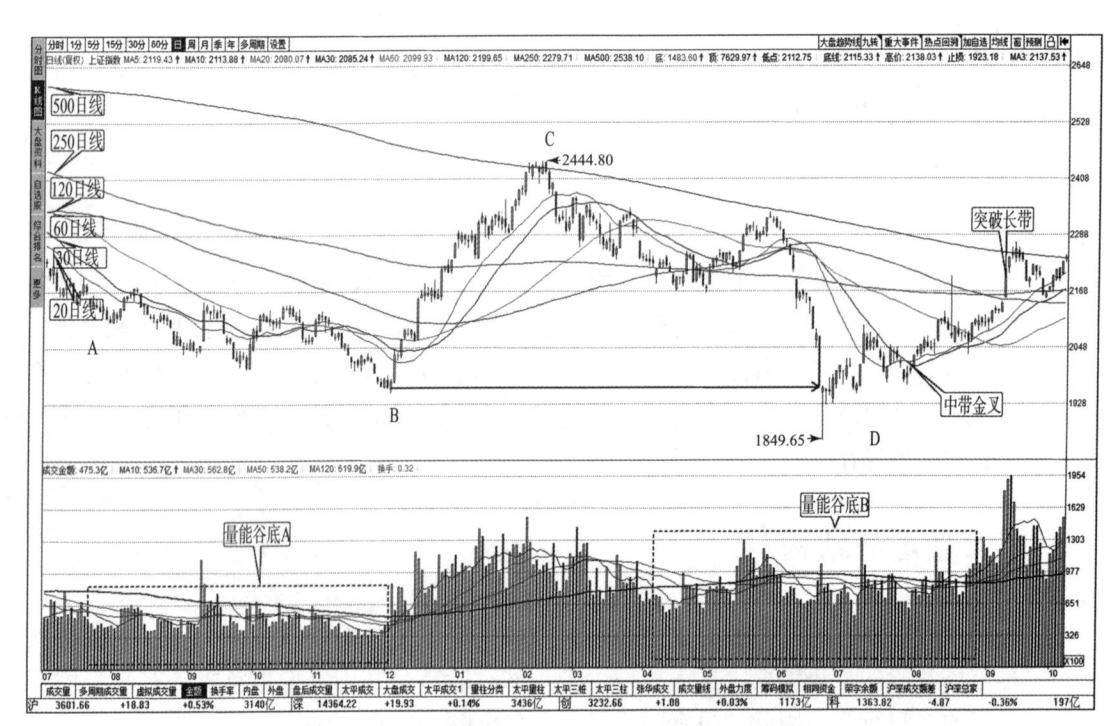

图2-1 上证指数1849底部区域日线级见底走势图

图2-1是上证指数2012.07-2013.10的日K线走势，解析为：

A—B点，指数在年带走空压制下长带下跌走势过程。

B—C点，指数走出的长带金叉上涨走势过程。

C—D点，指数在年带走空压制下，长带金叉回踩走势，其结果指数在D点位置，走出跌破前B点低点，创出1849.65点新低点。

指数创出D点位置的新低点之后，走出上行走势，突破中带，使得中带形成金叉，指数继续上涨突破长带。

如图中成交量坐标虚线框所示，量群谷底A与量群谷底B显示，量群谷底逐步抬高，整体量能处于增厚态势。

上证指数在A—D点区间走势，经过价跌量增突破长带，意味着大盘见底。

（2）在周线级走势上，创出大低点后量增突破中带，见底，见图2-2。

图2-2是上证指数2012.07-2013.09的周K线走势，解析为：

创出大低：指数在D点跌破B点前低点创出1849.65点新低点。

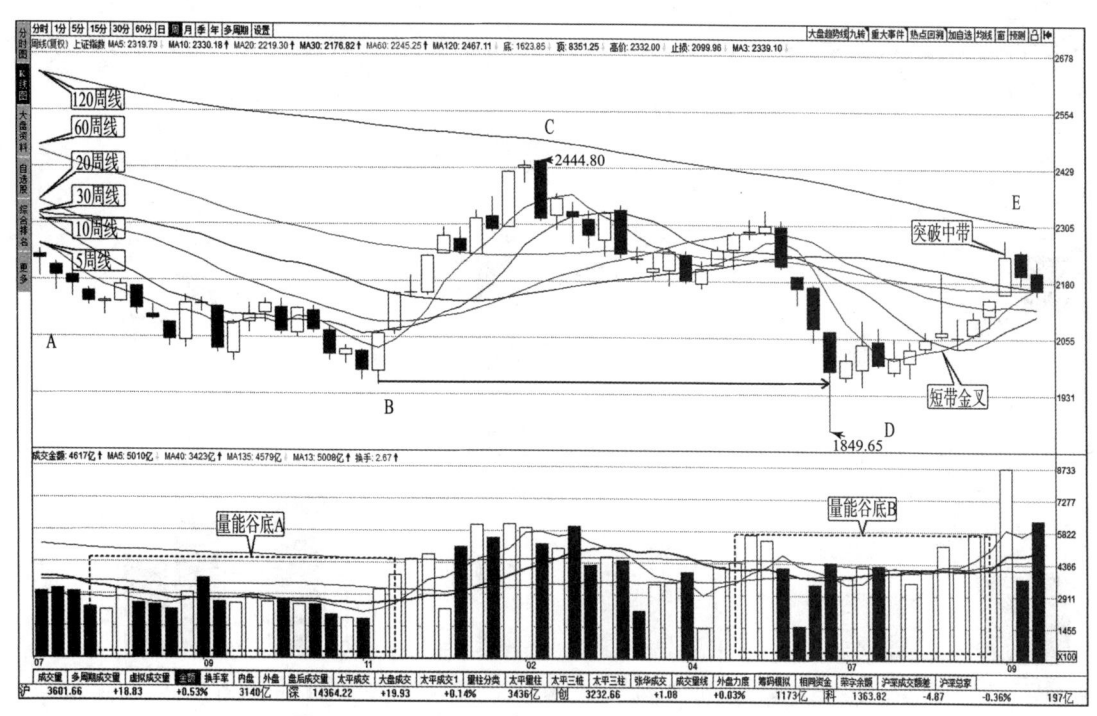

图 2-2 上证指数 1849 底部区域周线级见底走势图

短带金叉：指数在 D 点创出新低后，上涨突破短带，使得短带形成金叉。

突破中带：指数在 E 点走出突破中带的走势。

如图中成交量坐标虚线框所示，量能谷底 A 与量能谷底 B 相比，逐步增厚抬高。

上证指数在 A—E 点区间的走势，呈现指数创新低量能增厚指数突破中带，意味着指数见大底。

（3）在月线级走势上，指数创出新低，量能增厚，指数突破短带小线使其走平，见底，见图 2-3。

图 2-3 是上证指数 2012.07-2014.02 的月 K 线走势，解析为：

创出大低：指数在 B 点走出突破 A 点的前低点，创出 1849.65 新低点。

突破短带小线：指数创出新低后，走出三连阳，上涨突破短带小线。

与此同时，成交量走势如图中成交量坐标虚线框所示，量堆 A 与量堆 B 相比，逐步增厚。

2. 回调缩量不创低，量价配合整理成底

在日线级走势上，指数突破长带使其形成金叉，走出长带金叉上涨，在年带走空压制下走出长带金叉回踩动作过程中，回踩下跌不创新低，缩量止跌进行整理，整理期间量增价涨、量缩价跌或量缩价不跌的量价配合震荡现象，则是成底的表现。

指数突破长带过程中红肥绿瘦增量明显，出现长带金叉回踩过程中缩量明显。

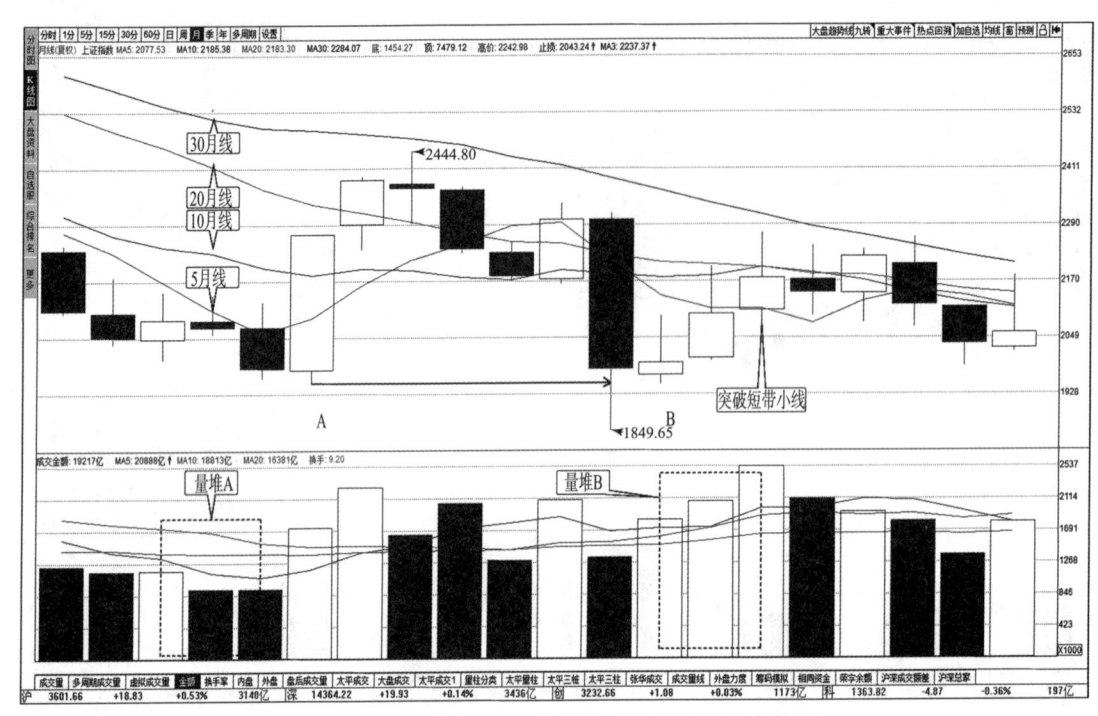

图2-3　上证指数1849底部区域月线级见底走势图

以000001上证指数1849底部区域为实例,在不同周期级别走势的底部区域成底走势表现进行表述。

(1) 在日线级走势,指数见底后走出回调缩量不创新低、量价配合整理,成底,见图2-4。

图2-4是上证指数2012.06-2014.09的日K线走势,解析为:

A—B点,指数在A点位置创新低之后上行,陆续突破短中长三带,形成长带上涨运行走势,继续上行,突破年带两线的走势。

B—C点,是在年带走空压制下,走出回调走势,构成对长带金叉的回踩走势。其间,跌破长带,使其形成死叉走势,而后在年带空排下方,走出长带下跌运行,在长带空排压制下,形成不创新低底部抬高的震荡整理走势。

C—D点,是完成底部区域走势,进入上涨区域的重要位置走势。指数在C点走出一阳穿两带K线走势,突破中带,继续上涨,走出一阳穿两带、中带金叉K线走势,突破长带,连阳串涨突破年带,使得长带形成金叉走势,展开长带上涨运行走势,在D点位置,走出突破B点年内前高点,打开上涨空间。

指数在A点到B点走出见底走势后,从B点到C点是在年带走空压制下,回调不破A点前低点,其间相应量能缩量,如图中成交量坐标缩量A、B所示,成底。

(2) 在周线级走势上,指数见底之后,在长带走空压制下,走出回调走势,回调缩量整理不创新低,成底,见图2-5。

图 2-4　上证指数 1849 底部区域日线级成底走势图

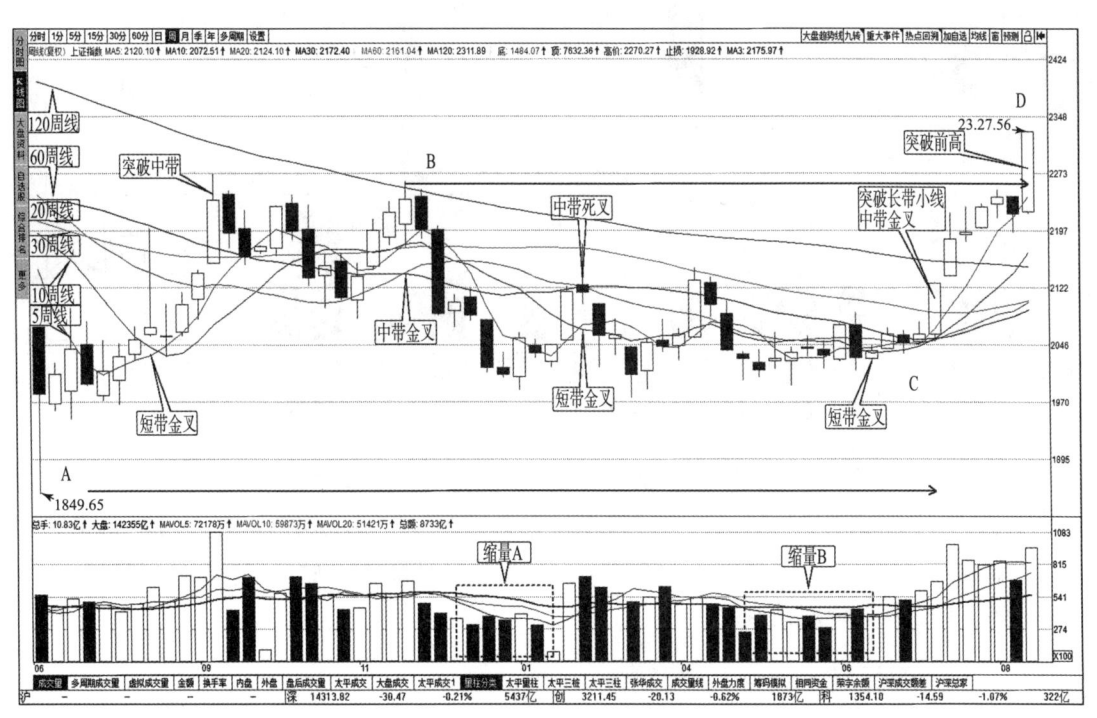

图 2-5　上证指数 1849 底部区域周线级成底走势图

图 2-5 是上证指数 2013.06-2014.09 的周 K 线走势，解析为：

A—B 点，是指数在 A 点位置创出新低后，走出突破中带的见底走势过程。

B—C 点，是指数在长带走空压制下，走出缩量回调整理，不创新低的走势。其实，本轮回调是中带金叉回踩动作，但是在长带空排压制下形成了中带运行走势。其间，中带死叉和短带金叉同时出现，但根据"以大统小"原则，以中带死叉为主导，成交量如图中成交量坐标虚线框所示，缩量明显。

C—D 点，是指数见底后，走出缩量回调不创新低成底走势，之后，走出确立上涨突破底部区域进入上涨区域的关键走势。

(3) 在月线级走势上，指数见底之后，在中带走空压制下，走出回调走势，回调缩量整理不创新低，成底，见图 2-6。

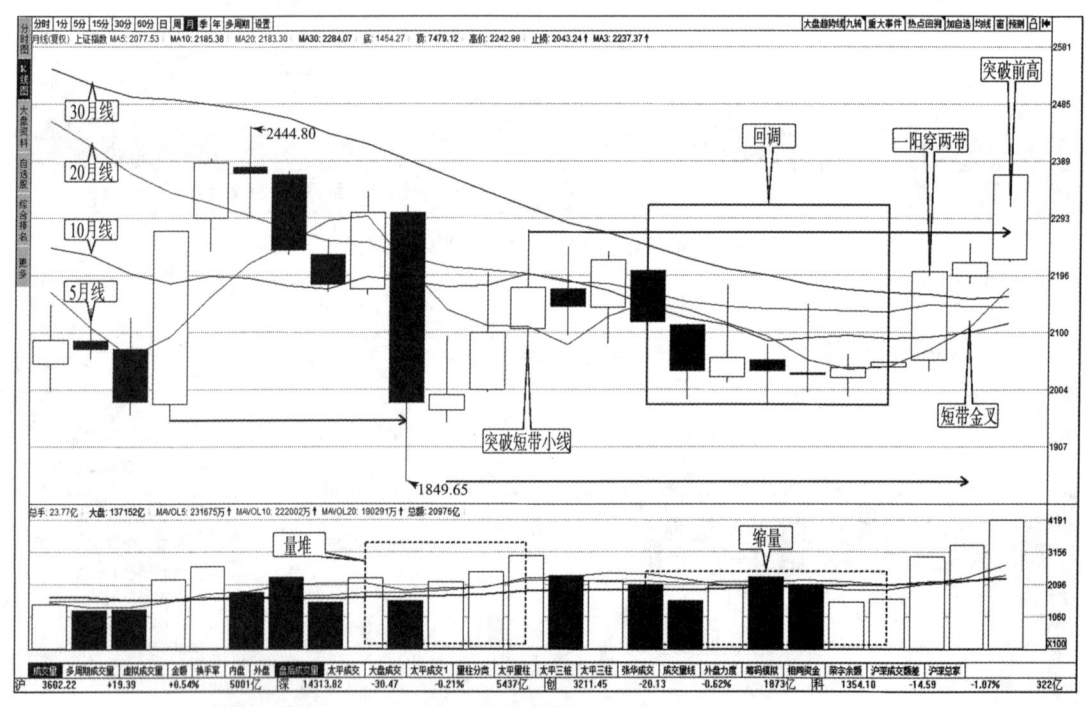

图 2-6　上证指数 1849 底部区域月线级成底走势图

图 2-6 是上证指数 2012.09-2014.09 的月 K 线走势，解析为：

如主图中实线框所示，指数在中带走空压制下，进入回调走势，回调期间指数未破前低点，量能缩量如图中成交量坐标虚线框所示，之后走出一阳穿两带 K 线走势，是强烈的成底信号。

(二) 上涨区域

上涨区域是从指数放量突破年带小线上攻开始，在年带多排走多上方上涨到量能不济创新高赶顶为止的区域。

第二章 股市走相行为规律

1. 量增价穿年线上，进入大牛上涨区域

在日线级走势，指数经过长带金叉回踩不破低缩量整理成底后，使得三带均线处于黏缠状态，增量指数突破年带小线，使其空翻多，意味着指数进入上涨区域，指数突破年带大线，意味着指数打开了上涨空间，尤其年带金叉后四带多排上涨，意味着大牛强势拉升。

红肥绿瘦逐步放大指数逐步走高，指数回调缩量。

以000001上证指数1849上涨区域为实例，在不同周期级别走势的上涨区域上涨走势表现进行表述。

（1）在日线级走势，指数量增价涨突破年带小线，进入上涨区域，继续上涨突破年带大线，使得年带两线形成金叉，展开上涨，见图2-7。

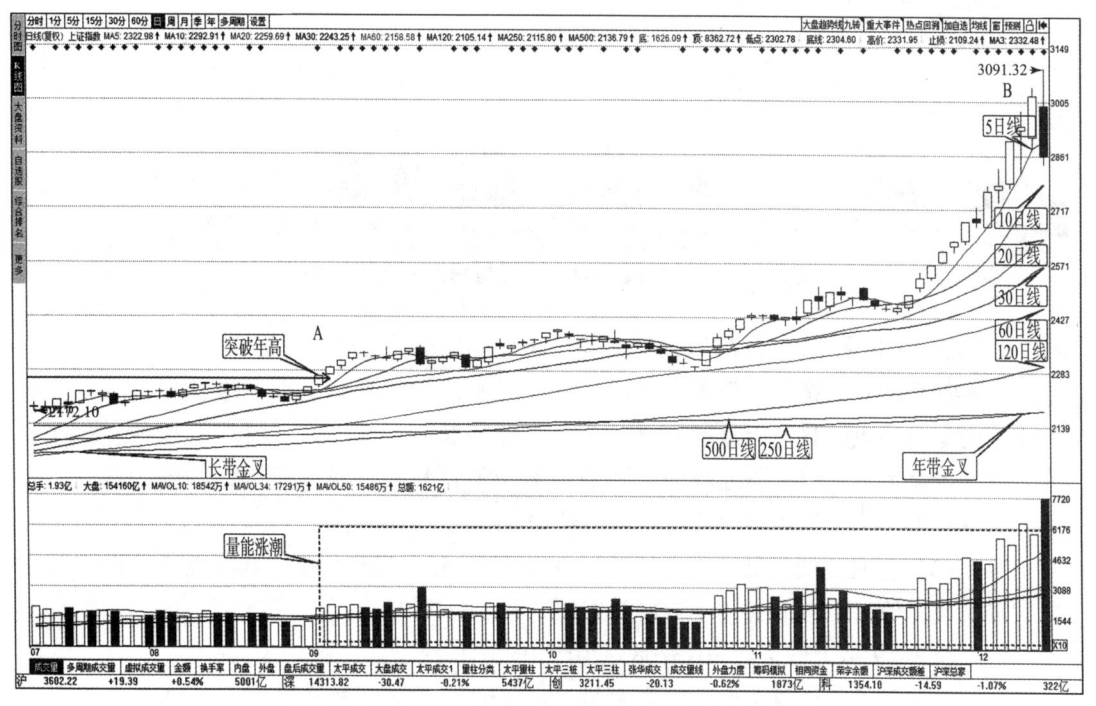

图2-7 上证指数1849上涨区域日线级上涨走势图

图2-7是上证指数2014.07-2014.12的日K线走势，解析为：

如图所示，指数走出突破长带并使长带形成金叉，之后突破年带小线即年线进入上涨区域，继续上涨突破年带大线，指数在A点位置走出突破年高走势，打开上涨空间，在年带上方上涨运行，指数运行在B点位置时年带两线形成金叉。

量能涨潮，如图中成交量坐标虚线框所示，量能逐步呈现涨潮状态，助推指数上涨，呈现量增价涨态势，指数进入上涨区域。

（2）在周线级走势，指数上涨突破长带小线进入上涨区域，继续上涨突破长带大线，使得长带形成金叉，展开上涨，见图2-8。

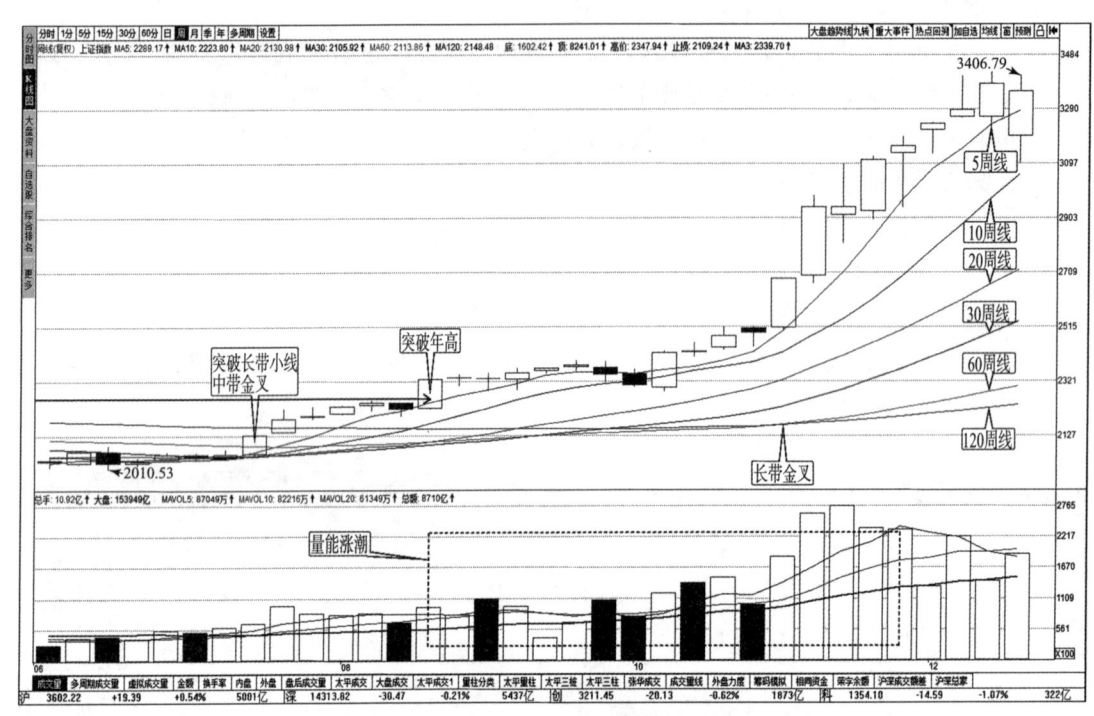

图 2-8　上证指数 1849 上涨区域周线级上涨走势图

图 2-8 是上证指数 2014.06－2015.01 的周 K 线走势，解析为：

如图所示，指数突破长带小线，进入上涨区域，继续上涨突破长带大线，突破年内所有高点，打开上涨空间继续上涨，使得长带形成金叉，意味着指数在短中长三带走多助推上涨，与此同时，指数进入上涨区域后，量能涨潮，如图中成交量坐标虚线框所示，呈现量增价涨走势态势。

（3）在月线级走势，指数上涨突破中带小线，进入上涨区域，继续上涨突破中带大线，使得中带形成金叉，展开上涨走势，见图 2-9。

图 2-9 是上证指数 2013.08－2015.03 月 K 线走势，解析为：

如图所示，指数走出一阳穿两带 K 线走势，突破了短中两带，意味着指数进入上涨区域，继续上涨突破年内前高点，打开了上涨空间，继续上涨，使得中带形成金叉，与之相应量能涨潮明显。

2. 四带走多助大涨，量能不济创新赶顶

在日线级走势，指数突破年带大线后，使得年带形成金叉，而后四带多排走多助推促成大涨行情。大涨期间，在长带走多支撑上出现中带回调走势，回调缩量再次增量指数突破前高点则大牛继续上涨。在回调缩量再次突破上涨过程中，走出指数继续上涨创新高，但是量能不再增量，呈现量能不济状态，构成了缩量上涨的量价背离走势，则是指数最后的赶顶走势。

量群量堆不能超过前期量群量堆，呈现萎缩态势。

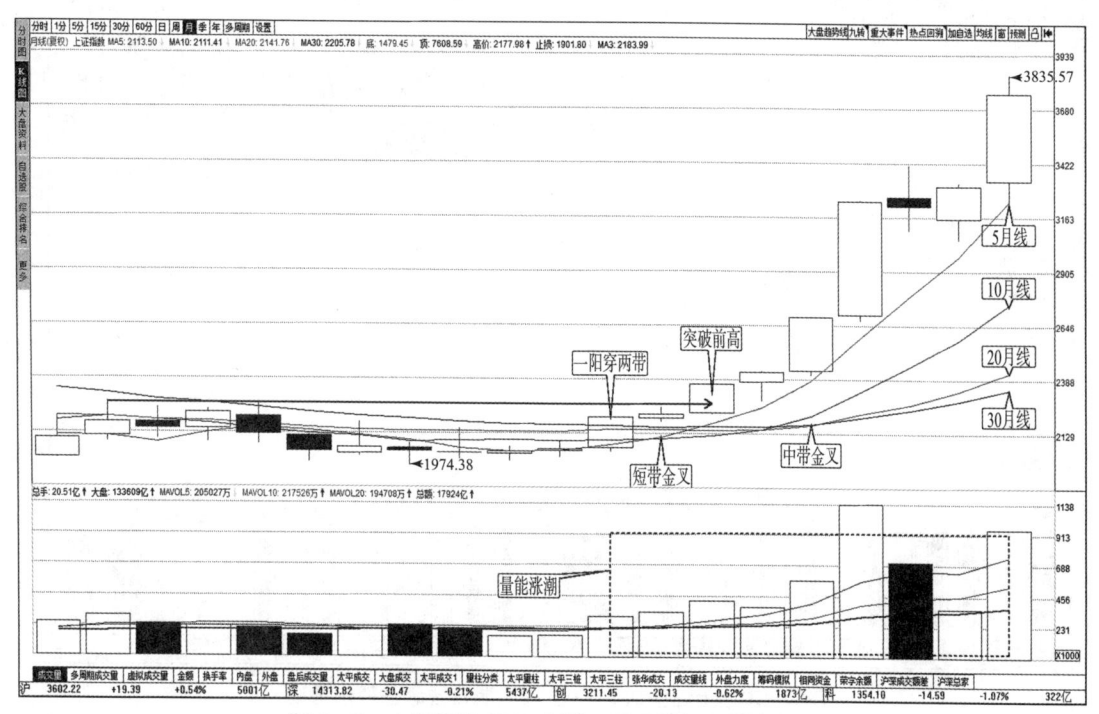

图 2-9　上证指数 1849 上涨区域月线级上涨走势图

以 000001 上证指数 5178 上涨区域为实例，在不同周期级别走势的上涨区域赶顶走势表现进行表述。

（1）在日线级走势，指数突破年带小线进入上涨区域，指数突破年带大线，使得年带形成金叉，指数在年带多排走多上方，长带上涨运行过程中，出现量能不济，即指数继续上涨创新高，但是成交量不能继续增量创新高的走势，是上涨区域赶顶走势，见图 2-10。

图 2-10 是上证指数 2015.03-2015.06 的日 K 线走势，解析为：

上证指数在四带走多上涨过程中，在 A—B 点走出缩量回调走势后，走出阳双克和一阳穿两带 K 线走势，突破前高点继续上涨到 C 点位置，其间量能走势未能继续维持增量态势，而是如图中成交量 1 点和 2 点所示，呈现平量状态，成交量 10 日均线没有逐步抬高创新高，指数在高位出现量平价涨走势，属于后劲乏力的赶顶走势。

（2）在周线级走势，指数突破长带小线进入上涨区域，继续上涨，在长带多排走多上方，中带上涨运行过程中，出现量能不济，即指数继续上涨创新高，但是成交量不能继续增量创新高的走势，是上涨区域赶顶走势，见图 2-11。

图 2-11 是上证指数 2015.02-2015.06 的周 K 线走势，解析为：

上证指数在 A 点到 B 点三带走多上涨过程中，成交量 1 柱高于成交量 2 柱，呈现成交量萎缩状态，是指数走出赶顶走势。

（3）在月线级走势，指数突破中带，使得中带形成金叉，在短中两带走多上涨

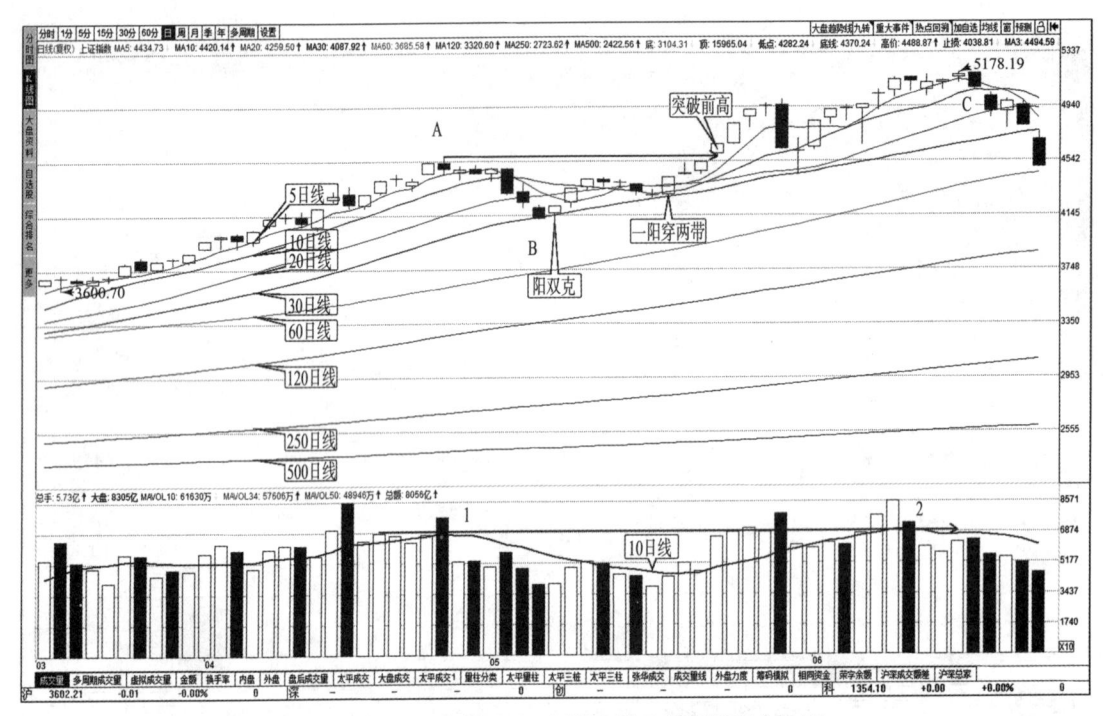

图 2-10 上证指数 5178 上涨区域日线级赶顶走势图

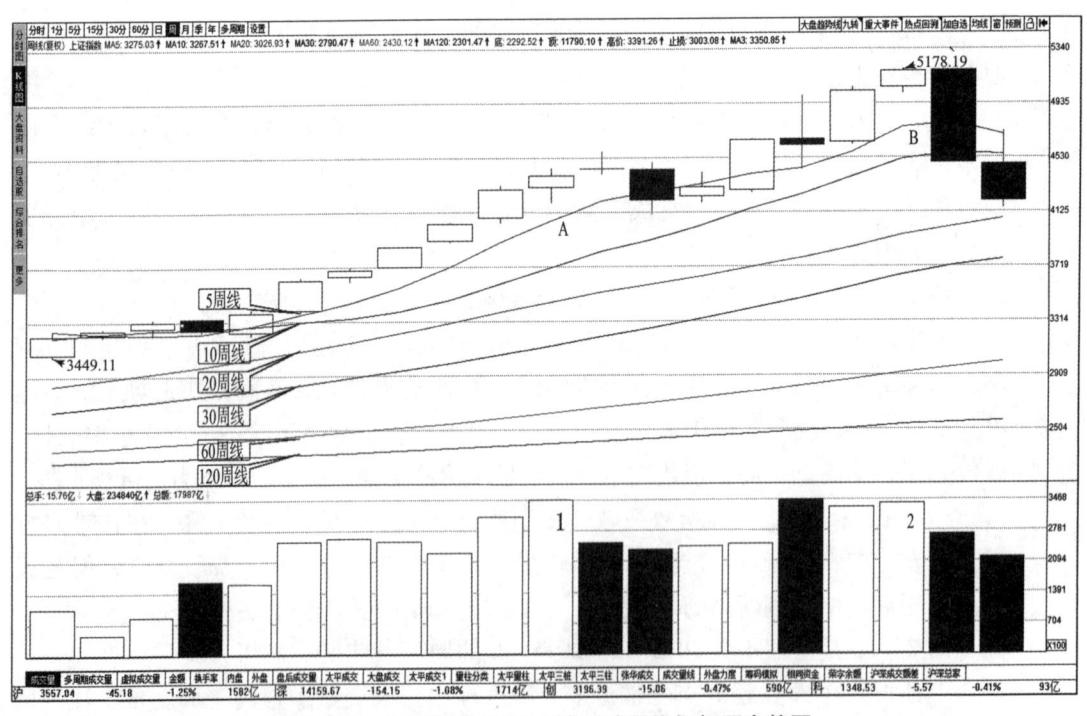

图 2-11 上证指数 5178 上涨区域周线级赶顶走势图

过程中，走出创新高阴克 K 线跌穿短带小线走势，是赶顶走势，见图 2-12。

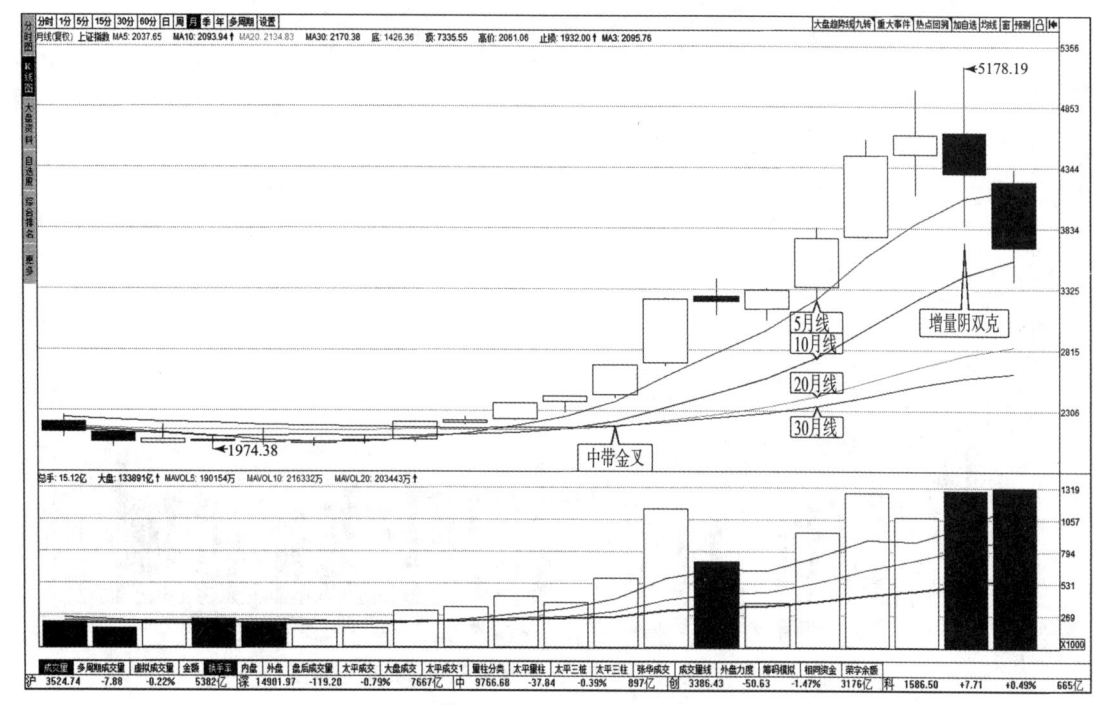

图 2-12　上证指数 5178 上涨区域月线级赶顶走势图

图 2-12 是上证指数 2013.12-2015.07 的月 K 线走势，解析为：

如图所示，指数走出阴双克、长上下影棒槌 K 线走势，其上影线创 5178.19 点，下影线跌穿短带小线，酝酿月线级别顶折走势。

（三）顶部区域

顶部区域是指数在年带上方量能不济创新高赶顶后，暴跌跌破走多长带，绿肥红瘦出逃见顶；在走多年带支撑上缩量反弹不创新高，破位长带死叉成顶。

1. 暴跌跌破走多长带，绿肥红瘦出逃见顶

在日线级走势，指数在年带走多上方上涨过程中，出现虽量能不济但指数创新高的赶顶走势后，走出一轮回调，但这一跌一路跌破了还在走多状态的长带两线，形成了暴跌跌破走多长带走势，见顶。

成交量呈现绿肥红瘦，出逃明显。

以 000001 上证指数 5178 顶部区域为实例，在不同周期级别走势的顶部区域见顶走势表现进行表述。

（1）在日线级走势，指数在年带多排走多上方，长带上涨运行走势过程中，走出量能不济创新高赶顶走势后，出现一轮跌破长带的暴跌走势，意味着指数见顶，见图 2-13。

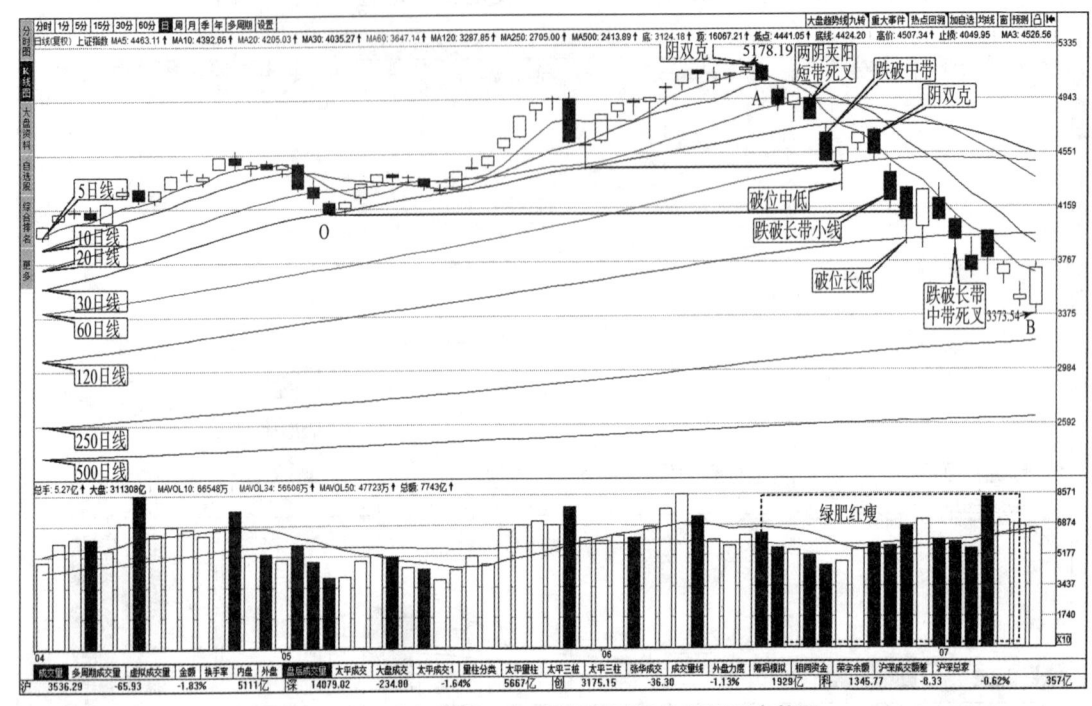

图 2-13 上证指数 5178 顶部区域日线级见顶走势图

图 2-13 是上证指数 2015.04-2015.07 的日 K 线走势，解析为：

A—B 点，上证指数一路下行跌破多排走多状态的长带两线，形成暴跌走势，量能呈现如图中成交量坐标虚线框所示，绿肥红瘦出逃明显，意味着指数见大顶。其间，指数在 A 点位置走出阴双克 K 线，接着走出两阴夹阳、短带死叉走势，继续下跌，跌破中带后破位前中期低点，之后走出阴双克 K 线后，跌破长带小线，而后高开低走破位 O 点位置前长期低点，继续短带下跌运行，走出跌破长带大线、中带死叉走势，指数见顶。

(2) 在周线级走势，指数在短中长三带走多上涨运行过程中，出现回调下行走势，放量暴跌，跌破中带见顶，见图 2-14。

图 2-14 是上证指数 2015.03-2015.07 的周 K 线走势，解析为：

A—B 点，走出回调下行跌破短带后，一路下行跌破中带两线，量能绿柱放大放量出逃明显，意味着指数见大顶。其间，指数在 A 点位置走出阴克、跌破短带 K 线后，走出三只乌鸦、破位 O 点前低点、跌破中带走势；在 B 点走出四连阴、短带死叉走势。

(3) 在月线级走势，指数在短中两带走多上涨运行过程中，出现回调走势，跌破短带见顶，见图 2-15。

图 2-15 是上证指数 2014.03-2015.10 的月 K 线走势，解析为：

如图所示，指数走出增量阴双克 K 线走势后，走出两连阴、跌破短带，量柱 B 大于量柱 A，增量出逃明显，意味着指数见大顶。

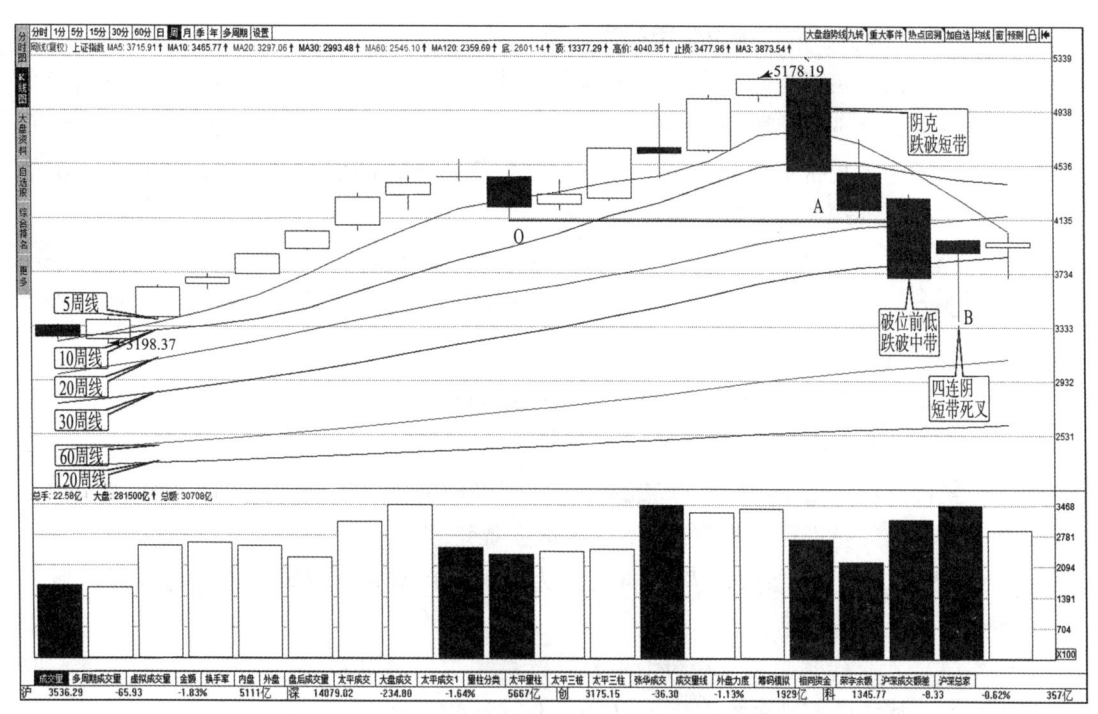

图 2-14　上证指数 5178 顶部区域周线级见顶走势图

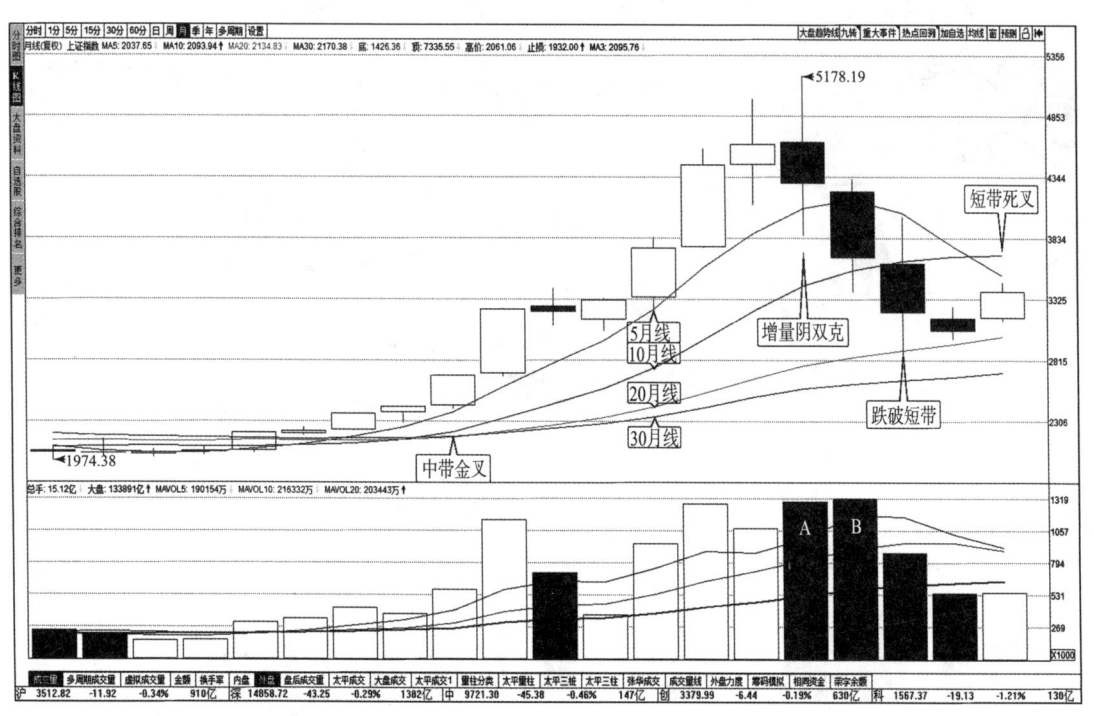

图 2-15　上证指数 5178 顶部区域月线级见顶走势图

2. 缩量反弹不创高，破位长带死叉成顶

在日线级走势，指数经过一轮暴跌跌破长带大线后，在长带多排、长带大线走多支撑下，出现震荡整理走势。若整理过程中，能够放量反弹，但指数不能创新高，反弹回调使得长带形成死叉，下跌破位创新低，则顶部成立；若整理过程中，不能放量反弹，继续缩量下跌，破位创新低，则顶部成立。

简而言之，当指数跌破长带后，出现反弹或不反弹，只要不能创新高使长带小线多翻空，则不妙。此处指数出现下跌，跌破短中两带、破位创新低，长带形成死叉，顶部成立。

当指数暴跌跌破长带后，只有出现反弹创新高走势，才能说明顶部未到，此轮暴跌之前的高点不是大顶。

量群量堆比创出顶峰高点之前的量群量堆明显萎缩，即使是在出现量增反弹走势，其构成的量堆也呈萎缩状态，量均线明显走空。

以000001上证指数5178顶部区域为实例，在不同周期级别走势的顶部区域成顶走势表现进行表述。

（1）在日线级走势，指数走出暴跌跌破走多长带见顶后，在年带走多支撑上形成整理，整理后形成反弹走势，但反弹未突破前期高点不创新高，而后指数走出回调走势，在长带下方运行，使得长带形成死叉，下行跌破前低、跌破年带小线，意味着指数走出成顶走势，完成了顶部区域走势，见图2-16。

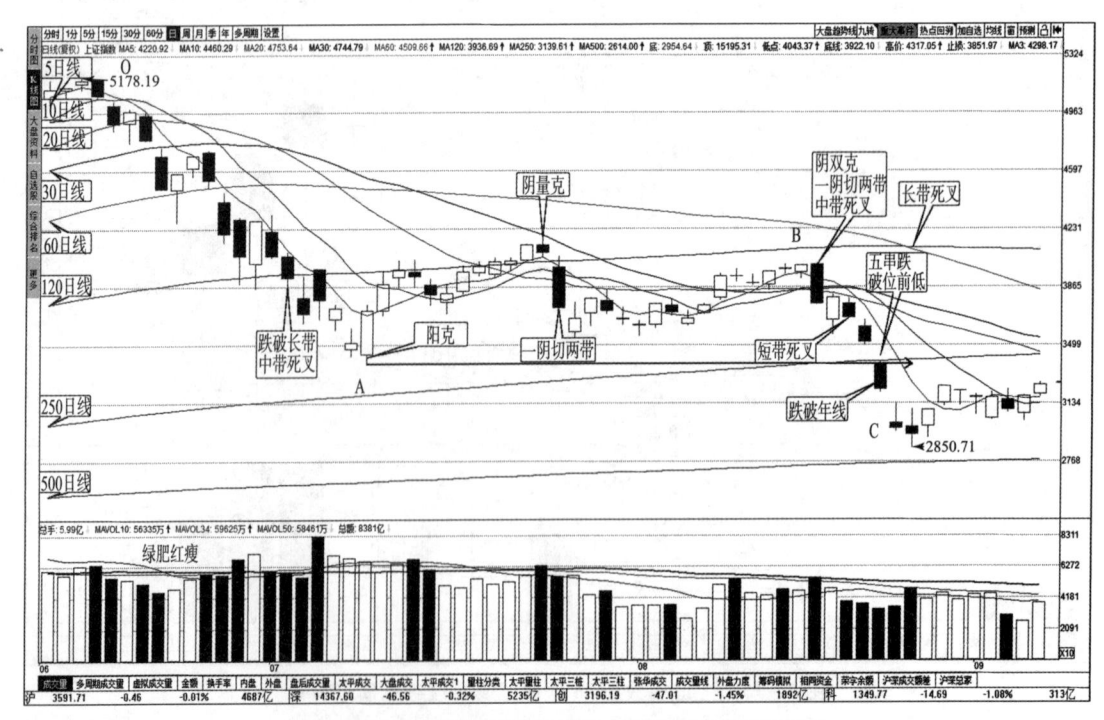

图2-16　上证指数5178顶部区域日线级成顶走势图

第二章 股市走相行为规律

图 2-16 是上证指数 2015.07-2015.09 的日 K 线走势，解析为：

A—B 点，指数跌破长带双线后，在长带多排、长带大线走多支撑下方缩量震荡整理，走出弱反弹到 B 点位置的走势过程，没能走出突破 O 点的前期高点创新高走势。

B—C 点，指数走出跌破 A 点位置的前期低点破位、跌破年带小线下行、长带死叉走势，量群比创出 O 点位置高点时的量群明显萎缩，意味着该过程是成顶过程。其间，指数在 B 点走出阳克 K 线走势，上行突破短带后，走出阴量克和一阴切两带 K 线走势进行回调，震荡小阴小阳上行后，走出阴双克、一阴切两带 K 线走势，走出下跌走势，在 C 点走出五串跌、破位 A 点低点、跌破年带小线走势。

A—C 点，是指数走出顶部区域成顶走势的过程，意味着指数走完了顶部区域整个走势过程。

（2）在周线级走势，指数跌破中带见顶后，在走多中带支撑下整理，跌破长带小线，成顶，见图 2-17。

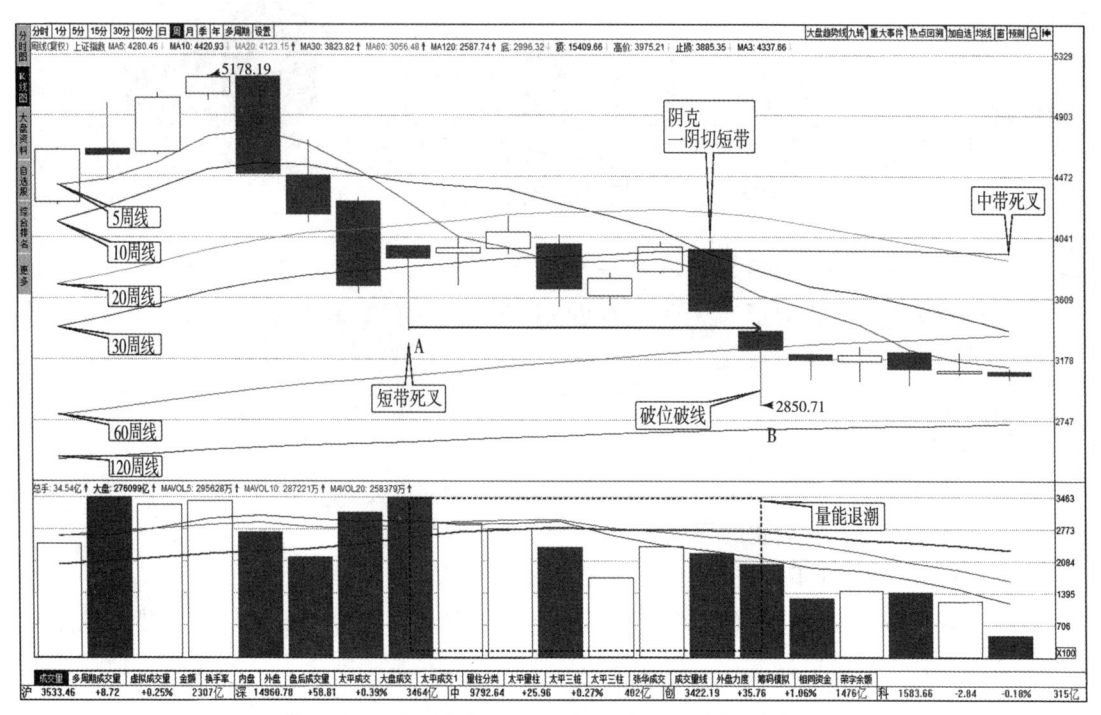

图 2-17　上证指数 5178 顶部区域周线级成顶走势图

图 2-17 是上证指数 2015.05-2015.09 的周 K 线走势，解析为：

A 点到 B 点，指数跌破中带小线后在中带走多支撑下，在中带大线附近小平台整理，而后在 B 点走出破位 A 点前低点、跌破长带小线 K 线走势，构成顶部区域成顶走势。

（3）在月线级走势，指数在短中两带走多上涨运行过程中，出现回调走势，跌破短带见顶后，指数在短带大线下方运行，使得短带小线走空，成顶，见图 2-18。

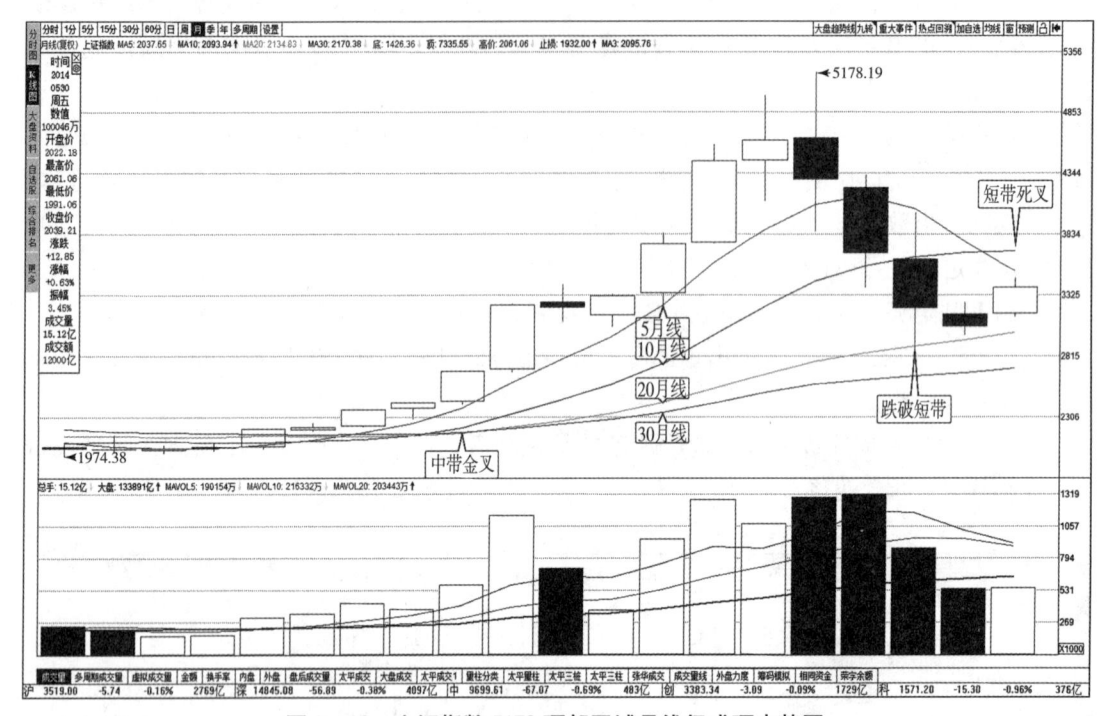

图 2-18 上证指数 5178 顶部区域月线级成顶走势图

图 2-18 是上证指数 2014.03-2015.10 月 K 线走势，解析为：

指数走出跌破短带大线的三只乌鸦 K 线走势，在短带大线下方运行，使得短带小线多翻空，成顶。

（四）下跌区域

下跌区域是指数由走出长带走空下跌跌破年带小线到走出年带小线走空下跌跌破年带大线跌到底为止的区域。

1. 缩量跌破年线下，进入大熊下跌区域

在日线级走势，指数下跌使得长带死叉成顶后，在长带走空压制下指数跌破年带小线，意味着指数进入下跌区域运行，指数在年带小线下方下跌运行，使其多翻空，在年带大线走多支撑上形成震荡整理，构成下跌区域下跌走势。

量群继续萎缩，整体表现为量能退潮。

以 000001 上证指数 5178 下跌区域为实例，在不同周期级别走势的下跌区域下跌走势表现进行表述。

（1）在日线级走势，指数走出顶部区域成顶走势，跌破年带小线，进入下跌区域后，继续下跌，在年带大线走多支撑上形成震荡整理，指数在年带小线下方运行，使得年带小线走平走势的过程，见图 2-19。

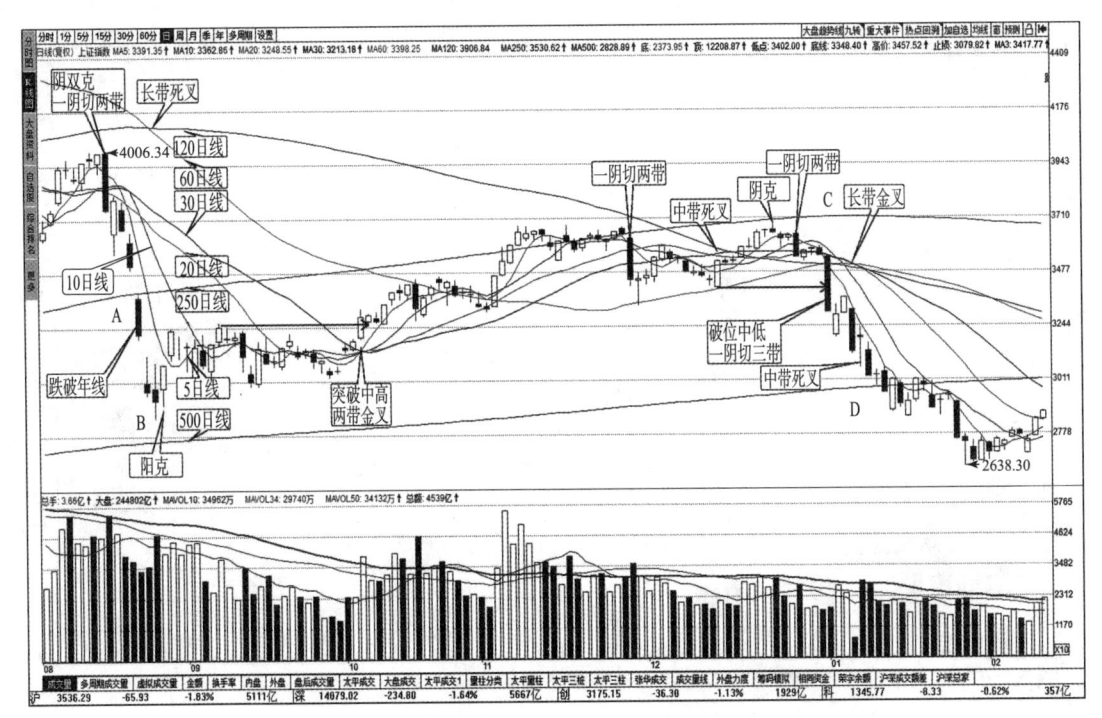

图 2-19 上证指数 5178 下跌区域日线级下跌走势图

图 2-19 是上证指数 2015.08-2016.02 的日 K 线走势,解析为:

A—B 点,指数跌破年带小线,进入下跌区域后,在年带大线支撑下,在年带大线上方酝酿整理走势。其间,指数在走出阴双克、一阴切两带之后,在 A 点位置走出五串跌,第五根 K 线跳空,低开低走,一举跌破年线进入下跌区域,下跌到年带大线上方,在 B 点位置走出阳克 K 线后酝酿整理走势。

B—C 点,指数在年带大线走多支撑下,形成整理反弹走势。其间,指数走出突破中高、中带两带金叉形成反弹走势,在年带小线下方走出弱反弹走势。

C—D 点,指数在年带小线压制下,走出下跌走势过程。其间,在 C 点位置,走出阴双克 K 线、一阴切两带 K 线和一阴切三带 K 线,破位中低,展开下跌走势,在 D 点位置跌破年带大线。

A—D 点,指数跌破年带小线后进入下跌区域,在年带小线和年带大线之间运行。指数在 A 点位置走出跌破年带小线的下跌走势后,在年带大线支撑下形成整理反弹到 C 点位置,而后,在年带小线走空下方继续下跌,在 D 点位置跌破年带大线。其间,量能继续退潮。

(2) 在周线级走势,指数跌破长带小线进入下跌区域后,在长带小线下方运行,使得长带小线走平,在长带走多支撑上形成整理反弹,而后回调下行,下跌跌破长带大线,构成下跌区域下跌走势,见图 2-20。

图 2-20 是上证指数 2015.06-2016.01 的周 K 线走势,解析为:

股票涨跌行为规律解密

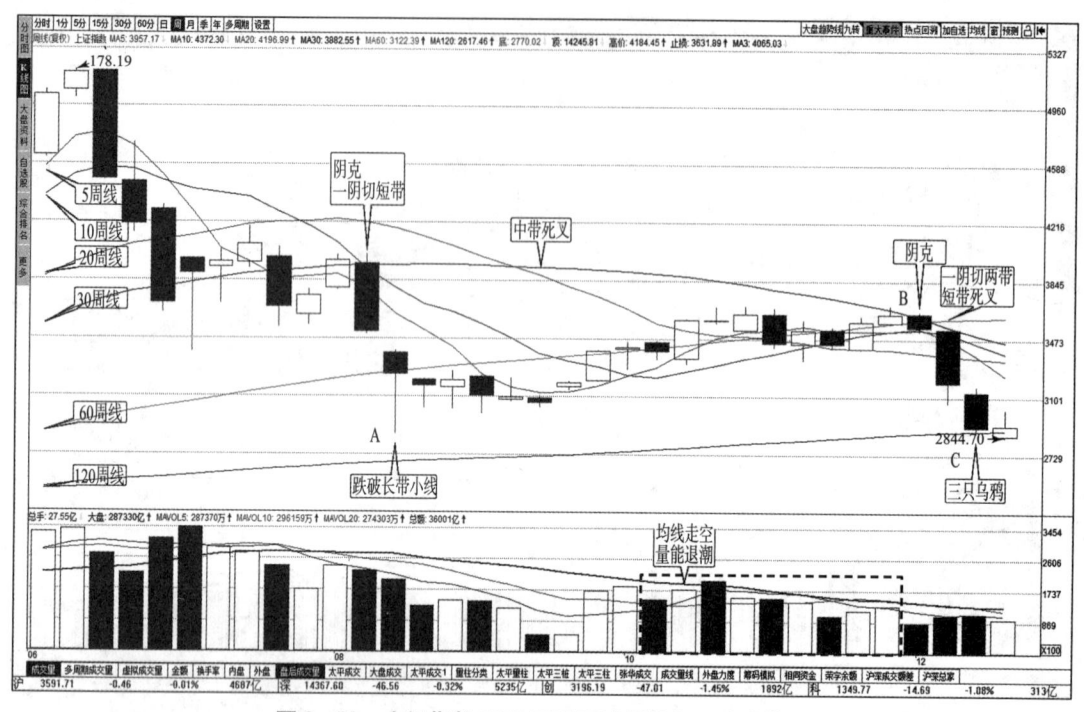

图 2-20　上证指数 5178 下跌区域周线级下跌走势图

A—B 点，指数跌破长带小线进入下跌区域，长带走多支撑上形成的整理反弹。在此过程中，如图中成交量坐标虚线框所示，量能均线走空、量能退潮明显。

B—C 点，指数在中带走空压制下，下跌运行跌破长带大线。其间，指数在 B 点位置，走出阴克 K 线、一阴切两带、短带死叉 K 线走势，在 C 点位置，走出三只乌鸦 K 线下跌走势。

（3）在月线级走势，指数在短带下方运行使得短带小线走空，指数下跌跌穿中带小线，进入下跌区域，在中带上形成整理反弹，而后在走空的短带下方下跌运行跌破中带，形成下跌区域下跌走势，见图 2-21。

图 2-21 是上证指数 2014.07 - 2016.02 的月 K 线走势，解析为：

A—B 点，指数在短带大线下方运行，在 A 点位置，跌穿中带小线，之后在中带上方走出整理反弹走势，在短带走空下方下跌运行，在 B 点位置，走出跌破中带的走势。其间，指数在 A 点位置跌穿中带小线后，走出阳双克、短带死叉 K 线和三连阳 K 线走势，形成反弹走势，而后，在 B 点位置走出一阴切两带、破位 A 点前低点 K 线走势，且吞掉之前的三连阳 K 线，继续下跌走势。

2. 下跌破年带大线，量能退潮下跌赶底

在日线级走势，指数跌破年带小线进入下跌区域，在年带小线下方下跌，在年带大线走多支撑上走出震荡整理，构成下跌区域下跌走势后，在年带小线多翻空压制下，指数继续下跌，跌破年带大线，在年带两线下方下跌运行，构成下跌区域赶

· 132 ·

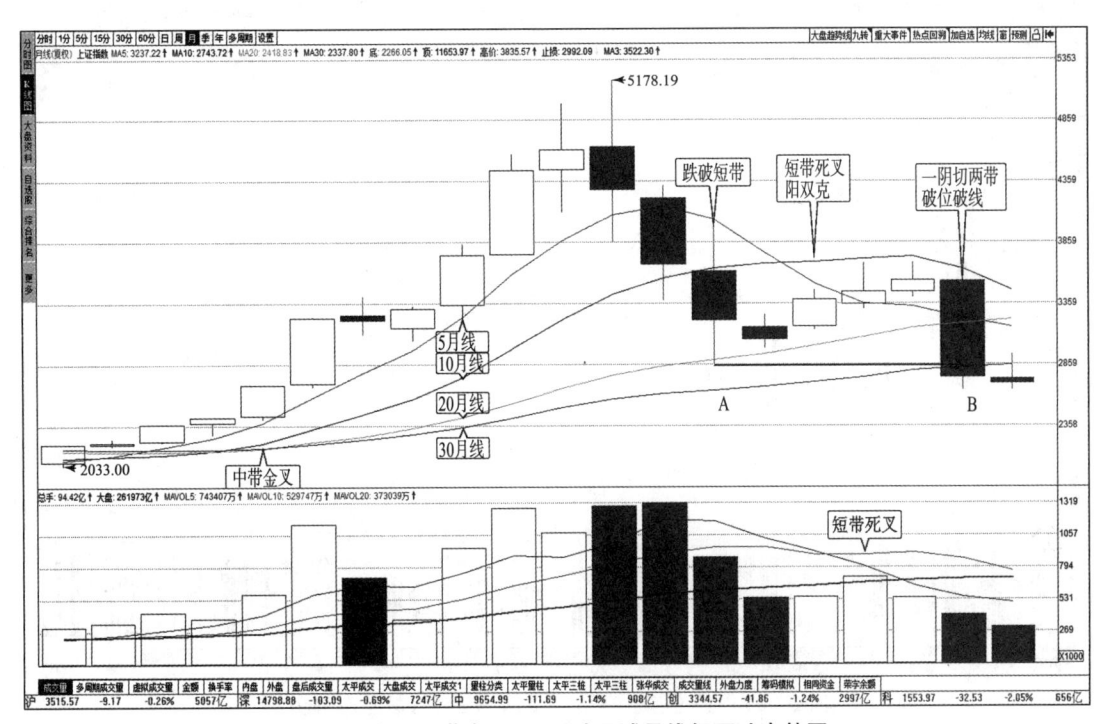

图 2-21 上证指数 5178 下跌区域月线级下跌走势图

底走势。

量能继续退潮。

以 000001 上证指数 5178 下跌区域为实例，在不同周期级别走势的下跌区域赶底走势表现进行表述。

(1) 在日线级走势，指数跌破年带小线，跌入下跌区域，在年带小线下方走出下跌走势后，继续下跌，跌破年带大线，在年带两线下方继续下跌赶底运行，使得年带形成死叉走势，见图 2-22。

图 2-22 是上证指数 2015.12 - 2016.07 的日 K 线走势，解析为：

A—B 点，指数在年带小线走空下方，在 A 点位置，走出跌破年带大线，之后指数在年带下方，大熊跌环境中运行。

B—C 点，指数在年带下方，长带下跌运行，进入下跌区域尾声，最终使得年带形成死叉赶底，年带死叉后对指数走势影响深远。

A—C 点区间运行是，指数在跌破年带大线后，在强硬的大熊空头环境中运行。在图中 A—B 点区间，指数走出了长带形成的金叉多排却走空走势，可见空头之强硬，在如此大熊环境下，指数在 C 点位置，年带形成死叉，这也意味着下跌区域到了尾声。

(2) 在周线级走势，指数在长带小线走空下方下跌运行，跌破长带大线后，在长带下方震动整理运行，使得长带形成死叉，意味着指数下跌区域已近尾声，见图 2-23。

· 133 ·

图 2-22　上证指数 5178 下跌区域日线级赶底走势图

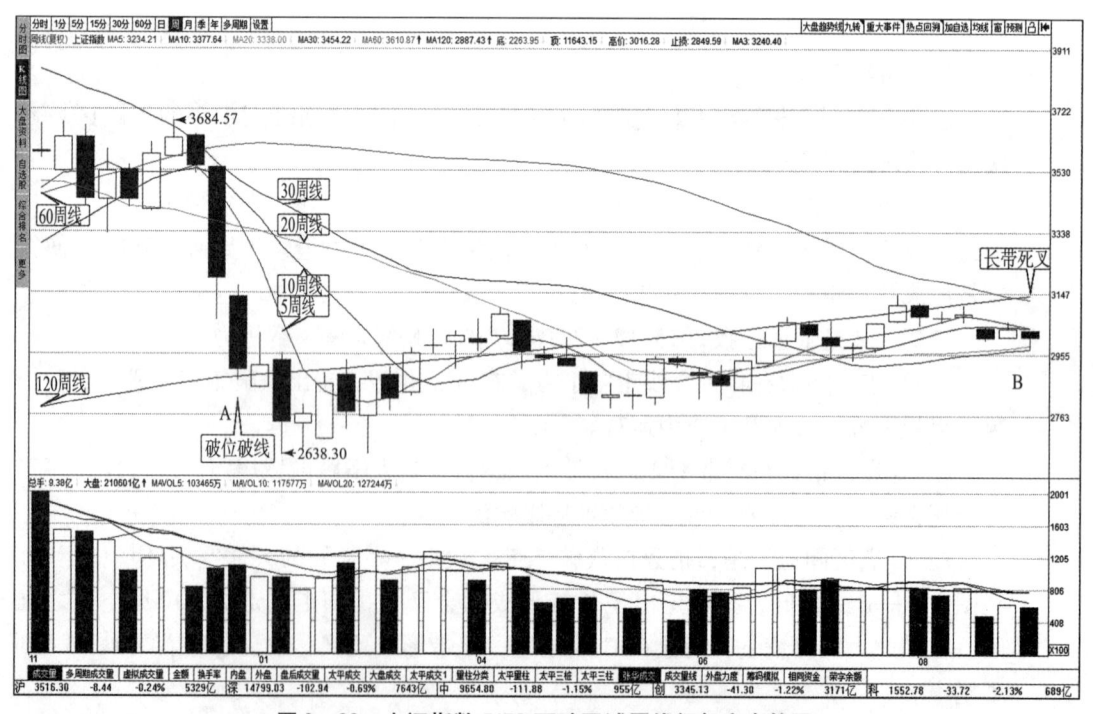

图 2-23　上证指数 5178 下跌区域周线级赶底走势图

图2-23是上证指数2015.11-2016.09的周K线走势，解析为：

指数在A点位置跌破长带大线，在长带下方震动整理运行，在B点位置，长带形成死叉，意味着下跌区域已近尾声。

（3）在月线级走势，指数跌破中带大线后，在短带死叉走空压制下，指数运行在中带大线下方，使得中带小线多翻空，下跌赶底使得中带形成死叉，见图2-24。

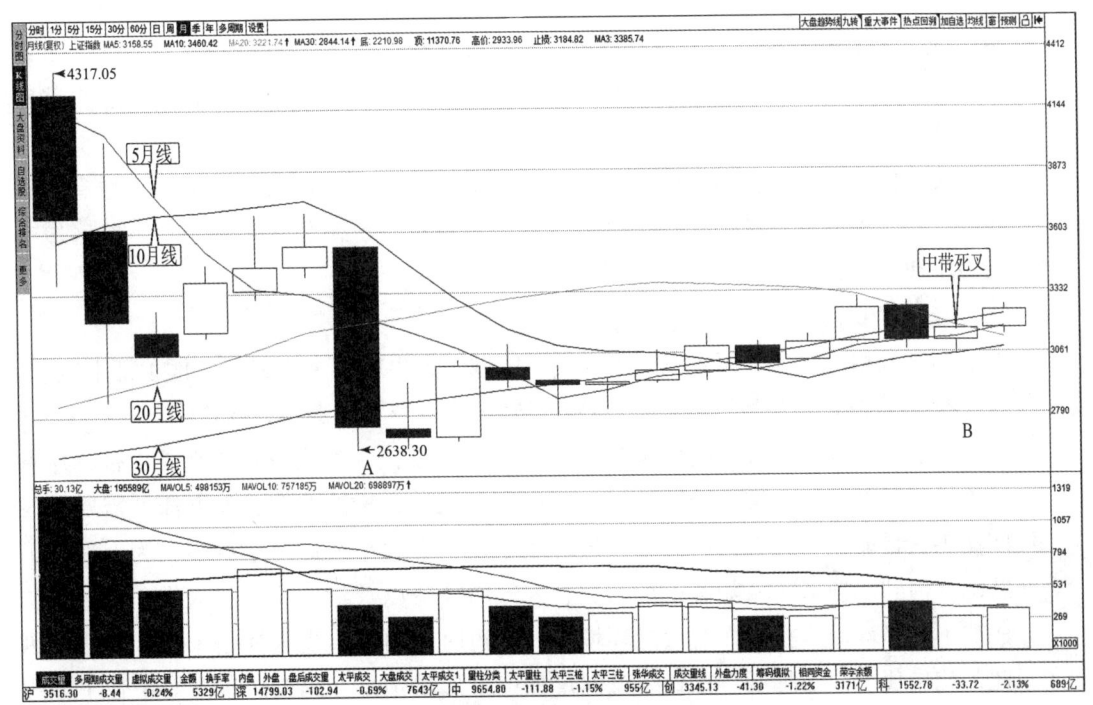

图2-24　上证指数5178下跌区域月线级赶底走势图

图2-24是上证指数2015.07-2017.02的月K线走势，解析为：

指数在A点位置跌破中带大线后，沿中带大线震动运行，在B点位置，使得中带形成死叉，意味着下跌区域赶底走势已近尾声。

（五）大盘走势结构综述

大盘走势结构有特长也有不足，对实战操作具有一定的指导意义，对此进行以下三点概述。

1. 四区八相概要

底部区域，量先增价后涨、低点逐步抬高，是显著特点。指数创新低、量能增厚触底，指数量增突破长带见底，长带形成金叉，在年带走空压制下回调，走出长带金叉回踩走势，缩量回调不创新低，成底。

上涨区域，量增价涨回调不破前低成底后，指数从底部区域量增突破年带小线进入上涨区域，在年带小线空翻多和长带走多推动下，指数突破年带大线，年带形成金叉，形成四带走多大牛上涨。在上涨过程中，指数创新高、量能创新高上涨可持续，指数创新高、量能不能创新高上涨不可持续，冲顶。

顶部区域，量先减价后跌、高点逐步压低，是显著特点。指数在上涨区域量减价涨赶顶后暴跌，跌破走多长带，见顶，整理反弹不创新高，长带小线多翻空，长带形成死叉、破位前低撑压线创新低，成顶。

下跌区域，指数成顶后跌破年带小线进入下跌区域，在长带走空压制下继续下跌，使得年带小线多翻空走平。指数在长带和年带小线走空强大压制下赶底，跌破年带大线，在年带大线下方寻找年带死叉反弹底，这个大反弹底便是下一轮慢涨猴市底。

大盘四区八相中，底部区域有突破长带见底、回调不破成底；上涨区域有突破年线上涨、量能不济赶顶；顶部区域有跌破长带见顶、破位创低成顶；下跌区域有跌破年线下跌、跌破年带赶底。

2. 四区八相特点

四区八相的强项是研究判断指数底顶区域，大牛底部夯实慢，大熊顶部下跌急，月线级别走势中带之上走牛大涨，周线级别走势中带下方走熊大跌。

形成底部区域，日线级别走势得突破年带小线，在月线级走势突破中带，才意味着结束底部区域，进入上涨区域。形成底部区域，量能低迷，量群洼地需要长时间换手，量能逐步放大，反复震荡运行才能使年带大小线修复空翻多，为上涨打下基础，但到了顶部区域随着市场热度、人气的旺盛以及量能巨量放大堆积，量群构成高山高峰堆量。在这样的量能环境中，较短时间内会出现大换手率交换出逃，因此，就出现了顶部区域，在日线级别走势中带形成顶部，周线级别走势中带下漫漫熊市开始的现象。

四区八相的弱项是研究表述指数涨跌区域，上涨区域的非顶部正常回调研判是，在日线级别走势指数不跌破长带，在长带得到支撑，且成交量缩量明显，则是正常回调，但在临盘操作上，要以日线中带为操作带，因为跌下中带后是否得到长带支撑是不确定的，指数得到长带支撑回到中带小线之上，继续突破中带，则继续参与操作，说明回调是正常上涨回调，牛市继续趋势不变。指数一旦完成顶部区域，进入下跌区域，则漫漫熊跌，直到年带死叉反弹出现。

总之，日线长带是重要带。在底部区域，突破了长带意味着见底，回踩指数不创低成底；在上涨区域，指数回调得到长带支撑，创新高意味着上涨继续；在顶部区域，指数跌破长带意味着见顶，长带小线多翻空，指数创新低，成顶。

3. 四区八相局限

大盘走势结构四区八相，应该是股市大盘指数牛市和熊市中的走势结构才更为准确，对于熊市下跌使得年带形成死叉后出现的猴市及鼠市来讲，四区八相表相描述也基本吻合。

二、大盘走势趋势

对于大盘走势趋势的研判角度和指标众多，大盘指数走势结构"四区八相"也是其中之一，但走势结构是分段的、不连贯的，如果仅凭走势结构表相来判断大盘走势可能不甚准确。

走势趋势是一贯的、连续的走势过程，是走势博弈、走势走法、走势结构的延续，对于走势趋势用"一带一线"来定位，可分个股一带一线和大盘一带一线。

个股一带一线由一线牛熊和一带牛熊构成，两者结合来研判个股走势趋势；大盘一带一线由一线一域大底和一线一带牛熊组合，两者结合来研判大盘走势趋势。其中，一线一带牛熊，包括一线牛熊和一带牛熊，是判断走势牛熊大势的通用利器，即对个股和大盘均可适用，一线一域大底，包括一线托底和一域底区，是判断大盘底部区域的指数专用利器。

（一）大盘一线一带牛熊

大盘一线牛熊是指用一根均线来界定大盘指数走势处在牛势还是熊势趋势，用于指数走势牛势还是熊势趋势分界的均线叫作牛熊线。在日、周、月等不同周期级别走势中，牛熊线有所不同。

大盘一带牛熊是指用均线带来界定大盘指数走势处在牛势还是熊势趋势的分界，用于指数走势牛势还是熊势趋势分界的均线带叫作牛熊带。在日、周、月等周期级别走势中，牛熊带有所不同。

1. 日线走势一线一带牛熊

日线牛熊线，是年带小线即年线250日均线，指数突破年线意味着开始走牛上涨。

日线牛熊带，是年带即250日均线和500日均线构成的带，作为日线级别走势牛熊带；年带两线形成金叉、走多意味着牛势环境，指数突破年线意味着开始走牛上涨；年带两线形成死叉、走空意味着熊势环境，指数跌破年线意味着开始走熊下跌。

牛熊线和牛熊带对指数的指示性作用是显而易见的。"骗线"现象是指大盘指数均线交叉信号与后势指数走势相反运行走势现象，比如，年带两线形成死叉对后势指数未形成下跌走势反而走出了上涨走势的相反走势现象。牛熊线有骗线现象，牛熊带能够过滤部分牛熊线骗线现象，但牛熊线和牛熊带对指数趋势的骗线现象也是不少的。

以下时段大盘指数走势虽然突破了日线级牛熊线，但是后期走势并未形成牛势大涨走势：

（1）图2-25是上证指数2003.11－2005.02的日K线走势，解析为：

图 2-25　上证指数一线一带日线级骗线走势图（1）

指数在 A 点位置突破了年带小线即日线级牛熊线，之后，陆续突破了年带大线，走出了 A—B 点上涨走势，而后，指数从 B 点展开回调走势，其结果在 C 点位置，跌破了年带后继续下跌，下跌至 E 点位置，形成了创新低运行的大跌走势。尤其是在 D—E 点区间走势，指数虽然在 A 点位置突破了年带小线即牛熊线，在 D 点位置，牛熊带即年带还形成了金叉，但是后期走势指数并未大幅上涨，反而是创新低下跌即 D—E 点走势，在 E 点位置，年带形成死叉，下行大跌。

（2）图 2-26 是上证指数 2009.12－2012.01 的日 K 线走势，解析为：

如图所示，指数 A 点到 D 点整个走势过程中，在 A 点到 B 点区间指数走出跌破年带的过程，其间年带形成金叉，但之后走势未形成突破牛熊线后展开上涨行情，也未形成年带金叉后牛势大涨行情，构成了"骗线"现象。

（3）图 2-27 是上证指数 2017.07－2018.10 的日 K 线走势，解析为：

A—B 点，指数突破牛熊线后的上涨过程，其间，指数在年带上方运行，使得年带形成金叉。

B—C 点，指数回调，跌破走多年带一路下行，使得年带在 C 点形成死叉。

2. 周线走势一线一带牛熊

周线牛熊线，是长带小线即 60 周均线，指数突破周线长带小线，意味着开始走牛。

周线牛熊带，是周线长带即 60 周均线和 120 周均线构成的带，周线长带两线形

图 2-26 上证指数一线一带日线级骗线走势图（2）

图 2-27 上证指数一线一带日线级骗线走势图（3）

成金叉、走多，意味着牛势环境；周线长带两线形成死叉、走空，意味着熊势环境。

周线牛熊带对指数的指示性作用是显而易见的，周线级一线一带走势对日线级一线一带骗线走势现象具有一定程度过滤作用，见图2-28。

图2-28 上证指数一线一带周线级走势过滤日线级走势骗线图

图2-28是上证指数2003.09-2005.06的周K线走势，解析为：

如图所示，指数在A点到E点的周线级走势中，周线级牛熊带即长带两线空排走空运行，但指数在该段时间的日线级走势中，日线级牛熊带即年带形成金叉，而后期走出下跌走势，形成"骗线"现象，见图2-25。这说明，周线级一线一带走势可过滤日线级一线一带骗线走势现象。

虽然周线走势一带一线可过滤图2-25所示的日线走势一带一线骗线现象，但如图2-26和图2-27所示的日线走势一线一带骗线现象，在周线走势上还是存在一带一线骗线现象，此处略。

3. 月线走势一线一带牛熊

月线牛熊线，是中带小线即20月均线，指数突破月线中带小线，意味着开始走牛。

月线牛熊带，是月线中带即20月均线和30月均线构成的带，月线中带两线形成金叉、走多，意味着牛势环境；月线中带两线形成死叉、走空，意味着熊势环境。

月线一线一带对指数走势的牛熊趋势分界作用，比日线一线一带、周线一线一带对指数走势的牛熊趋势分界作用更为可靠，见图2-29至图2-31。

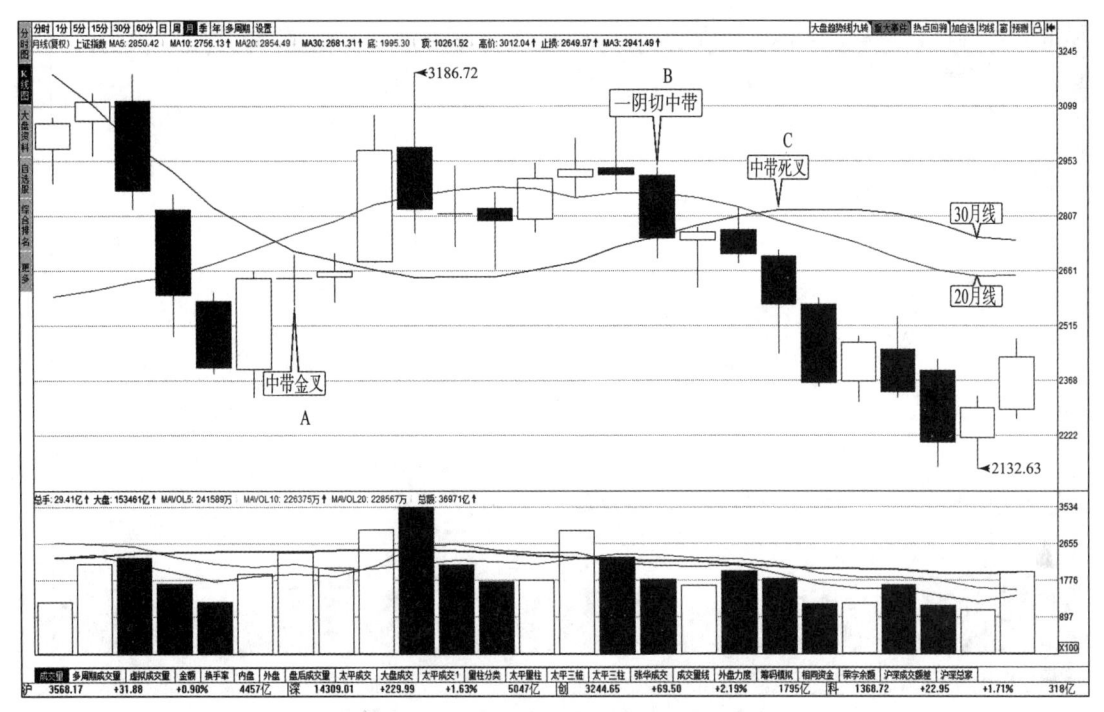

图 2-29　上证指数一线一带月线级走势图

图 2-30　上证指数周线级一线一带走势图

图 2-31　上证指数一线一带日线级走势图

图 2-29 是上证指数 2010.02-2012.02 的月 K 线走势，解析为：

在图中 A 点位置中带形成金叉，即月线级牛熊带金叉，具体为 2010.08 月 K 线。在 B 点位置走出一阴 K 线切中带的走势，具体为 2011.05 月 K 线，之后走出回调走势，在 C 点位置中带形成死叉，具体为 2011.08 月 K 线，而后下跌运行。

对该段走势，返回到周线、日线走势逐级判明，在 B 点位置逐步形成的一阴月 K 线切中带的过程。

图 2-30 是上证指数 2010.01-2011.10 的周 K 线走势，解析为：

指数在 A 点位置长带形成金叉，即周线级牛熊带金叉，具体为 2010.05.07 周 K 线。在 B 点位置走出阴克 K 线走势，具体为 2011.04.22 周 K 线，在 C 点位置长带形成死叉，具体为 2011.05.06 周 K 线。

在周线走势中，2011.05.06-2011.05.27 走出四串跌周 K 线走势，是月线走势中 2011.05 走出一阴切中带的月 K 线走势。

图 2-31 是上证指数 2010.11-2011.10 的日 K 线走势，解析为：

指数在 A 点位置年带形成金叉，即日线级牛熊线金叉，具体为 2010.02.02 日 K 线。在周线走势图 2-30 中 A 点位置周线级牛熊线形成金叉，具体为 2010.05.07 周 K 线。在月线走势图 2-29 中 A 点位置月线级牛熊线形成金叉，具体为 2010.08 月 K 线。

指数在 C 点位置年带形成死叉，即日线级牛熊带死叉，具体为 2011.02.10 日 K 线。在周线走势图 2-30 中 C 点位置周线级牛熊线形成死叉，具体为 2011.05.06 周 K 线。在月线走势图 2-29 中 C 点位置月线级牛熊线形成死叉，具体为 2011.08 月 K 线。

在 B 点位置走出阴克 K 线走势,具体为 2011.04.19 日 K 线。在周线走势图 2 - 30 中 B 点位置走出阴克 K 线走势,具体为 2011.04.22 周 K 线。

在 2011.05.03 - 2011.05.30 走出跌破空排年带两线日 K 线走势,也是周线走势图 2 - 30 中 2011.05.06 - 2011.05.27 走出四串跌周 K 线走势,是月线走势图 2 - 29 中 2011.05 走出一阴切中带的月 K 线走势。

综上所述,日线牛熊带交叉早于周线牛熊带交叉两三个月,周线牛熊带交叉早于月线牛熊带交叉早于两三个月。也就是说,指数形成底部时间漫长,用月线级别判断入场时机和位置更为可靠,但是顶部形成迅速,所以要用日线级别判断出场时点和位置更为及时。

正因为日、周、月线走势有滞后现象,所以大周期级别牛熊带可过滤小周期级别牛熊带骗线现象,但月线牛熊带还是有些骗线现象,原因是,均线交叉分趋势交叉和震荡交叉,越大周期的越有此分别。详情见趋势结构的"四市一轮"内容。

总之,月线短带为操盘带,短带金叉是走牛的必备条件,充分酝酿后的月线中带金叉是大盘牛势唯一的、必须的条件,反之,短带死叉是走熊的必备条件,中带死叉下确是无牛势,但可有震荡上涨的反弹行情和慢慢下跌的行情,这是大盘牛熊定律。

4. 季线走势一线一带牛熊

在季线走势,短带小线为季线牛熊线,短带为季线牛熊带,短带为主、克顺为辅的牛熊走势,牛势须在短带大线之上一根阳 K 线,而后短带金叉牛势,见图 2 - 32。

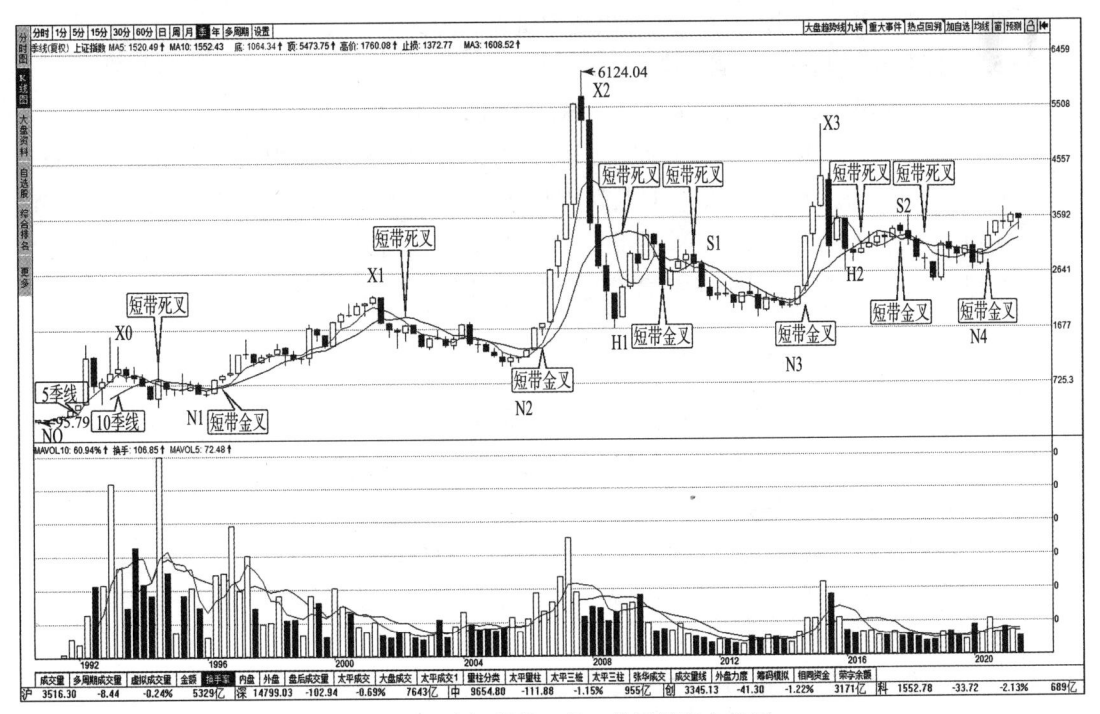

图 2 - 32　上证指数一线一带季线级走势图

图 2-32 是上证指数 1990.12-2021.08 的季 K 线走势，成交量坐标图显示的是换手率，解析为：

在 N1 位置，走出一阳穿短带 K 线后，使得短带形成金叉，构成大底。

在 N2 位置，走出阳双克 K 线后，五连阳 K 线使得短带形成金叉，构成大底。

在 N3 位置，走出一阳穿短带 K 线后，使得短带形成金叉，构成大底。

在 X1 位置，走出阴克、一阴切短带 K 线后，形成顶折走势，构成大顶。

在 X2 位置，走出一阴跌破短带小线 K 线，形成顶折走势，构成大顶。

在 X3 位置，走出阴克跌破短带小线 K 线，形成顶折走势，构成大顶。

在 S1 位置，走出阴克、短带死叉 K 线走势，构成小顶。

在 S2 位置，走出阴 K 线但短带形成金叉后，走出阴 K 线跌破短带走势，构成小顶。

上涨阶段，N1 至 X1 段是短带金叉后的短带上涨运行过程，N2 至 X2 段是短带金叉后在短带小线上的连阳上涨过程，N3 至 X3 段是短带金叉后在短带小线上的连阳上涨过程。

下跌阶段，X1 至 N2 段是短带死叉后的短带下跌运行过程，X2 至 H1 段是跌破短带小线的连阴下跌过程，X3 至 H2 段是跌破短带小线后的串跌过程。

那么，H1 至 S1 段、H2 至 S2 段和 S1 至 N3 段、S2 至 N4 段，应该怎么解释理解呢？详情见大盘趋势结构相关内容。

另外，从上证指数历史走势看，在季线级别历史底部指数短带金叉时，量能短带早在提前 3~5 季度已经金叉或出现阳量克走势。

5. 年线级别走势一带一线牛熊

在年线级别走势，以克顺为主、MA3、MA5 为辅的牛熊参考。

上证指数，1996—2020 年间，出现的几次大牛市中，平均每次牛市大概运行 2 年，其中 1996—2000 年大牛市期间 1998 年调整一年，2006—2007 年两年大牛市、2014—2015 年近 2 年大牛市，这是当时引发我思考趋势结构的线索，之后随着进一步思考后，最终从大盘牛熊定律角度定为"四市一轮"，详见大盘趋势结构内容。

（二）大盘一线托底

一线托底就是用一根线框定大盘底部大概区域位置。在不同周期走势中有不同均线为底托线，日线级别无底托线，周线级别及以上周期级别走势有底托线。

1. 周线级走势一线底托

在周线级走势中，MA750 线是周底托线，见图 2-33。

图 2-33 是 000001 上证指数周 K 线走势，图中加粗标注的线是周底托线。

2. 月线级走势一线底托

在月线级走势，MA185 线是月底托线，见图 2-34。

图 2-34 是 000001 上证指数月 K 线走势，图中加粗标注的线是月底托线。

图 2-33　上证指数一线底托周线级走势图

图 2-34　上证指数一线底托月线级走势图

3. 季线级走势一线底托

在季线级走势，MA60 线是季底托线，见图 2-35。

图 2-35 上证指数一线底托季线级走势图

图 2-35 是 000001 上证指数季 K 线走势，图中加粗标注的线是季底托线。

4. 年线级走势一线底托

在年线级走势，MA20 线是年底托线，见图 2-36。

图 2-36 是 000001 上证指数年 K 线走势，图中加粗标注的线是年底托线。

（三）大盘一域底区

一域底区是指数跌入底区线和底托线之间构成的区域，简称底部域。

1. 周线级走势一域底区

在周线级走势中，MA250 为底区线，MA750 线为底托线。

在周线级走势中，在 MA250 线和 MA750 线之间区域构成周底部域，见图 2-37。

图 2-37 是 000001 上证指数周 K 线走势，图中加粗标注的两线之间的区域就是周底部域。

2. 月线级走势一域底区

在月线级走势中，MA60 为底区线，MA185 线为底托线。

在月线级走势中，在 MA60 线和 MA185 线之间区域构成月底部域，见图 2-38。

图 2-38 是 000001 上证指数月 K 线走势，图中加粗标注之间的两线间区域就是

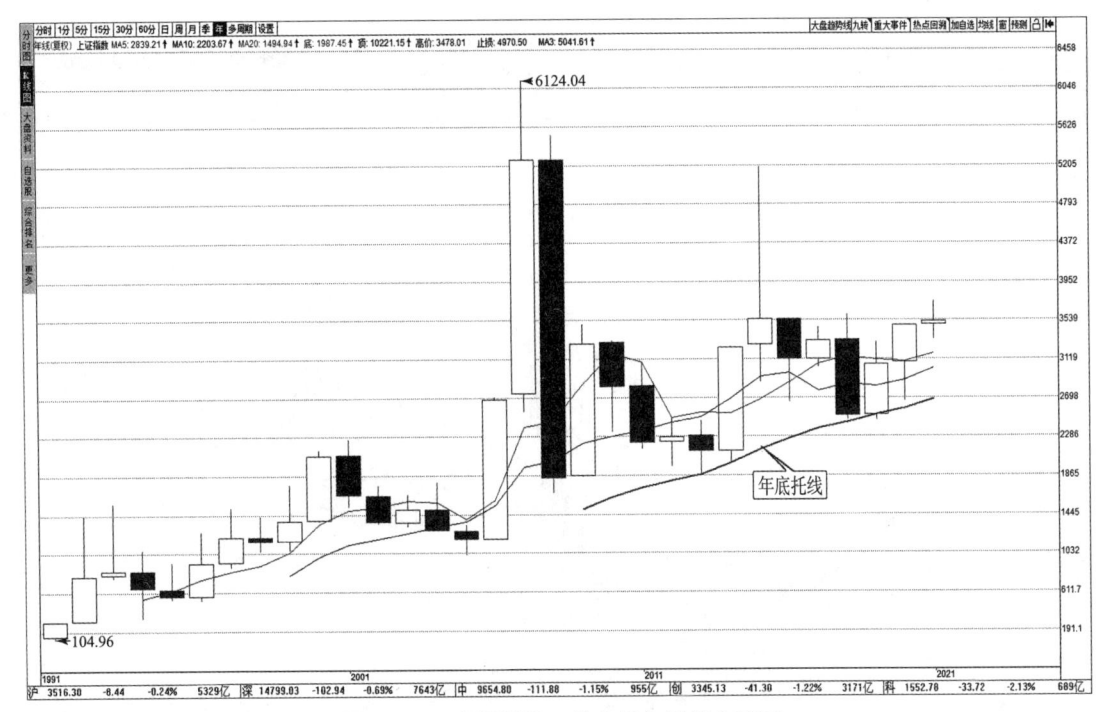

图 2-36　上证指数一线底托年线级走势图

图 2-37　上证指数一域底区周线级走势图

图 2-38 上证指数一域底区月线级走势图

月底部域。

3. 季线级走势一域底区

在季线级走势中，MA30 为底区线，MA60 线为底托线。

在季线级走势中，MA30 和 MA60 线之间构成季底部域，见图 2-39。

图 2-39 是 000001 上证指数季 K 线走势，图中加粗标注的两线之间的区域就是季底部域。

4. 年线级别走势一域底区

在年线级走势中，MA10 为底区线，MA20 线为底托线。

在年线级走势中，MA10 和 MA20 线之间构成年底部域，见图 2-40。

图 2-40 是 000001 上证指数年 K 线走势，图中加粗标注的两线之间的区域就是年底部域。

（四）大盘走势趋势综述

对于大盘牛熊大势判断，虽然日线牛熊带交叉时间先于周线牛熊带交叉时间，周线牛熊带交叉时间先于月线牛熊带交叉时间，但是以月线走势一带一线牛熊为准，则更为稳妥合适，并结合其他周期级别走势一带牛熊判断指数走势阶段及其走势趋势。

对于大盘指数底部区域，可利用一线托底、一域底区和估值水平以及牛熊运行

图 2-39　上证指数一域底区季线级走势图

图 2-40　上证指数一域底区年线级走势图

时间等技术指标结合研判，找到底部区域大致位置后，利用指数四区八相底部区域日线级别长带大线为底部分界线。

对于大盘走势顶部区域，不要预测最高点，利用指数四区八相顶部区域日线级别中带大线为持股逃顶线，长带大线为顶部区域分界线，以年带小线作为下跌区域分界线。

对于个股走势，大盘走势是标杆、模板，个股日线走势短带死叉、股价跌破中带与大盘日线走势短带死叉、指数跌破中带互应共振，则应进行个股逃顶操作。

三、大盘趋势结构

股票行为由走势博弈、走势走法、走势结构、走势趋势组成，缺一不可，完整构成对股票行为走势的全貌认知；股市行为中的大盘走势除以上认知构造外，还需要有大盘走势趋势结构，方能完整构成大盘走势全貌认知和过程表达。有了趋势结构，大盘很多趋势结构以下的构造中出现的疑问、矛盾现象，方能得到合理化解释。

走势结构是价格走势的通有结构，趋势结构是大盘才有的专有结构，但都是分析、认识股票及股市行为的思维方式和方法。

犹如，冰雪消融春天到、绿树成荫盛夏至、层林尽染秋风劲、银装素裹隆冬寒，四季交替为自然规律，"四市一轮"的趋势结构是大盘行为展现的规律。

四市一轮是大盘从一轮大牛市到下一轮大牛市的整个走势过程中形成的趋势结构，共有牛市、熊市、猴市、鼠市四个步骤，是一个完整的轮回。

目前，上证指数四市一轮完整运行了三轮，每一轮运行大约需要近七年时间。

（一）大盘四市一轮

结合利用大盘四区八相确定底顶区域和大盘一带一线确定牛熊趋势，来从宏观角度全面观察归纳上证指数运行周期，为此，要从年线级别到日线级别逐级降级来，确认各个趋势结构在日线走势精准日期分界，可得到大盘指数趋势结构的四市一轮构造。

牛市是四带走多推动下产生的大上涨行情，牛市划定是从大盘指数日线走势长带金叉回踩缩量不创新低成底到大牛市最高点。

熊市是大牛行情结束后的大熊下跌行情，熊市划定是从大牛市最高点到大熊市底最低点。

猴市是大熊市凶猛熊跌后，使得日线走势年带形成死叉，大盘指数走出年带死叉回抽动作，形成了上下震荡的反弹行情，猴市划定是从大熊市底最低点到最后一轮下跌时的最高点。

鼠市是猴市震荡反弹行情结束后的回落下跌走势，直到出现下一轮牛市成底，鼠市划定是从猴市最后一轮下跌时的最高点到下一轮牛市成底。

第二章 股市走相行为规律

1. 四市一轮日线走势运行周期

四市为一个轮回循环，大盘指数走势可划分为三个完整的四市一轮阶段，并把运行时间以月为单位，约得运行年，见图2-41。

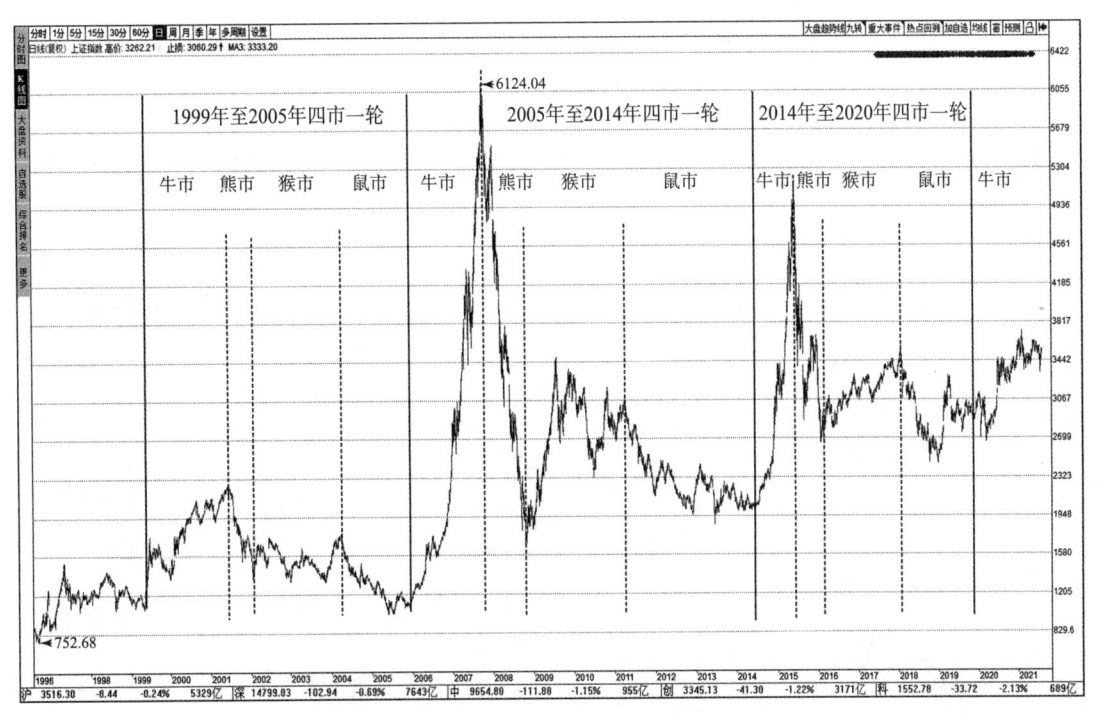

图 2-41 上证指数四市一轮日线级走势图

图2-41是000001上证指数1996.08-2021.08的日K线走势，解析为：

1999年至2005年四市一轮，运行时间1999年6月至2005年12月，运行78个月即6.5年。

牛市运行时间1999年6月至2001年5月，运行23个月约2年。

熊市运行时间2001年5月至2002年1月，运行8个月约0.5年。

猴市运行时间2002年1月至2004年4月，运行27个月约2年。

鼠市运行时间2004年4月至2005年12月，运行20个月约2年。

2005年至2014年四市一轮，运行时间2005年12月至2014年06月，运行103个月即8.5年。

牛市运行时间2005年12月至2007年10月，运行22个月约2年。

熊市运行时间2007年10月至2008年10月，运行13个月约1年。

猴市运行时间2008年10月至2011年4月，运行30个月约2.5年。

鼠市运行时间2011年4月至2014年6月，运行38个月约3年。

2014年至2019年四市一轮，2014年6月至2019年11月，运行65个月5.5年。

牛市运行时间2014年6月至2015年6月，运行12个月即1年。

熊市运行时间2015年6月至2016年2月，运行8个月约0.5年。

猴市运行时间2016年2月至2018年1月，运行23个月约2年。

鼠市运行时间2018年1月至2019年11月，运行22个月约2年。

2. 四市一轮日线走势牛熊带

根据大盘指数日线级牛熊带走势规律，对大盘指数日K线走势划分为三个完整的四市一轮分段走势，并每个分段走势进行牛熊带交叉走势分析，见图2-42。

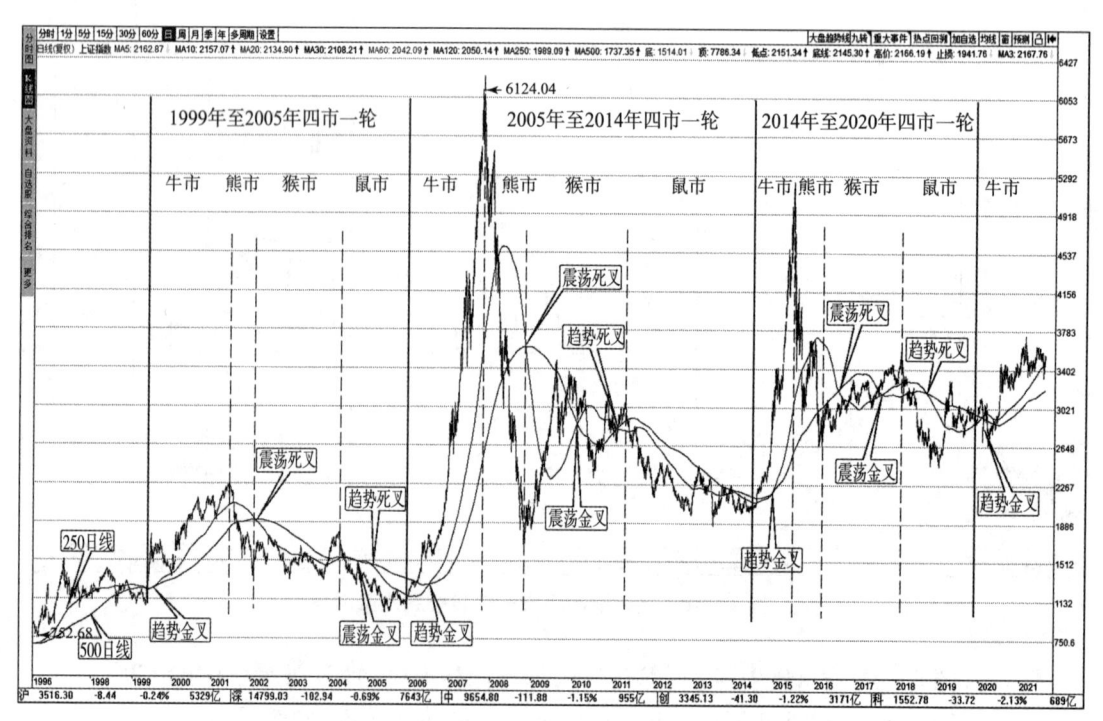

图2-42 上证指数四市一轮日线级牛熊带走势图

图2-42是000001上证指数1996.08-2021.08的日K线走势，解析为：

在1999年至2005年四市一轮分段走势中，日线级牛熊带交叉情况为：

牛市运行时间1999年6月至2001年5月，1999.07.06形成年带金叉。

熊市运行时间2001年5月至2002年1月，没有年带金叉或死叉。

猴市运行时间2002年1月至2004年4月，2002.02.27形成年带死叉。

鼠市运行时间2004年4月至2005年12月，2004.09.24形成年带金叉、2005.01.20形成年带死叉。

在2005年至2014年四市一轮分段走势中，日线级牛熊带交叉情况为：

牛市运行时间2005年12月至2007年10月，2006.07.17形成年带金叉。

熊市运行时间2007年10月至2008年10月，没有年带金叉或死叉。

猴市运行时间2008年10月至2011年4月，2008.11.06形成年带死叉、2010.02.03形成年带金叉、2011.02.11形成年带死叉。

鼠市运行时间 2011 年 4 月至 2014 年 6 月，没有年带金叉或死叉。

在 2014 年至 2020 年四市一轮分段走势中，日线级牛熊带交叉情况为：

牛市运行时间 2014 年 6 月至 2015 年 6 月，2014.12.12 形成年带金叉。

熊市运行时间 2015 年 6 月至 2016 年 2 月，没有年带金叉或死叉。

猴市运行时间 2016 年 2 月至 2018 年 1 月，2016.07.22 形成年带死叉、2017.08.14 形成年带金叉。

鼠市运行时间 2018 年 1 月至 2019 年 11 月，2018.09.10 形成年带死叉。

对以上日线走势牛熊带即年带交叉引入震荡交叉和趋势交叉概念后，得到如下结论：

牛市启动一段时间后，肯定必须有年带趋势金叉，所以才出现大牛涨。

熊市尾声通常是在年带形成震荡死叉或年带还未形成震荡死叉前熊跌到底，进入猴市反弹底，因此，熊市是先跌、后出现年带震荡死叉现象，也正因此，该年带死叉是震荡型死叉，所以才能有反弹式慢涨猴市。

猴市阶段会占有多数年带交叉情况，可能从年带震荡死叉开始，年带趋势死叉结束。值得强调的是，猴市大概率包含有年带震荡金叉。

鼠市肯定在年带趋势死叉走空下运行，是先出现年带死叉、后出现下跌行情。

原因是，存在着震荡型交叉现象，所以才有了在"大盘一线一带牛熊"分段中涉及的相关"骗线"现象。

以上关于大盘指数趋势结构相关内容的表述，解释了牛熊带"骗线"现象的合理存在。

3. 四市一轮月线走势牛熊带

根据大盘走势月线级牛熊带走势规律，将大盘指数月 K 线走势划分为三个完整的四市一轮分段走势，并仅从短带交叉和中带交叉的角度进行分析总结，见图 2-43。

图 2-43 是 000001 上证指数 2003.09-2021.08 的月 K 线走势，解析为：

牛市是从短带金叉开始，在中带金叉上形成大涨行情，再从顶峰回调跌破短带小线结束。

熊市是从跌破短带小线开始，在短带死叉下形成大跌行情，继续下跌跌破中带运行，到短带金叉结束。

猴市是从短带金叉开始，在中带死叉下形成反弹行情，该反弹行情在中带死叉压制下，短带运行。

鼠市是从短带死叉开始，在短中两带死叉压制下，下跌到下一轮牛市短带金叉底部时才结束。

4. 四市一轮月线走势换手率

对上证指数月线走势历史大顶大底位置的换手率走势进行分析后，有以下两点启发：

图 2-43　上证指数四市一轮月线级牛熊带走势图

（1）月线级换手率走势对指数走势具有一定的预示作用，见图 2-44。

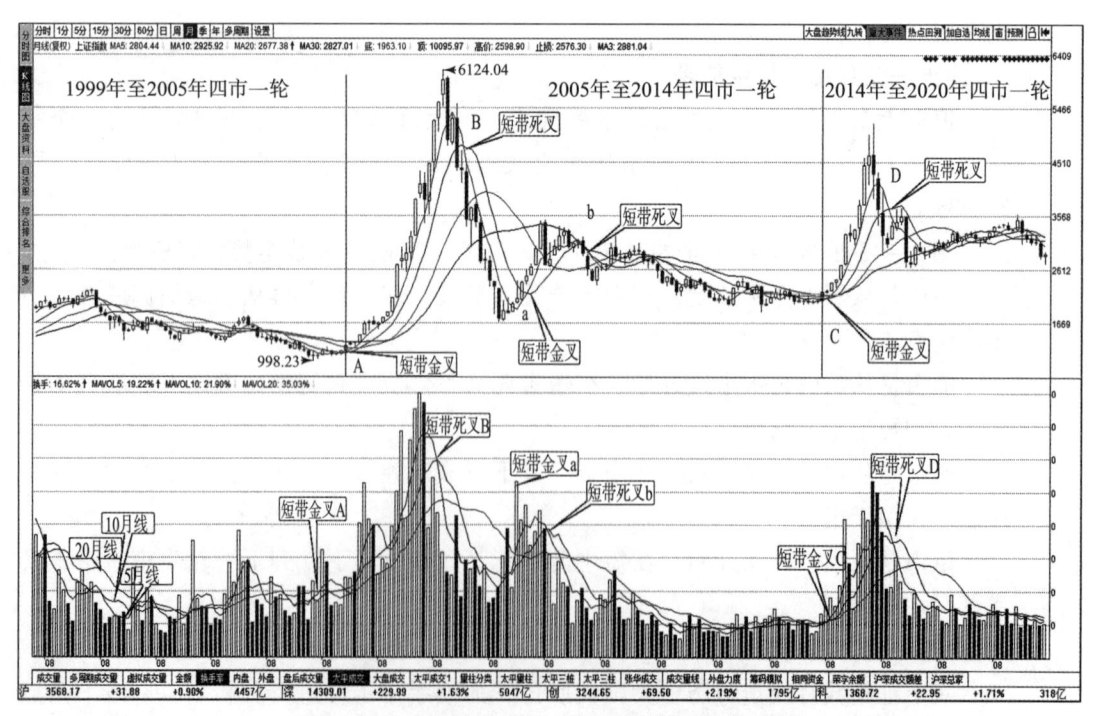

图 2-44　上证指数四市一轮月线级换手率走势图

图 2-44 是 000001 上证指数 2000.06-2018.07 的月 K 线走势，解析为：

在成交量坐标图中换手率短带形成金叉 A 早于在主图中指数 A 位置短带形成金叉。

在成交量坐标图中换手率短带形成死叉 B 早于在主图中指数 B 位置短带形成死叉。

在成交量坐标图中换手率短带形成金叉 a 早于在主图中指数 a 位置短带形成金叉。

在成交量坐标图中换手率短带形成死叉 b 早于在主图中指数 b 位置短带形成死叉。

在成交量坐标图中换手率短带形成金叉 C 同步于在主图中指数 C 位置短带形成金叉。

在成交量坐标图中换手率短带形成死叉 D 晚于在主图中指数 D 位置短带形成死叉。

（2）指数在高位运行是换手率出现阴增量，意味着顶部出逃凶猛，见图 2-45。

图 2-45 上证指数四市一轮月线级换手率走势图

图 2-45 是 000001 上证指数 2006.12-2017.06 的月 K 线走势，解析为：

在 A 点位置，指数出现一阴切短带、增量阴双克 K 线走势，相应换手率走出增量阴柱，之后指数走出大跌走势，说明指数在高位运行时换手率走出阴增量状态，顶部出逃凶猛。

在B点位置，指数出现阴双克且K线下影线刺穿短带小线的K线走势，相应换手率走出增量阴柱，之后指数走出大跌走势，说明指数在高位运行时换手率走出阴增量状态，顶部出逃凶猛。

5. 四市一轮月线走势市盈率

沪深两市以及不同指数都有其市盈率走势图，图2-46是上证平均市盈率走势图。

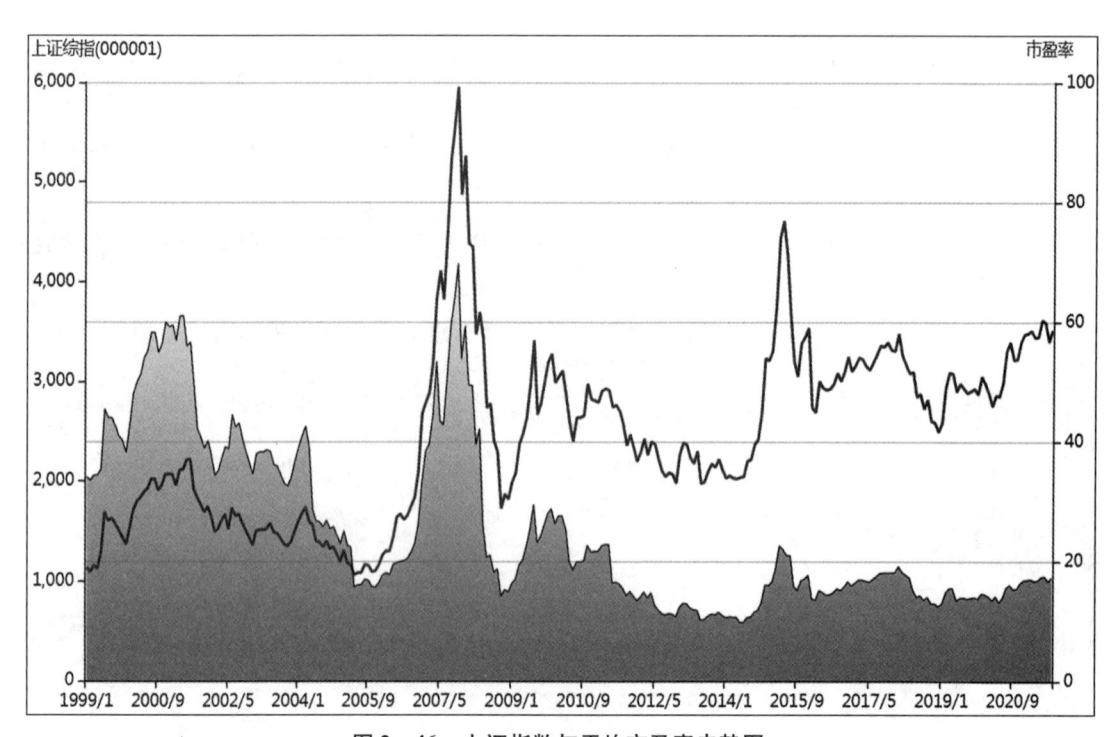

图2-46 上证指数与平均市盈率走势图

该图是1999年1月至2021年8月上证指数与上证平均市盈率走势图，上证指数历史大底顶点时市盈率为：

（1）历史大底2005年5月平均市盈率15.66倍，2014年5月平均市盈率9.76倍，2018年12月平均市盈率12.43倍。

（2）历史大顶2007年10月平均市盈率69.64倍，2015年5月平均市盈率21.94倍。

（3）在大熊市后的猴市反弹行情中表现是，在2008年10月平均市盈率14.09倍开始反弹，到大盘阶段高点2009年7月平均市盈率29.47倍，在2016年2月平均市盈率13.50倍开始反弹，到大盘阶段高点2018年1月平均市盈率19.12倍。

6. 四市一轮月线走势市净率

沪深两市以及不同指数都有其市净率走势图，图2-47是上证平均市净率走势图。

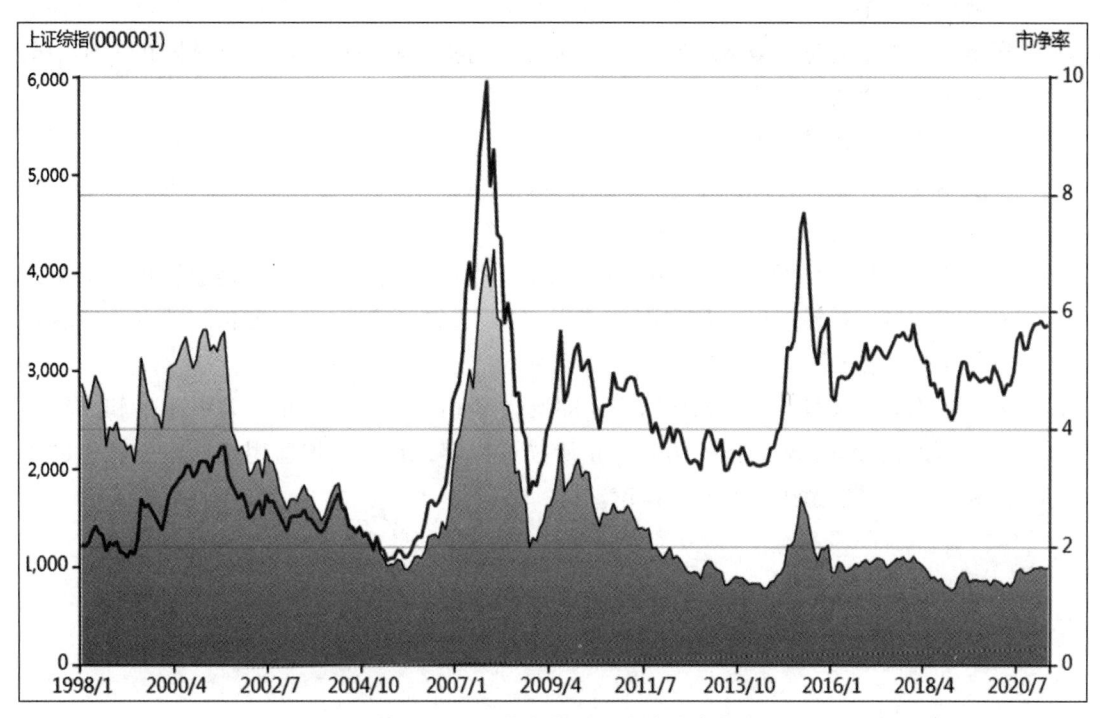

图 2-47　上证指数与平均市净率走势图

该图是 1998 年 1 月至 2021 年 7 月上证指数与上证市净率走势，上证指数历史大底顶点时市净率为：

（1）历史大底 2005 年 5 月市净率 1.67 倍，2014 年 5 月市净率 1.29 倍，2018 年 12 月 1.26 倍。

（2）历史大顶 2007 年 10 月市净率 6.91 倍，2015 年 5 月市净率 2.68 倍。

（3）在大熊市后的猴市反弹行情中表现是，在 2008 年 10 月市净率 1.99 倍开始反弹，到大盘阶段高点 2009 年 7 月市净率 3.76 倍。值得注意的是，大盘在 2016 年 2 月开始反弹行情时市净率 1.55 倍，大盘反弹到反弹行情的阶段高点 2018 年 1 月时市净率 1.84 倍，在这反弹过程中市净率几乎走平的，反弹结束后大盘再下跌到阶段低点 2018 年 12 月时市净率 1.26 倍，2020 年 3 月市净率 1.33 倍，2021 年 3 月市净率 1.63。

从大盘市盈率和市净率走势趋势看，虽然上证指数每一波历史大底是逐次抬高的，但与其对应历史大底时的市盈率和市净率却有逐次下降趋势，说明我国股市含金量逐年提高并在完善成长过程中。

（二）趋势结构综述

林业生产有一词叫"丰年和歉年"，也叫"大年和小年"。与此类似，股市趋势结构中，牛熊市包括了一大牛市、一大熊市和一小牛市、一小熊市，即四市一轮，也就是说，牛市也分大小牛市，熊市也有大小熊市，其中，小牛市就是反弹震荡的猴市，小熊市就是慢慢下跌的鼠市，通常我们所称的牛市、熊市就是四市一轮中的大牛市、大熊市。

其实，这都是牛市大涨后熊市大跌使得年带形成死叉后造成的深远影响，即猴市震荡反弹、鼠市"跌跌不休"，唯有如此才能把各均线趋于同一趋势共振状态，使市场形成合力统一向上之势之趋，形成"丰年"牛市大涨。

如果只用"牛熊二元"描述市场的话，牛市是急牛市、熊市是急熊市、猴市是慢牛市、鼠市是慢熊市，牛熊市是"大丰年"、猴鼠市是"小歉年"，只有"歉年"休养生息才能有下一个"丰年"。

正因为，大盘存在着趋势结构，即有大年小年、丰年歉年、大牛小牛和大熊小熊，所以，大盘走势结构的四区八相所描述内容，首先更加适用于四市一轮中的牛市和熊市，其次适用于猴市和鼠市。

第二节
股市走相行为

股市是人性行为市场，大盘指数走势作为股市的表征代表，是股市这片"森林"的代表"样本木"。"样本木"与"土壤"环境之间的关联表现，是股市行为自身特点。

股市是生长在实体经济这块"土壤"上的一片"森林"，这片"森林"也有其自身发展演替的方向，国家发展方向和宏观政策导向是股市发展演进的方向，是股市行为根本特征。

股市这片"森林"如今已经壮大成为庞大的生态，针对股市生态，现在试着从前到后、从上至下分析探讨，试用"立体"表征表达股市行为规律。

一、股市行为自身特点

股市走势表现是在以实体经济为基础的市场行为表现，从实体经济主要指标、金融主要指标对上证指数走势表现关联影响角度探讨、发现股市行为自身特点。

（一）实体经济有关指标与股市走势

股市是实体经济的晴雨表，实体经济主要指标如 GDP、PMI 等经济基本面指标与股市表现综合看，尤其是与上证指数走势表现综合看，实体经济表现为"里"、股票市场表现为"表"。

1. 国内生产总值 GDP

从中国 1990－2020 年 GDP 走势与上证指数走势看，上证指数走势历史底部抬高趋势与 GDP 增长是正相关，或者说，以上证指数为"价格"、GDP 为"价值"，价格以价值为基础在波动，见图 2－48。

2. 采购经理人指数 PMI

图 2－49 是 2005－2020 年上证指数与同期 PMI 走势，解析为：

A 实线框，2005 年至 2008 年度 PMI 大于 50 的一窄幅箱体内震荡运行时，同期

图 2-48　中国 1992-2020 年 GDP 与同期上证指数走势图

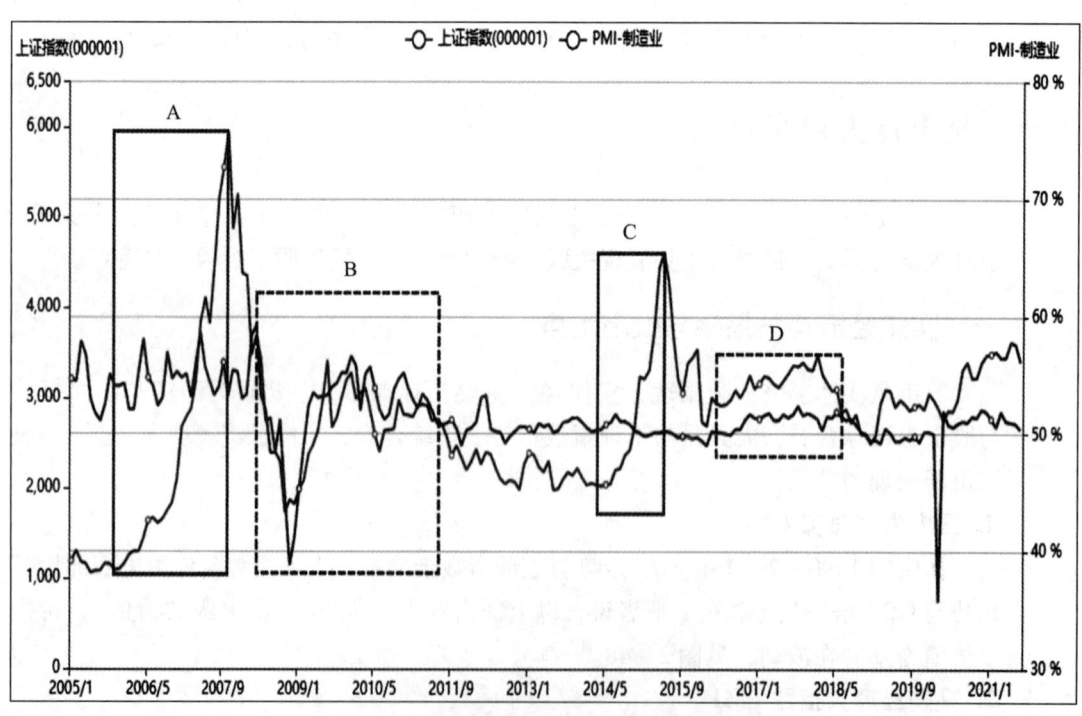

图 2-49　PMI 走势与同期上证指数走势图

上证指数 2005 年至 2006 年度横盘、2006 年下半年至 2007 年下半井喷式大涨、2007 年下半年至 2008 年上半年暴跌。

B 虚线框，2008 年下半年至 2011 年上半年期间，PMI 与上指指数走势正相关。

C 实线框，2015 年度 PMI 等于荣枯线 50 附近时，上指指数却大牛涨。

D 虚线框，2016 年上半年至 2018 年，PMI 与上指指数走势正相关。

总的来看，PMI 指数显示经济基本面向好是孕育股市牛市的基本面基础，PMI 指数非常糟糕的时候，对股市有明显的助跌影响。

3. 消费者物价指数 CPI 和生产者物价指数 PPI

CPI 是直接反映通货膨胀或紧缩的重要指标，可体现消费者生活成本。

PPI 是生产企业之间或生产企业与商业企业之间进行商品交易的价格变化，是观察通货膨胀或紧缩的重要指标，可体现企业生产成本。

（1）从价格传导规律看，CPI 是跟踪消费市场上进入最终消费者手中的消费品和服务的价格，因此 PPI 是 CPI 的先行指标。PPI 持续上涨，挤占企业利润空间，在消费端传导推高 CPI，出现物价上涨、通货膨胀，进而可能触发收紧货币政策出台，总的来讲，CPI、PPI 上涨均不利于股市信心聚集和人气的提升。

（2）有关实证研究发现，CPI – PPI 的差值反映的是企业盈利增长情况，CPI – PPI 对于工业企业利润有较强的领先作用。CPI – PPI 的差值越小，也就是 CPI – PPI 指标走势向下，说明企业经营成本增加，企业利润被压缩，企业利润增长速度下降，经济增长趋缓；CPI – PPI 的差值越大，也就是 CPI – PPI 指标走势向上，说明企业利润在反弹，企业利润增长速度上升，经济增长动力强劲。研究发现，股市涨跌与企业盈利增长趋势线基本吻合，区别只是涨跌幅度。当处于企业盈利增长上升期时，股市表现为上涨；而当企业盈利增长处于回落期时，股市无一例外均为下跌。CPI – PPI 指标反映的正是企业盈利增长情况，因此，CPI – PPI 指标对于股市涨跌有引领作用。

4. 社会消费品零售总额

社会消费品零售总额是指各种经济类型的批发零售贸易业、餐饮业、制造业和其他行业对城乡居民和社会集团的消费品零售额和农民对非农业居民零售额的总和，能反映国内消费支出情况，反映社会商品购买力的实现程度，以及零售市场的规模状况。社会消费品零售总额提升，表明消费支出增加，经济情况较好；社会消费品零售总额下降，表明经济景气趋缓或不佳。

5. 进出口额

对外贸易占中国 GDP 比重较大，对中国经济影响巨大。历史上，欧美日经济危机持续时间越长，对中国实体经济出口量的冲击越大。

6. 固定资产投资

固定资产投资是以货币形式反映建造和购置固定资产活动的工作量，包括基本建设、更新改造、房地产开发投资和其他固定资产投资，是反映固定资产投资规模、速度、比例关系和使用方向的综合性指标。

7. 原材料、燃料和动力购进价格指数

原材料、燃料和动力购进价格指数反映工业企业从物资交易市场和能源、原材料生产企业购买原材料、燃料和动力产品时所支付价格水平的变动趋势和程度。该指标对PPI具有一定的传导作用。

8. 工业增加值

工业增加值是以货币形式表现的工业生产活动的最终成果，是工业企业全部生产活动的总成果扣除在生产过程中消耗或转移的物质产品和劳务价值后的余额，是工业企业生产过程中新增加的价值。它反映的是一个国家（地区）在一定期时期内所生产和提供的全部最终产品和服务的市场价值的总和，因此，计算国内生产总值提供可靠依据，也是建立资金流量的基础。

9. 消费者信心指数

消费者信心指数是反映消费者信心强弱的指标，是综合反映并量化消费者对当前经济形势评价和对经济前景、收入水平、收入预期以及消费心理状态的主观感受，是预测经济走势和消费趋向的一个先行指标，是监测经济周期变化不可缺少的依据。

10. 其他指标

其他指标，如宏观经济景气指数、全社会货运量、发电量、用电量、财政收支等也反映经济运行情况。

综合来看，股市表现是以实体经济运行状况为基础的。股市表现与实体经济表现，短期可能会有负相关走向，但从长期看两者走势是正相关。

（二）金融货币主要指标与上证指数

股市是资金推动的，因此股市对资金的供给敏感，股市表现与众多资金指标之间的关联性各有不同。

1. 货币流动性指标与上证指数

狭义货币（M1）= 流通中现金 M0 + 可开支票进行支付的单位活期存款，反映着经济中的现实购买力，是经济周期波动的先行指标。

广义货币（M2）= M1 + 居民储蓄存款 + 单位定期存款 + 单位其他存款 + 证券公司客户保证金，同时反映现实和潜在购买力，通常所说的货币供应指的就是M2。

另外，M3 = M2 + 金融债券 + 商业票据 + 大额可转让定期存单等；准货币 = M2 − M1，即企事业单位的定期存款和居民储蓄。

（1）广义货币供应总量M2与国内生产总值匹配，M2货币供应总量基本一直保持增加的状态。

M2与上证指数走势关联状况，基本和GDP与上证指数走势关系一致，即短期有负相关、长期为正相关，见图2-50 中国1990-2020年M2与同期上证指数走势。

（2）从M2同比增速与上证指数走势看，两者基本处于或者大多数时间段处于

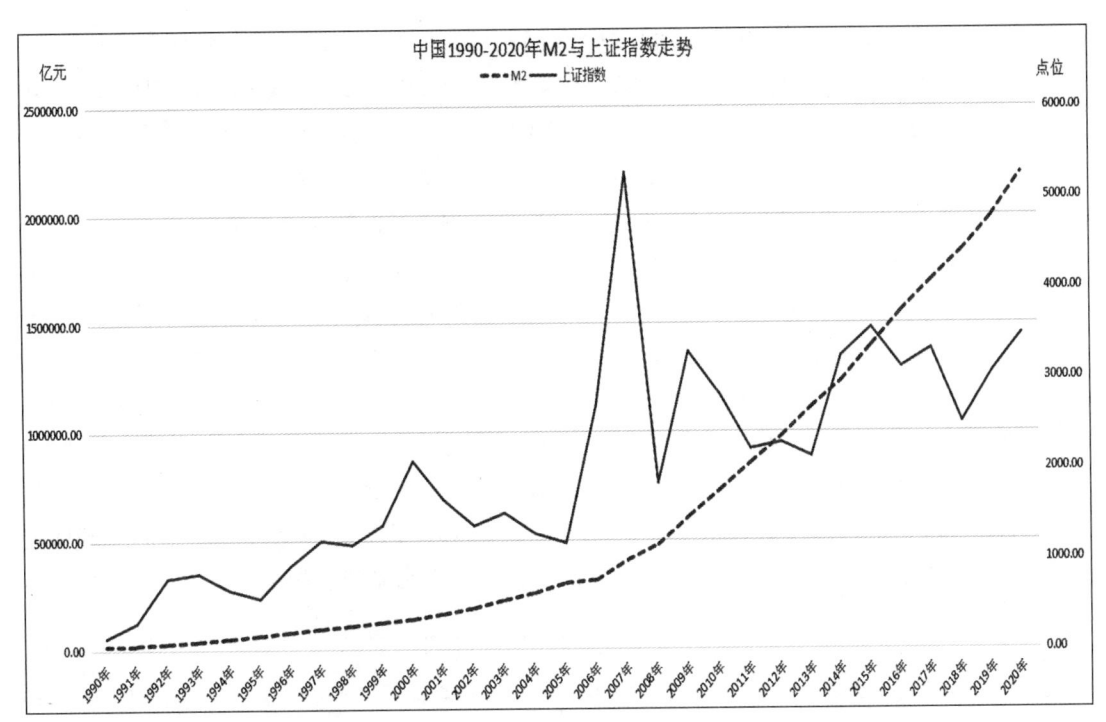

图 2-50 中国 1990-2020 年 M2 与同期上证指数走势图

正相关关系，但也有负向运行情况，见图 2-51。

图 2-51 中国 2000-2020 年 M2 同比增速与同期上证指数走势图

图 2-51 是中国 2000-2020 年 M2 同比增速与上证指数走势,解析为:

ABC 三处实线框,分别是 2001 年 5 月至 2003 年 8 月、2005 年 12 月至 2007 年 10 月和 2014 年 6 月至 2018 年 1 月,M2 同比增速与上证指数走势两者运行呈现负向相关状况,其中,2007 年大牛市出现并不是在 M2 同比增速最高位时走出来的,尤其是 2015 年大牛市出现在 M2 同比增速恰是本图中最低位时走出来的。

(3) 对 M1-M2 同比增速剪刀差势与同期上证指数走势关联性研究看(见图 2-52),有关研究机构的结论是:M1-M2 走势与股市成正相关。比较 M1-M2 增速差与上证指数同期走势,M1-M2 的同比增速差向上攀升,同期股市也会向上,一旦增速差向下回落,股市同期也将出现调整。根据 1999 年至今的统计,去掉几个极端情况,M1-M2 的剪刀差大致在 -15 到 +15 之间波动。当剪刀差向下波动,达到 -8 时,表明股市离底不远,而当其向上波动,超过 +8 之后,表明股市离顶不远。从 M1-M2 走势与股市走势图不难看出,若排除 2007 年以及 2015 年大牛市的非理性走势,大部分时间 M1-M2 走势与股市走势都有极为明显的正相关性。

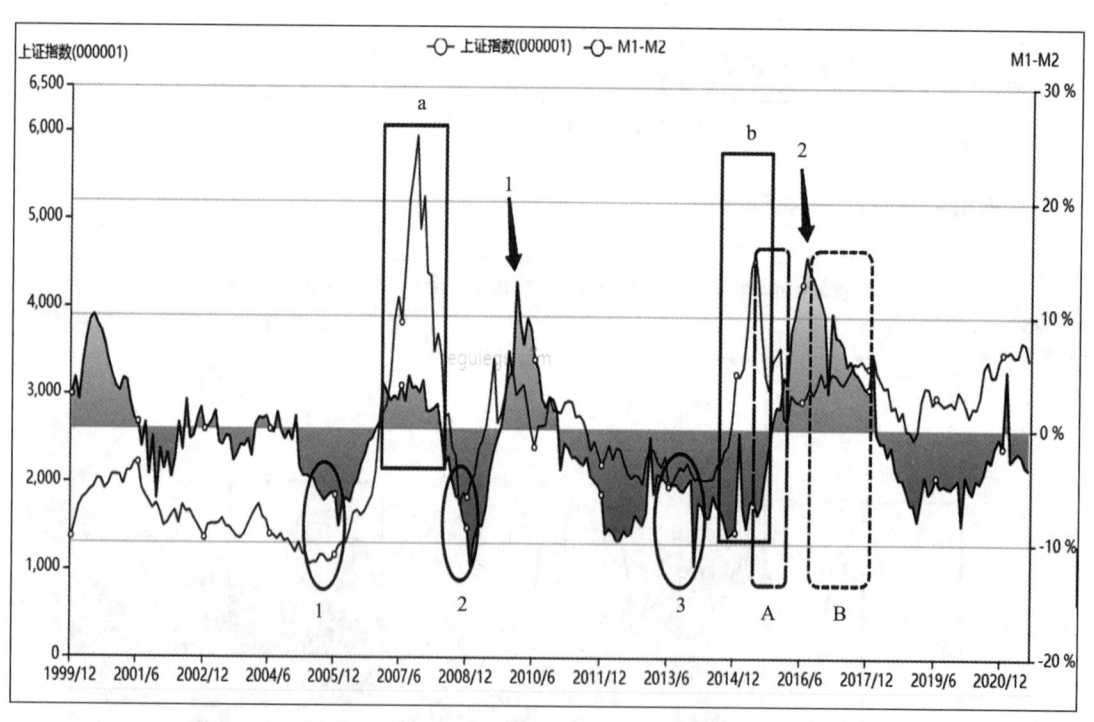

图 2-52 中国 2000-2020 年 M1-M2 剪刀差与同期上证指数走势图

M1 是重要的流动性和经济活跃度指标。M1 增加,投资者信心增强,经济活跃度提高,股市和房地产市场上涨;反之,M1 减少,股市和房地产市场下跌,因此,股市和房地产市场具有经济晴雨表功能,并对货币变化具有放大效应;如果 M1 增速大于 M2,意味着企业的活期存款增速大于定期存款增速,企业和居民交易活跃,微观主体盈利能力较强,经济景气度上升;如果 M1 增速小于 M2,表明企业和居民选择将资金以定期的形式存在银行，微观个体盈利能力下降，未来可选择的投资机会有限，多余的资金开始从实体经济中沉淀下来，经济运行回落。

由于 M2 包括的是 M1 以及 M1 以外的定期存款和储蓄存款，因此 M1 增速若快于 M2 增速，表明定期存款活期化，大量资金转向交易活跃的 M1，从而对股市的资金供给可能形成较为积极的影响。

图 2-52 是中国 2000-2020 年 M1-M2 同比增速差值与同期上证指数走势，选出重点相关情况进行分析。

①阶段相关性统计中，图中 A 和 B 虚线框所示位置分别为 2015 年 1 月至 2016 年 2 月和 2016 年 7 月至 2018 年 1 月两阶段期间，M1-M2 同比剪刀差与上证指数走势较为明显的负相关。

②阶段高低点统计中，图中数据是以月为单位的月末数据，采集了上证指数高低位时的 M1-M2 同比增速差值和 M1-M2 同比增速差值高低位时的上证指数点。

上证指数低点位置时相应的 M1-M2 同比增速差值数据为：

2005 年 5 月，上证指数 1060.74 点时，M1-M2 同比增速差值为 -4.30。

2008 年 10 月，上证指数 1728.79 点时，M1-M2 同比增速差值为 -6.10。

2013 年 6 月，上证指数 1979.21 点时，M1-M2 同比增速差值为 -5.00。

2016 年 2 月，上证指数 2687.98 点时，M1-M2 同比增速差值为 4.10。

2018 年 12 月，上证指数 2493.90 点时，M1-M2 同比增速差值为 -6.60。

上证指数高点位置时相应的 M1-M2 同比增速差值数据为：

2007 年 10 月，上证指数 5954.77 点时，M1-M2 同比增速差值为 3.70。

2009 年 7 月，上证指数 3412.06 点时，M1-M2 同比增速差值为 -2.00。

2015 年 5 月，上证指数 4611.74 点时，M1-M2 同比增速差值为 -6.10。

2018 年 1 月，上证指数 3480.83 点时，M1-M2 同比增速差值为 6.40。

M1-M2 低点位置时相应的上证指数点位为：

2006 年 1 月，M1-M2 同比增速差值为 -8.60 时，上证指数 1258.05 点。

2009 年 1 月，M1-M2 同比增速差值为 -12.10 时，上证指数 1990.66 点。

2014 年 1 月，M1-M2 同比增速差值为 -12.00 时，上证指数 2033.08 点。

2020 年 1 月，M1-M2 同比增速差值为 -8.40 时，上证指数 2976.53 点。

M1-M2 高点位置时相应的上证指数点位为：

2010 年 1 月，M1-M2 同比增速差值为 13.00 时，上证指数 2989.29 点。

2016 年 7 月，M1-M2 同比增速差值为 15.20 时，上证指数 2979.34 点。

③阶段走势关系中，上证指数已走出的历史底部区域，实线椭圆 1 即 2005 年 5 月至 2006 年 1 月、实线椭圆 2 即 2008 年 10 月至 2009 年 1 月、实线椭圆 3 即 2013 年 6 月至 2014 年 1 月时，均出现上证指数走势与 M1-M2 是负相关，是背离的关系，或者说，M1-M2 走势继续下行创新低，但指数是历史性触底上行时段，三大底部的形成期间都是 M1-M2 在零轴下运行，虽不是最低点，但还是处于谷底状态。

上证指数已走出的两大牛市区域阶段,图中实线框 a 即 2006 年 1 月至 2007 年 10 月时 M1－M2 波段上行到零轴以上,算是波峰段,货币供应相对充裕状态,可是,实线框 b 即 2014 年 7 月至 2015 年 5 月时 M1－M2 波段震荡零轴下,算是波谷段,货币供应处于相对钱荒状态。

M1－M2 同比剪刀差值,在图中箭头 1 即 2009 年 1 月至 2010 年 1 月间,从 －12.10 到 ＋13.00,而上证指数从 1990.66 点涨到 2989.29 点几乎是同步共振,但当上证指数该段时期最高点 2009 年 7 月的 3412.06 点时 M1－M2 同比差值为－2.00;图中箭头 2 即 2015 年 6 月至 2016 年 7 月间,M1－M2 差值从－7.50 到历史最高 ＋15.20,而上证指数却从 4277.22 点跌到 2979.34 点,几乎是背离走势,其间,2016 年 2 月上证指数 2687.98 点是该时段低点时 M1－M2 差值为 4.10,之后股指与 M1－M2 是同步共振,但股指涨幅小得可怜。

(4) 从以上货币供应与股指各图看,货币供应总量增加与货币供应量同比增速相比较,货币供应量同比增速与股市相关性更强;货币供应量同比增速中,M2 同比增速与股市相关性更强;最终,M1－M2 同比增速之差走势与股市走势相关性最强。

综合以上情况,与大盘趋势结构结合分析得出:当股市逢牛市时,资金充裕则是如虎添翼,上证指数大牛涨,若遇资金钱荒则如旱年歉收,即上证指数还是会牛涨但受到钱荒拖累涨幅受限;当股市逢猴市时,资金充裕也不会大涨成为大牛市;当股市逢熊市或鼠市时,有资金充裕也是不能阻挡熊跌,但若遇资金钱荒则是雪上加霜更熊跌。这就是股市行为自身特点,也是股市行为规律之一。

2. 影响货币流动性因素与股市

通过以上关于货币供给与股市间的关联关系探讨,能确定货币流动性与股市表现的密切关系。下面了解一下影响货币供给的有关因素。

(1) 货币政策,通常,央行根据货币流动性情况和国家发展需要,通过货币政策以及相关货币调节工具进行流动性调节。

若 M1 增速较快,则消费和终端市场活跃,出现通货膨胀;若 M2 增速较快,则投资和中间市场活跃,出现资产泡沫。

当社会总供给不足时,政府采用紧缩的财政政策,通过减少赤字、增加国债发行、减少财政补贴等,压缩社会总需求,抑制经济增长,股市下跌。

当社会总需求不足时,政府采用积极的财政政策,通过扩大支出、增加赤字、扩大税收减免、增加政府补贴等,具体手段有信贷政策、利率政策和外汇政策等。

通过调控货币供给总量,保持社会总供给与总需求的平衡;通过调控利率和货币总量控制通货膨胀,保持物价总水平的稳定;通过调节国民收入总的消费和储蓄的比例,引导储蓄转向投资。在经济萧条时,央行采取措施降低利率,由此引起货币供给增加,刺激投资和净出口,增加总需求,称为扩张性货币政策;反之,经济过热、通货膨胀率太高时,央行采取一系列措施减少货币供给,以提高利率、抑制投资和消费,使总产出减少或放慢增长速度,使物价水平控制在合理水平,称为紧缩性货币政策。

（2）储蓄存款，储蓄率指个人可支配收入总额中储蓄所占的百分比，是分析居民储蓄的另一个角度。我国储蓄率在全球排名第一，一直维持较高水平。高储蓄率为经济发展提供了重要的资金来源，同时也导致了内需不足、银行系统性风险增加等问题。储蓄率与养老、医疗、住房、教育等社会保障和福利，以及与居民对未来风险和收入不确定性的担忧有关。随着各项社会保障改革措施逐步落实，高储蓄率将逐步回落，但这可能需要较长时间。

大盘走势与储蓄存款往往呈现反向运动关系。

（3）利率，包括存款利率和贷款利率。利率的变化，直接反映出市场中资金供求关系的变化。在市场繁荣之时，资金供不应求，利率上升；市场疲软之时，资金供过于求，利率下降。

从另一个角度看，利率上升，抑制资金需求，借款成本增加，利润率下降，吸引资金到储蓄，经济发展降温，股市资金短缺，另外，增加股票投资机会成本，从而导致价值评估降低，股市下跌；反之亦然。

利率的变化反作用于资金供求，从而作用于经济发展，利率变化对股市影响有限，一般连续的加息或降息，形成累加效应，才显现出对股市的影响。

（4）存款准备金率，也叫为法定存款准备金，是指金融机构为保证客户提取存款和资金清算需要而准备的在相应管理部门的存款，相应管理部门要求的存款准备金占其存款总额的比例就是存款准备金率。

相应管理部门通过调整存款准备金率，可以影响金融机构的信贷扩张能力，从而间接调控货币供应量。提高存款准备金率，会减少银行的资金，也就减少了房贷的资金，从而调控宏观经济，一般来讲对股市影响是有限的。

（5）汇率和外汇储备，汇率变动受到经济、政治等多种因素影响，其中的经济因素集中到一点，就是国家的经济实力。如果国内经济结构合理，财政收支状况良好，物价稳定，经济实力强，商品在国际市场具有竞争力，出口贸易增长，其货币汇率坚挺；反之，则货币汇率疲软，面临贬值压力。

一般来讲，如果一个国家的货币是实行升值，即本币汇率上升的基本方针，股价就会涨；反之，本国货币实行贬值，则股价下跌。

对我国汇率的变动主要通过对进出口链条影响相关上市公司，比如人民币升值尤其对航空业和造纸业是利好，反之是利空。

外汇储备是一个国家对外债权的总和，用于偿还外债和支付进口。外汇储备越多，国家资金后盾越强，国家经济增长越快，国家越富强，对股市是利好。

此外，主要以美国为代表的欧美国际实体经济，通过国际贸易渠道影响我国经济，从而间接影响到我国股市。国际经济方面，主要可关注查询欧美经济数据、原材料价格数据及国际海运数据（波罗的海指数 BDI）；国际股市的涨跌直接影响到我国国内投资者的心态及信心。国际汇率通过对国际大规模资本的流动进出我国市场来营造机会与风险,国际金融市场通过对投资者心理层面和资金流动层面影响我国股市,但这些国际因素都是可控的有限影响。

(三)股市行为自身特点综述

PMI、GDP、汇率等因素对股市影响是大级别的、缓慢的,是经济基本面层面的影响,反映了"股市是经济的晴雨表"。

在众多影响股市的因素中,货币流动性与股市关系最为直接、最为敏感,相关货币供应量各指标中,M1-M2同比增速差走势与大盘指数走势最具正相关关系,反映了"股市是资金推动的"。

虽然股市运行受到众多外在因素的影响,比如"股市是经济的晴雨表""股市是资金推动的",但股市有其自身内在独立的行为规律特点,股市的内在行为规律与股市的外在影响因素之间,有共振助推放大股市波动和背离阻碍缩小股市波动的关系。

二、股市行为根本特征

从股市与实体经济主要指标走势关联性、股市与金融货币主要指标走势关联性角度,股市是在资金推动反映经济表现的时候,也有其自身的行为特点。

下面从我国股市发展历史演进和我国过去几十年大事记角度探讨、发现股市行为根本特征。

(一)我国股市发展历史演进

以我国A股年总市值排名前十名个股每隔5年的变化为对象,分析股市纵向发展演进过程。

我国A股1991-1994年间,总市值排名前十名个股的变迁是从计算机到化工、房地产转变,见图2-53、图2-54。

股票代码	股票简称	总市值(元)1991.12.31	总市值排名	所属同花顺行业
000009.SZ	中国宝安	2655354000.00	1	综合-综合-综合Ⅲ
000001.SZ	平安银行	2634210722.05	2	金融服务-银行-银行Ⅲ
600654.SH	ST中安	1973889500.00	3	信息服务-计算机应用-软件开发及服务
600602.SH	云赛智联	1796800000.00	4	信息服务-计算机应用-软件开发及服务
000002.SZ	万科A	1140702945.85	5	房地产-房地产开发-房地产开发Ⅲ
000005.SZ	ST星源	720000000.00	6	公用事业-环保工程-环保工程及服务
000004.SZ	国华网安	148750000.00	7	信息服务-计算机应用-软件开发及服务
600601.SH	ST方科	92300000.00	8	电子-半导体及元件-印制电路板
600651.SH	飞乐音响	89850000.00	9	机械设备-通用设备-其它通用机械
600653.SH	申华控股	74750000.00	10	交运设备-交运设备服务-汽车服务

图2-53 A股1991年总市值排名前十个股图

股票代码	股票简称	总市值(元)1994.12.30	总市值排名	所属同花顺行业
600663.SH	陆家嘴	12401854200.00	1	房地产-园区开发-园区开发Ⅲ
600642.SH	申能股份	10091494140.00	2	公用事业-电力-火电
600648.SH	外高桥	9398758611.75	3	房地产-园区开发-园区开发Ⅲ
600688.SH	上海石化	8960800000.00	4	化工-基础化学-石油加工
600808.SH	马钢股份	8264147500.00	5	黑色金属-钢铁-普钢
600618.SH	氯碱化工	7756933284.00	6	化工-基础化学-氯碱
600639.SH	浦东金桥	7117854910.00	7	房地产-园区开发-园区开发Ⅲ
600623.SH	华谊集团	6991074461.80	8	化工-化学制品-其他化学制品
600695.SH	*ST绿庭	6503981160.00	9	金融服务-保险及其他-多元金融
600819.SH	耀皮玻璃	4740111800.00	10	建筑材料-建筑材料-玻璃制造

图2-54 A股1994年总市值排名前十个股图

我国A股1995-1999年间，总市值排名前十名个股的变迁是从化工、房地产到火电、家电、房地产，再到家电、银行、石化转变，见图2-55。

股票代码	股票简称	总市值(元)1999.12.30	总市值排名	所属同花顺行业
600000.SH	浦发银行	59647500000.00	1	金融服务-银行-银行Ⅲ
600839.SH	四川长虹	28524306541.96	2	家用电器-视听器材-彩电
000001.SZ	平安银行	27079731755.40	3	金融服务-银行-银行Ⅲ
600688.SH	上海石化	20267453260.00	4	化工-基础化学-石油加工
600642.SH	申能股份	19760362004.90	5	公用事业-电力-火电
600663.SH	陆家嘴	19246373444.48	6	房地产-园区开发-园区开发Ⅲ
000021.SZ	深科技	19012258699.94	7	信息设备-计算机设备-计算机设备Ⅲ
600871.SH	石化油服	15905229500.00	8	采掘-采掘服务-油气钻采服务
600115.SH	中国东航	14405441769.40	9	交通运输-机场航运-航空运输Ⅲ
600188.SH	兖州煤业	14318970250.00	10	采掘-煤炭开采加工-煤炭开采Ⅲ

图2-55 A股1999年总市值排名前十个股图

我国A股2000-2004年间，总市值排名前十名个股的变迁是从钢铁、银行、火电到石化、电力、煤炭转变，见图2-56。

股票代码	股票简称	总市值(元)2004.12.31	总市值排名	所属同花顺行业
600028.SH	中国石化	361977802633.92	1	化工-基础化学-石油加工
600011.SH	华能国际	84190065917.74	2	公用事业-电力-火电
600019.SH	宝钢股份	75072000000.00	3	黑色金属-钢铁-普钢
600900.SH	长江电力	69054240000.00	4	公用事业-电力-水电
600050.SH	中国联通	64861584968.70	5	信息服务-通信服务-通信运营Ⅲ
600036.SH	招商银行	57182316660.60	6	金融服务-银行-银行Ⅲ
600188.SH	兖州煤业	37465853680.00	7	采掘-煤炭开采加工-煤炭开采Ⅲ
600688.SH	上海石化	31634820900.00	8	化工-基础化学-石油加工
600009.SH	上海机场	29328307578.56	9	交通运输-机场航运-机场Ⅲ
600016.SH	民生银行	28203392740.80	10	金融服务-银行-银行Ⅲ

图2-56 A股2004年总市值排名前十个股图

我国A股2005-2009年间，总市值排名前十名个股的变迁是从石化、钢铁、电力、银行到银行、石化、煤炭转变，见图2-57。

股票代码	股票简称	总市值(元)2009.12.31	总市值排名	所属同花顺行业
601857.SH	中国石油	2410902241723.80	1	采掘-石油矿业开采-石油开采Ⅲ
601398.SH	工商银行	1836189725646.10	2	金融服务-银行-银行Ⅲ
601939.SH	建设银行	1375264412017.70	3	金融服务-银行-银行Ⅲ
600028.SH	中国石化	1087294738543.00	4	化工-基础化学-石油加工
601988.SH	中国银行	1051079989021.00	5	金融服务-银行-银行Ⅲ
601628.SH	中国人寿	911159416749.40	6	金融服务-保险及其他-保险Ⅲ
601088.SH	中国神华	687928530537.90	7	采掘-煤炭开采加工-煤炭开采Ⅲ
601328.SH	交通银行	425418014719.96	8	金融服务-银行-银行Ⅲ
601318.SH	中国平安	416876059865.86	9	金融服务-保险及其他-保险Ⅲ
600036.SH	招商银行	344649192729.60	10	金融服务-银行-银行Ⅲ

图 2-57 A 股 2009 年总市值排名前十个股图

我国 A 股 2010-2014 年间，总市值排名前十名个股的变迁是从银行、石化、煤炭到银行、石化转变，见图 2-58。

股票代码	股票简称	总市值(元)2014.12.31	总市值排名	所属同花顺行业
601857.SH	中国石油	1893518548702.40	1	采掘-石油矿业开采-石油开采Ⅲ
601398.SH	工商银行	1686365597795.60	2	金融服务-银行-银行Ⅲ
601939.SH	建设银行	1272686846610.30	3	金融服务-银行-银行Ⅲ
601288.SH	农业银行	1186000967056.70	4	金融服务-银行-银行Ⅲ
601988.SH	中国银行	1139478066796.10	5	金融服务-银行-银行Ⅲ
601628.SH	中国人寿	889868695042.51	6	金融服务-保险及其他-保险Ⅲ
600028.SH	中国石化	727849965616.99	7	化工-基础化学-石油加工
601318.SH	中国平安	618492750526.98	8	金融服务-保险及其他-保险Ⅲ
601328.SH	交通银行	466873285750.00	9	金融服务-银行-银行Ⅲ
600036.SH	招商银行	412710995156.14	10	金融服务-银行-银行Ⅲ

图 2-58 A 股 2014 年总市值排名前十个股图

我国 A 股 2015-2020 年间，总市值排名前十名个股的变迁是从银行、石化、白酒到白酒、银行、电源转变，见图 2-59。

股票代码	股票简称	总市值(元)2020.12.31	总市值排名	所属同花顺行业
600519.SH	贵州茅台	2509883204400.00	1	食品饮料-饮料制造-白酒
601398.SH	工商银行	1712803119034.60	2	金融服务-银行-银行Ⅲ
601318.SH	中国平安	1537702128096.50	3	金融服务-保险及其他-保险Ⅲ
601939.SH	建设银行	1252059236747.10	4	金融服务-银行-银行Ⅲ
000858.SZ	五粮液	1132847296259.30	5	食品饮料-饮料制造-白酒
600036.SH	招商银行	1095972524712.30	6	金融服务-银行-银行Ⅲ
601288.SH	农业银行	1075900527360.00	7	金融服务-银行-银行Ⅲ
601628.SH	中国人寿	906509034711.70	8	金融服务-保险及其他-保险Ⅲ
601988.SH	中国银行	856740946878.76	9	金融服务-银行-银行Ⅲ
300750.SZ	宁德时代	817901625971.08	10	机械设备-电气设备-电源设备

图 2-59 A 股 2014 年总市值排名前十个股图

股市纵向发展历史演进折射出的是行业发展的变迁，究其根由则是国家宏观政策调整的结果，或者说，股市发展是在国家发展发力的方向上演进的过程。

据以上结论，未来金融行业由于巨大的体量，仍会长期在股市中占有很重要的地位，随着内需拉动、中国智造、健康中国等国家战略的施展，消费、医疗、高科技领域也将是重要的发力方向。

（二）我国股市30年大事记解读

作者根据4万多字的网上资料整理出了中国股市30年大事记，制作了图2-60中国股市30年发展大事记导图，并对我国股市30年发展大事记，从以下几点进行分类分析、总结。

（1）股市大事记类别有：相关股市法律法规、上市公司动态、股市市场表现、重大事件等。

（2）与股市相关的国家部门有：股市相关部门主要有证监会、上交所、深交所、证券业协会、金融委，银行部门主要是央行，实体经济部门主要是国务院。

我国金融界从2003年银监会成立算起，"一行三会"（即中国人民银行、中国银行业监督管理委员会、中国证券监督管理委员会和中国保险监督管理委员会）金融监管格局走过了15个春秋，2018年3月国务院发布金融监管改革为"一行两会"（中国银行业监督管理委员会、中国保险监督管理委员会合并为中国银行保险监督管理委员会），加上2017年11月新成立的国务院金融稳定发展委员会（简称"金融委"），"一委一行两会"的新格局就此形成。

（3）在股市市场供需角度上分析：股票层面上，加速股票供给利空股市，放缓股票供给利好股市；资金层面上，向国民经济市场（也就包括了股市）增加资金供给利好股市，减少资金供给利空股市。

在基于这样简单市场供求关系判断下，影响股市走势的股票供给发行快慢是好理解，也简单易判，但对于资金层面供给就复杂了，而且对股市走势影响还是最为主导性的因素。

因此，从资金供给层面分析为：①金融政策直接供给货币入市，比如央行通过调节准备金率、利率以及市场公开操作等货币工具和手段增减的货币供给会直接影响到股市入场资金量，还比如通过政策放开或收紧各类基金、社保资金、外资、港资等入股市；②宏观政策间接引导货币入市，如实体经济发展政策、产业发展政策等宏观经济基本面价值吸引场外资金入市，最典型的有股权分置改革催生了2005年大牛市及四万亿产业计划出台造就了2009年一轮上涨等；③行业政策引导资源优化分配影响场内外资金流向，造就了市场冷热点或局部牛熊市，如房地产抑制政策出台后资金从房地产板块流出，通过鼓励芯片、数字经济等产业政策引导造就市场热点和局部板块走牛。

在股市行业内外角度上分析：①对股市行业本身的鼓励或抑制政策、措施，如印花税、限额、发现制度、涨跌幅限制、交易制度、"大小非"减持政策等，对股市具有直接影响效应；②对除股市以外其他金融市场的鼓励或抑制政策、措施，如债市、期市等其他金融市场，基本上对股市是间接的反向效应，比如国家鼓励发展债市则资金会被债市分流，利空股市；③对金融市场外的实体经济的刺激发展政策、措施，对股市是利多。

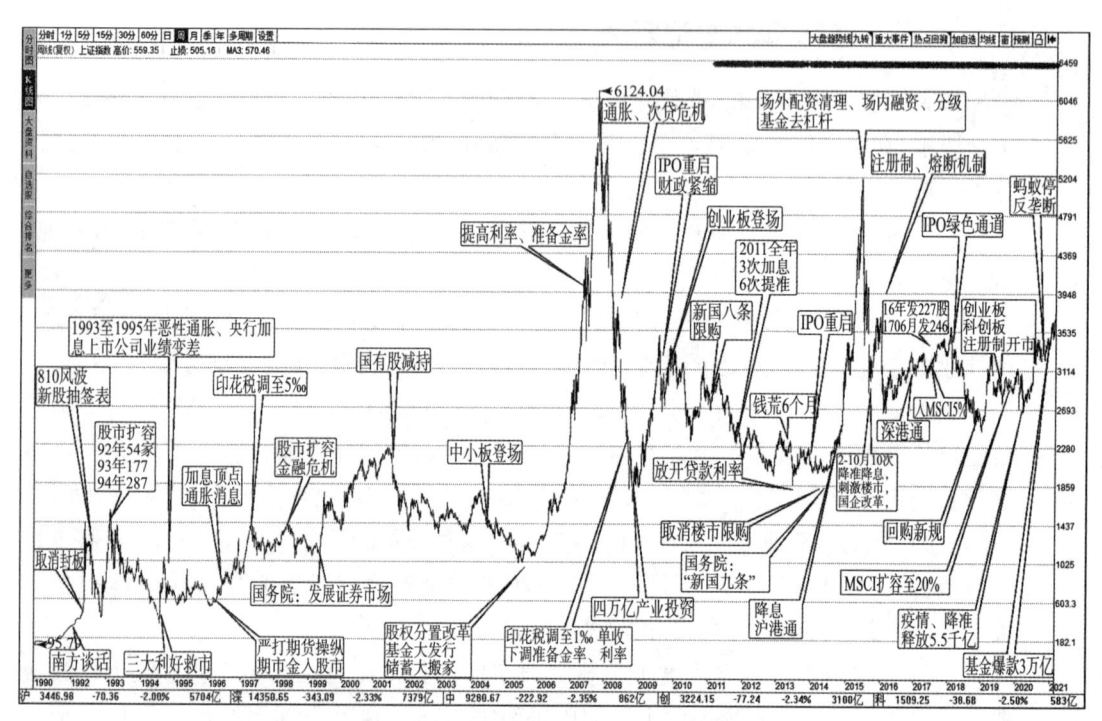

图 2-60 中国股市 30 年发展大事记图

（三）我国股市发展超级动因

因股市具有自身行为特点，有时大盘指数走势可能与主要宏观指标呈相反的运行方向，但从长远看，股市与宏观经济的发展方向是一致的。从股市过去30年发展历程和过去30年大事记解读综合看，在影响A股的众多因素中，我国宏观政策是股市运行的超级动因。

每当股市大跌形成历史大底之前，国家宏观政策或是降准降息增加货币供给或是鼓励信心，暖风频吹，所说的救市"政策底"，通常早于市场底形成；每当股市大涨形成历史大顶之前，国家宏观政策或是加准加息收紧货币投放，或是提示风险，冷风频吹，所说的降温"政策顶"，通常早于市场顶形成。

1. 宏观政策之财政政策

财政政策主要由政府支出政策和税收政策所组成，具体手段有国家预算、税收、国债、财政补贴、财政管理制度、转移支付等，能够通过影响国民储蓄以及激励对工作和储蓄，影响长期经济增长。

财政政策种类有：紧缩性、扩张性和中性。

当政府采取扩张性政策时，如减少税收、降低税率、扩大减免税范围、扩大财政支出、减少国债发行（或回购部分短期国债）、增加补贴等，经济增长，股市上涨；相反，当政府采取紧缩性政策时，过热的经济受到控制，经济减速，股市下跌。

2. 宏观政策之货币政策

货币政策由央行执行，它能够影响货币供给。价格工具集中体现在利率或汇率水平的调整上；数量工具则更加丰富，如公开市场业务的央行票据、准备金率调整、中央银行贷款等，它聚焦于货币供应量的调整。

货币政策种类有：扩张性（积极货币政策）和紧缩性（稳健货币政策）。

紧缩政策就是减少货币供应量，即提高利率刺激公众向银行存款，提高准备金率控制信贷，股市下跌；宽松政策就是增加货币供应量，即降低利率，增加信贷，股市上涨。

货币政策制定的一个重要指标是社会融资规模，它是指一定时期内（每月、每季或每年）实体经济从金融体系获得的全部资金总额，是增量概念。这里的金融体系为整体金融的概念，从机构看，包括银行、证券、保险等金融机构，从市场看，包括信贷市场、债券市场、股票市场、保险市场以及中间业务市场等。具体看，社会融资规模主要包括人民币贷款、外币贷款、委托贷款、信托贷款、未贴现的银行承兑汇票、企业债券、非金融企业境内股票融资、保险公司赔偿、投资性房地产和其他金融工具融资等指标。（资料来源于中国人民银行、中国银行保险监督管理委员会、中国证券监督管理委员会、中央国债登记结算有限责任公司、银行间市场交易商协会等部门。）

社会融资规模存量数据和社会融资规模增量数据，社会融资规模和M2数据的结合，以及中央银行贷款、公开市场业务等，都是跟踪货币政策变化情况的重要指标。

3. 其他影响股市的政策措施

自国有股减持方案出台到现在，市场一般都解读为利空。

股市扩容一般解读为利空。增加股市供应的股票品种、数量就叫股市扩容，如新股发行、增发、配股。这会对股市资金面造成压力，造成股市一定程度下跌。但是我国股市处于牛市时，新股虽然加速发行，但是股市照样上涨；股市处于熊市时，虽然暂停新股发行，股市依旧低迷。

融资融券从长期看利多。融资融券又称"证券信用交易"或保证金交易，是指投资者向具有融资融券业务资格的证券公司提供担保物，借入资金买入证券（融资交易）或借入证券并卖出（融券交易）的行为，包括券商对投资者的融资、融券和金融机构对券商的融资、融券。

股指期货从长期看利多。股指期货，全称是股票价格指数期货，也被称为股价指数期货、期指，是指以股价指数为标的物的标准化期货合约。无论是看空还是看多，只要对市场运行方向判断正确，都能获利，有利于资金的分布均衡化，防止股市暴涨暴跌。但股指期货对股市运行有一定影响，主要体现在短期波动，长期看有利于股市的健康发展。

窗口指导是指央行根据产业行情、物价变动趋势和金融市场动向，规定商业银行的贷款重点投向和贷款变动数量，以保证经济中优先发展部门的资金需要，是央行通过劝告和建议来影响商业银行信贷行为的一种温和的、非强制性的货币政策工具。通过窗口指导，监管机构向金融机构解释说明相关政策意图，提出指导性意见，或者根据监管信息向金融机构提示风险。

4. 政策措施的出台

在我国，重大政策的出台往往有其背景，而且政策可形成叠加效应，从而对股市助涨或助跌。

政策出台的趋向是，在服从国民经济建设的大局下，维护股市稳步发展，避免暴涨暴跌。股市政策逐步向市场化靠拢，但是股市暴涨时加强监管，暴跌时政策转暖的行政干预是必要的。

政策出台的步骤是，通过学术讨论，管理层制定具体方案，有关领导在适当场合或时机发表讲话、表明态度等一系列酝酿，政策才会出台。因此，在深刻领会政府对股市基本方针政策的基础上，应时时关注政策力度变化和对股市影响程度。

总之，股市行为的自身特点与影响股市政策趋向，就像赶牛车，想让牛儿向左走就拉拉左手缰绳，想让牛儿向右走就拉拉右手缰绳。股市犹如装着重物的大牛车，想让其慢下来、快起来、改变方向，都是不容易的，因为它有着巨大的"惯性"。这"惯性"就是股市行为自身特点。

我国的股市，受国际经济、金融、股市环境及大事件的影响，更受到国内经济、金融、产业政策等的影响，按照股市行为规律运行并展现着自身走势个性，但更为重要的是，我们的股市是为人民服务、为国民经济服务的金融市场的组成部分。

我国的股市，不仅有股市波动、资金博弈、贪婪恐惧、羊群效应等固有特性，还有集中百姓散钱、投资融资渠道、资源优化配置、助力国企改革、推进民企发展、化解金融风险、货币蓄池调节、人民币国际化等功能作用。我们在中国共产党的领导下，能够利用好有益的一面、管控好不利的一面。

正因此，从更长更宽的视角看，把我们的股市放在全球市场中，在未来我们的股市是最具潜力和发展的股市，未来我们的股市运行模式将是符合绝大多数人们利用的、普惠的、成熟的投资市场，未来的股市运行模式将是我们现在无法想象的，就好比我在小时候坐在砖头上看露天电影时，无论如何都想象不到现在能在手机上看电影一样。

三、股市行为现状

我国股市在过去30年的运行过程中，不仅展现了股市行为自身特点，还彰显了我国股市行为的根本特征。经过 30 年的发展，我国股市在股市总市值规模以及运行状况方面都发生了很大的演进。

（一）股市规模演进

在过去 30 年里，从自身纵向发展状况和相对规模横向对比看，我国股市发展迅速、相对规模适中。

1. 我国股市规模纵向发展

根据新浪财经数据资料，我国股市自 1991 年以来，每年最后一个交易日收盘的 A 股总市值与当年的 GDP 的比值的证券化率情况，见图 2-61。

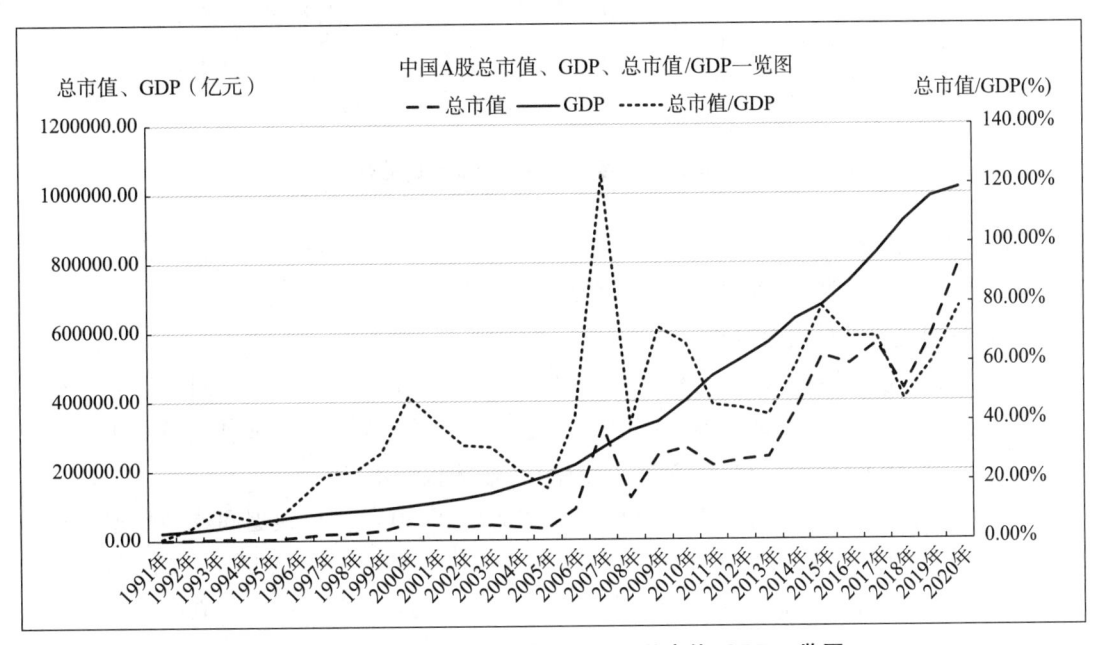

图 2-61 中国 A 股总市值、GDP、总市值/GDP 一览图

图 2-61 是我国 1991—2020 年 A 股总市值、GDP 和总市值与 GDP 比值走势对比，解析为：

中国 A 股总市值/GDP 比值在 2007 年超过了 100%，2020 年比值水平接近 2015 年比值水平。

总体看，该图反映了我国股市从无到有、从小到大的成长历程。

根据中证指数有限公司公布的《全球上市中国股票概览（2020）》报告显示，2020 年全球上市的中国股票证券化率约为 116%，较 2019 年提升了 20%，在世界范围内处于较高水平。图 2-62 是 2010—2020 年全球上市中国股票总市值、GDP 与证券化率走势图。

虽然统计口径不一，但总市值、GDP 及总市值/GDP 比值的证券化率整体走势和

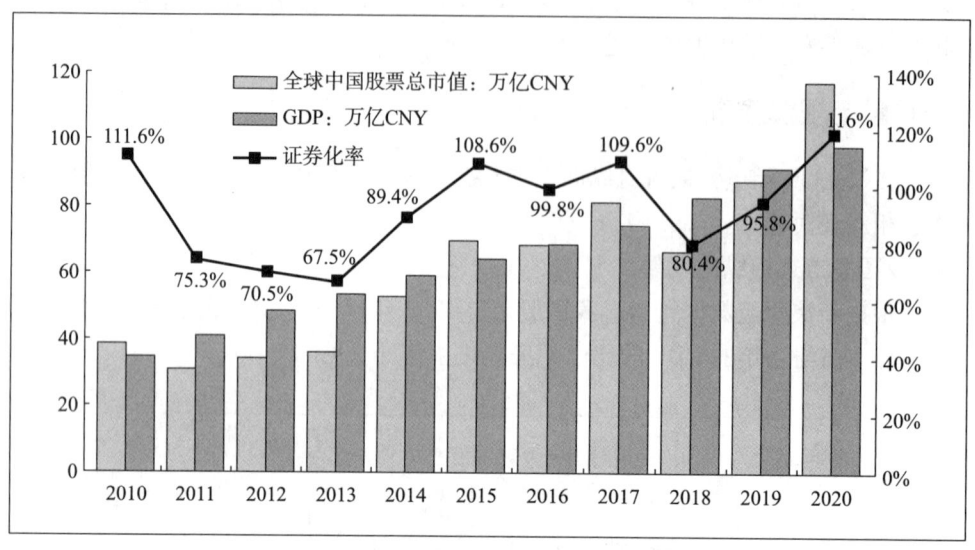

图 2-62 全球中国股票的证券化率图

相对走势状况是一致的,从我国股市自身证券化率发展数据看,明显反映 A 股发展迅速,与此同时,证券化率也是判断股市波动顶底的重要参考指标。

2. 我国股市规模横向对比

与其他发达国家证券化率水平横向比较看,我国股市发展的空间及证券化水平合理(见图 2-63 全球各国证券化率),但另一方面也要知道,实体经济是主体、是基础,离开了这点,金融经济就成无源之水、无根之木了。

总之,自我国 A 股股市敲锣开市至 2020 年的 30 年间,根据同花顺数据,我国 A 股总市值从 107.01 亿元（1991 年 12 月 31 日）增至 83.69 万亿元（2020 年 12 月 31 日）,上市公司数量从 8 家（沪市）增至 4200 多家,年成交额从 8.07 亿元（1991 年 12 月 31 日）增至 83.7 万亿元（2020 年 12 月 31 日）。发展至今,在量、质、投资理念等方面继续不断完善,形成了庞大的股市生态。

(二) 大盘换手率

从大盘上证指数月线级别走势的换手率角度看,我国股市大致每个十年可划分一个发展阶段。

1991 年至 2001 年的约十年间,换手率柱上蹿下跳、爆增爆缩,留下了空前绝后的绝对的"高山绝峰",这时期的股市是国家"母亲"全力哺育成长下的"哺乳婴儿期"。上证指数从 1990.12.19 最低点 95.79 点到 2001.06.14 最高点 2245.42 点,涨了 23 倍,总体表现一路高歌猛进,也造就了当年深圳买股票狂热现象。

2001 年至 2010 年的十年间,换手率柱增缩波动变缓,"脾气"趋于平和、均线

国家	1960-1970	1971-1980	1981-1990	1991-2000	2001-2010	**2011-2020**				
	2011	2012	2013	2014	2015	2016	2017	2018	2019	2020
阿根廷	8.22	6.27	9.62	11.43	9.44	11.46	17.05	8.87	--	--
澳大利亚	85.94	89.86	86.8	87.97	88	105	113.98	88.17		
巴西	46.97	49.79	41.27	34.36	27.22	42.28	46.45	49.06		
德国	31.52	41.94	51.59	44.69	50.83	49.34	61.52	43.91		
韩国	82.84	96.45	94.56	85.93	89.04	88.67	115.75	87.3		
俄罗斯	38.19	37.34	33.55	18.7	28.74	48.42	39.52	34.76		
法国	54.31	67.37	81.86	73.13	85.65	87.58	106.46	85.18		
加拿大	106.95	112.92	114.72	116.46	102.17	129.81	143.19	113.16		
墨西哥	34.62	43.72	41.27	36.54	34.39	32.58	36.27	31.46	--	--
美国	100.79	115.56	143.99	151.09	138.34	146.86	165.65	148.51		
南非	189.27	229.03	257.02	266.15	231.62	321.65	352.29	234.96		
日本	54.01	56.08	88.12	90.26	111.38	100.12	127.72	106.56		
沙特阿拉伯	50.48	50.73	62.6	63.87	64.36	69.59	66.01	63.43		
土耳其	23.67	36.06	20.59	23.52	21.97	19.89	26.73	19.47		
英国	49.43	123.99	--	--	--	--	--	--		
印度尼西亚	43.69	46.65	37.99	47.39	41.04	45.67	51.27	46.71		
印度	55.25	69.12	61.34	76.42	72.12	68.89	89.76	76.42		
意大利	18.96	23.24	28.89	27.29	--	--	--	--		
中国	45.06	43.19	41.11	57.29	74	65.42	71.18	46.48	--	--

图 2-63 全球各国证券化率图

运行具有一定趋势规律，但偶尔还是出现一些"小任性"。如 2007.07.31 - 2007.10.31 换手率出现缩量均线走空明显状态下，指数却连续较长时间创新高看，还是表现出一定的"小任性小个性"。

2010 年至 2020 年的十年间，在换手率柱及均线越趋平缓规律表象下，盘面资金扩充总量和速度、新股发行速度、个股总家数及各项改革，表明我们进入了加速学习和成熟阶段，势必与国际成熟股市差距加速缩小，未来可期。

今后，大盘指数大牛不易。在月线级别，对比分析大盘换手率和成交量历史大进程，大盘开市至今的量价在大牛大熊波动历史中，总的成交量是递增的，说明市场总资金成交量是放大的，但是换手率却递减，说明资金成交量增速慢于市场流通盘扩充速度，简言之，单位有效资金成交量相对趋紧，越来越难撬动大盘了，其结果是，今后越来越不易出现像 2007 年那样的大牛行情，而是会出现大盘权重稳盘搭台，中小盘、科技、成长、题材股唱戏的常态状况。

（三）大盘指数表征性稀释

通常，大盘指数指的是 000001 上证指数。我国股市经过 30 年的发展，到目前为止，大盘指数即上证指数对 A 股的表征性有什么变化呢？下面仅从沪深成交金额、股票家数、区间涨幅等角度，探讨大盘指数即上证指数的表征性变化情况。

1. 沪深成交金额

成交金额是真金白银交易出来的，不是比值或乘积类数值，也不因除权等因素而变动，在量能指标中是"绝对硬"的数据指标。沪深两市的成交金额对比，深市的成交金额大于沪市成交金额有一段时期了，见图 2 - 64。

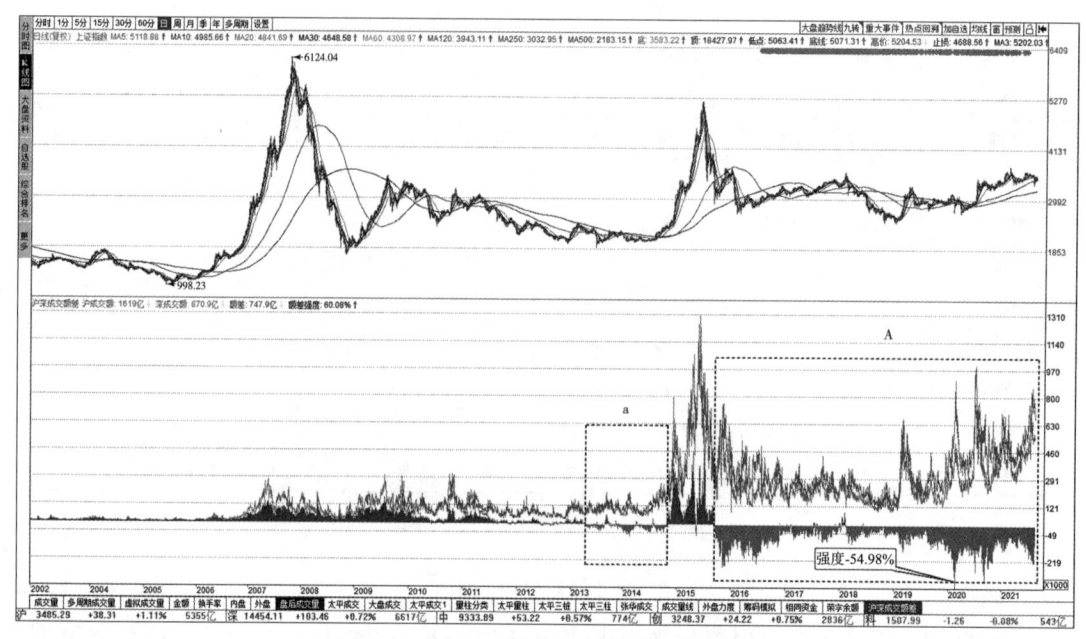

图 2 - 64　沪深 A 股成交金额差日线走势图

图 2 - 64 是上证指数 2002.12.03 - 2021.08.18 的日线走势，成交量坐标显示的是沪深两市日成交金额之差，该指标编写思路是沪市成交金额减去深市成交金额的差值，与零轴对比以"柱状图"形式显示出来，指标计算显示的结果，解析为：

虚线框 A 显示，2015 年 9 月 16 日以来的沪深成交金额差值为负数，表明 2015 年 9 月中旬开始深市日成交金额大于沪市日成交金额。

虚线框 a 显示了在 2013.04.22 - 2014.10.29 区间，深市日成交金额大于沪市日成交金额的情况。

强度 - 54.98%，意思是在 2020.02.25，沪市成交金额 5131 亿元，深市成交金额 9022 亿元，(5131 - 9022) ÷ (5131 + 9022) × 200 = - 54.98%，是目前为止的最大值强度，可见沪深两市成交金额差还是不小。

2. 沪深股票家数

沪深两市上市的股票家数情况是，在深市上市的股票家数多于沪市上市股票家数，每日深市股票上涨家数多于沪市股票上涨家数，见图2-65。

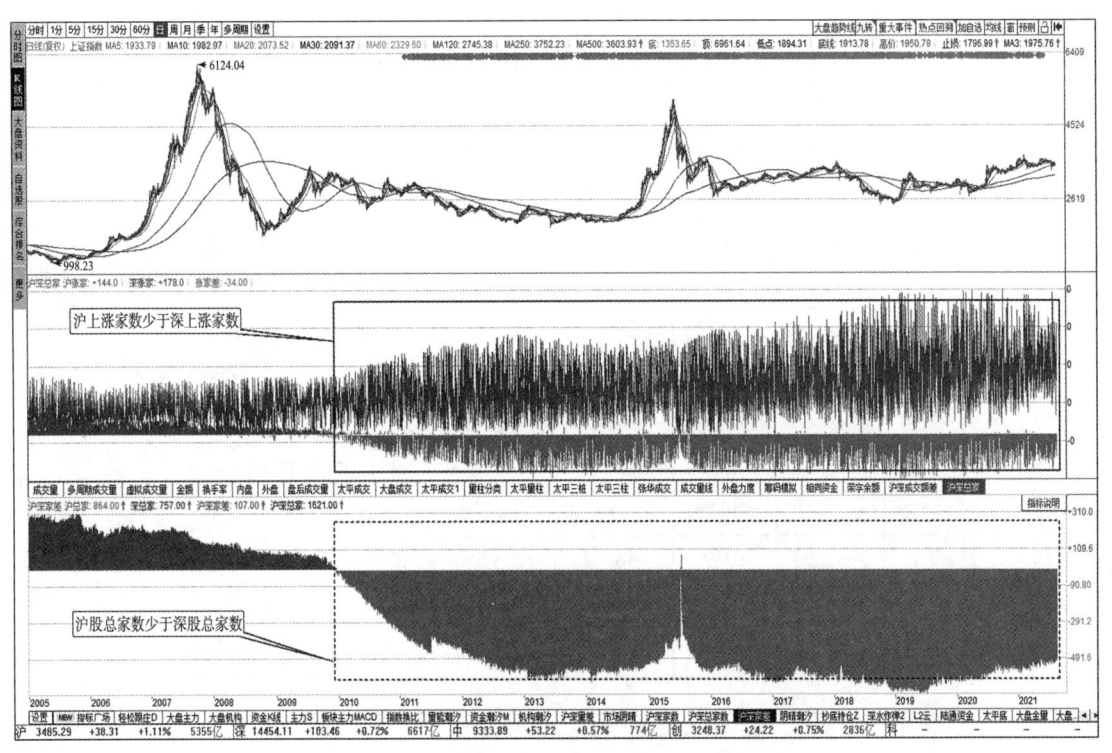

图2-65 沪深A股总家数差、上涨家数差日线走势图

图2-65是上证指数2005.01.23-2021.08.18的日线走势，成交量坐标显示了沪深两市日上涨家数之差，该指标是沪市日上涨家数减去深市日上涨家数的差值，与零轴对比以"柱状图"形式显示出来，两指标计算显示的结果，解析为：

实线框，即成交量坐标中的实线框，2009.12.18-2021.08.18显示为沪股上涨家数少于深股上涨家数。

虚线框，即副图坐标中的虚线框，2009.12.18-2021.08.18显示为沪股总家数少于深股总家数。

3. 沪深指数区间涨幅

针对000001上证指数与399106深证综指，以上证指数为准取阶段最高点和最低点，取相应同日期深证综指点位，并以此为据分析两条指数走势情况，见表2-1、图2-66和图2-67。

表 2-1　上证指数和深证综指阶段涨跌幅计算表

阶段取点日期	上证指数	深证综指	上证指数涨跌 涨跌值	上证指数涨跌 涨跌幅	深证综指涨跌 涨跌值	深证综指涨跌 涨跌幅	备注
1990 年 12 月 19 日	95.79	0					
1993 年 2 月 16 日	1558.95	0	1463.16	1527.47%	0	0	
1996 年 1 月 19 日	512.82	105	-1046.13	-67.10%	0	0	
1997 年 5 月 13 日	1510	520.25	997.18	194.45%	415.25	395.48%	
1999 年 5 月 17 日	1047.83	308.3	-462.17	-30.61%	-211.95	-40.74%	
2001 年 6 月 14 日	2245.42	665.57	1197.59	114.29%	357.27	115.88%	
2005 年 6 月 6 日	998.23	246	-1247.19	-55.54%	-419.57	-63.04%	涨跌值=当期点位-上期点位
2007 年 10 月 16 日	6124.04	1540	5125.81	513.49%	1294	526.02%	
2008 年 10 月 28 日	1664.93	464	-4459.11	-72.81%	-1076	-69.87%	
2009 年 8 月 4 日	3478.01	1152	1813.08	108.90%	688	148.28%	涨跌幅=涨跌值/上期点位
2013 年 6 月 25 日	1849.65	815.89	-1628.36	-46.82%	-336.11	-29.18%	
2015 年 6 月 12 日	5178.19	3156.96	3328.54	179.96%	2341.07	286.93%	
2016 年 1 月 27 日	2638.30	1618.12	-2539.89	-49.05%	-1538.84	-48.74%	
2018 年 1 月 29 日	3587.03	1949	948.73	35.96%	330.88	20.45%	
2019 年 1 月 4 日	2440.91	1231.83	-1146.12	-31.95%	-717.17	-36.80%	
2021 年 2 月 18 日	3731.69	2511.98	1290.78	52.88%	1280.15	103.92%	

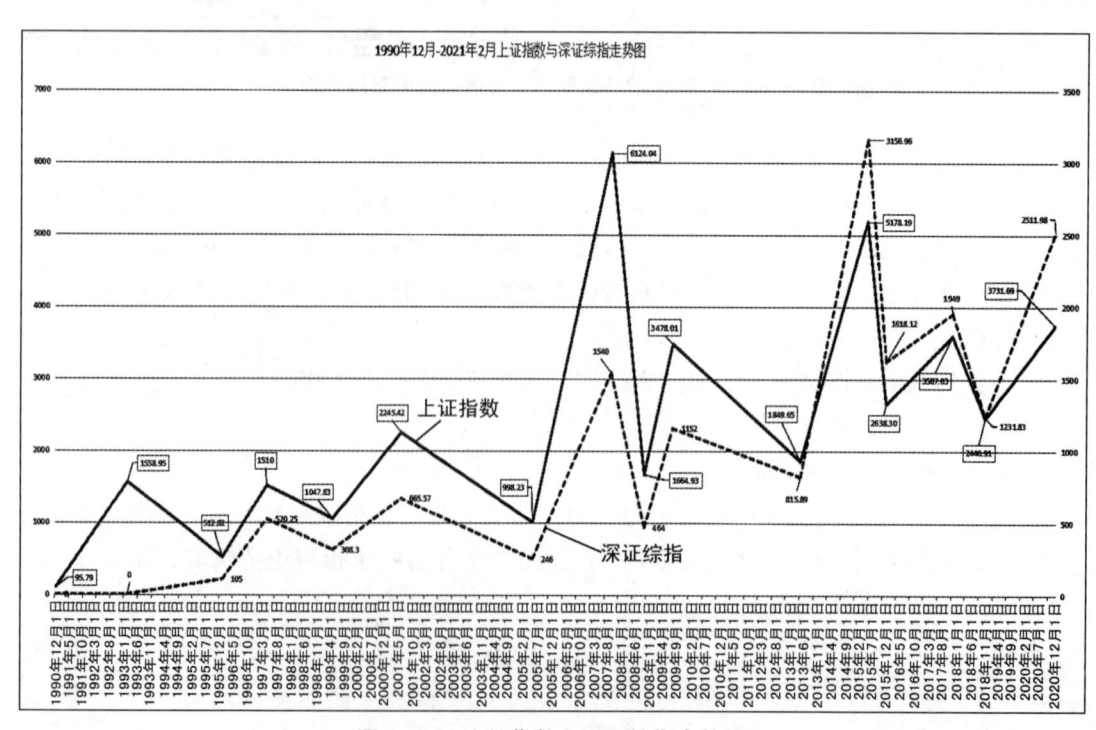

图 2-66　上证指数和深证综指走势图

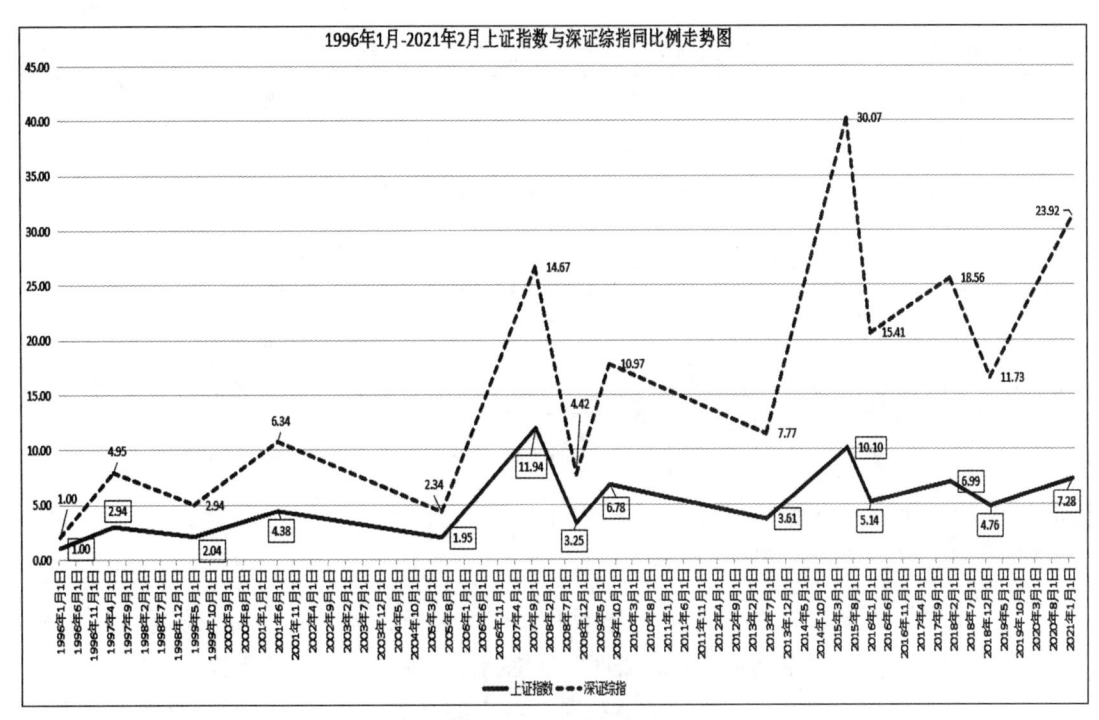

图 2-67 上证指数和深证综指同比例调整点位走势图

表 2-1 是上证指数和深证综指 1990 年 12 月 19 日至 2021 年 2 月 18 日的阶段最高点和最低点取点，以及阶段涨跌幅统计数据。

图 2-66 是以表 2-1 的上证指数和深证综指点位为数据的走势图。

对以上 000001 上证指数与 399106 深证综指的阶段最高点和最低点指数点位数据，以 1996 年 1 月 19 日上证指数和深证综指各自所取点位为各自的基准点位 1，并据此计算同比例涨跌，得到同比例调整后的点位，见表 2-2。

表 2-2 上证指数和深证综指同比例调整的点位数据表

阶段取点日期	上证指数	深证综指	上证指数涨跌		深证综指涨跌		备注
1996 年 1 月 19 日	1.00	1.00	涨跌值	涨跌幅	涨跌值	涨跌幅	
1997 年 5 月 13 日	2.94	4.95	1.94	194.45%	3.95	395.48%	涨跌值 = 当期点位 - 上期点位 涨跌幅 = 涨跌值/上期点位
1999 年 5 月 17 日	2.04	2.94	-0.90	-30.61%	-2.02	-40.74%	
2001 年 6 月 14 日	4.38	6.34	2.34	114.29%	3.40	115.88%	
2005 年 6 月 6 日	1.95	2.34	-2.43	-55.54%	-4.00	-63.04%	
2007 年 10 月 16 日	11.94	14.67	10.00	513.49%	12.32	526.02%	
2008 年 10 月 28 日	3.25	4.42	-8.70	-72.81%	-10.25	-69.87%	
2009 年 8 月 4 日	6.78	10.97	3.54	108.90%	6.55	148.28%	

续表

阶段取点日期	上证指数	深证综指	上证指数涨跌		深证综指涨跌		备注
1996年1月19日	1.00	1.00	涨跌值	涨跌幅	涨跌值	涨跌幅	
2013年6月25日	3.61	7.77	-3.18	-46.82%	-3.20	-29.18%	
2015年6月12日	10.10	30.07	6.49	179.96%	22.30	286.93%	
2016年1月27日	5.14	15.41	-4.95	-49.05%	-14.66	-48.74%	
2018年1月29日	6.99	18.56	1.85	35.96%	3.15	20.45%	
2019年1月4日	4.76	11.73	-2.23	-31.95%	-6.83	-36.80%	
2021年2月18日	7.28	23.92	2.52	52.88%	12.19	103.92%	
20210218-19960119日阶段最高最低点区间涨幅				627.68%		2292.36%	
20210218-19960119日炒股软件收盘价区间涨幅				610.10%		2210.00%	

图2-67是以表2-2的上证指数和深证综指同比例点位为数据绘制的走势图。同一坐标显示的两个指数走势，表明深证综指涨幅明显大于上证指数。

通过对比沪深两市，目前的状况是，深市的日成交金额、日股票总数及日上涨家数、自深证综指发布以来的同期大区间统计涨幅，都比沪市大。因此，总的结论是昔日习惯所指的大盘指数即上证指数，对A股的表征性被稀释了。

四、股市走相定义

股市行为自身特点、股市行为根本特征都是从股市纵向历史发展的角度，探讨股市行为及其存在的规律。股市经过30年的发展，俨然已成为庞大且复杂的股市生态，对于目前股市行为及股市生态状况，需要以更广、更新的认知观点和方法，来研究股市横向行为及其存在的规律。

这好比是对一棵树进行解析，不仅要从树根到树梢纵向分析探讨，还要从不同高度的横截面进行分析探讨一样，在股市横向行为表述中，需要提出个股属相、指数股相和股市走相概念，试着探讨解析股市横向行为规律。

（一）个股属相

个股属相，也叫个相或属相，主要是由个股层面和所属板块层面刻画的，主要用于评价个股市场热度与预期未来股价走势。

个股层面主要指个股基本面和流通盘大小等。如个股基本面优异、流通盘适中，则市场热度高、预期也高，其中，流通盘最易理解。流通盘太小，长线资金不好隐藏，入驻资金进场不便；流通盘太大，所需资金太大，股价不易被撬动拉升。

所属板块层面主要是指个股所属行业板块及个股行业地位和个股所登录的市场类别。板块按非市场类别有行业板块、概念板块及地域板块等，按市场类别可分主板、中小板、创业板及科创板等。国家政策支持的行业龙头个股受市场追捧，创业板、科创板等新兴市场的个股热度高。

此外，个股股龄也可以是个股属相的参考因素之一。

对于定位个股属相的各因素中，个股层面内容相对简单，所属板块层面相关内容比较繁杂，下面着重进行对个股板块、行业相关内容的讨论。

1. 行业生命周期

一个行业一般需要经历由成长到衰退的过程，其生命周期可划分为四个阶段：初创期、成长期、稳定期和衰落期。

识别行业生命周期所处阶段的主要指标有：市场增长率、需求增长率、产品品种、竞争者数量、进入壁垒及退出壁垒、技术变革、用户购买行为等。

行业周期对个股属性的影响：初创期是投资好时机，经济发展推动产业升级，原有的领头羊产业会被新的产业所代替，一个新的领头羊产业刚诞生之际，正是投资的最佳时机；成长期是行业周期中最有投资价值时期，此时，扩张潜力大，增长速度快，投资风险小，这一时期最容易产生大牛股；在成熟期，行业大多已形成一家独大的格局，应投资行业龙头个股；处于衰退期的行业并不意味着没有任何投资机会，要看政策面。

政策面与行业周期对分析个股属性的影响：初创期因行业、产业未形成规模和整体势态，所以政策面偏暖，呈刚开闸状态；成长期因行业、产业的规模、业态整体已成形，所以政策面呈洪流之势；成熟期因形成一家独大的格局，所以政策面维持常态化；衰退期因产能过剩、行业萎缩，所以能否有行情基本看政策面。

当然，行业周期不是绝对的，因为行业的实际发展受诸多因素的影响，并不一定完全与上述四个阶段相吻合，表现出的特征也不尽相同。

2. 行业与经济周期

按经济周期的不同划分，行业可分为增长型行业、周期型行业和防守型行业。

增长型行业，主要依靠技术进步、推出新产品、相对优质的服务，呈现出增长形态。例如计算机和打印机制造业。

周期型行业，行业的状态直接与经济周期相关。例如消费品业、耐用品制造业及其他需求的收入弹性较高的行业。

防守型行业，产品需求相对稳定，行业状态并不受经济周期处于衰退状态的影响。例如食品业和公用事业。

3. 行业板块

针对股市中个股的行业分类，不同的部门或证券相关公司有所不同，主要有中国证监会、中证指数公司、国证指数公司、申银万国和同花顺等发布的行业分类。

中国证监会每个季度发布上市公司行业分类结果，2020年4季度上市公司行业分类结果含 18 个门类、90 个行业大类。

中证指数公司将行业分类划分为四个，一级行业分类 10 个、二级行业分类 26 个、三级行业分类 70 多个、四级行业分类 100 多个。

国证指数公司将行业分类划分为三个级别，一级行业分类 11 个、二级行业分类 30 个、三级行业分类近 70 个。

申银万国将行业分类划分为三个级别，一级行业分类 28 个、二级行业分类 104 个、三级行业分类 227 个。

同花顺行业板块二级行业有 66 个、三级行业有 200 个，是接近申万行业分类，并有调整优化。

从大方向上来讲，我国股市逐渐与国际接轨。目前常见的是，顶层一级行业分类约有 10 个大门类，中层二级行业分类为 20 个左右、三级行业分类为 70 个左右，底层四级行业分类为 200 个左右。

国家行业政策是国家发展需要和行业相关情况的综合体现，有年度发展各项目标任务、五年规划、远景目标规划等，对各行各业的政策是变化着的，这是国民经济发展的需要，也是国民经济发展的发力方向。

对于个股属相来讲，除了重点考虑行业板块归属外，也可把概念板块及地域板块作为确定某只个股属相的参考因素。

4. 基本面

能够对个股基本面进行分析的指标众多，角度各异，就围绕个股属相重点有成长分析和价值分析两种风格指标。

个股成长性分析的目的是判断企业在未来一定时期内的经营扩展能力，包括企业规模的扩大、利润和所有者权益的增加。具体指标有总资产增长率、固定资产增长率、主营利润增长率、净利润增长率、净资产收益率等。

个股价值性分析指标有每股经营现金流、每股收益、每股净资产、股息收益率等。其中，对利润及主营业务情况需要仔细辨别。

要会判断上市公司的利润来源。如果上市公司不是凭自己本事获得利润的，而是靠别人恩施、靠外快收入获得利润，则其个股的价值是伪价值。由于上市公司大部分是地方或系统内的优秀企业，起到了一个地区或一个系统对外融资的窗口作用，因而备受地方政府和行业领导垂青。为了维护此类上市公司的良好形象，部分地方政府会为其创造补贴收入、转让收入。所以回顾这几年的报表，有的上市公司每个会计年度中有相当一部分的利润来自政府补贴或退税，此外，资产置换的不等价交易，也是一些上市公司把"利润"做大的一个重要手段。

判断上市公司主营业务情况，①既要关心上市公司主营业务收入的增加和减少，更要关心主营业务利润的增加和减少。主营业务收入增加，不等于主营经营情况好。只有主营业务收入、主营业务利润和净利润实现同步增长，才能说明主营取得了成功。主营的强弱、主营业务利润和净利润的多寡，直接决定公司业绩的优劣，因而要科学地分析。主营利润率反映的是上市公司主营获利能力的高低。主营利润占利润总额的比率，主营利润比率越高，说明公司业绩可靠性、稳定性越强，反之，则相对较差。②要注意上市公司专业化的程度。历史经验表明，只有走专业化的道路才能使主业越来越旺。上市公司应立足于主营业务，走专业化道路，才能在激烈的市场竞争中生存和发展。只有把主营业务做精、做深，才能降低生产成本，提高市场占有率，取得规模效应，使公司业绩稳步增长。③强调主营业务，并不排斥"一业为主，多种经营"，但这种"多种经营"是在主业搞好的基础上开展的，它和淡化、放弃主业有着本质不同。如果一个企业主业稳健、资本累计雄厚，原有的市场空间已经很小，或是经过了初创期、成长期，已经相当成熟，在保持和发展主业的同时，适当开展多元化、跨行业的经营，也常常能找到新的利润增长点，从而把"蛋糕"做得更大。

总之，个股属相评价高的个股未来有上涨预期，个股属相评价低的个股未来走势不乐观。当然，在实盘操作中还要考虑大盘大势背景和个股股价走势状态等其他因素。

从个股层面，主要是指基本面方面，有优良、较好、一般、亏损、风险等级别，例如行业龙头、成长性个股、价值性个股属"优良"，ST风险提示类个股属"风险"。

从个股所属行业面，主要是行业板块方面，根据政策扶持力度有大力支持、比较支持、一般支持、限制支持、打压发展之分。例如，众所周知目前国家政策是打压房地产的，在这样的政策导向下，该板块及其个股走势不会乐观，2015年以来的板块及个股走势也说明了这一点。个股所属市场板块面，主要是指个股所登录的市场板块类别，分为主板超大盘、主板大盘、主板中小盘、创业板中小盘、科创板小盘股，例如，农业银行、中国石油等主板超大盘股是不易被资金撬动使其大涨的，创业板、科创板个股更容易被市场资金追捧。

（二）指数算法

指数算法就是指某市场或板块中所选样本个股通过某种算法来计算，得出该市场或板块的指数点位及走势。指数算法有多种，经过这些年的优化演进，当前世界上大多数股票的指数都是派许指数，也叫派氏指数。

1. 我国指数算法

我国指数计算也是用派许指数算法，也称派氏加权法。

对于指数来讲，在指数算法已定的情况下，权重因子就显得尤为重要。板块中股票权重可以设定为总股本、流通股或1（相等权重）。

以总股本定义股本权重，上证指数就如此。总股本越大，对大盘指数的影响就越大。这种方式因国家股、法人股不参与流通而不能准确地反映大盘的真实状况。

以流通盘定义股本权重，比总股本权重具备更真实的意义，多数指数均用流通盘定义股本权重。

以等权重定义股本权重,不考虑板块各股股本状况,将各股对板块指数的影响同等对待。

对于指数来讲,指数算法、权重因子已定后,当市价总值出现非交易因素的变动时,应采用"除数修正法"修正原固定除数,以维持指数的连续性。修正公式为:修正前采样股的市价总值/原除数 = 修正后采样的市价总值/修正后的除数,由此得到修正后的连续性,并据此计算以后的指数。

当股票分红派息时,指数不予修正,任其自然回落。

当新股入指时,当日收盘后修正指数,修正方法为:当日的市价总值/原除数 = 当日的市价总值 + 新股的发行股数 × 当日收盘价/修正后的除数。

当除权时,在股票的除权交易日开盘前修正指数:前日的市价总值/原除数 = [前日的市价总值 + 除权股票的发行股数 × (除权报价 – 前日收盘价)]/修正后的除数。

2. 我国指数概况

目前,我国指数由上证证券交易所、中证指数有限公司、深证证券交易所等发布的上证、中证、国证、深证等系列指数(含巨潮指数)构成,有价格指数和全收益指数,有股票、债券、基金、期货等资产类别指数,有规模、行业、综合、风格、主题、策略等分类指数,有境内各省份地域指数及跨境指数、境外指数,有人民币、港元、美元等币种指数,也有很多指数衍生品。此外,还有定制的指数,如央视50、央视500指数、厦门指数、CS消费、中经GDP等等。此外,还有港交所、上交所、深交所合资公司——中华证券交易服务有限公司发布的中华系列指数。

以股市指数样本空间涵盖情况分,常见的有综合指数和成分指数。综合指数是指将指数所反映出的价格走势涉及的全部股票都纳入指数计算范围,例如,深交所发布的深证综合指数,就是把全部上市股票的价格变化都纳入计算范围,深交所行业分类指数中的农林牧渔指数、采掘业指数、制造业指数、信息技术指数等则分别把全部的所属行业类上市股票纳入各自的指数计算范围;成分股指数是指从指数所涵盖的全部股票中选取一部分股票作为指数样本,称为指数的成分股,计算时只把所选取的成分股纳入指数计算范围,例如,深圳证券交易所发布的深证成指指数,就是从深圳证券交易所全部上市股票中选取500家,计算得出成分股指数。

各指数公司对综合指数、规模指数的界定方法各异,在此姑且把将某市场、某行业或某板块的全部样本纳入指数计算范围的叫全貌指数,而把部分样本纳入指数计算范围的叫成分指数。

指数编制方案非常详尽,值得细细研究,其中的样本空间、选样方法和权重因子是重点关注的内容,样本个股基本面数据是重要的计算因子,这对指数的理解和运用至关重要。另外,除了少数上证指数基准日按100点外,大部分指数均按1000点为基准,板块指数也是如此。指数因反映了整体样本数据,具有较高的真实性、可靠性和安全性。

（三）指数股相

股市指数的走势取决于板块内个股走势和指数算法，指数算法对各条指数几乎是统一的，因此，决定指数走势的主要因素是组成板块的个股走势，个股走势与其个股属相相关。通过对指数的样本空间和选样方法选出来的个股及个股属相比重结构就是指数股相。

这好比一片森林的林相"8 落 1 白 1 杨"，是指组成这片森林的落叶松占 8 成、白桦占 1 成、杨树占 1 成，白桦和杨树是次要组成部分，合计仅占 2 成。这样的森林组成中，相比于白桦、杨树，长得高大的、经济价值高的落叶松为主要组成部分，林相优良，则整片森林经济价值自然就高了。

被选出来进入指数运算的所有个股组成了一个指数簇，好比森林中的一丛灌木、一片白桦一样。对于完全一样的一簇指数簇来讲，即使是同一指数算法，只要权重因子改变了，计算出来的指数和走势就不一样，因权重因子不一而构成的指数股相自然也就不一样。比如，以属于同一算法、只有两只个股组成的一个指数簇为例，①单从流通盘这一个因子作为权重因子来考虑，因两只个股流通盘有大有小而构成的指数股相及计算出来的指数数值，和②单从主营收入总额这一个因子作为权重因子来考虑，因两只个股主营收入总额有大有小而构成了指数股相及计算出来的指数数值，计算得出的指数①和指数②是不一样的，是两条指数，其中，一样的是：算法、指数簇、个股走势，不一样的是：权重因子、指数股相、指数数值及走势。在此，还要提前提到"行为走相"的概念——这两只个股走势和这两条指数走势共同构成了该板块或市场的横向表征的行为走相。

以上那片"森林"从无到有，是如何发展到现在状态的呢？这在股市里，便是股相纵向演进过程，通过对股市的纵向历史演进的研究，得到了股市自身行为特点、股市行为根本以及股市行为现状等重要的结论。

对于股相横向表征状态，如果指数股相中主成个股属相评价偏低的话，指数走势不会好，反之，指数股相主成个股属相评价高则指数走势不会差，指数走势便是板块或市场的表征，那么，对于同一个板块或市场中的多条指数走势横向相互比较状态，就是股相横向表征状态，也就是板块或市场走相。

对于一只个股，有了个股属相，便有了方位和温度。多只个股有了各自个相和指数算法后，便有了指数股相和指数走势。

指数股相，在横向上表征板块或市场的走势状态，在纵向上演进板块或市场的发展过程。从时间跨度上看，指数股相横向表征状态反映的是板块或市场的当下走势状态及近期走势变化趋向，指数股相纵向演进过程反映的是板块或市场的过去历史到现在及未来发展轨迹趋向。

（四）股市走相

对于一条指数来讲，有其指数股相，从纵向发展的角度，便出现了指数股相演进。

那么，市场中有多条指数，在横向表征的角度，便要以股市行为走相来表述了。

走相是用来勾勒、描绘某板块或某市场运行状况的多个走势的统称，这里的走势，包括指数走势及其个股走势。

单对一条指数来说，指数样本涵盖的所有个股构成了指数股相，但对一个市场或板块来讲，有多条指数，每条指数又涵盖很多只个股，而且这些指数走势和个股走势横向构成了反映该市场或板块行为的走相。

对于单只个股或是单一指数来讲，反映其运行状况的是走势，即个股走势或是指数走势；不论是哪种角度选出归为一类的多只个股或多条指数，来反映这一归类整体运行状况的是走相。

哪怕是只有两只个股组成一类市场或板块，其中只有一条指数走势，也和这两只个股各自的股票走势，构成刻画该类板块运行状况的走相。

每条指数都有其股相构成，每只个股都有其个相。因此，从股相的角度，这两只个股在指数计算中的权重而定股相中的主与次；从个相的角度，这两只个股走势有强弱之别，个相好的个股走势应好，个相差的个股走势应差，如果不是这样而是相反，则是个股走势被操纵的结果。但不论怎样，符合市场价值规律也好，或是主力人为操纵也好，都是市场行为表现，需要我们尊重、顺应其规律，但从长远看，最终，能够可持续的、能够经得起时间考验的东西才是具有长期价值的，是需要我们长期坚持的。

投资者应通过对股市走相的研究掌握股市整体市场行为的走势，以便形成操作策略和意见，在市场层面、大周期时间级别进行操作。

投资者应通过对股市走相的研究，尤其是对板块、行业为主的走相的深入细化、分解各个板块、行业的涨跌幅市场表现研究、对比，发现股市的高低、冷热、轻重的"立体"面貌，以便在操作中选择主要投资方向及目标个股。

走相研究内容的分类有市场或板块指数走势及其所含个股走势，即板块或市场的众多指数走势构成的指数走相和板块或市场涵盖的众多个股走势构成的个股走相，其中，指数走相以深证系、中证系和中华系为主流，是整个板块或市场走相重点研究对象。深证系的深证指数和国证指数是由深圳证券信息有限公司（"深证信息"）、中证系的中证系列指数和上证系列指数是由中证指数有限公司（"中证指数公司"）、中华系指数是由中华证券交易服务有限公司（"中华交易服务"），负责规划研发、日常运维和市场营销等业务。除以上主流系列指数外，还有各个证券公司或其他机构的板块指数。

走相研究内容的层次有高层走相、中层走相和底层走相，其中，高层走相和中层走相主要研究的内容是指数走相,底层走相主要研究的内容是个股走相。

五、A 股高层走相

A 股高层走相内容是指整个市场大势级别走相的指数,包括了 A 股全貌指数和 A 股成分指数,其中,A 股全貌指数还可分沪市 A 股全貌指数和深市 A 股全貌指数,A 股成分指数还可分沪市 A 股成分指数和深市 A 股成分指数。

(一) A 股全貌指数走相

A 股全貌指数走相涵盖了沪深 A 股全貌指数走相、沪 A 股全貌指数走相和深 A 股全貌指数走相。

1. 沪深 A 股全貌指数走相

沪深 A 股全貌指数是指以沪深全部 A 股股票为样本空间的指数。

沪深 A 股全貌指数走相是指由众多沪深 A 股全貌指数走势构成的走相,在众多沪深 A 股全貌指数中,选取了中证流通、中证全指、中证 A 股和国证 A 指,以此四条指数作为沪深 A 股全貌指数走相的代表指数,见表 2-3。

表 2-3 沪深 A 股全貌指数走相表

数据来源:中证指数、国证指数　　　　　　　　　　　　　　　　　　2021 年 3 月 17 日

指数名称		中证流通指数	中证全指指数	中证 A 股指数	国证 A 股指数
指数简称		中证流通	中证全指	中证 A 股	国证 A 指
指数代码		000902	000985	930903	399317
发布公司		中证指数有限公司	中证指数有限公司	中证指数有限公司	深圳证券信息有限公司
发布时间		2006 年 2 月 27 日	2011 年 8 月 2 日	2016 年 10 月 18 日	2005 年 2 月 3 日
指数基日		2005 年 12 月 30 日	2004 年 12 月 31 日	1999 年 12 月 31 日	2002 年 12 月 31 日
指数基点		1000	1000	1000	1000
样本空间		沪深市场上市的 A 股和红筹企业发行的存托凭证组成。未完成股权分置改革、ST、*ST 证券除外。	全部 A 股股票中剔除 ST、*ST 股票,以及上市时间不足 3 个月等股票后的剩余股票构成样本股,	沪深全 A 股组成。ST、*ST 股票除外	沪深全 A 股组成。ST、*ST 股票除外
样本	数量	3622(沪 A 股 1508、深 A 股 2114)	3584(沪 A1465/深 A2119)	3623(沪 A1509/深 A2114)	3732(沪 A1486/深 A2246)
	时间	2021 年 3 月 9 日	2021 年 3 月 12 日	2021 年 3 月 12 日	2021 年 2 月 26 日

续表

	指数名称	中证流通指数	中证全指指数	中证A股指数	国证A股指数
	计算权重	流通市值	流通市值	流通市值	自由流通市值
行业分布（%）	金融地产	18.80	18.90	18.80	19.43
	工业	18.20	18.20	18.20	15.58
	主要消费	11.80	11.90	11.80	11.64
	原材料	11.50	11.50	11.50	12.16
	可选消费	10.90	10.90	10.90	10.7
	医药卫生	10.50	10.40	10.50	9.77
	信息技术	13.20	13.10	13.20	14.86
	能源	1.40	1.40	1.40	1.74
	公共事业	1.90	1.90	1.90	2.22
	电信业务	1.80	1.80	1.80	1.90
	数据时间	2021年2月26日	2021年2月26日	2021年2月26日	2021年3月12日
前十权重个股	代码简称权重（%）	600519 贵州茅台 3.00	600519 贵州茅台 2.99	600519 贵州茅台 2.98	600519 贵州茅台 3.29
		601318 中国平安 2.60	601318 中国平安 2.72	601318 中国平安 2.71	601318 中国平安 2.46
		600036 招商银行 1.78	600036 招商银行 1.87	600036 招商银行 1.86	600036 招商银行 1.77
		000858 五粮液 1.53	000858 五粮液 1.50	000858 五粮液 1.49	000858 五粮液 1.45
		000333 美的集团 1.29	000333 美的集团 1.23	000333 美的集团 1.22	000333 美的集团 1.34
		600276 恒瑞医药 1.07	300750 宁德时代 1.12	300750 宁德时代 1.12	601166 兴业银行 1.15
		300750 宁德时代 1.06	600276 恒瑞医药 1.02	600276 恒瑞医药 1.01	600276 恒瑞医药 1.02
		601166 兴业银行 1.01	601166 兴业银行 1.01	601166 兴业银行 1.00	300750 宁德时代 0.97
		601888 中国中免 0.85	601888 中国中免 0.86	601888 中国中免 0.85	601888 中国中免 0.87
		000651 格力电器 0.80	000651 格力电器 0.82	000651 格力电器 0.82	601012 隆基股份 0.85
	数据时间	2021年2月26日	2021年3月11日	2021年3月11日	2021年2月26日
区间统计	涨跌幅%	62.81	63.67	62.81	70.41
	时间区间	2019年1月31日-2021年2月26日	2019年1月31日-2021年2月26日	2019年1月31日-2021年2月26日	2019年1月31日-2021年2月26日

从表2-3中可以看出，国证A股指数采用了自由流通市值计算权重，对沪深A股而言更具表征性。

2. 沪市A股全貌指数走相

沪市A股全貌指数是指以沪市全部A股股票为样本空间的指数。

沪市A股全貌指数走相是指由众多沪市A股全貌指数走势构成的走相，在众多沪市A股全貌指数中，选取了上证指数、A股指数、新综指和上证流通，以此四条指数作为沪市A股全貌指数走相的代表指数，见表2-4。

表2-4 沪市A股全貌指数走相表

指数名称		上证综合指数	上证A股指数	新上证综指	上证流通指数
指数简称		上证指数	A股指数	新综指	上证流通
指数代码		000001	000002	000017	000090
发布公司		中证指数有限公司	中证指数有限公司	中证指数有限公司	中证指数有限公司
发布时间		1991年7月15日	1992年2月21日	2006年1月4日	2010年12月2日
指数基日		1990年12月19日	1990年12月19日	2005年12月30日	2009年12月31日
指数基点		100	100	1000	1000
样本空间		上海证券交易所上市的股票和红筹企业发行的存托凭证组成。ST、*ST证券除外。	上海证券交易所上市的A股票。ST、*ST证券除外。	上海证券交易所上市股票和红筹企业发行的存托凭证组成。未完成股权分置改革、ST、*ST证券除外	上海证券交易所的A股和红筹企业发行的存托凭证组成。未完成股权分置改革、ST、*ST证券除外。
样本	数量	1553（沪市A股1509、沪市B股44）	1509（沪A）	1508（沪A）	1508（沪A）
	时间	2021年3月9日	2021年3月11日	2021年3月11日	2021年3月9日
计算权重		总市值	总市值	总市值	流通市值
行业分布（%）	金融地产	29.10	29.20	29.20	28.10
	工业	16.20	16.20	16.20	16.90
	主要消费	12.20	12.20	12.20	12.70
	原材料	9.90	9.80	9.80	11.60
	可选消费	8.80	8.80	8.80	8.80
	医药卫生	7.00	7.00	7.00	8.20
	信息技术	6.40	6.40	6.40	7.00
	能源	4.80	4.80	4.80	2.10
	公共事业	3.30	3.30	3.30	2.80
	电信业务	2.30	2.30	2.30	1.60
	数据时间	2021年2月26日	2021年2月26日	2021年2月26日	2021年2月26日

续表

指数名称		上证综合指数	上证A股指数	新上证综指	上证流通指数
前十权重个股	代码简称权重（%）	600519 贵州茅台 6.18	600519 贵州茅台 6.00	600519 贵州茅台 6.00	600519 贵州茅台 5.80
		601398 工商银行 3.36	601398 工商银行 3.46	601398 工商银行 3.46	601318 中国平安 5.01
		600036 招商银行 2.44	600036 招商银行 2.59	600036 招商银行 2.59	600036 招商银行 3.44
		601288 农业银行 2.41	601288 农业银行 2.54	601288 农业银行 2.54	600276 恒瑞医药 2.06
		601318 中国平安 2.14	601318 中国平安 2.18	601318 中国平安 2.18	601166 兴业银行 1.95
		601857 中国石油 1.64	601857 中国石油 1.70	601857 中国石油 1.70	601888 中国中免 1.63
		601628 中国人寿 1.60	601988 中国银行 1.63	601988 中国银行 1.63	601012 隆基股份 1.50
		601988 中国银行 1.58	601628 中国人寿 1.57	601628 中国人寿 1.57	600887 伊利股份 1.43
		601888 中国中免 1.39	601888 中国中免 1.42	601888 中国中免 1.42	600031 三一重工 1.33
		603288 海天味业 1.30	603288 海天味业 1.19	603288 海天味业 1.19	600030 中信证券 1.26
	数据时间	2021年2月26日	2021年3月12日	2021年3月12日	2021年2月26日
区间统计	涨跌幅%	40.71	40.86	40.86	53.19
	时间区间	2019年1月31日－2021年2月26日	2019年1月31日－2021年2月26日	2019年1月31日－2021年2月26日	2019年1月31日－2021年2月26日

从表2-4中可以看出，上证流通指数计算权重是流通市值，对沪市A股更具表征性。

3. 深市A股全貌指数走相

深市A股全貌指数是指以深市全部A股股票为样本空间的指数。

深市A股全貌指数走相是指由众多深市A股全貌指数走势构成的走相，在众多深市A股全貌指数中，选取了深证A指、新指数、深证综指，以此三条指数作为深市A股全貌指数走相的代表指数，见表2-5。

表 2-5 深市 A 股全貌指数走相表

指数名称		深证 A 股指数	深证新指数	深证综合指数
指数简称		深证 A 指	新指数	深证综指
指数代码		399107	399100	399106
发布公司		深圳证券信息有限公司	深圳证券信息有限公司	深圳证券信息有限公司
发布时间		1992 年 4 月 10 日	2006 年 2 月 16 日	1991 年 4 月 4 日
指数基日		1991 年 4 月 3 日	2005 年 12 月 30 日	1991 年 4 月 3 日
指数基点		100	1107.23	100
样本空间		深市 A 全股，包括 A 主板、创业板、中小板	深市 A 全股除 ST、未股改的	深市全股，包括 A 主板创业板中小板、B 全股
样本	数量	2367（深 A）	2246（深 A）	—
	时间	2021 年 2 月 26 日	2021 年 2 月 26 日	
	计算权重	总市值	流通市值	总市值
行业分布（%）	金融地产	8.62	10.04	—
	工业	17.00	16.53	—
	主要消费	12.50	12.24	—
	原材料	12.46	12.34	—
	可选消费	12.52	12.33	—
	医药卫生	12.54	11.45	—
	信息技术	20.30	21.05	—
	能源	0.75	0.79	—
	公共事业	1.44	1.27	—
	电信业务	1.86	1.97	—
	数据时间	2021 年 3 月 11 日	2021 年 3 月 11 日	—
前十权重个股	代码简称权重（%）	000858 五粮液 3.22	000858 五粮液 4.08	—
		300750 宁德时代 2.22	000333 美的集团 2.45	—
		000333 美的集团 1.94	002352 顺丰控股 1.81	—
		002415 海康威视 1.54	002415 海康威视 1.78	—
		300760 迈瑞医疗 1.50	300750 宁德时代 1.68	—
		300999 金龙鱼 1.44	000001 平安银行 1.59	—
		002352 顺丰控股 1.42	000651 格力电器 1.35	—
		002714 牧原股份 1.27	000568 泸州老窖 1.32	—
		000001 平安银行 1.23	002475 立讯精密 1.25	—
		002594 比亚迪 1.06	000002 万科 A 1.23	—
	数据时间	2021 年 2 月 26 日	2021 年 2 月 26 日	—

续表

区间统计	指数名称	深证A股指数	深证新指数	深证综合指数
	涨跌幅%	81.05	82.3	80.91
	时间区间	2019年1月31日－2021年2月26日	2019年1月31日－2021年2月26日	2019年1月31日－2021年2月26日

从表2-5中可以看出，深证新指数计算权重是流通市值，对深市A股更具表征性。

（二）A股成分指数走相

A股成分指数走相涵盖了沪深A股成分指数走相、沪A股成分指数走相和深A股成分指数走相。

1. 沪深A股成分指数走相

沪深A股成分指数是指以沪深部分A股股票为样本空间的指数。

沪深A股成分指数走相是指由众多沪深A股成分指数走势构成的走相，在众多沪深A股成分指数中，选取了沪深300、中证200、中证100和国证300，以此四条前排成分指数作为沪深A股成分指数走相的代表指数，见表2-6。

表2-6 沪深A股成分指数走相表

指数名称	沪深300指数	中证中盘200指数	中证100指数	国证300指数
指数简称	沪深300	中证200	中证100	国证300
指数代码	沪000300/深399300	沪000904/深399904	沪000903/深399903	399312
发布公司	中证指数有限公司	中证指数有限公司	中证指数有限公司	深圳证券信息有限公司
发布时间	2005年4月8日	2007年1月15日	2006年5月29日	2005年2月3日
指数基日	2004年12月31日	2004年12月31日	2005年12月30日	2002年12月31日
指数基点	1000	1000	1000	1000
样本空间	沪深A非ST、*ST股过去一年日均成交金额前50%中过去一年日均总市值前300名和红筹企业发行的存托凭证组成	沪深A非ST、*ST股过去一年日均成交金额前50%中过去一年日均总市值前300名和红筹企业发行的存托凭证组成	沪深A非ST、*ST股过去一年日均成交金额前50%中过去一年日均总市值前300名和红筹企业发行的存托凭证组成	沪深A股除近半年日均成交额后50%、自由流通量占比小5%，据各行业数量和市值分布重配各行业样本股数，再从各行业选总市值前排300

续表

	指数名称	沪深300指数	中证中盘200指数	中证100指数	国证300指数
样本	数量	300（沪A184深A116）	200（沪A116深A84）	100（沪A68深A32）	300（沪A160深A140）
	时间	2021年3月10日	2021年3月17日	2021年3月17日	2021年2月26日
计算权重		流通市值	流通市值	流通市值	调整后自由流通市值
行业分布（%）	金融地产	16.10	16.93	36.73	21.34
	工业	12.00	17.83	8.89	11.61
	主要消费	29.30	5.03	20.53	16.94
	原材料	7.50	13.46	4.72	8.11
	可选消费	10.60	9.35	11.6	11.21
	医药卫生	9.40	13.46	6.7	10.94
	信息技术	10.70	19.39	5.96	15.15
	能源	1.10	0.41	1.63	1.23
	公共事业	1.60	1.97	1.69	1.71
	电信业务	1.70	2.21	1.55	1.77
	数据时间	2021年2月26日	2021年3月17日	2021年3月17日	2021年3月16日
前十权重个股	代码简称权重（%）	600519 贵州茅台 5.31	000100 TCL科技 2.28	600519 贵州茅台 7.81	600519 贵州茅台 5.80
		601318 中国平安 4.59	000338 潍柴动力 1.58	601318 中国平安 6.85	601318 中国平安 4.34
		600036 招商银行 3.15	300014 亿纬锂能 1.56	600036 招商银行 5.06	600036 招商银行 3.12
		000858 五粮液 2.70	600438 通威股份 1.39	000858 五粮液 3.93	000858 五粮液 2.55
		000333 美的集团 2.28	300124 汇川技术 1.39	000333 美的集团 3.16	000333 美的集团 2.37
		600276 恒瑞医药 1.89	600436 片仔癀 1.32	601166 兴业银行 2.67	601166 兴业银行 2.04
		601166 兴业银行 1.79	002271 东方雨虹 1.31	600276 恒瑞医药 2.53	600276 恒瑞医药 1.79
		601888 中国中免 1.50	002230 科大讯飞 1.30	601888 中国中免 2.30	300750 宁德时代 1.70
		000651 格力电器 1.41	600919 江苏银行 1.28	000651 格力电器 2.29	601888 中国中免 1.54
		601012 隆基股份 1.37	002460 赣锋锂业 1.27	600887 伊利股份 1.84	601012 隆基股份 1.51
	数据时间	2021年2月26日	2021年3月17日	2021年3月17日	2021年2月26日

续表

指数名称		沪深300指数	中证中盘200指数	中证100指数	国证300指数
区间统计	涨跌幅%	77.26	85.92	73.63	84.77
	时间区间	2019年1月31日–2021年2月26日	2019年1月31日–2021年2月26日	2019年1月31日–2021年2月26日	2019年1月31日–2021年2月26日

从表2-6中可以看出，在沪深A股前排成分指数走相中，沪深300、中证200、中证100的样本空间规则是一致的。沪深300是A股前300名，中证100是沪深300的前100名样本组成的指数，中证200是沪深300样本中扣除中证100后的样本组成。沪深300和国证300虽然都可理解为A股前300名个股组成的样本，但选样方法差别大，且国证300是采用调整后自由流通市值为计算权重，更具表征性，但沪深300指数应用广泛。

2. 沪市A股成分指数走相

沪市A股成分指数是指以沪市部分A股股票为样本空间的指数。

沪市A股成分指数走相是指由众多沪市A股成分指数走势构成的走相，在众多沪市A股成分指数中，选取了上证全指、上证50、上证180、上证100，以此四条前排成分指数作为沪市A股成分指数走相的代表指数，见表2-7。

表2-7 沪市A股成分指数走相表

指数名称	上证100指数	上证50指数	上证180指数	上证大中小盘指数
指数简称	上证100	上证50	上证180	上证全指
指数代码	000132	000016	000010	000047
发布公司	中证指数有限公司	中证指数有限公司	中证指数有限公司	中证指数有限公司
发布时间		2004年1月2日		
指数基日	2003年12月31日	2003年12月31日	2002年6月28日	2003年12月31日
指数基点	1000	1000	3299.06	1000
样本空间	上证380指数中选取营业收入增长率和净资产收益率综合排名靠前的100	沪市上市的A股和红筹企业发行的存托凭证组成。ST、*ST证券除外。	沪市上市的A股和红筹企业发行的存托凭证组成。ST、*ST证券除外。	沪深市场上市的A股和红筹企业发行的存托凭证组成。未完成股权分置改革、ST、*ST证券除外。
样本 数量	100（沪A）	50（沪A）	180（沪A）	500（沪A）
样本 时间	2021年3月11日	2021年3月11日	2021年3月11日	2021年3月11日
计算权重	流通市值	流通市值	流通市值	流通市值

续表

	指数名称	上证100指数	上证50指数	上证180指数	上证大中小盘指数
行业分布(%)	金融地产	2.62	44.98	39.44	32.84
	工业	26.96	9.05	12.33	14.73
	主要消费	3.94	18.59	15.52	13.47
	原材料	19.85	4.66	8.91	10.88
	可选消费	10.33	6.42	6.36	7.22
	医药卫生	16.07	7.54	7.12	7.86
	信息技术	10.17	5.04	4.63	6.4
	能源	1.62	2.17	1.86	2.15
	公共事业	5.47	0.00	2.41	2.66
	电信业务	2.98	1.56	1.43	1.8
	数据时间	2021年3月12日	2021年3月12日	2021年3月12日	2021年3月17日
前十权重个股	代码简称权重(%)	603882 金域医学 3.79	600519 贵州茅台 13.43	600519 贵州茅台 8.55	600519 贵州茅台 6.80
		603899 晨光文具 3.17	601318 中国平安 12.23	601318 中国平安 7.79	601318 中国平安 5.96
		601799 星宇股份 3.10	600036 招商银行 8.71	600036 招商银行 5.54	600036 招商银行 4.41
		603806 福斯特 2.74	601166 兴业银行 4.59	601166 兴业银行 2.92	601166 兴业银行 2.33
		600486 扬农化工 2.61	600276 恒瑞医药 4.54	600276 恒瑞医药 2.89	600276 恒瑞医药 2.21
		603816 顾家家居 2.61	601888 中国中免 3.99	601888 中国中免 2.54	601888 中国中免 2.01
		601636 旗滨集团 2.42	601012 隆基股份 3.17	601012 隆基股份 2.02	600887 伊利股份 1.61
		688002 睿创微纳 2.21	600887 伊利股份 3.14	600887 伊利股份 2.02	601012 隆基股份 1.46
		603338 浙江鼎力 2.13	600031 三一重工 2.96	600031 三一重工 1.88	600031 三一重工 1.44
		603737 三棵树 2.12	600030 中信证券 2.67	600030 中信证券 1.70	600030 中信证券 1.34
	数据时间	2021年3月11日	2021年3月11日	2021年3月12日	2021年3月17日
区间统计	涨跌幅%	58.97	63.83	60.96	57.17
	时间区间	2019年1月31日-2021年2月26日	2019年1月31日-2021年2月26日	2019年1月31日-2021年2月26日	2019年1月31日-2021年2月26日

从表 2-7 中可以看出，在沪市 A 股前排成分指数走相中，上证 50 是上证 180 前 50 名大蓝筹组成的指数，上证 180 是沪市 A 股前 180 大盘蓝筹组成的指数，上证 100 是上证 380 指数营业收入、净资产增长排前 100 名个股组成样本的指数，可简单理解为，上证 100 是上证 380 的前 100 名个股组成的样本空间的指数，上证 380 是沪市 A 股中剔除上证 180 指数成分股后的前 380 名个股组成样本空间的指数，上证全指简单理解为沪市 A 股前 500 名组成样本的指数，其编制方案中样本空间是上证 180 加上证小盘组成样本的指数，而上证小盘指数是扣除上证 180 指数样本后的前 320 名样本组成的指数。

综合来讲，上证 180 指数对沪市 A 股成分指数走相更具表征性。

3. 深市 A 股成分指数走相

深市 A 股成分指数是指以深市部分 A 股股票为样本空间的指数。

深市 A 股成分指数走相是指由众多深市 A 股成分指数走势构成的走相，在众多深市 A 股成分指数中，选取了深证成指、深证 300、深证 100，以此三条前排成分指数作为深市 A 股成分指数走相的代表指数，见表 2-8。

表 2-8 深市 A 股成分指数走相表

指数名称		深证成分指数	深证 300 指数	深证 100 指数
指数简称		深证成指	深证 300	深证 100
指数代码		399001	399007	399330
发布公司		深圳证券信息有限公司	深圳证券信息有限公司	深圳证券信息有限公司
发布时间		1995 年 1 月 23 日	2009 年 11 月 4 日	2006 年 1 月 24 日
指数基日		1994 年 7 月 20 日	2004 年 12 月 31 日	2002 年 12 月 31 日
指数基点		1000	1000	1000
样本空间		深市 A 股剔除成交额后 10% 的股票，选取总市值排名前 500 名，ST、*ST 证券除外。	深市 A 股剔除成交额后 10% 的股票，选取总市值排名前 300 名，ST、*ST 证券除外。	深市 A 股剔除成交额后 10% 的股票，选取总市值排名前 100 名，ST、*ST 证券除外。
样本	数量	500（深市 A 股 500）	300（深 A300）	100（深 A100）
	时间	2021 年 3 月 9 日	2021 年 2 月 26 日	2021 年 2 月 26 日
计算权重		流通市值	自由流通市值	自由流通市值

续表

指数名称		深证成分指数	深证300指数	深证100指数
行业分布(%)	金融地产	10.75	11.94	12.66
	工业	13.68	13.32	12.28
	主要消费	13.06	13.91	16.85
	原材料	9.23	8.35	4.64
	可选消费	13.01	13.16	15.43
	医药卫生	13.44	13.68	13.29
	信息技术	23.53	22.80	23.14
	能源	0.51	0.59	0.00
	公共事业	0.69	0.40	0.26
	电信业务	2.09	1.87	1.44
	数据时间	2020年12月31日	2021年3月11日	2021年3月11日
前十权重个股	代码简称权重（%）	000858 五粮液 4.24	000858 五粮液 4.62	000858 五粮液 6.44
		000333 美的集团 3.99	000333 美的集团 4.28	000333 美的集团 5.97
		300750 宁德时代 2.96	300750 宁德时代 3.08	300750 宁德时代 4.30
		000651 格力电器 2.46	000651 格力电器 2.66	000651 格力电器 3.71
		002475 立讯精密 2.01	000002 万科A 2.12	000002 万科A 2.95
		300059 东方财富 1.71	300059 东方财富 1.91	300059 东方财富 2.66
		000002 万科A 1.62	002415 海康威视 1.90	002415 海康威视 2.65
		002415 海康威视 1.46	002475 立讯精密 1.89	002475 立讯精密 2.63
		300760 迈瑞医疗 1.45	002714 牧原股份 1.79	002714 牧原股份 2.50
		000568 泸州老窖 1.41	000001 平安银行 1.73	000001 平安银行 2.41
	数据时间	2020年12月31日	2021年2月26日	2021年2月26日
区间统计	涨跌幅%	100.40	110.80	135.40
	时间区间	2019年1月31日－2021年2月26日	2019年1月31日－2021年2月28日	2019年1月31日－2021年2月27日

从表2-8可以看出，在深市A股成分指数走相中，深证成指可被简单理解为深市A股前500名个股组成样本的指数，深证300是深市A股前300名组成样本的指数，深证100是深市A股前100名组成样本的指数。深证300和深证100采用自由流通市值作为计算权重，更具表征性，在实际应用中，深证成指更为广泛。

综述A股高层走相：根据以上指数对比情况看，选出更具代表A股全貌走相的指数有国证A指、新指数和上证流通，选出更具代表A股成分走相的指数有国证

300、深证300、上证180，并对这六条指数在2019年1月31日至2021年2月26日区间运行情况进行研判后发现，三条全貌指数都未到达2015年牛市高点，但是其他三条成分指数有两条突破2015年牛市高点。这说明，市场整体全貌指数表现平平、波澜不惊，但其中局部成分指数高潮迭起，由此判断市场整体正在进入顶部高位阶段。

六、A股中层走相

A股中层走相内容是指板块级别指数的走相，包括了大中小盘指数和板块指数，其中，大中小盘指数包括超大盘、中盘及小盘指数等，板块指数包括中小板、创业板、科创板指数、行业板块指数、风格指数、主体指数、地域指数等指数走相。科创板指数晚于2019年1月，因此未做对比分析。

（一）A股大中小盘指数走相

A股大中小盘是指A股股票一般按流通盘来区分为大盘股、中盘股和小盘股，是一个相对的概念，没有明确的标准。

A股大盘股指数是以A股中被划分为大盘股的股票为样本空间的指数，A股中盘股指数是以A股中被划分为中盘股的股票为样本空间的指数，A股小盘股指数是以A股中被划分为小盘股的股票为样本空间的指数。

A股大中小盘指数走相是指由众多A股大中小盘指数走势构成的走相，有沪市A股大中小盘指数走相、深市A股大中小盘指数走相和深市A股中小板创业板指数走相。

1. 沪市A股大中小盘指数走相

沪市A股大中小盘指数走相即在沪市上市的A股的大中小盘指数走相。在众多沪市A股大中小盘指数中，选取了超大盘指数作为沪A股大盘指数走相代表指数，上证中盘指数作为沪A中盘股指数走相代表指数，上证小盘和上证380指数作为沪A小盘股指数走相代表指数，见表2-9。

表2-9 沪市A股大中小盘指数走相表

指数名称	中证超级大盘指数	上证超级大盘指数	上证中盘指数	上证小盘指数	上证380指数
指数简称	中证超大	超大盘	上证中盘	上证小盘	上证380
指数代码	000980/399980	000043	000044	000045	000009
发布公司	中证指数有限公司	中证指数有限公司	中证指数有限公司	中证指数有限公司	中证指数有限公司

续表

指数名称		中证超级大盘指数	上证超级大盘指数	上证中盘指数	上证小盘指数	上证380指数
发布时间		2011年5月10日	2009年4月23日	2009年7月3日	2009年7月3日	2010年11月29日
指数基日		2004年12月31日	2003年12月31日	2003年12月31日	2003年12月31日	2003年12月31日
指数基点		1000	1000	1000	1000	1000
样本空间		沪深A非ST、*ST股过去一年日均成交金额前50%中过去一年日均总市值前300名和红筹企业存托凭证，沪深300前50	沪A股和红筹企业存托凭证，除ST、*ST外，沪市大盘中选取过去一年日均总市值和日均成交金额排名前20	沪A股和红筹企业存托凭证，除ST、*ST，上证180指数成分股中除上证50指数成分股后130	沪A股和红筹企业存托凭证中剔除ST、*ST、上证180指数成分股后，总市值、成交金额综合排名前320	沪市A股和红筹企业存托凭证，除ST、*ST、上证180、最新财报未分配利润为负、成立五年以上且最近五年未派发现金红利或送股的，前380
样本	数量	50（沪A36/深A14）	20（沪A20）	130（沪A130）	320（沪A320）	380（沪A380）
	时间	2021年3月22日	2021年3月22日	2021年3月19日	2021年3月22日	2021年3月19日
计算权重		流通盘	流通盘	流通盘	流通盘	流通盘
行业分布(%)	金融地产	43.33	28.51	29.88	8.03	8.65
	工业	8.21	15.27	18.69	23.71	24.41
	主要消费	13.57	10.14	10.18	5.51	5.84
	原材料	4.51	11.16	15.63	18.14	17.01
	可选消费	8.26	11.45	6.25	10.04	12.74
	医药卫生	4.14	4.79	6.36	11.38	11.06
	信息技术	6.02	0.00	3.78	13.05	10.31
	能源	6.09	5.1	1.27	3.00	3.34
	公共事业	2.11	0.00	6.72	4.07	4.66
	电信业务	3.76	13.59	1.25	3.07	1.99
	数据时间	2021年3月22日	2021年3月22日	2021年3月22日	2021年3月22日	2021年3月19日

续表

指数名称		中证超级大盘指数	上证超级大盘指数	上证中盘指数	上证小盘指数	上证380指数
前十权重个股	代码简称权重（%）	601888 中国中免 2.96	601888 中国中免 7.33	600900 长江电力 4.51	601919 中远海控 1.93	600015 华夏银行 1.27
		002714 牧原股份 2.63	600309 万华化学 6.47	601899 紫金矿业 3.42	600426 华鲁恒升 1.26	600426 华鲁恒升 1.26
		600309 万华化学 2.61	600036 招商银行 5.92	601328 交通银行 2.99	600015 华夏银行 1.23	601233 桐昆股份 1.10
		600036 招商银行 2.39	600031 三一重工 5.63	600809 山西汾酒 2.57	601233 桐昆股份 1.06	601966 玲珑轮胎 1.04
		601658 邮储银行 2.38	601166 兴业银行 5.63	601229 上海银行 1.99	603882 金域医学 1.04	603882 金域医学 1.03
		000725 京东方A 2.37	600519 贵州茅台 5.36	600438 通威股份 1.98	601966 玲珑轮胎 1	600079 人福医药 0.95
		002415 海康威视 2.34	601398 工商银行 5.1	600019 宝钢股份 1.86	688036 传音控股 1	688008 澜起科技 0.95
		601166 兴业银行 2.27	600028 中国石化 5.1	600436 片仔癀 1.85	600079 人福医药 0.95	603899 晨光文具 0.89
		601766 中国中车 2.26	601668 中国建筑 4.89	601766 中国中车 1.82	688008 澜起科技 0.9	600219 南山铝业 0.85
		000001 平安银行 2.25	601138 工业富联 4.83	600919 江苏银行 1.8	603899 晨光文具 0.86	601799 星宇股份 0.84
	数据时间	2021年3月22日	2021年3月22日	2021年3月22日	2021年3月22日	2021年3月19日
区间统计	涨跌幅%	39.86	48.67	55.37	43.95	51.34
	时间区间	2019年1月31日–2021年2月26日	2019年1月31日–2021年2月26日	2019年1月31日–2021年2月26日	2019年1月31日–2021年2月26日	2019年1月31日–2021年2月26日

对表2-9中各指数在2019年1月31日至2021年2月26日区间的涨幅进行统计分析，得出的结论是：

（1）由大盘股所组成的中证超大和超大盘指数涨幅小，中证超大指数作为超大盘指数的参考对象。对比二者区间涨幅，由沪深两市超大盘组成的中证超大指数更不容易上涨。

（2）由上证180指数成分股中扣除上证50指数成分股后的130只股组成的上证中盘指数涨幅最大。

(3) 对比上证小盘和上证 380 指数涨幅，由上证 380 代表的中盘新兴蓝筹股涨幅大。

表 2-10 是沪 A 大中小盘股指数（其中，中证超大为参考指数）在 2019 年 1 月 31 日至 2021 年 2 月 26 日区间涨幅统计对比。这几条指数在该区间涨幅见图 2-68，对此进行分析，得出以下结论：

(1) 对比超大盘、上证 50、上证 180 和上证中盘指数涨幅，在沪市 A 股前排 180 只样本范围里，前 20 只个股组成的超大盘指数涨幅最小，由前 50 只个股组成的上证 50 涨幅最大。

(2) 对比上证 180、上证小盘和上证 380 指数涨幅，由沪市上证 180 代表的大盘蓝筹涨幅最高，上证 380 代表的中盘新兴蓝筹股涨幅次高。

表 2-10　沪市 A 股大中小盘指数走相涨幅对比表

20210323

指数全称	指数代码	指数简称	样本数量排名	20190131-20210226 涨跌幅	样本空间	备注
上证大盘指数	000016	上证 50	沪 50 = 1-50	63.87%	上证 180 前 50 龙头蓝筹股	上证 180 系指数
上证 180 指数	000010	上证 180	沪 180 = 1-180	60.96%	沪 A 前 180 大盘蓝筹股	上证 180 根指数
上证中盘指数	000044	上证中盘	沪 130 = 51-180	55.37%	上证 180 样本中扣除上证 50 样本后的股票	上证 180 系指数
上证 380 指数	000009	上证 380	沪 380 = 181-560	51.34%	沪 A 除上证 180 后的前 380 中盘新兴蓝筹	上证 380 根指数
上证超级大盘指数	000043	超大盘	沪 20 = 1-20	48.67%	沪 A 前 20 超大股	
上证小盘指数	000045	上证小盘	沪 320 = 181-500	43.95%	沪 A 除上证 180 样本后的前 320 只股	上证 180 派生指数
中证超级大盘指数	000980/399980	中证超大	沪深 50 = 1-50	39.86%	沪深 300 前超大 50 只股	沪深 300 系指数

注：0 = 1-3580 是代表全部样本股，51 = 1-51 是代表前 1 至 51 只样本股。

20190131-20210226日区间涨幅统计

沪50=1-50 上证50 000016	63.87%
沪180=1-180 上证180 000010	60.96%
沪130=51-180 上证中盘 000044	55.37%
沪380=181-560 上证380 000009	51.34%
沪20=1-20 超大盘 000043	48.67%
沪320=181-500 上证小盘 000045	43.95%
沪深50=1-50 中证超大 000980/399980	39.86%

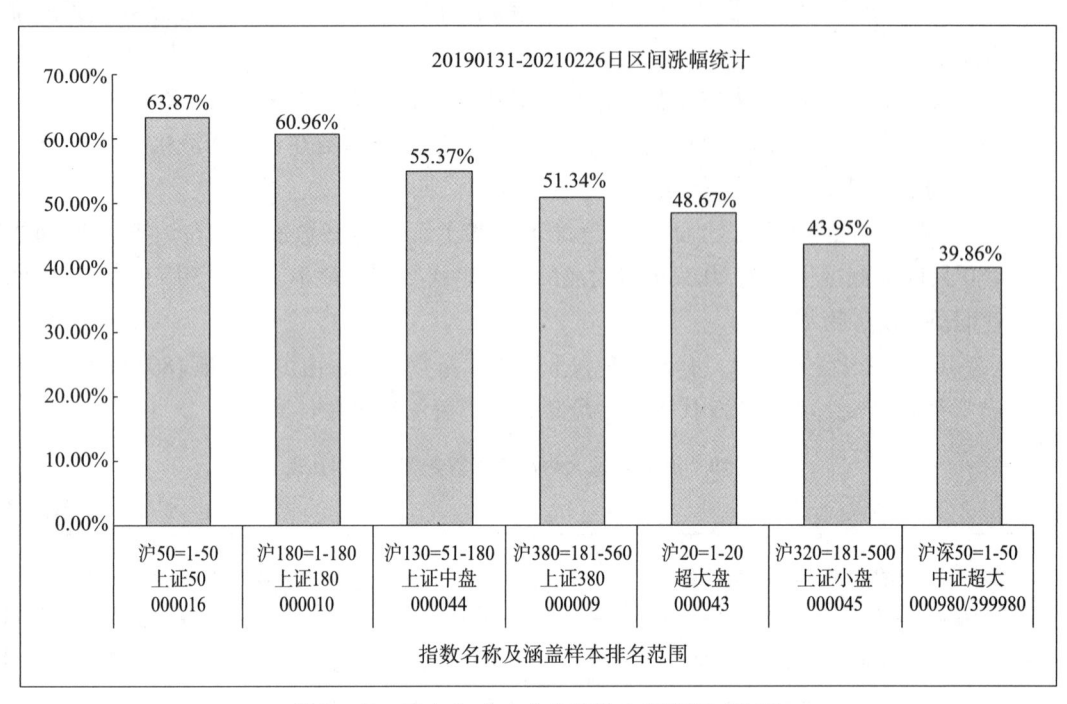

图2-68 沪市A大中小盘指数走相涨幅对比图

2. 深市A股大中小盘指数走相

深市A股大中小盘指数走相即在深市上市的A股的大中小盘指数走相。

在众多深市A股大中小盘指数中，选取了深证1000、深证700、深证成指、深证300、深证100和深证200指数作为深市A股大中小盘指数走相代表指数，见表2-11。

表2-11 深市A股大中小盘指数走相表

指数名称	深证1000指数	深证700指数	深证成分指数	深证300指数	深证100指数	深证200指数
指数简称	深证1000	深证700	深证成指	深证300	深证100	深证200
指数代码	399011	399010	399001	399007	399330	399009
发布公司	深圳证券信息有限公司	深圳证券信息有限公司	深圳证券信息有限公司	深圳证券信息有限公司	深圳证券信息有限公司	深圳证券信息有限公司
发布时间		2011年9月1日	1995年1月23日	2009年11月4日	2006年1月24日	2006年1月24日
指数基日	2004年12月31日	2004年12月31日	1994年7月20日	2004年12月31日	2002年12月31日	2002年12月31日
指数基点	1000	1000	1000	1000	1000	1000

续表

指数名称		深证1000指数	深证700指数	深证成分指数	深证300指数	深证100指数	深证200指数
样本空间		深市A股除ST、*ST证券外剔除成交额后10%的股票，选取总市值排名前1000	深市A股剔除ST、*ST、成交额后10%，深证1000中除深证300指数股后700	深市A股剔除ST、*ST证券、成交额后10%的股票，选取总市值排名前500	深市A股剔除ST、*ST证券、成交额后10%的股票，选取总市值排名前300	深市A股剔除ST、*ST证券、成交额后10%的股票，选取总市值排名前100	深市A股剔除ST、*ST、成交额后10%，深证300中除深证100后200
样本	数量	1000（深A1000）	700（深A700）	500（深A500）	300（深A300）	100（深A100）	200（深A200）
	时间	2021年2月26日	2021年2月26日	2021年3月9日	2021年2月26日	2021年2月26日	2021年2月26日
计算权重		自由流通市值	自由流通市值	流通市值	自由流通市值	自由流通市值	自由流通市值
行业分布(%)	金融地产	9.75	3	10.75	11.94	12.66	10.19
	工业	15.25	21.02	13.68	13.32	12.28	16.13
	主要消费	11.96	5.76	13.06	13.91	16.85	6.84
	原材料	11.57	20.87	9.23	8.35	4.64	17.63
	可选消费	12.31	9.18	13.01	13.16	15.43	7.65
	医药卫生	12.71	9.68	13.44	13.68	13.29	14.74
	信息技术	22.84	24.54	23.53	22.80	23.14	21.14
	能源	0.54	0.41	0.51	0.59	0.00	2.04
	公共事业	0.83	2.09	0.69	0.40	0.26	0.76
	电信业务	2.22	3.46	2.09	1.87	1.44	2.89
数据时间		2021年3月18日	2021年3月18日	2020年12月31日	2021年3月11日	2021年3月11日	2021年3月18日

续表

指数名称		深证1000指数	深证700指数	深证成分指数	深证300指数	深证100指数	深证200指数
前十权重个股	代码简称权重（%）	000858 五粮液 3.49	000799 酒鬼酒 0.94	000858 五粮液 4.24	000858 五粮液 4.62	000858 五粮液 6.44	300274 阳光电源 2.72
		000333 美的集团 3.23	000733 振华科技 0.59	000333 美的集团 3.99	000333 美的集团 4.28	000333 美的集团 5.97	300450 先导智能 1.65
		300750 宁德时代 2.33	002648 卫星石化 0.59	300750 宁德时代 2.96	300750 宁德时代 3.08	300750 宁德时代 4.30	002601 龙蟒佰利 1.53
		000651 格力电器 2.01	002402 和而泰 0.54	000651 格力电器 2.46	000651 格力电器 2.66	000651 格力电器 3.71	300677 英科医疗 1.46
		000002 万科A 1.60	002444 巨星科技 0.52	002475 立讯精密 2.01	000002 万科A 2.12	000002 万科A 2.95	002709 天赐材料 1.39
		300059 东方财富 1.44	002250 联化科技 0.52	300059 东方财富 1.71	300059 东方财富 1.91	300059 东方财富 2.66	002821 凯莱英 1.19
		002415 海康威视 1.44	000830 鲁西化工 0.51	000002 万科A 1.62	002415 海康威视 1.90	002415 海康威视 2.65	002074 国轩高科 1.19
		002475 立讯精密 1.43	300725 药石科技 0.51	002415 海康威视 1.46	002475 立讯精密 1.89	002475 立讯精密 2.63	002340 格林美 1.12
		002714 牧原股份 1.35	300073 当升科技 0.49	300760 迈瑞医疗 1.45	002714 牧原股份 1.79	002714 牧原股份 2.50	300012 华测检测 1.11
		000001 平安银行 1.30	300083 创世纪 0.49	000568 泸州老窖 1.41	000001 平安银行 1.73	000001 平安银行 2.41	300285 国瓷材料 1.11
	数据时间	2021年2月26日	2021年2月26日	2020年12月31日	2021年2月26日	2021年2月26日	2021年2月26日
区间统计	涨跌幅%	88.33	43.51	100.40	110.80	135.40	66.94
	时间区间	2019年1月31日－2021年2月26日	2019年1月31日－2021年2月27日	2019年1月31日－2021年2月26日	2019年1月31日－2021年2月28日	2019年1月31日－2021年2月27日	2019年1月31日－2021年2月27日

在表2-11中，深证成指作为参考指数，该指数计算权重是流通市值，其他指数计算权重是自由流通市值。

在众多深市A股大中小盘指数中，选取了深证1000、深证700、深证成指、深证300、深证200、深证100和中小创新指数，在2019年1月31日至2021年2月26日区间的涨幅进行统计，见表2-12，并作出柱状图进行直观比较，见图2-69。

第二章 股市走相行为规律

表 2－12　深市 A 股大中小盘指数走相涨幅对比表

20210323

指数全称	指数代码	指数简称	样本数排名	20190131－20210226 涨跌幅	样本范围	备注
深证 100 指数	399330	深证 100	100＝1～100	135.40%	深 A 前 100	
深证 300 指数	399007	深证 300	300＝1～300	110.80%	深 A 前 300	根指数
深证成分指数	399001	深证成指	500＝1～500	100.40%	深 A 前 500	参考指数
深证 1000 指数	399011	深证 1000	1000＝1～1000	88.33%	深 A 前 1000	根指数
深证 200 指数	399009	深证 200	200＝101～300	66.94%	深证 300 样本中扣除深证 100 样本后的 200	深证 300 系
深证 700 指数	399010	深证 700	700＝301～1000	43.51%	深证 1000 样本中扣除深证 300 样本后的 700	深证 1000 系
深证中小创新指数	399015	中小创新	500＝501～1000	38.53%	深证 1000 样本中扣除深证成指 500 后的 500	深证 1000 系

注明：0＝1～3580 是代表全部样本股，51＝1～51 是代表前 1 至 51 只样本股。

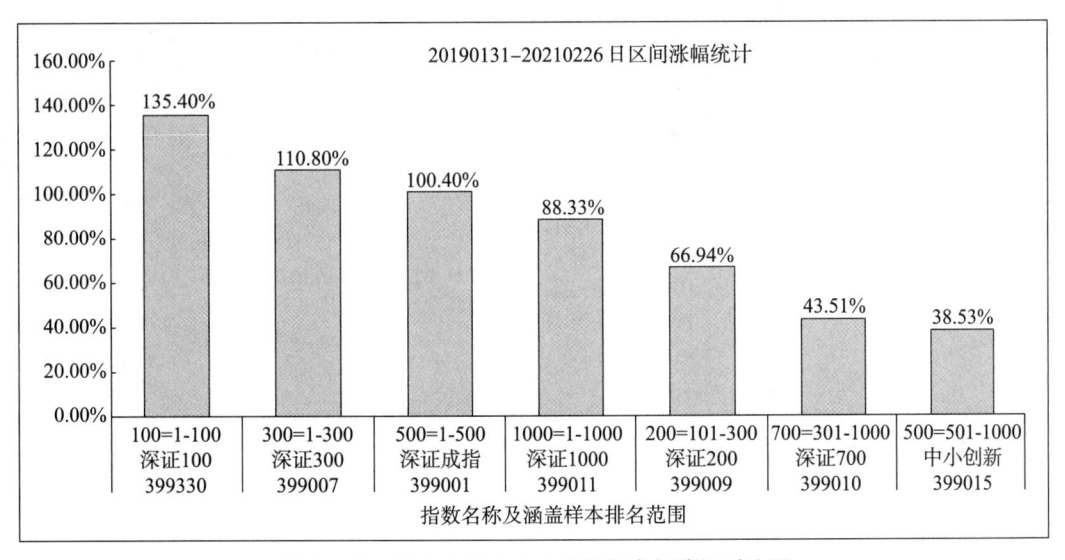

图 2－69　深市 A 股大中小盘指数走相涨幅对比图

对表 2-11、表 2-12 和图 2-69 进行综合分析，可得出以下结论：

（1）从深证 100、深证 200 和深证 300 指数走相看，在深市前 300 只样本空间中，前 100 只个股组成的深证 100 涨幅最大。

（2）从深证 300、深证成指、深证 1000、深证 700 和中小创新指数走相看，深市前排 300 样本个股对深证 300、深证成指和深证 1000 指数涨幅贡献最大，且前 300 只个股之后的样本组成的指数涨幅收窄较为明显。

3. 深市 A 股中小板、创业板指数走相

深市 A 股中小板、创业板指数走相是指对深市中小板和创业板分类及其相应指数走势走相。

选取了中小板综（中小板综合指数的简称）、中小板指、创业板综（创业板综合指数的简称）、创业板指和中小创新指数作为深市 A 股中小板、创业板指数走相代表指数，见表 2-13。对比这五条指数在 2019 年 1 月 31 日至 2021 年 2 月 26 日区间的涨幅，绘出表 2-14，并作出柱状图进行直观比较，见图 2-70。

表 2-13 深市 A 股中小板、创业板指数走相表

指数名称		中小板综合指数	中小板指数（价格）	创业板综合指数	创业板指数（价格）	深证中小创新指数
指数简称		中小板综	中小板指	创业板综	创业板指	中小创新
指数代码		399101	399005	399102	399006	399015
发布公司		深圳证券信息有限公司	深圳证券信息有限公司	深圳证券信息有限公司	深圳证券信息有限公司	深圳证券信息有限公司
发布时间		2005 年 12 月 1 日		2021 年 8 月 20 日		
指数基日		2005 年 6 月 7 日	2005 年 6 月 7 日	2010 年 5 月 31 日	2010 年 5 月 30 日	2011 年 12 月 30 日
指数基点		1000	1000	1000	1000	1000
样本空间		深市 A 中小板全部股票	深市 A 中小板，剔除成交额后 10% 的股票，选取总市值排名前 100	深市 A 创业板全部股票	深市 A 创业板非 ST、*ST 股，剔除成交额后 10% 的股票，选取总市值排名前 100	深市 A 股剔除成交额后 10% 的股票，ST、*ST 证券除外，深证 1000 中剔除深证成指后的 500
样本	数量	998（中小 998）	100（中小 100）	914（创 914）	100（创 100）	500（深 A500）
	时间	2021 年 2 月 26 日	2021 年 2 月 26 日	2021 年 2 月 26 日	2021 年 2 月 26 日	2021 年 2 月 26 日
计算权重		流通市值	自由流通市值	流通市值	自由流通市值	自由流通市值

续表

指数名称		中小板综合指数	中小板指数（价格）	创业板综合指数	创业板指数（价格）	深证中小创新指数
行业分布（%）	金融地产	6.17	8.18	3.33	7.08	2.48
	工业	17.55	9.97	24.81	24.09	23.32
	主要消费	10.79	12.11	3.52	5.19	6.29
	原材料	15.7	12.36	7.85	4.2	18.93
	可选消费	13.13	11.44	5.94	4.28	9.86
	医药卫生	8.08	8.31	22.91	29.95	7.59
	信息技术	25.46	35.7	28.15	22.82	25.13
	能源	0.78	0.56	0.22	0	0.52
	公共事业	0.85	0.59	0.16	0	1.39
	电信业务	1.48	0.78	3.11	2.39	4.48
	数据时间	2021年3月18日	2021年3月18日	2021年3月19日	2021年3月18日	2021年3月18日
前十权重个股	代码简称权重（%）	002352 顺丰控股 4.36	002415 海康威视 5.62	300750 宁德时代 6.41	300750 宁德时代 10.92	000799 酒鬼酒 1.65
		002415 海康威视 4.28	002475 立讯精密 5.58	300015 爱尔眼科 3.64	300059 东方财富 6.76	000733 振华科技 1.04
		002475 立讯精密 3.01	002714 牧原股份 5.30	300059 东方财富 3.18	300760 迈瑞医疗 5.74	300083 创世纪 0.86
		002714 牧原股份 2.67	002352 顺丰控股 4.67	300760 迈瑞医疗 3.06	300015 爱尔眼科 4.22	002497 雅化集团 0.84
		002142 宁波银行 2.19	002594 比亚迪 4.49	300122 智飞生物 2.36	300122 智飞生物 3.55	002747 埃斯顿 0.63
		002304 洋河股份 2.18	002142 宁波银行 3.70	300014 亿纬锂能 2.23	300124 汇川技术 3.15	002407 多氟多 0.60
		002594 比亚迪 2.10	002027 分众传媒 3.19	300433 蓝思科技 2.00	300014 亿纬锂能 3.12	002145 中核钛白 0.58
		002493 荣盛石化 1.81	002304 洋河股份 2.97	300124 汇川技术 1.77	300498 温氏股份 2.94	002240 盛新锂能 0.58
		002027 分众传媒 1.48	002230 科大讯飞 2.29	300274 阳光电源 1.38	300274 阳光电源 2.72	300395 菲利华 0.58
		002311 海大集团 1.21	002271 东方雨虹 2.13	300498 温氏股份 1.29	300347 泰格医药 2.40	002163 海南发展 0.57
	数据时间	2021年2月26日	2021年2月26日	2021年2月26日	2021年2月26日	2021年2月26日

续表

指数名称		中小板综合指数	中小板指数（价格）	创业板综合指数	创业板指数（价格）	深证中小创新指数
区间统计	涨跌幅%	74.18	106.4	96.34	133.00	38.53
	时间区间	2019年1月31日－2021年2月26日	2019年1月31日－2021年2月26日	2019年1月31日－2021年2月26日	2019年1月31日－2021年2月26日	2019年1月31日－2021年2月26日

表2-14 深市A股中小板、创业板指数走相涨幅对比表

20210323

指数全称	指数代码	指数简称	样本数排名	20190131－20210226 涨跌幅%	样本范围	备注
创业板指数（价格）	399006	创业板指	100＝1~100	133.00	深创业板前100	
中小板指数（价格）	399005	中小板指	100＝1~100	106.40	深中小板前100	
创业板综合指数	399102	创业板综	0＝1~914	96.34	深创业板全部	
中小板综合指数	399101	中小板综	0＝1~998	74.18	深中小板全部	
深证中小创新指数	399015	中小创新	500＝501~1000	38.53	深1000样本中扣除深证成指500样本后前500	深证1000系
注明：0＝1~3580是代表全部样本股，51＝1~51是代表前1至51只样本股。						

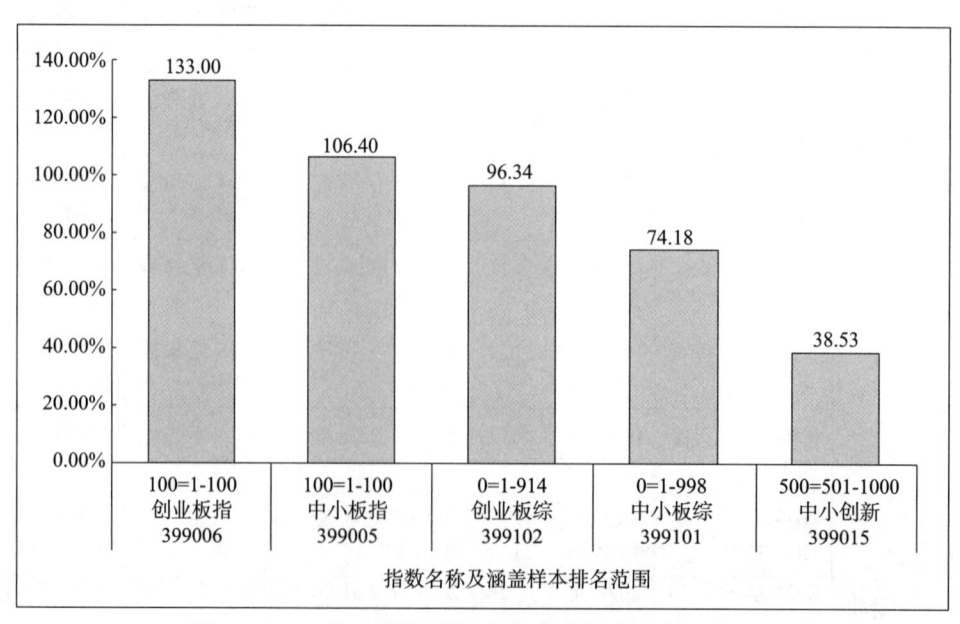

图2-70 深市A股中小板、创业板指数走相涨幅对比图

对表2-13、表2-14和图2-70进行综合分析，得出以下结论：

（1）从中小创新、中小板综和创业板综指数走相看，在深市中小板和创业板整体涨幅都较大。

（2）不论从全貌指数还是从成分指数看，创业板涨幅大于中小板涨幅。

4. 沪深A股大中小盘涨幅靠前指数走相

对沪深两市A股大中小级别板块指数走相综述，选取了深证成指、深证100、深证300、创业板指、中小板指、上证50和上证180指数，在2019年1月31日至2021年2月26日区间涨幅靠前的指数对比，见表2-15和图2-71。

表2-15　沪深A股大中小盘指数走相涨幅靠前指数对比表

20210323

指数全称	指数代码	指数简称	样本数量排名	20190131-20210226 涨跌幅	样本空间	备注
深证100指数	399330	深证100	100 = 1~100	135.40%	深证前100	
创业板指数	399006	创业板指	100 = 1~100	133.00%	深创业板前100	
深证300指数	399007	深证300	300 = 1~300	110.80%	深证前300	
中小板指数	399005	中小板指	100 = 1~100	106.40%	深中小板前100	
深证成分指数	399001	深证成指	500 = 1~500	100.40%	深证前500	
上证50指数	000016	上证50	50 = 1~50	63.87%	上证180前50龙头蓝筹股	上证180系
上证180指数	000010	上证180	180 = 1~180	60.96%	沪A前180大盘蓝筹股	根指数

注明：0=1~3580是代表全部样本股，51=1~51是代表前1至51只样本股。

虽然所选取的各指数都是各板块中的最高涨幅指数，但相比之后涨幅还是有高低之分。总的来说，都是属于成分类指数，且聚集了各板块的龙头个股组成的指数样本空间，另外，深市指数涨幅明显高于沪市指数。

通过对以上大中小级别板块指数走相研究来发现、感知市场的冷热高低板块区域，为投资策略提供分析依据。

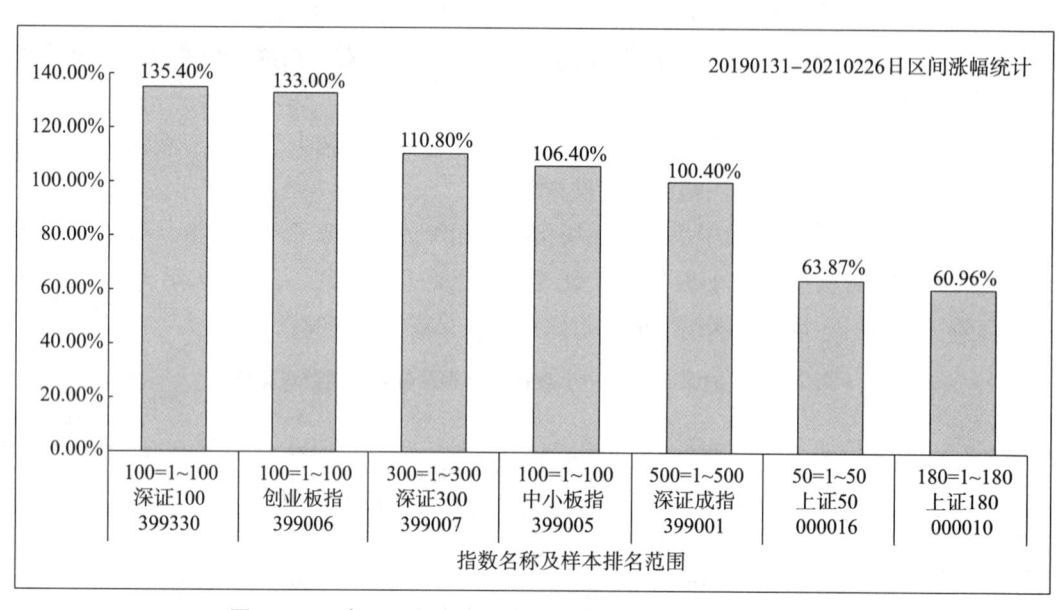

图 2-71　沪深 A 股大中小盘指数走相涨幅靠前指数对比图

（二）十大行业板块指数走相

目前，在国内外主流行业分类方法中，借鉴国际主流行业分类标准，并结合我国上市公司特点进行调整形成的中证行业分类方法较为常用，将行业分为 10 个一级行业（金融行业和地产行业合并为金融地产）、26 个二级行业、70 余个三级行业及 100 多个四级行业。

在众多行业指数中，以中证全指指数样本为样本空间的中证全指系列行业指数为整体 A 股十大行业全貌指数，以沪深 300 指数样本为样本空间的沪深 300 行业指数系列为整体 A 股十大行业成分指数，并对以上两大类行业指数在 2019 年 1 月 31 日至 2021 年 2 月 26 日区间的市场表现进行分析，以此来反映、分析十大行业指数走相。

1. 中证全指行业系列指数走相

中证全指行业指数系列从每个行业内选取流动性和市场代表性较好的证券作为指数样本，形成 10 条中证全指行业指数，可作为投资标的以及业绩评价基准，结合该系列指数市场表现，划分了 2019 年 1 月 31 日至 2020 年 7 月 31 日和 2019 年 1 月 31 日至 2021 年 2 月 26 日两个区间进行统计涨跌幅对比，见表 2-16 和图 2-72。

第二章 股市走相行为规律

表 2-16　中证全指行业系列指数走相涨跌幅对比表

20210324

行业级别	指数代码	指数简称	样本空间	样本数量	区间涨跌幅% 20190131-20200731	区间涨跌幅% 20190131-20210226	备注
对标基准	000985	中证全指	全部A股,除ST、*ST、上市不足3个月等股外	0=1~3580	57.60	63.67	根指数
一级十大行业	000995	全指公用	中证全指样本行业股中至少选50只,不足50只则全部为样本,多于50只则按过去一年日均成交额、日均总市值排名剔除成交金额后10%及累计总市值占比达到98%以后的股票,剩余的50只	79=1~79	4.59	1.04	中证全指系
	000986	全指能源		51=1~51	-6.90	2.50	
	000994	全指通信		65=1~65	51.89	20.01	
	000992	全指金融		164=1~164	27.14	32.72	
	000988	全指工业		774=1~774	42.04	59.56	
	000989	全指可选		447=1~447	45.99	60.78	
	000987	全指材料		423=1~423	46.02	75.50	
	000993	全指信息		455=1~455	106.30	75.97	
	000991	全指医药		253=1~253	115.80	100.40	
	000990	全指消费		136=1~136	130.80	164.50	

注明：0=1~3580 是代表全部样本股，51=1~51 是代表前 1 至 51 只样本股。

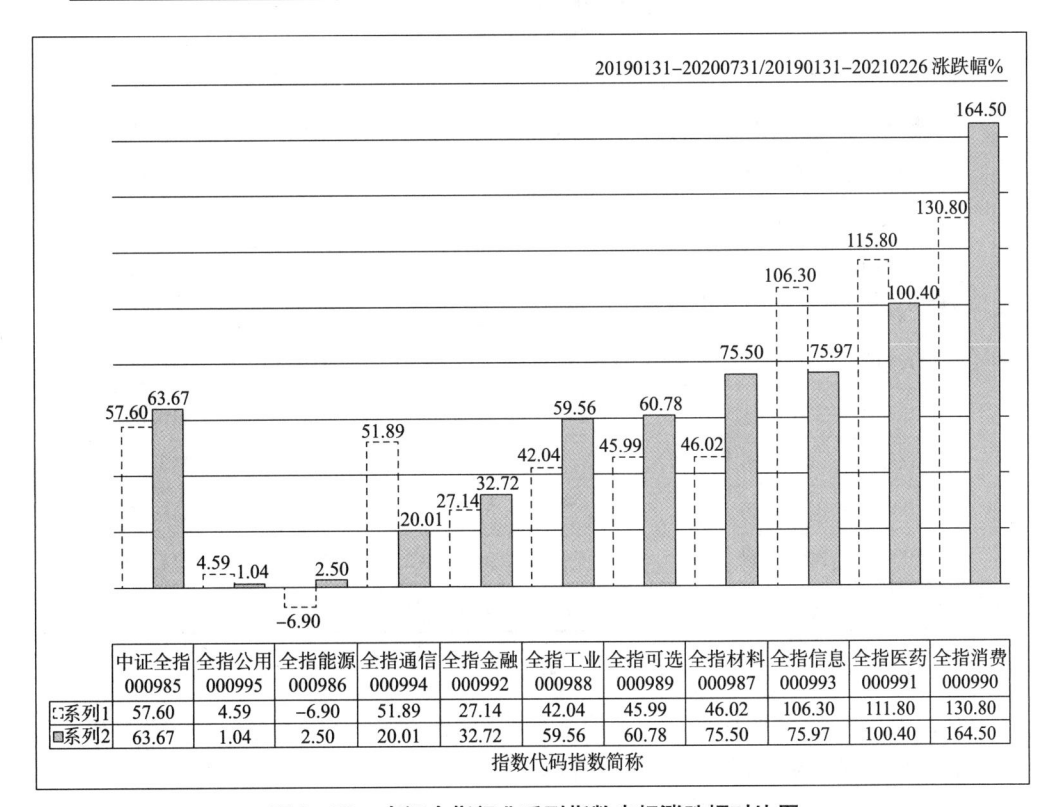

图 2-72　中证全指行业系列指数走相涨跌幅对比图

通过表2-16和图2-72可以知道，中证全指指数是作为根指数和对标基准，总的看，全指消费、全指医药两个区间涨幅明显高于对标基准涨幅，全指能源和全指公用两个区间涨幅明显低于对标基准涨幅。

2. 沪深300行业指数走相

沪深300行业指数系列将沪深300指数样本按中证行业分类分为10个行业，以各行业全部证券作为指数样本，形成10条沪深300行业指数，以反映沪深300指数样本中不同行业上市公司证券的整体表现。结合该系列指数市场表现，划分了2019年1月31日至2020年7月31日和2019年1月31日至2021年2月26日两个区间进行统计涨跌幅对比，见表2-17和图2-73。

表2-17 沪深300行业系列指数走相涨跌幅对比表

行业级别	指数代码	指数简称	样本空间	样本数量	区间涨跌幅% 20190131-20200731	区间涨跌幅% 20190131-20210226	备注
对标基准	000300/399300	沪深300	沪深A非ST、*ST股，过去一年日均成交额前50%中过去一年日均总市值前300和红筹企业存托凭证	300=1~300	55.95	77.26	根指数
一级十大行业	000908	300能源	沪深300样本，各自行业的全部证券作为相应行业指数的样本	6=1~6	-17.03	-5.99	
	000917	300公用		8=1~8	-3.45	0.49	
	000916	300通信		11=1~11	51.52	23.91	
	000914	300金融		80=1~80	27.29	37.43	
	000910	300工业		46=1~46	31.11	68.99	
	000915	300信息		44=1~44	124.30	106.00	
	000911	300可选		27=1~27	62.99	110.60	
	000909	300材料		25=1~25	46.48	113.70	
	000913	300医药		32=1~32	116.50	116.60	
	000912	300消费		21=1~21	157.30	217.40	

注：0=1~3580是代表全部样本股，51=1~51是代表前1至51只样本股。

通过表2-17和图2-73可以知道，沪深300指数是作为根指数和对标基准，总的看，300消费、300医药两个区间涨幅明显高于对标基准涨幅，300能源和300公用两个区间涨幅明显低于对标基准涨幅。

综合来看，从以中证全指一级10大行业指数为代表的10大行业全貌指数走相

	沪深300 000300/ 399300	300能源 000908	300公用 000917	300通信 000916	300金融 000914	300工业 000910	300信息 000915	300可选 000911	300材料 000909	300医药 000913	300消费 000912
系列1	55.95	−17.03	−3.45	51.52	27.29	31.11	124.30	62.99	46.48	116.50	157.30
系列2	77.26	−5.99	0.49	23.91	37.43	68.99	106.00	110.60	113.70	116.60	217.40

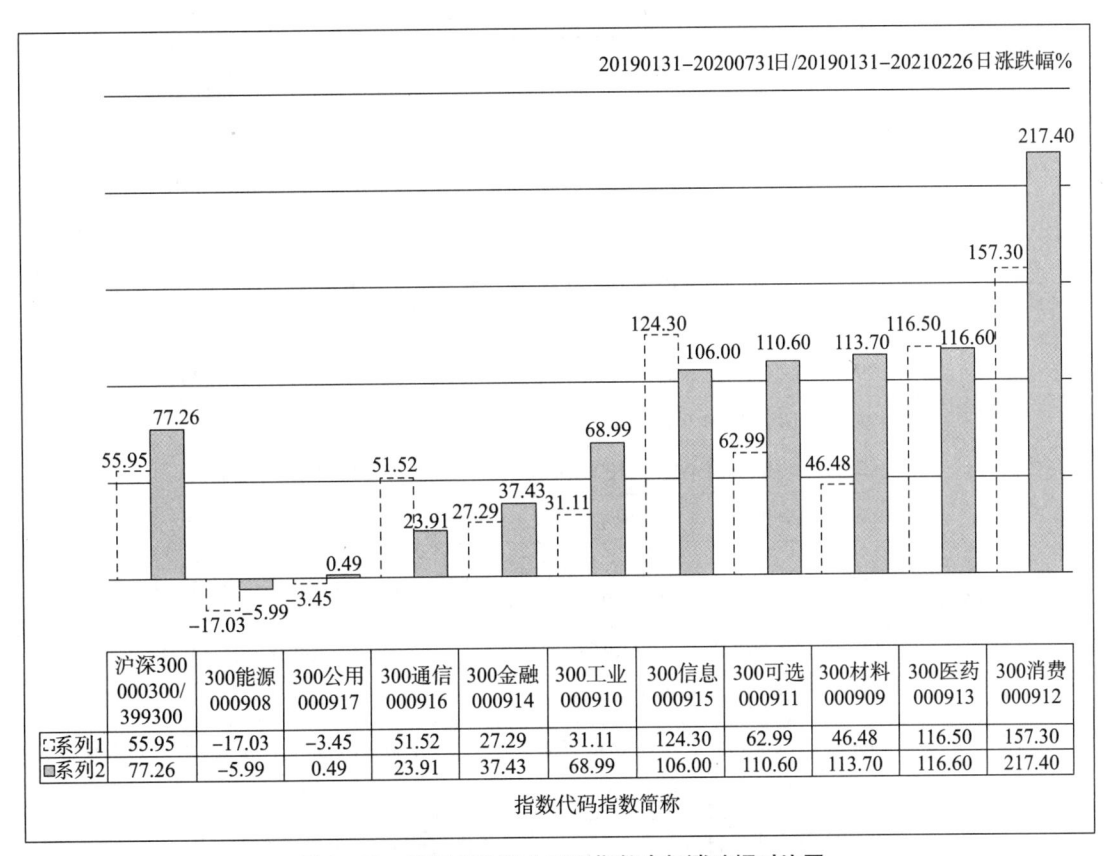

图 2-73　沪深 300 行业系列指数走相涨跌幅对比图

和以沪深 300 一级 10 大行业指数为代表的 10 大行业成分指数走相看，能得出一致的结论，即涨幅前三行业分别是主要消费行业、医药行业、信息技术行业，且可以简单理解为沪深 300 行业指数涨幅比中证全指行业指数涨幅大，或者说在沪深 300 样本中集中着 10 大行业涨幅更高的行业领涨个股。

（三）A 股风格指数走相

风格指数是对样本空间的上市公司证券，计算其成长因子与价值因子的变量数值，选出样本组成的。虽然指数公司各有各的算法，但计算因子的范围很接近。成长因子包含三个变量：主营业务收入增长率、净利润增长率和内部增长率（或净资产收益率）；价值因子包含四个变量：股息收益率（D/P），每股净资产与价格比率（B/P）、每股净现金流与价格比率（CF/P）、每股收益与价格比率（E/P），及每股经营现金流与价格比率及每股净资产与价格比率。

从众多风格指数中，挑选了上证全指系、深证 300 系和沪深 300 系、国证 1000 系风格指数，作为对比分析对象，在 2019 年 1 月 31 日至 2021 年 2 月 26 日区间对此四系列指数进行统计涨跌幅对比，见表 2-18 和图 2-74。

表 2-18　沪深 A 股风格指数走相涨跌幅对比表

指数系列	指数代码	指数简称	样本空间 空间	样本空间 数量	区间涨跌幅% 20190131-20210226	备注
沪深 300 风格指数	000918	300 成长	沪深 300 样本	100 = 1~100	128.00	
	000300	沪深 300	沪深 A 总市值前 300	300 = 1~300	77.26	对标根指数
	000919	300 价值	沪深 300 样本	100 = 1~100	33.78	
国证 1000 风格指数	399370	国证成长	国证 1000 样本	332 = 1~332	121.80	
	399311	国证 1000	沪深 A 总市值前 1000	1000 = 1~1000	74.02	对标根指数
	399371	国证价值	国证 1000 样本	332 = 1~332	35.72	
上证全指风格指数	000057	全指成长	上证全指样本	150 = 1~150	98.59	
	000047	上证全指	上证 180 + 上证小盘 320 = 沪 A 前 500	500 = 1~500	57.17	对标根指数
	000058	全指价值	上证全指样本	150 = 1~150	24.14	
深证系列风格指数	399346	深证成长	深证 300 样本	100 = 1~100	113.30	
	399007	深证 300	深 A 总市值前 300	300 = 1~300	110.80	对标根指数
	399348	深指价值	深证 300 样本	100 = 1~100	85.15	

注：0 = 1~3580 是代表全部样本股，51 = 1~51 是代表前 1 至 51 只样本股。

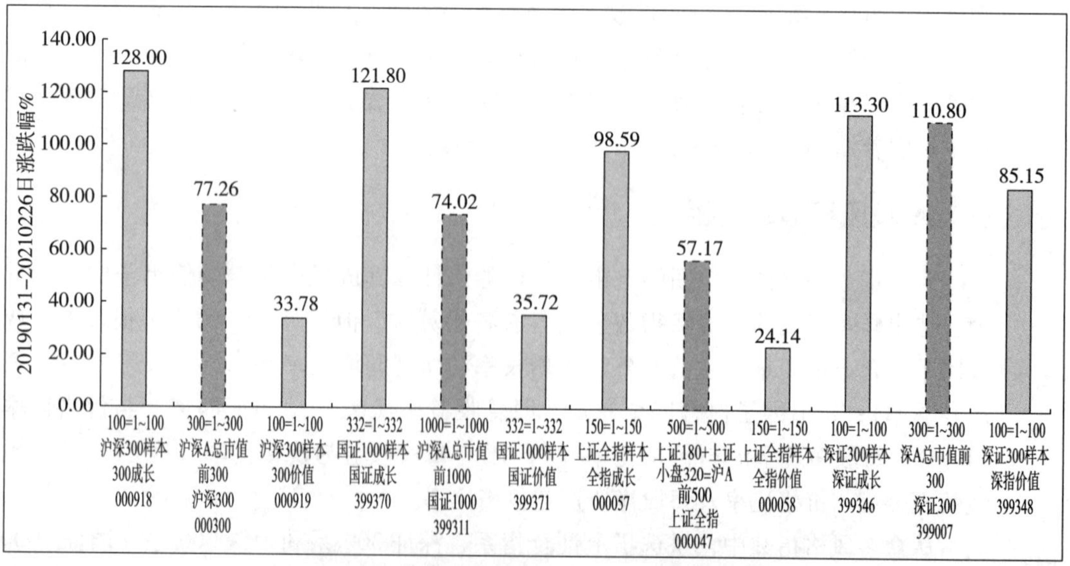

图 2-74　沪深 A 股风格指数走相涨跌幅对比图

上证全指是沪市 A 股前 500 名个股，代表沪市成分类型指数，是全指成长风格指数和全指价值风格指数的根指数、对标基准；深证 300 是深市 A 股前 300 名个股，代表深市成分类型指数，作为深证成长风格指数和深证价值风格指数的根指数、对标基准；同样，沪深 300 和国证 1000 分别涵盖了沪深 A 股的前 300 名个股和前 1000 名个股，代表股市成分类型指数、根指数、对标基准。

从表 2-18、图 2-74 中可以看出，成长和价值两种风格指数与之相应的根指数在区间涨幅进行比较，涨幅大到小的排序是成长型风格指数、根指数、价值型风格指数。

（四）A 股主题指数走相

主题指数是反映某一特定投资主题的指数，是根据确定的主题选取样本，按照一定规则构建的指数。主题指数经常用某行某业命名，其实他们不是标准的行业划分，可以被看作概念性行业。随着经济活动的发展，各种概念、业态层出不穷，主题指数也就繁多，据中证指数公司和国证指数公司公开的主题类指数达六百条左右。

比如，中证养老产业指数，就是针对养老产业构建的主题指数，它的成分股覆盖面很广，包括医药、消费、信息、金融等行业的股票。中证环保指数，是针对环保这个主题构建的指数，现在环境污染是个大问题，国家花大力气去治理，环保类股票比较火，所以环保指数比较热门。

（五）A 股策略指数走相

策略指数是指除了单边做多的市值加权指数之外的指数。也就是说，以市值加权的单边做多的指数视为传统指数，包括策略指数以外的其他指数，比如地域指数、风格指数、板块行业指数和大盘指数等等。

绝大多数指数采用市值加权的方式编制，也就是市值越大的股票在指数中的比重就越大，主题指数一般采用等权重的方式编制，也就是每只股票的比重大致一样，而策略指数则不然，采用的是策略加权的方式编制指数，策略主要有四种：红利、基本面、低波动、价值。

红利指数，按股息率（股息率＝股息/股价）进行加权，用高股息率的股票构建的指数，谁的股息率高，谁在指数中的占比就高。红利指数分为上证红利指数、深证红利指数和中证红利指数。以中证红利指数为例，它由沪深两市中股息率高、分红稳定、具有一定规模及流动性的 100 只股票组成，包括我们非常熟悉的双汇、格力、上汽、工行、建行等。

标普红利机会指数是标普公司针对中国股市开发的指数。它的基本选股规则也是挑选股息率高的股票，但是会对股票范围进行一些筛选：过去 3 年盈利增长必须为正、过去 12 个月的净利润必须为正、每只股票权重不超过 3%，单个行业不超过 33%。

基本面指数是按收入、现金流、净资产和分红等四个基本面指标进行加权的指数，其中影响最大的是基本面 50 指数。

低波动指数按波动率加权，波动率越低，权重越高。它的投资理念是不断把涨得多的股票卖出，买入没怎么涨的，此类指数有沪深 300 低波动，中证 500 低波动等。

价值指数与基本面指数很相似，用的是四个估值指标，分别是市盈率、市净率、市现率和股息率，市盈率、市净率、市现率越低，股息率越高的股票。

因此，传统指数和策略指数的本质区别在于：一是加权方式，策略指数主要采用非市值加权方式，二是多空、杠杆交易，策略指数可以采用多空两种方式，并可以运用杠杆，其他指数只能单边操作。

（六）A 股地区板块指数走相

地区板块是根据上市公司的所在地域对其进行划分形成的指数，例如：北京板块、上海板块、山东板块等。

应从国家战略发展规划和当期市场热门板块角度选择目标个股，也就是说，尽量选择那些国家政策扶持、经济活跃度强的地区的公司个股。

（七）A 股细分行业指数走相

在市场中，从 10 大一级行业、几十个二级行业，细分到四级行业，已经有好几百种行业分类类型，加之不同公司或部门对行业的分类又有些差别，比如国证指数公司对一级行业分为 11 大类，而中证指数公司对一级行业分为 10 大类，再细分的行业类型自然有所不同，因此在市场中，从一级到四级的行业细分类型总量非常多，与此相应的是指数也非常多。

以中证 500 细分行业系列指数为例，该系列指数为反映中证 500 指数样本空间中不同细分行业公司的整体表现，为投资者提供分析工具，将中证 500 指数样本按行业分类标准分为 10 个一级行业、26 个二级行业、70 余个三级行业及 100 多个四级行业，再以进入各二、三级行业的全部证券作为样本编制指数，形成中证 500 细分行业指数，为投资者从行业角度考量中证 500 指数提供工具。

与此类似的系列细分行业指数众多，比如中证 500 行业系列指数、中证 1000 行业系列指数、国证 1000 行业系列指数、沪深 300 细分行业系列指数、国证细分行业系列指数等等。

对于细分行业指数的实际运用是，根据行业分类脉络进行逐级聚焦，选择目标细分行业及其指数，再跟踪目标行业指数成分个股情况，挖掘目标个股。

以饮料细分行业指数为例，选择了 H30205 饮料指数和 CN6034 饮料指数对比两条指数相关情况，从中挖掘交集成分股以及成分股定期调整情况，尤其是十大权重交集个股，以便跟踪交易操作。

(1) H30205 饮料指数，是中证饮料主题指数，选取 50 只酒类及软饮料等相关行业的上市公司证券作为样本，以反映饮料主题上市公司的整体表现。

图 2-75 是 H30205 饮料指数在 2016 年 1 月 1 日至 2021 年 7 月 30 日走势图，从

走势图反映出该指数的区间涨幅巨大。

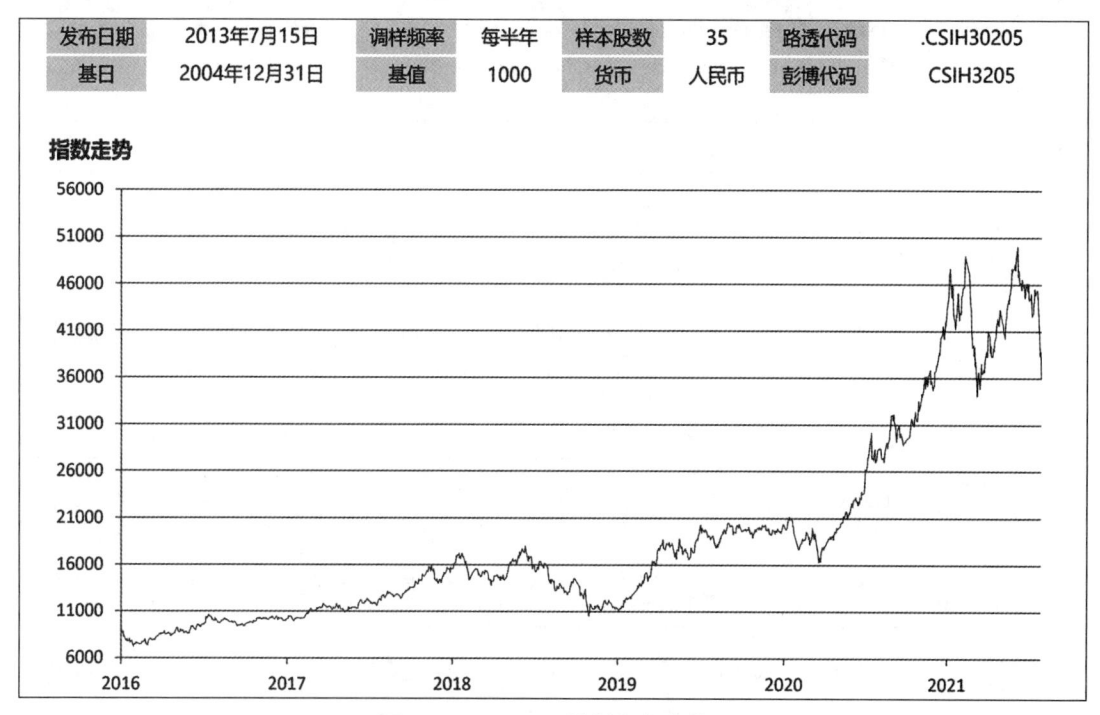

发布日期	2013年7月15日	调样频率	每半年	样本股数	35	路透代码	.CSIH30205
基日	2004年12月31日	基值	1000	货币	人民币	彭博代码	CSIH3205

图 2-75　H30205 饮料指数走势图

表 2-19 是 H30205 饮料指数 2021 年 5 月 27 日和 2021 年 8 月 20 日成分对比表，通过按成分券名称排序后，发现 2021 年 5 月 27 日的 600300 维维股份不在 2021 年 8 月 20 日成分列表中，而在 2021 年 8 月 20 日成分列表中新增了 605198 德利股份和 605388 均瑶健康两只个股，表中加粗突出显示了这三只个股。

表 2-19　H30205 饮料指数 2021 年 5 月 27 日和 2021 年 8 月 20 成分对比表

日期 Date	成分券 代码 Constituent Code	成分券 名称 Constituent Name	日期 Date	成分券 代码 Constituent Code	成分券 名称 Constituent Name	日期 Date	成分券 代码 Constituent Code	成分券 名称 Constituent Name
2021-08-20	002568	百润股份	2021-08-20	000799	酒鬼酒	2021-08-20	000860	顺鑫农业
2021-05-27	002568	百润股份	2021-05-27	000799	酒鬼酒	2021-05-27	000860	顺鑫农业
2021-08-20	000848	承德露露	2021-08-20	**605388**	**均瑶健康**	2021-05-27	**600300**	**维维股份**
2021-05-27	000848	承德露露	2021-08-20	603589	口子窖	2021-08-20	000858	五粮液

续表

日期 Date	成分券代码 Constituent Code	成分券名称 Constituent Name	日期 Date	成分券代码 Constituent Code	成分券名称 Constituent Name	日期 Date	成分券代码 Constituent Code	成分券名称 Constituent Name
2021-08-20	**605198**	德利股份	2021-05-27	603589	口子窖	2021-05-27	000858	五粮液
2021-08-20	000596	古井贡酒	2021-08-20	000929	兰州黄河	2021-08-20	603711	香飘飘
2021-05-27	000596	古井贡酒	2021-05-27	000929	兰州黄河	2021-05-27	603711	香飘飘
2021-08-20	600059	古越龙山	2021-08-20	600559	老白干酒	2021-08-20	000729	燕京啤酒
2021-05-27	600059	古越龙山	2021-05-27	600559	老白干酒	2021-05-27	000729	燕京啤酒
2021-08-20	600519	贵州茅台	2021-08-20	000568	泸州老窖	2021-08-20	002304	洋河股份
2021-05-27	600519	贵州茅台	2021-05-27	000568	泸州老窖	2021-05-27	002304	洋河股份
2021-08-20	601579	会稽山	2021-08-20	600543	莫高股份	2021-08-20	603156	养元饮品
2021-05-27	601579	会稽山	2021-05-27	600543	莫高股份	2021-05-27	603156	养元饮品
2021-08-20	600573	惠泉啤酒	2021-08-20	600600	青岛啤酒	2021-08-20	600197	伊力特
2021-05-27	600573	惠泉啤酒	2021-05-27	600600	青岛啤酒	2021-05-27	600197	伊力特
2021-08-20	603369	今世缘	2021-08-20	002646	青青稞酒	2021-08-20	603198	迎驾贡酒
2021-05-27	603369	今世缘	2021-05-27	002646	青青稞酒	2021-05-27	603198	迎驾贡酒
2021-08-20	600616	金枫酒业	2021-08-20	600189	泉阳泉	2021-08-20	000869	张裕A
2021-05-27	600616	金枫酒业	2021-05-27	600189	泉阳泉	2021-05-27	000869	张裕A
2021-08-20	603919	金徽酒	2021-08-20	600809	山西汾酒	2021-08-20	600132	重庆啤酒

续表

日期 Date	成分券 代码 Constituent Code	成分券 名称 Constituent Name	日期 Date	成分券 代码 Constituent Code	成分券 名称 Constituent Name	日期 Date	成分券 代码 Constituent Code	成分券 名称 Constituent Name
2021-05-27	603919	金徽酒	2021-05-27	600809	山西汾酒	2021-05-27	600132	重庆啤酒
2021-08-20	600199	金种子酒	2021-08-20	600779	水井坊	2021-08-20	002461	珠江啤酒
2021-05-27	600199	金种子酒	2021-05-27	600779	水井坊	2021-05-27	002461	珠江啤酒

通过对个股资料进行查询发现，600300 维维股份于 2021 年 4 月 26 日发布了《维维食品饮料股份有限公司关于股票交易实施其他风险警示暨公司股票停牌的提示性公告》，提示立信会计师事务所（特殊普通合伙）对公司出具了否定意见的《2020 年度内部控制审计报告》，公司股票于 2021 年 4 月 27 日起实施其他风险警示，因此，之后被从成分个股中调整出去了。

（2）CN6034 饮料指数，是由深证制造业指数中大类产业为酒、饮料和精制茶制造业的全部样本股组成。

图 2-76 是 CN6034 饮料指数 2016 年 1 月 1 日至 2021 年 7 月 30 日的走势图，从走势图反映出该指数的区间涨幅巨大。

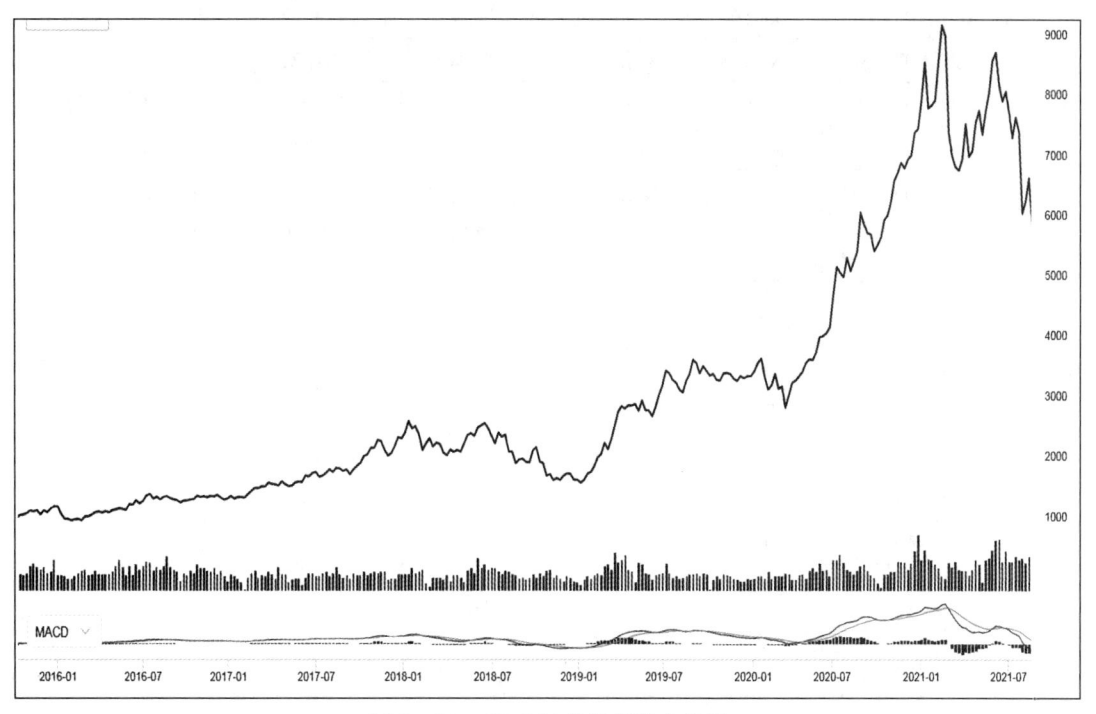

图 2-76　CN6034 饮料指数走势图

表 2-20 是 CN6034 饮料指数 2021 年 5 月 31 日和 2021 年 7 月 30 日成分对比表，通过按成分券名称排序后，发现 2021 年 7 月 30 日列表中新增了 300997 欢乐家这只个股，表中加粗突出显示了该股。

表 2-20　CN6034 饮料指数 2021 年 5 月 31 日和 2021 年 7 月 30 日成分对比表

日期	样本代码	样本简称	所属行业	自由流通市值（亿元）	总市值（亿元）	权重（%）
2021-05-31	002568	百润股份	主要消费	277.03	661.24	2.76
2021-07-30	002568	百润股份	主要消费	253.17	521.33	3.47
2021-05-31	000848	承德露露	主要消费	60.83	102.58	0.61
2021-07-30	000848	承德露露	主要消费	62.12	104.74	0.85
2021-05-31	000596	古井贡酒	主要消费	274.77	939.44	2.74
2021-07-30	000596	古井贡酒	主要消费	208.56	759.55	2.86
2021-07-30	**300997**	**欢乐家**	主要消费	13.94	74.21	0.19
2021-05-31	000995	皇台酒业	主要消费	24.95	41.23	0.25
2021-07-30	000995	皇台酒业	主要消费	23.06	38.11	0.32
2021-05-31	000799	酒鬼酒	主要消费	552.88	801.27	5.51
2021-07-30	000799	酒鬼酒	主要消费	430.18	623.44	5.89
2021-05-31	000929	兰州黄河	主要消费	14.84	20.94	0.15
2021-07-30	000929	兰州黄河	主要消费	11.84	16.70	0.16
2021-05-31	000568	泸州老窖	主要消费	1972.07	4027.34	19.64
2021-07-30	000568	泸州老窖	主要消费	1227.21	2506.19	16.80
2021-05-31	002646	青青稞酒	主要消费	38.95	95.94	0.39
2021-07-30	002646	青青稞酒	主要消费	38.24	86.00	0.52
2021-05-31	000860	顺鑫农业	主要消费	232.66	372.29	2.32
2021-07-30	000860	顺鑫农业	主要消费	144.72	231.58	1.98
2021-05-31	000858	五粮液	主要消费	5254.44	12231.72	52.32
2021-07-30	000858	五粮液	主要消费	3869.88	8568.65	52.99
2021-05-31	000729	燕京啤酒	主要消费	87.47	214.77	0.87
2021-07-30	000729	燕京啤酒	主要消费	71.75	176.16	0.98
2021-05-31	002304	洋河股份	主要消费	1170.33	3282.22	11.65
2021-07-30	002304	洋河股份	主要消费	883.14	2456.24	12.09
2021-05-31	000869	张裕 A	主要消费	42.75	179.53	0.43
2021-07-30	000869	张裕 A	主要消费	33.39	140.21	0.46
2021-05-31	002461	珠江啤酒	主要消费	39.22	265.82	0.39
2021-07-30	002461	珠江啤酒	主要消费	32.46	207.61	0.44

图 2-77 和图 2-78 是 H30205 饮料指数和 CN6034 饮料指数的 2021 年 7 月 30 日十大权重个股。能够进入成分列表已经是拥有较佳个股属相的股票了，何况是前十权重个股，尤其是两条指数交集的前十权重个股。

十大权重股

代码	名称	行业	上市交易所	权重
600519	贵州茅台	主要消费	上海	15.40%
000858	五粮液	主要消费	深圳	14.69%
600809	山西汾酒	主要消费	上海	11.16%
000568	泸州老窖	主要消费	深圳	10.02%
002304	洋河股份	主要消费	深圳	7.85%
000799	酒鬼酒	主要消费	深圳	5.17%
600132	重庆啤酒	主要消费	上海	4.43%
600600	青岛啤酒	主要消费	上海	3.38%
002568	百润股份	主要消费	深圳	3.09%
603369	今世缘	主要消费	上海	3.06%

图 2-77　H30205 饮料指数十大权重个股图

十大权重

代码	简称	行业	权重	市场
000858	五粮液	主要消费	52.99%	深交所主板
000568	泸州老窖	主要消费	16.80%	深交所主板
002304	洋河股份	主要消费	12.09%	深交所主板
000799	酒鬼酒	主要消费	5.89%	深交所主板
002568	百润股份	主要消费	3.47%	深交所主板
000596	古井贡酒	主要消费	2.86%	深交所主板
000860	顺鑫农业	主要消费	1.98%	深交所主板
000729	燕京啤酒	主要消费	0.98%	深交所主板
000848	承德露露	主要消费	0.85%	深交所主板
002646	青青稞酒	主要消费	0.52%	深交所主板

图 2-78　CN6034 饮料指数十大权重个股图

在实际操作中，先从大类中选择出将成为市场热点，有望上涨靠前的行业，再向更细分行业寻找，像是扒洋葱一样一层一层地寻找，就像寻找植物的生长点一样，找出市场行业热门中的热门细分行业，摘选细分行业指数中的成分个股，形成股票池，并对细分行业指数成分个股的进出变动情况进行跟踪，以便相应调整自建股票池及目标个股的具体操作。

（八）A 股指数走相指标

通过对沪深 A 股市场的各个市场或板块的指数走相进行研究，分析出哪些市场或板块成为市场热区、涨幅高区，哪些市场或板块成为市场冷区、涨幅低区，以便更进一步挖掘、缩小投资主攻方向，以便挑选出目标个股进行操作，为投资提供依据。

指数走相指标是指能够用于观察、反映市场或板块指数走相冷热区、高低区的相关指标，也叫市场活跃度指标，这些指标有板块成交量能、换幅比和金幅比、绝对价格等。

1. 板块成交量

市场活跃度指标中的板块成交量是最为直接、最为首要的参考因素，没有成交量的配合市场或板块向上运行是空中楼阁，只有成交量推动才能持续上行，因此，板块成交量是市场活跃度的直接标尺。

以下内容是在 2020 年 9 月 14 日进行的，对 2020.08.24 – 2020.09.04 期间 A 股市场表现进行的分析讨论内容。

（1）从市场"量价"整体表现看，在此期间，整个市场各板块表现，包括大盘指数走势都是比较平淡、不瘟不火，即"价平"状态，在同期的科创板、中小板、银行、证券、超大盘、包括大盘，成交量都是不济的，未出现堆砌现象，当然他们相应的指数走势都是下跌的，见图 2 – 79，其中，创业板指数走势也是平平的，但是在成交量方面，创业板是在整个市场中唯一成交量堆砌现象的板块，见图 2 – 80。

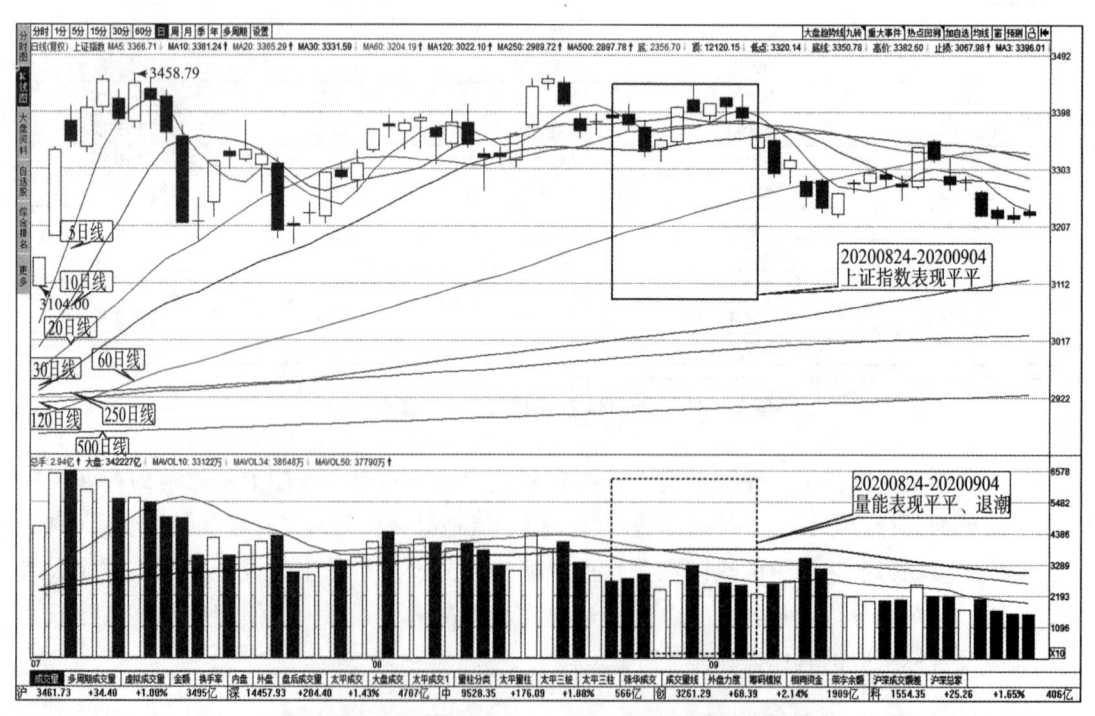

图 2 – 79　上证指数 2020.07 – 2020.09 的日 K 线走势图

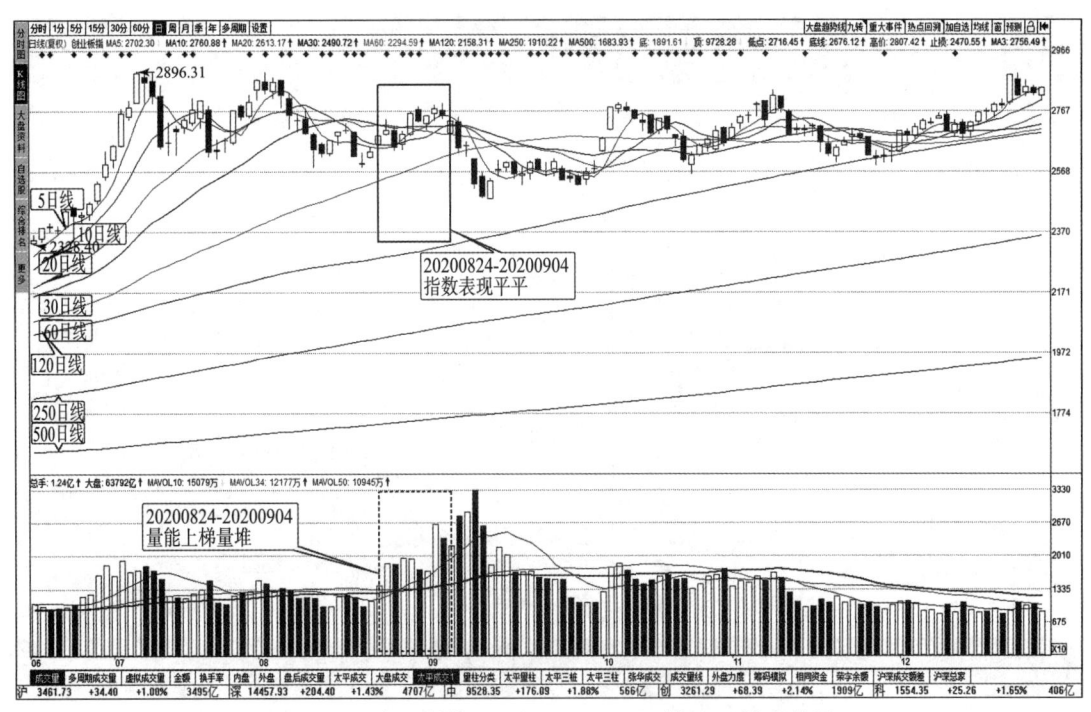

图 2-80 创业板指 2020.07-2020.09 的日 K 线走势图

图 2-79 是上证指数 2020.07-2020.09 的日 K 线走势，主图坐标实线框所示上证指数在 2020.08.24-2020.09.04 走势表现横盘震荡，成交量坐标虚线框所示成交量在 2020.08.24-2020.09.04 表现平平，整体呈现退潮状态。

图 2-80 是创业板指 2020.06-2020.12 的日 K 线走势，主图坐标实线框所示创业板指在 2020.08.24-2020.09.04 走势呈现微涨状态，成交量坐标虚线框所示在 2020.08.24-2020.09.04 成交量明显堆量状态。

（2）在这样一种大背景环境下，2020 年 8 月 24 日至 2020 年 9 月 4 日的创业板中个股表现和整个市场个股的表现对比，值得深入分析探讨。

①图 2-81 是在 2020 年 9 月 14 日，通过炒股软件的智能选股平台对创业板进行的，在 2020.08.24-2020.09.04 期间涨幅超过 60% 的选股操作结果截图。如图所示，从创业板 865 只个股中，区间判断出涨幅超过 60% 的个股有 5 只，分别是 300008 天海防务、300100 双林股份、300108 吉药控股、300283 温州宏丰和 300337 银邦股份，占创业板总家数的 0.58%。

同样执行该操作后，涨幅超过 55% 的个股有 11 只，占创业板总家数的 1.27%，涨幅超过 50% 的个股有 15 只，占创业板总家数的 1.73%，涨幅超过 45% 的个股有 19 只，占创业板总家数的 2.20%，涨幅超过 40% 的个股有 22 只，占创业板总家数的 2.54%，涨幅超过 35% 的个股有 35 只，占创业板总家数的 4.05%，涨幅超过 30% 的个股有 54 只，占创业板总家数的 6.24%，涨幅超过 25% 的个股有 79 只，占

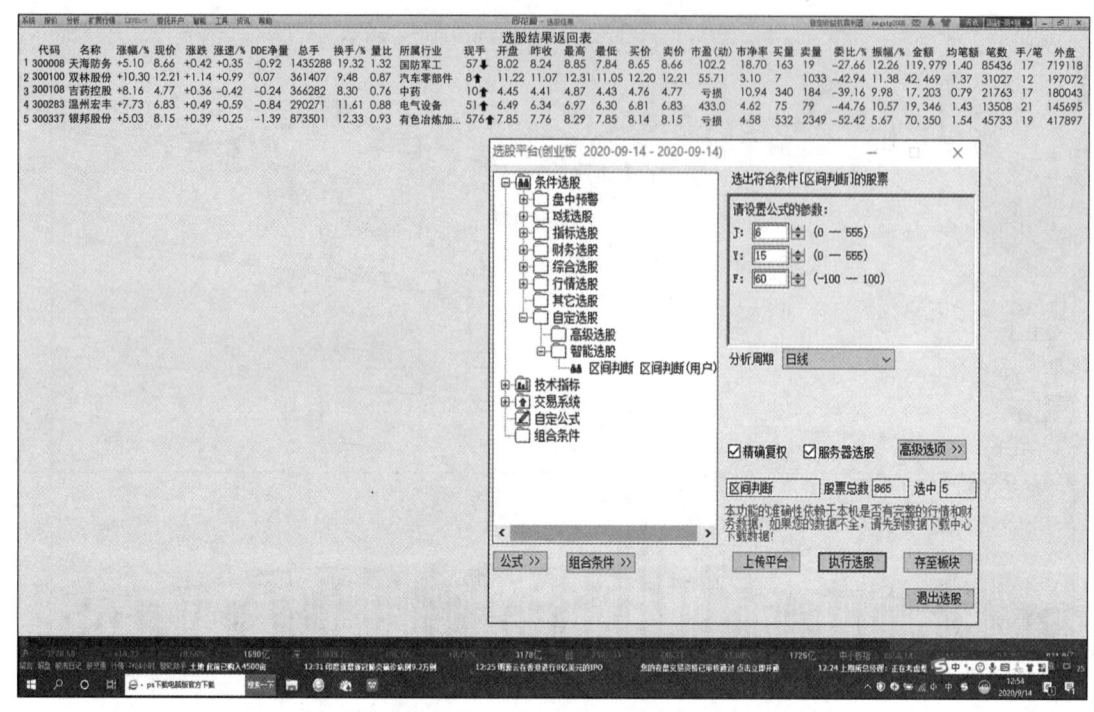

图 2-81 2020 年 9 月 14 日对创业板进行区间涨幅选股结果图

创业板总家数的 9.13%，涨幅超过 20% 的个股有 120 只，占创业板总家数的 13.87%，涨幅超过 15% 的个股有 194 只，占创业板总家数的 22.43%，具体个股列名和截图从略。

②图 2-82 是在 2020 年 9 月 14 日，通过炒股软件的智能选股平台对沪深 A 股进行的，在 2020 年 8 月 24 日至 2020 年 9 月 4 日期间涨幅超过 60% 的选股操作结果截图，如图所示，从沪深 A 股 3938 只个股中（不含 ST 股），区间判断出涨幅超过 60% 的个股有 7 只，分别是 300008 天海防务、300100 双林股份、300108 吉药控股、300283 温州宏丰、300337 银邦股份、605333 沪光股份和 600983 惠而浦，占沪深 A 股总家数的 0.18%。

同样执行该操作后，涨幅超过 55% 的个股有 14 只，占沪深 A 股总家数的 0.36%，涨幅超过 50% 的个股有 19 只，占沪深 A 股总家数的 0.48%，涨幅超过 45% 的个股有 24 只，占沪深 A 股总家数的 0.61%，涨幅超过 40% 的个股有 28 只，占沪深 A 股总家数的 0.71%，涨幅超过 35% 的个股有 42 只，占沪深 A 股总家数的 1.07%，涨幅超过 30% 的个股有 63 只，占沪深 A 股总家数的 1.60%，涨幅超过 25% 的个股有 94 只，占沪深 A 股总家数的 2.39%，涨幅超过 20% 的个股有 150 只，占沪深 A 股总家数的 3.81%，涨幅超过 15% 的个股有 260 只，占沪深 A 股总家数的 6.60%，具体个股列名和截图从略。

（3）具体实盘操作是，在同花顺软件中，"智能"菜单中选"选股平台"子菜

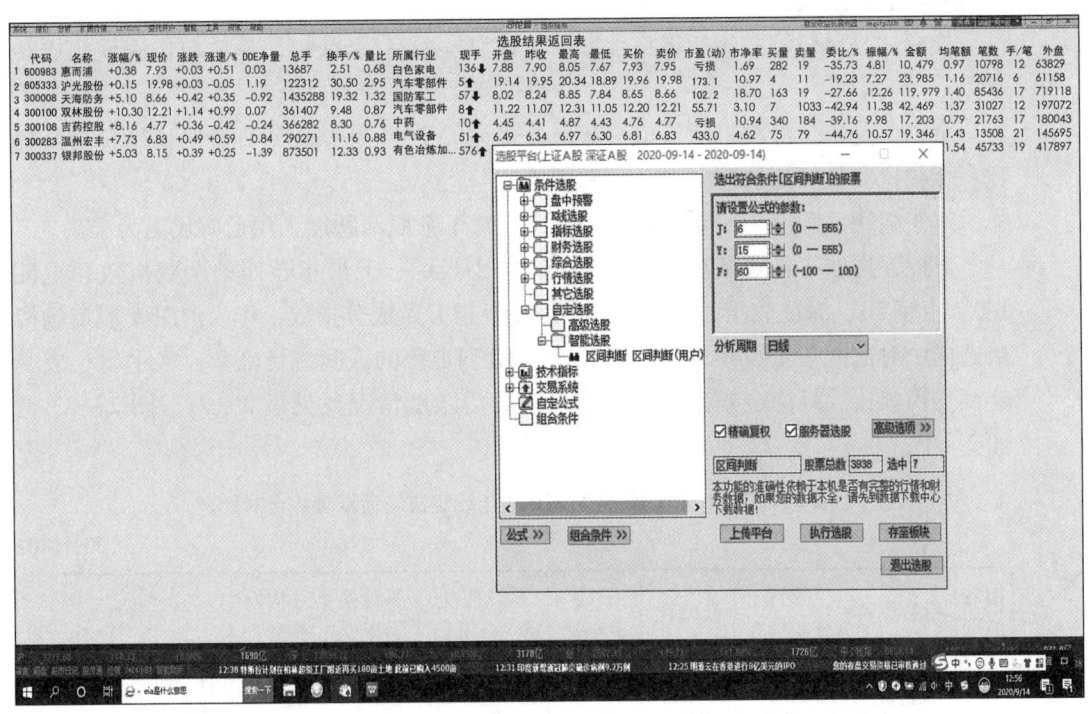

图 2-82　2020 年 9 月 14 日对沪深 A 股进行区间涨幅选股结果图

单选"条件选股"功能中选"自定选股——智能选股"点选"区间判断"选股公式。

①指标公式代码：a = (REF(CLOSE, J) - REF(CLOSE, Y))/REF(CLOSE, Y) * 100;

SELECT a > F;

（参数取值范围 J:0 - 555, Y:0 - 555, F: - 100 - 100）

②指标具体运用：取值 J = 0，Y = 1 就是当日涨幅选股结果，进行验证调整参数后，2020 年 9 月 14 日（撰写本段内容的日期）取值 J = 5，Y = 15 就是 2020 年 8 月 24 日至 2020 年 9 月 4 日期间涨幅选股结果。

从以上分析可以得出，在大盘指数平平并成交量萎缩的大环境之下，市场内除创业板指数未跌也没有明显大幅上涨但成交量明显堆量外，其他各板块都呈现随大盘下跌缩量走势状态，在创业板板块内个股纷纷走出上涨的走势，这说明成交量是市场热点的直接标尺。

总之，发现成交量红肥绿瘦堆量就是发现市场热点所在，据此对各板块成交量及其均线走势对比，可以判断市场的热点所在和变化，紧跟成交量放大的板块就是抓住了市场热点，只要把握跟踪好市场热点潮头就对投资有效获利提供了一层保障，也就是说，要对量能涨潮的板块进行操作；同理推论，大盘量能涨潮才是大盘指数上涨的好机会，也是大举入场的好机会。

2. 换幅比与金幅比

换幅比是单位涨跌幅所需换手率，公式为换手率/涨跌幅，是"单位涨跌幅周转率"。

金幅比是单位涨跌幅所需成交额，公式为成交额/涨跌幅，日金幅比是日均金幅比。金幅比和量幅比属于"单位涨跌幅能耗"。

对于板块活跃度，用金幅比更为准确，对于个股活跃度，用量幅比更为准确。

对此，选取了创业板综、深证综指、中小板综、上证指数四条全貌指数和上证180、上证50、深证成指、中小板指、创业板指五条成分指数，作为沪深A股市场指数选样，对这九条指数在2019-2020年线级别走势的区间统计涨幅、换手率、成交金额、换幅比、日均金幅比，对比分析市场活跃度情况，见表2-21、图2-83至图2-85。

表2-21 沪深A股2019-2020年线级市场活跃度综合对比表

20210402

指数类别	指数简称	累计涨幅%↓	换幅比	日均金幅比	累计成交金额（亿）	累计换手率%	月均换手率%	备注
全貌指数	创业板综	105.10	11.88	13.25	696054.00	1248.80	52.03	日金幅比=成交额/涨幅/500
	深证综指	83.72	10.35	46.63	1951737.00	866.41	36.10	换手率、成交金额是成交量坐标技术指标数据，而非主图K线显示的数据
	中小板综	73.50	12.13	22.02	809148.00	891.60	37.15	
	上证指数	39.26	10.36	70.28	1379527.00	406.59	16.94	全貌指数按涨幅降序排序
成分指数	上证180	56.94	4.23	19.97	568424.00	241.11	10.05	深市换手率、成交额数据在全貌指数和成分指数数据基本同一数据，因此深市成分指数未作对比
	上证50	58.77	3.07	9.71	285415.00	180.60	7.53	
	深证成指	99.90	8.67	39.07	1951766.00	866.43	36.10	
	中小板指	103.00	8.66	15.71	809163.00	891.62	37.15	
	创业板指	137.20	9.10	10.15	696063.00	1248.81	52.03	以上数据为同花顺软件数据

从表2-21中可以发现，深市三条成分指数的换手率和成交金额数据，应是深市相应三条全貌指数的数据，因此，失去了与其他五条指数数据对比的可比性，因此，主要对比的对象是创业板综、深证综指、中小板综、上证指数、证180、上证50等六条指数。

从图2-83沪深A股几条指数在2019-2020年线级两年内累计换手率对比中发

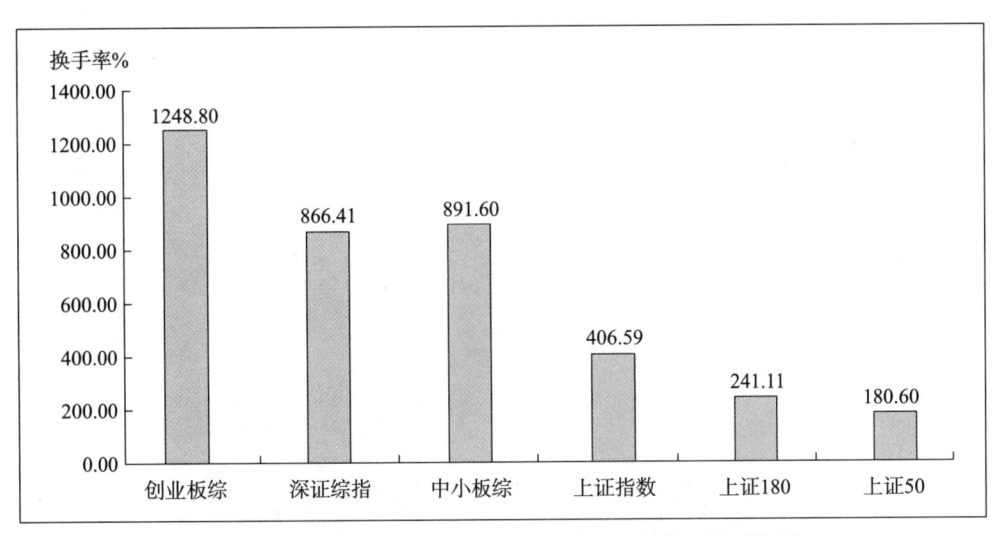

图 2－83　沪深 A 股 2019－2020 年线级累计换手率对比图

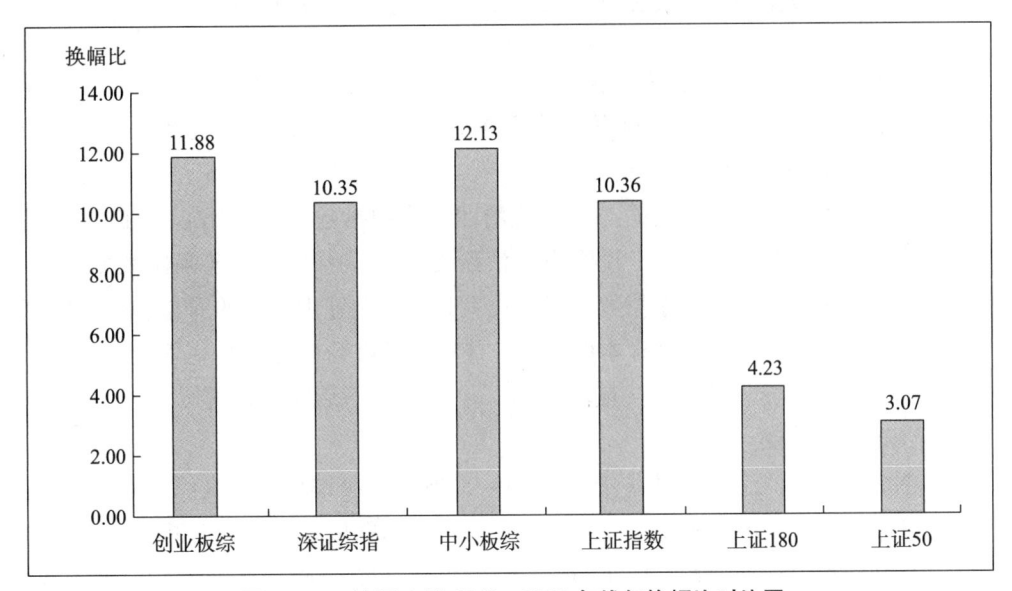

图 2－84　沪深 A 股 2019－2020 年线级换幅比对比图

现，在 2019－2020 两年内的换手率指标创业板综最高，上证 50 最低。

从图 2－84 中可以发现，在 2019－2020 两年内的换幅比指标中小板综最高，上证 50 最低，说明单位涨幅所需换手率最高的是中小板综，最低的是上证 50。

从图 2－85 中可以发现，在 2019－2020 两年内的日均金幅比指标上证指数最高，上证 50 最低，说明单位涨幅所需成交金额最高的是上证指数，最低的是上证 50。

综合来看，可对比的四条全貌指数数据中，在日金幅比数据差距明显，上证指数的日均金幅比最高，创业板综的日均金幅比最低，虽然指数计算有一定的差别，

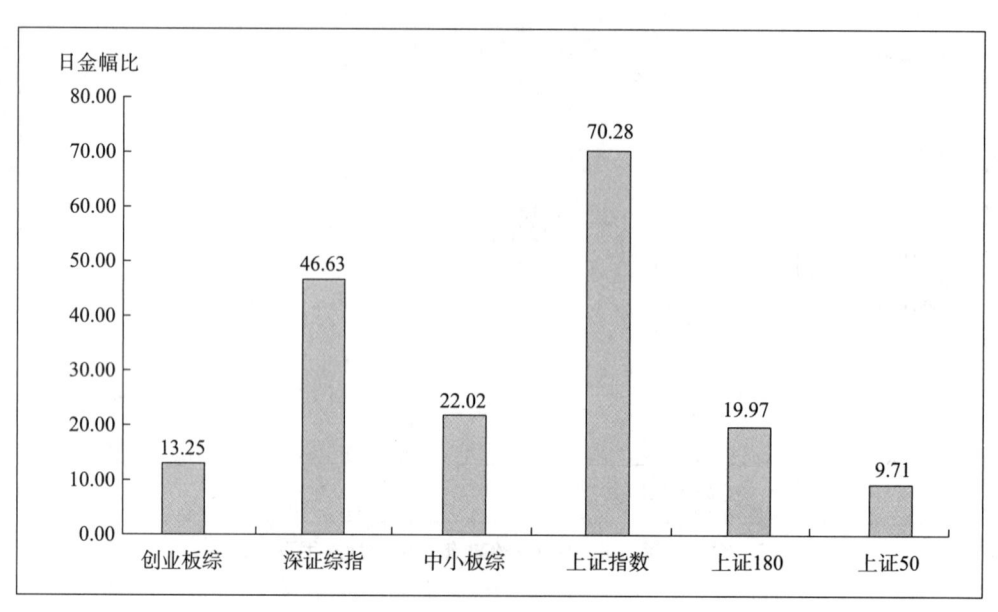

```
日金幅比
80.00
70.00                                    70.28
60.00
50.00          46.63
40.00
30.00
            
20.00                        22.02            19.97
       13.25                                         9.71
10.00
 0.00
      创业板综  深证综指  中小板综  上证指数  上证180  上证50
```

图 2-85 沪深 A 股 2019-2020 年线级日均金幅比对比图

但基本说明了沪市沉重不易上涨，沪市单位涨幅需要更多的资金进行推动，反之，深市轻盈，其中创业板最为轻盈；换手率数据排名显示，上证最低，创业板最高，这也基本上就是市场活跃度的排名了。

综合来看，上证180数据与可对比的四条全貌指数数据对比后，在换手率数据上，上证180的换手率最低，说明市场活跃度最低，但在日均金幅比数据上，仅仅高于创业板综，比其他三条指数均低，也就是说，上证180中的股票锁仓稳定度高，且轻盈，说明持有上证180样本股的是长线资金且市场行为一致性高。

总之，创业板既最活跃又最容易涨，上证180不活跃但也容易涨，沪市没有深市活跃也最不易涨。

图 2-86 是沪深 A 股几条指数 2019-2020 年线级市场活跃度综合对比，该图中为了便于显示采用的数据是月均换手率，对市场活跃度进行综合分析后有以下结论：①在创业板综、深证综指、中小板综和上证指数四条全貌指数类别中，换幅比数据很接近，在这种情况下，换手率高低决定了涨幅高低；创业板换手率最高、涨幅最高、日均金幅比最低，说明最为活跃且最为轻盈；在日均金幅比角度，上证指数最高、涨幅最低，说明最沉重、最不易涨。②在上证180和上证50两条成分指数中，上证50日均金幅比、换手率、换幅比都低，但涨幅高，说明上证50虽不活跃但市场行为一致性高于上证180，在参与对比的六条指数中，上证50换幅比最小，单从这一点看，也能得出该结论。

3. 绝对价格

绝对价格是每手成交量所需成交金额，公式为成交金额/成交量，是"单位量金

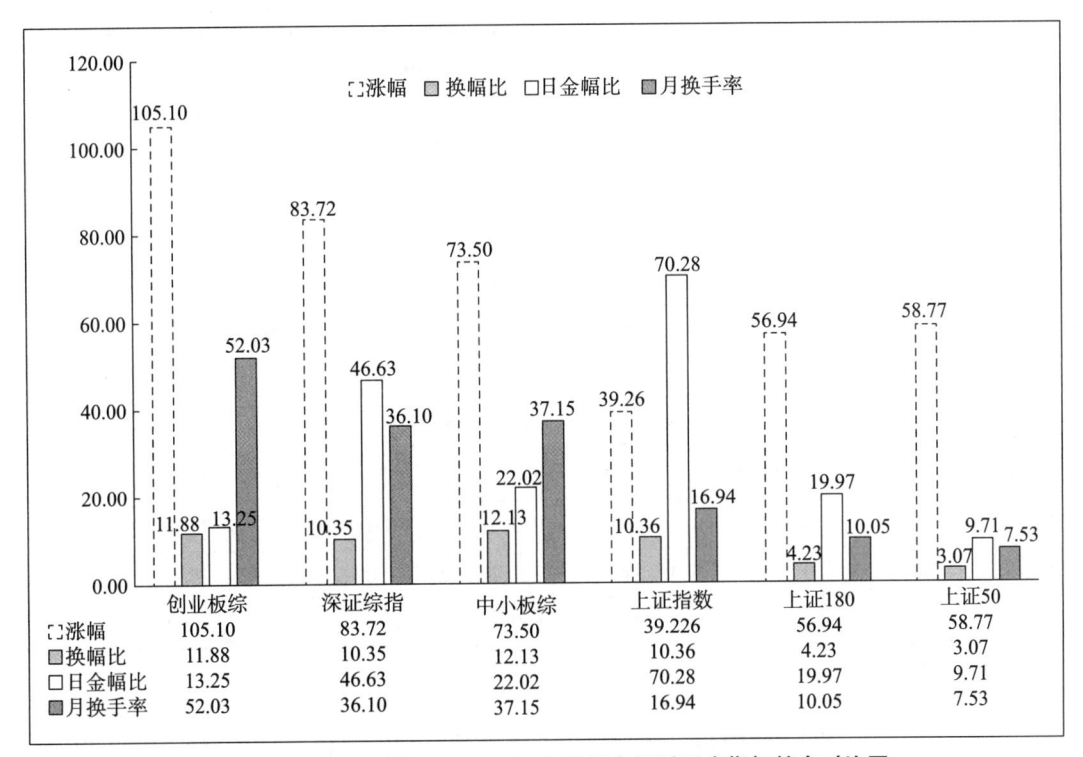

图 2-86　沪深 A 股 2019-2020 年线级市场活跃度指标综合对比图

额",或者"单位筹码价格",故称绝对价格。

个股的绝对价格几乎与其股价无异,应用意义不大,但对指数来讲,在炒股软件中大部分指数没有提供换手率数据,因此,绝对价格指标具有很好的应用价值。

另外,值得注意的是,在炒股软件中,①同一指数在不同周期级别的数据在同一时间区间统计后,数据是不一致的,比如,统计某指数 2019 至 2020 年两年的成交量或成交额或换手率(如果提供了换手率数据的话),按在月线级查出 24 个月的数据之和,与按年线级查出的 2 个年数据之和,是不一样的。②在同一时间,主图 K 线上显示出来换手率与成交量图上显示的换手率数据不一样,成交量能数据是基本一致的。因此,对各指数进行对比分析时,要明白以上两点,尽量采用统一标准下的数据,否则数据可比性失真,会影响分析、结论。

表 2-22 是沪深 A 股几条指数 2019-2020 年主要指数绝对价格对比,是对各指数年线级走势 2019 年和 2020 年的成交金额、成交量进行的统计并计算的绝对价格的对比表。

表 2-22 沪深 A 股 2019-2020 年累计绝对价格对比表

指数代码	指数简称	2019年 成交量（亿手）	2019年 成交金额（亿元）	2019年 绝对价格（元/股）	2020年 成交量（亿手）	2020年 成交金额（亿元）	2020年 绝对价格（元/股）	2019-2020年总绝对价格（元/股）	备注
000016	上证50	78.77	114486.00	14.53	89.10	170929.00	19.18	17.00	深市全貌指数与成分指数相关数据非常接近，因此其成分指数未列入比较队列。
000010	上证180	180.70	225484.00	12.48	224.90	342940.00	15.25	14.01	
399102	创业板综	189.50	230885.00	12.18	300.90	465169.00	15.46	14.19	
399106	深证综指	725.60	727957.00	10.03	986.90	1223780.00	12.40	11.40	
000001	上证指数	535.90	542094.00	10.12	681.90	837433.00	12.28	11.33	
399101	中小板综	318.20	309481.00	9.73	420.70	499667.00	11.88	10.95	
399001	深证成指	726.00	727969.00	10.03	987.70	1223797.00	12.39	11.39	
399006	创业板指	189.50	230885.00	12.18	301.30	465178.00	15.44	14.18	
399005	中小板指	318.50	309490.00	9.72	420.90	499673.00	11.87	10.94	

图 2-87 是沪深 A 股几条指数 2019-2020 年主要指数绝对价格对比，是对上证 50、上证 180、创业板综指、深证综指、上证指数和中小板综指数 2019 年和 2020 年各单年绝对价格及两年总绝对价格进行对比的柱状图，结果是上证 50 指数的绝对价格最高，中小板综指数的绝对价格最低。

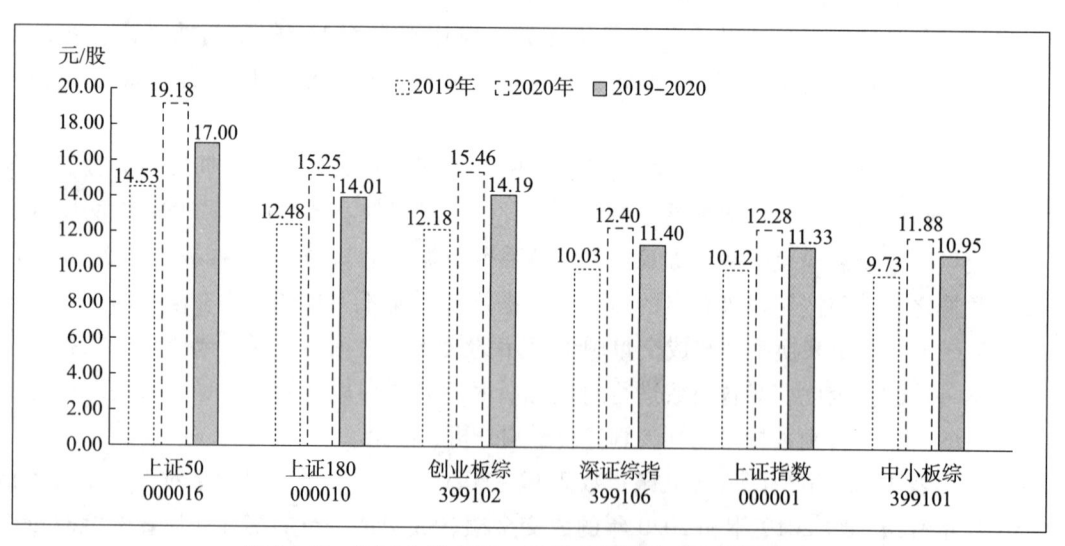

图 2-87 沪深 A 股 2019-2020 年累计绝对价格对比图

表 2-23 是沪深 A 股几条指数 2019-2020 年主要指数绝对价格涨幅对比，是对表 2-22 各指数 2019 年和 2020 年绝对价格的差值及绝对价格涨幅进一步加工计算整理的基础上加入指数涨幅而来。

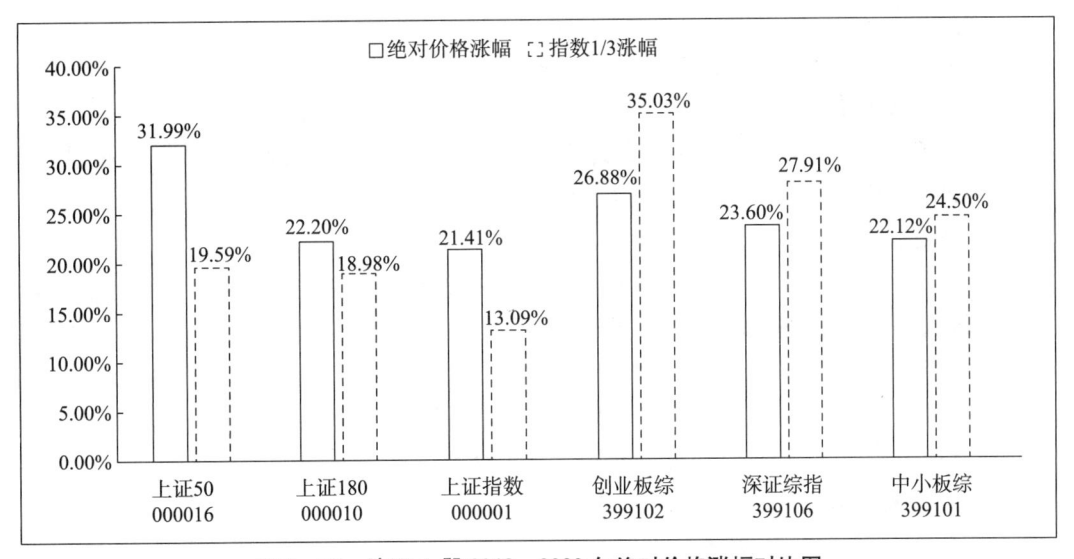

表 2-23　沪深 A 股 2019-2020 年绝对价格涨幅对比表

指数代码	指数名称	绝对价格 2019 年	绝对价格 2020 年	差值	2020 年涨幅 涨幅	2019-2020 涨幅 两年涨幅	2019-2020 涨幅 1/3 涨幅	备注
000016	上证 50	14.53	19.18	4.65	31.99%	58.77%	19.59%	深市全貌指数与成分指数相关数据非常接近，因此其成分指数未列入比较队列
000010	上证 180	12.48	15.25	2.77	22.20%	56.94%	18.98%	
000001	上证指数	10.12	12.28	2.17	21.41%	39.26%	13.09%	
399102	创业板综	12.18	15.46	3.28	26.88%	105.10%	35.03%	
399106	深证综指	10.03	12.40	2.37	23.60%	83.72%	27.91%	
399101	中小板综	9.73	11.88	2.15	22.12%	73.50%	24.50%	

图 2-88 是沪深 A 股几条指数 2019-2020 年主要指数绝对价格涨幅对比，是表 2-23 中各指数在 2019 年至 2020 年绝对价格涨幅柱状图，为了与指数 2019-2020 年涨幅进行对比可观效果，指数涨幅采用 1/3 涨幅值进行柱状显示，绝对价格涨幅和指数 1/3 涨幅柱状图结果显示，在沪市上证 50、上证 180、上证指数绝对价格涨幅降序排序看，可以理解为在上证 50 样本中集中着沪市高个股属相个股，在深市参与对比的三条指数绝对价格涨幅降序排序为创业板综指、深证综指、中小板综指。

图 2-88　沪深 A 股 2019-2020 年绝对价格涨幅对比图

总之，在牛市中，应始终遵循"寻找市场热门涨幅靠前"的指引，对各类板块及指数进行挖掘、跟踪细分行业，利用涨跌幅、成交量能、流通盘等计算因子，结合成交量堆量变化、换幅比、金幅比、绝对价格等直观指标，进行寻找、跟踪，把握市场热点。

七、A 股底层走相

市场行为走相的研究对象有指数走势和个股走势，从走相表征层次范围分为高层、中层和底层三层走相。

对走相研究对象指数走相分为高层走相和中层走相，指数取样范围是全部沪 A 股市场或全部深 A 股市场的，能够表征市场整体的指数划归为高层走相指数，比如中证 A 股、国证 A 指、上证指数、上证全指、深证综指、深证成指、沪深 300、国证 300 等；除了高层走相以外的指数分归为中层走相指数，中层走相指数中包括了所有的行业类指数和板块类指数，比如超大盘板块指数、中小板块指数、创业板指数、科创板指数以及根指数下的系列指数、行业指数。

走相研究对象个股走相，即为底层走相内容，是指个股级别走相的表现，包括标志股、龙头股、跟风股、底顶家数、个股走势拟态等具体内容。

底层走相是个股走势对市场行为走相的表征反映，可分为群股表征效应和个股表征效应。

（一）群股表征效应

群股表征效应是指市场中众多个股走势行为表现出来的群体行为效应，有羊群跟风效应、板块效应等。

1. 羊群跟风效应

对于股市来说，大盘指数就是最大的领头羊。对于板块来讲，在板块领涨股或行业龙头股带领之下出现羊群跟风效应。

2. 波纹扩散效应

从一轮牛市启动到结束的过程中，成交量逐步放大，逐步推动市场上涨行情。市场起初成交量虽然是在放大，但是还不足以推动大市值类股票的上涨，此时的量能水平只能允许推动小市值类股票的上涨，不能支持大市值类股票表现。牛市行情的过程，先期是小市值类股票上涨，后期是随着量能的放大，使大市值类股票上涨，正因此，牛市越到后期，"大象起舞"现象就越明显。

3. 马拉松比赛效应

从个股走势结构四区十二相表现过程看，个股在主力的运作下走完底部建仓、上涨拉升、顶部出货后基本完成主力运作意图和步骤，接下来的下跌是随市场随波逐流的过程。在一轮牛市中，个股借势从低位启动拉升到高位的过程，对于市场中众多个股来讲，好比参加马拉松比赛一样，哪只个股率先跑到高位开始出货走势，就好比率先跑到终点，随着市场行情的进展，随着大盘指数四区八相顶部特征的出现，在众多个股中，有的早早到达终点，有的正在抵达，有的在半途退赛，有的压根就没有出发参赛，通过对市场个股的走势结构跟踪统计可评价一轮牛市的品质和运行阶段。

4. 板块效应

板块效应有板块内效应和板块间效应。其中，板块内效应是指在板块领涨或领跌个股的带领之下，板块内个股纷纷跟风涨或跌的表现；板块间效应是指一轮牛市从启动到结束的过程中，各板块间有轮动上涨的现象，并接续推动大盘持续上涨，并有以下大致规律：

板块轮动靠的是政策推动。

率先启动的板块持续的时间会长些，涨幅大些，往后轮动的板块是递减过程。

牛市初期，热门板块会早于大盘见底，率先拉动大盘上涨。

牛市上升，处在涨幅前列且该板块中有三只或更多股票底部放量上涨，那么该板块很可能是下一热门板块。

板块轮动具有一定的传导性，行情上涨中，热门板块会带动其相关板块上涨，如房地产板块会拉动建材板块上涨。

牛市上涨阶段，市场热点主要集中在一些重点板块上，从而带动场外资金进来。

板块轮动一轮之后，通常还会再次出现板块轮动，但力度会弱且时间会短些。

当板块轮动进入尾声，市场热情就会大幅降低，前期获利出局的资金大大增加，操作难度变得相当大。

5. 群股效应指标

对群股效应的判断，主要是根据市场内涨跌家数进行的。

（1）根据个股走势趋势—带牛熊规律，来判断个股是在走牛还是在走熊，以月线级别为中心判断个股的走势状态，在顶部区间的话，还应用日线级别继续判断牛熊态势。

走牛家数比是指根据个股走势趋势—带牛熊规律，识别市场或板块全部股票中，走牛的个股家数占总家数的比例。

走熊家数比是指根据个股走势趋势—带牛熊规律，识别市场或板块全部股票中，走熊的个股家数占总家数的比例。

灰色走势家数是指按个股走势趋势，以带牛熊为标准，在整个样本空间中识别出走牛家数和走熊家数之后，其余的个股家数及其走势划分为灰色走势家数。

绝对牛熊家数比是走牛家数与走熊家数的比值，此比值能够反映样本市场的牛熊状态。

（2）在某样本空间中，把某一走势作为标准，用来与样本空间其他个股走势进行对比，参照出强与弱走势，一般把板块指数或大盘指数走势作为对照标准走势。

标准走势的选用，很像我们林业样地调查时标准木的选取，在股市里，是以所要分析的板块或市场的指数走势为标准走势，板块或市场内个股走势与所选取的标准走势进行对比，得出有多少家个股走势是强于标准走势，有多少家个股弱于标准走势。

相对牛熊家数比是指市场或板块中比标准走势强的个股家数与比标准走势弱的个股家数之比值，此比值能够反映样本市场强弱状态。

（3）以沪深 A 股市场为总空间，说明绝对牛熊家数比和相对牛熊家数比。

首先，求绝对牛熊家数比。用走势趋势一带一线的牛熊定律判断标准，通过软件智能选股平台功能，选出①还在走熊的、②正在熊转牛的、③处在走牛的和④正在牛转熊的个股家数，并计算各状态个股家数占市场总家数比率和绝对牛熊家数比，通过在不同时间节点进行该计算，来判断整个股市群体走势状态，即判断股市运行状况。

2019 年 12 月 29 日，通过软件智能选股平台执行技术指标的日线级均线选股操作得出的结果（此时沪深 A 总家数 3699 家，不包括*ST 和 ST 股）是：

在沪深 A 股市场中个股走势①还在走熊的个股有 2797 家，占沪深 A 股总家数的 75.6%，②正在熊转牛的个股有 40 家，占沪深 A 股总家数的 1.08%，③处在走牛的个股有 405 家，占沪深 A 股总家数的 10.9%。据此，计算绝对牛熊家数比即③/①为 1:6.9，也就是说，在沪深 A 股市场整体中，走牛个股家数与走熊个股家数比为 1:6.9，沪深 A 股群体走势状态是走牛个股较少，走熊的个股较多。

2021 年 5 月 31 日（此时沪深 A 总家数 4269 家，不包括*ST 和 ST 股），通过软件智能选股平台执行技术指标的日线级均线选股操作得出的结果是：

在沪深 A 股市场中个股走势①还在走熊的个股有 1153 家，占沪深 A 股总家数的 27.01%，②正在熊转牛的个股有 154 家，占沪深 A 股总家数的 3.61%，③处在走牛的个股有 2284 家，占沪深 A 股总家数的 53.50%，④正在牛转熊的个股有 75 家，占沪深 A 股总家数的 1.73%。据此，计算绝对牛熊家数比即③/①为 1.98:1，也就是说，在沪深 A 股市场整体中，走牛个股家数与走熊个股家数比为 1.98:1，沪深 A 股群体走势状态是走牛的个股比走熊的个股多近一倍。

值得注意的是，在进行"智能-选股平台"操作之前，首先执行"数据下载维护"后在上班时间进行，并勾选"精准复权、服务器选股"选项后执行选股操作，以确保牛熊家数选股数据的准确性。

其次，求相对牛熊家数比。根据大盘走势趋势定律，以大盘指数均线形态为标准，识别市场股票有多少只股票与大盘均线走势形态一致，有多少只股票不如大盘走势，有多少只股票强于大盘走势，简而言之，以大盘均线走势状态为对照样本走势，执行选股，分析市场个股均线走势偏离程度，以此来判断市场羊群效应、波纹扩散和马拉松效应等情况。但这个需要反复执行选股操作才能够得到测算结果，此处从略。

第三，对以上方法和数据的应用。记录每月取处于绝对牛熊的①②③④状态的家数，据此画出曲线图，跟踪研判市场环境变化情况。

（二）个股表征效应

个股表征效应是指市场中某只个股走势行为对市场行为的标志性、引领性或代表性，有标志个股、板块领涨个股、中位数个股等。

1. 标志个股

在一轮大牛市启动之前出现的暴涨个股或在一轮大熊市启动之前出现的暴跌个股，叫标志个股。它标志着牛市即将启动或标志着一轮熊市即将启动。

（1）底部标志个股。本轮牛市启动之初600776东方通信早在2018年10月19日出现3.60元最低点、阳双克之后，就很快走出底部区域进入上涨区域，拉升迅猛，同期，大盘还在寻底过程中，大盘在2019年1月4日出现2440.91点本轮牛市最低点的时候，该股已经从最低价3.60元涨到13.84元，因此，该股构成标志个股。春江水暖鸭先知，意味着大牛市将近。

（2）顶部标志个股。本轮牛市还在高歌猛进之时，2020年11月25日，002647仁东控股尾盘放量跌停，之后连续13个交易日，无量"一字板"跌停，成为A股市场最大的新闻，仁东控股从年内一度无实质利好支撑下暴涨近300%的大牛股，到出现跳崖一字板跌停大跌走势，构成标志个股。一叶忽落惊秋凉，意味着大熊市将近。

2. 板块领涨个股

通常，板块一波行情启动之时，率先启动拉升的个股往往成为该板块领涨个股，板块其他个股跟着陆续拉升上涨，形成板块整体上涨走势。

板块领涨个股有率先企稳、率先启动、走势抗跌、走势独立、涨幅最大等特点，连续拉升形成领涨，其他个股跟风。

在一波行情中，板块领涨个股涨幅往往是板块中涨幅最大的那只个股，板块领涨个股在行业板块中的地位影响领涨效应。

有色板块在2020年5月至2021年2月期间，指数季线级走势图有行情表现，在行业龙头中，有色行业的天山铝业、紫金矿业和江西铜业三只个股被列选行业龙头，该三只龙头都上涨，才是使得整体有色行业板块上涨，尤其紫金矿业龙头，区间涨幅最大。

房地产板块在2020年5月至2021年2月期间，指数季线级别走势图没有行情表现，在行业龙头中，房地产行业的万科A、绿地控股和保利地产三只个股被列选行业龙头，都没有明显上涨表现，房地产板块也没明显上涨，但000918嘉凯城在此区间从2021年1月8日的3.14元涨到2021年2月26日9.14元，是房地产板块个股中涨幅最大的。

3. 中位数个股

沪深A股总家数的中位数个股的市盈率、市净率数据，比如，沪A股中位数市净率是沪A股按市净率升降序排序中位数个股的市净率数据，同理取中位数市盈率数据，取数据的结果是：

2016年3月7日，沪A股1400家，中位数个股静态市盈率53.37倍、动态市盈率47.96倍、市净率3.68倍。

2017年8月8日，沪A股1556家，中位数个股动态市盈率43.76倍、市净率3.51倍。

2018年10月11日，沪A股1778家，中位数个股动态市盈率24.86倍、市净率2.10倍。

2019年1月11日，沪A股1791家，中位数个股静态市盈率28.43倍、动态市盈率24.81倍、市净率2.07倍。

2020年10月5日，沪A股1750家，中位数个股静态市盈率31.07倍、动态市盈率27.96倍、市净率2.41倍。

数据应用，对大盘市盈率（或市净率）和中位个股市盈率（或市净率）数据每月取数，绘制出曲线图，与大盘走势图按时间轴进行比较，并与历史大底大顶时的市盈率对比，以此来研判大盘运行环境的危和机成分程度。

4. 走势拟态

大盘指数走势对板块指数走势、个股走势都有着很大的影响，多数板块和个股走势都与大盘指数走势相似；反过来，个股的走势拟态反映了大盘走势。

八、股市走相行为规律综述

在宏观战略操作中，股市机会从大盘底部区域开始，股市风险从大盘顶部区域开始，对大趋势大方向判断的对与错，对于操作股票是至关重要的大问题、正所谓：方向不对，努力白费。

对于大盘底顶大方向的判断有很多指标或表相可以参考。

首先可以参考大盘估值。大盘在阶段底顶位置的市盈率、市净率对大盘走势底顶位置的研判具有一定的参考价值；大盘阶段底顶位置时的股市中位数个股的市盈率、市净率也具有一定的参考价值。

其次可以参考大盘走势。大盘走势结构的四区八相中的底顶走势表相也能实时表现出大盘走势的具体位置；大盘走势趋势的一带一线一域能够对大盘走势的底部区域有一定的指示性作用。

其三可以参考股市走相。股市行为走相的高层走相集中反映着股市整体大趋势走势，尤其是部分成分类指数，比如深证成指、沪深300等指数走势领先反映市场走势状况；股市行为走相的中层走相中的部分板块指数走势，一般要早于大盘指数走势触底或触顶，比如证券板块、银行板块等；股市行为走相的底层走相中，群股效应指标的绝对牛熊家数比指标可以比较直观地反映市场运行状态环境。

其四可以参考其他数据。大盘指数历史底顶区域的股市证券化率指标也具有很强的指示作用；大盘指数阶段底顶区域的个股破净家数指标也具有一定的指示作用。

其五可以参考宏观政策。股市虽然有自身的行为特点，但宏观政策才是股市的超级动因、国民经济发展才是股市行为的根本和基础，这一点非常重要。

在具体股票操作中，主要的投资行业板块方向及相应目标个股选择，也至关重要，因为股票操作最终还是要落实在对具体个股的操作上。

对于个股选择有以下几个步骤进行精选：

首先，从股市中层走相中选择出在牛市中涨幅大或在熊市中抗跌的高股相指数，并对指数编制方案进行研究，掌握其成分个股的选样方向和成分个股列表。

其次，对选出的中层走相高股相指数的成分个股，在走势、基本面、所属行业板块等角度甄选高个相个股。

其三，用以上两个步骤甄选出多只个股，并组成目标股票池。

其四，从股票池中选择目标个股组成投资组合，进行操作。

第三节
股市走相行为规律应用

对股市走相认识，是从最为常用的大盘指数开始"从大到小"一层一层逐级细化认知，进而扩大提升到整体股市走相的过程，从高层走相到底层走相逐级明细，构成股市走相的整体全貌认知架构。

对股票操作落实，股市走相的高层走相层面对股市大环境的判断至关重要的重点内容，是投资进退大方向判断依据。

对股票操作落实，股市走相的中层走相层面对投资大范围的选定至关重要的重点内容，是投资主次大范围判断依据。

一、应用思路

在个股具体操作中，应用股市走相行为规律的思路是选指选股，即先在众多指数中选择出涨幅靠前的高股相指数完成选指，再从被选出的指数中选取高个相个股完成选股。

（一）选指

虽然指数众多，但是在一轮牛市中涨幅靠前的指数一定是成分类指数。在众多成分类风格指数中，成长型风格指数比价值型风格指数涨幅大；在众多成分类行业指数中，消费、医药指数涨幅大。此外，高科技类指数表现也不俗。

应对这些涨幅大的高股相指数的编制方案和成分列表，进行了解。

（二）选股

通过对高股相指数编制方案和成分列表进行了解、分析，选出其中涨幅靠前的部分个股。

对选出的涨幅靠前的个股进行个相分析，归纳出共性特征，以便在今后的个股操作中运用。

二、应用案例

下面用一条实例表述在个股具体操作中，如何运用股市走相行为规律进行选指选股。

（一）选指

为了便于本节内容的展开，选择了成分个股相对少而且涨幅靠前的几条指数为选指样本指数，见表2-24、表2-25。

表2-24 沪深A股走相区间涨幅靠前指数对比表

指数全称	指数代码	指数简称	样本范围	样本数量	20190131-20210226涨跌幅	20140731-20210226涨跌幅
深证100指数	399330	深证100	深证前100	100=1~100	135.40%	167.80%
上证大盘指数	000016	上证50	上证180前50龙头蓝筹股	50=1~50	63.87%	134.60%
沪深300指数	000300	沪深300	沪深A总市值前300	300=1~300	77.26%	129.80%
央视财经50指数	399550	央视50	沪深A五个维度前10*5	50=1~50	63.47%	179.00%

注明：0=1~3580是代表全部样本股，51=1~51是代表前1至51只样本股。

表2-25 央视50系列指数涨幅对比表

指数全称	指数代码	指数简称	样本范围	样本数排名	20190131-20210226涨跌幅	20140731-20210226涨跌幅	备注
央视财经50成长领先指数	399552	央视成长	沪深A成长维度前50	50=1~50	73.90%	223.50%	分维度领先系
央视财经50治理领先指数	399554	央视治理	沪深A治理维度前50	50=1~50	62.11%	199.90%	分维度领先系
央视财经50指数	399550	央视50	沪深A五个维度前10*5	50=1~50	63.47%	179.00%	根指数
央视财经50回报领先指数	399553	央视回报	沪深A回报维度前50	50=1~50	119.20%	157.60%	分维度领先系
央视财经50创新领先指数	399551	央视创新	沪深A创新维度前50	50=1~50	109.40%	142.40%	分维度领先系

续表

指数全称	指数代码	指数简称	样本范围	样本数排名	20190131－20210226涨跌幅	20140731－20210226涨跌幅	备注
央视生态产业指数	399556	央视生态	沪深A生态维度前50	50＝1～50	99.50%	137.10%	
央视财经50责任领先指数	399555	央视责任	沪深A责任维度前50	50＝1～50	56.07%	136.90%	分维度领先系
央视文化产业指数	399557	央视文化	沪深A文化维度前50	50＝1～50	75.77%	34.71%	

注：0＝1～3580是代表全部样本股，51＝1～51是代表前1至51只样本股。

表2－24是沪深A股走相区间涨幅靠前指数对比，为了提高指数股相的稳定度，通过对深证100、上证50、沪深300和央视50四条指数在2019年1月31日至2021年2月26日区间和2014年7月31日至2021年2月26日区间涨幅的对比，选取央视50为选指指数。

表2－25是央视50系列指数涨幅对比，通过对央视50系列指数在2019年1月31日至2021年2月26日区间和2014年7月31日至2021年2月26日区间涨幅的进一步细化对比，选取央视成长、央视治理、央视回报、央视创新及央视50作为细分选指指数。

（二）选股

对选取的细分选指指数的权重前十个股区间涨幅进行统计，见表2－26。

表2－26　细分选指央视50系列指数股相2021年6月权重前十个股区间涨幅统计表

分维度领先系	权重排名	代码	个股名称	所属行业	20190131－20210226涨跌幅	20140731－20210226涨跌幅	行业地位描述
央视回报	1	600436	片仔癀	医药卫生	242.96%	1376.06%	国内外中药界誉为"国宝名药"
	2	601888	中国中免	可选消费	488.74%	2251.80%	全球第四大免税业务运营商，我国免税店龙头企业
	3	600519	贵州茅台	主要消费	236.48%	3120.79%	世界三大蒸馏名酒之一，国家地理标志产品、有机食品和国家非物质文化遗产于一身的白酒品牌

续表

分维度领先系	权重排名	代码	个股名称	所属行业	20190131－20210226 涨跌幅	20140731－20210226 涨跌幅	行业地位描述
央视回报	4	000651	格力电器	可选消费	67.67%	1831.03%	《财富》世界500强，位列榜单第436位，格力空调以36.9%的份额排名行业第一，实现26年领跑
	5	603288	海天味业	主要消费	197.81%	1490.55%	中国品牌力指数C-BPI连续9年行业第一，2019亚洲品牌第4位、极具成长力品牌、消费者首选前十品牌荣誉
	6	600763	通策医疗	医药卫生	411.48%	1225.00%	连五年福布斯中国最具潜力100强，2018年8月MSCI中国A股在岸指数，2019价值第18位，福布斯2019年亚洲中小上市企业榜200强，2020年上榜胡润中国500强民营企业、《2020年中国百强高成长企业奖》，2020年12月14日被纳入沪深300指数
	7	600887	伊利股份	主要消费	94.76%	419.64%	BrandZ发布的"2019年最具价值中国品牌100强"榜单，公司连续7年位列食品和乳品排行榜第一名，并获得Brand Finance发布的全球最具发展潜力的乳品品牌荣誉
	8	002709	天赐材料	原材料	425.11%	1107.27%	精细化工行业，主要产品为个人护理品材料、锂离子电池材料及有机硅橡胶材料

续表

分维度领先系	权重排名	代码	个股名称	所属行业	20190131-20210226 涨跌幅	20140731-20210226 涨跌幅	行业地位描述
央视回报	9	000333	美的集团	可选消费	143.33%	1513.74%	"空调高频速冷热技术"中国专利奖金奖,"智能功率模块"等技术获2项银奖和15项优秀奖,第六届广东专利金奖2项。2019年,共计参与制修订554项标准,其中国际标准21项、国家标准213项、行业标准128项、团体标准192项
	10	600660	福耀玻璃	可选消费	123.93%	1194.44%	中国汽车玻璃行业迄今为止唯一的"中国名牌"和"中国驰名商标"

表2-26是对通过选指选取的央视成长、央视治理、央视回报、央视创新等四条细分选指指数2021年6月权重前十个股,在2019年1月31日至2021年2月26日区间和2014年7月31日至2021年2月26日区间涨幅统计和个股属相的行业地位描述。

通过对以上个股在2014年7月31日至2021年2月26日区间涨幅统计超过1000%的个股属相行业地位的描述看,集中在个股属相具有①唯一性的个股,比如片仔癀、贵州茅台,②垄断性的个股,比如中国中免,③行业龙头个股,比如海天味业、格力电器,④政策大力支持的个股,比如智飞生物,⑤高新科技个股,比如兆易创新,以及医药卫生和主要消费行业的龙头个股。

第三章
股票交易操作艺术

无论是哪一个行业的公司，不论公司业态是繁是简，不论公司间业态差异有多大，公司上市后股价走势都会遵循市场行为规律，在这一点上无差异。

股市市场行为是所有人的启元老师，这位老师，不论是对大名鼎鼎的股市大咖也好，还是对刚入市的小散户也罢，都一视同仁。

对股市行为的认知是风险控制的保障，随着对股市行为规律认识的深入，逐步建立独立思考判断能力，具有了不被诱多所惑、不被诱空所吓的定力；对股市行为的认知是股票操作的基础，只有不断提高对股市行为规律的认识，才能提高操作实战能力，才能可持续在股海里遨游。

在股市中，确定不确定、偶然必然、虚虚实实、理性感性、风险收益、科学艺术等交织共存。股市行为犹如弱水三千，但只饮确定的、知道的、大概率的一瓢足矣。

在股市里，不光是由具备与个股走势相通的一般走势特征（如走势走法的"三带多空"等）和超出一般走势特征具有独有走势特点（如趋势结构的"四市一轮"等）于一身的大势走势（如上证指数、深证成指走势等）以纲代目表征其市场行为规律，还由个相、股相、走相共同构成了股市庞大的身躯，并共同立体表征股市市场行为规律。

在股市外，才是股市行为的"土壤"和动力所在，如国民经济、宏观政策等，这一点，不论是从对我国股市30年大事记纵向历史的回望，还是从对股市作为整体在不同时期横向对比的股相演进分析，都能明确可辨。

认识股市的过程，是点点滴滴日积月累，逐渐扩大认知范围，提高认识的过程。先从价量成交的量价及其关系的底层认识，再到股票行为的走势结构及走势趋势的中层认识，最后才是股市行为的行为根本和行为走相的高层认识，是逐级累加知识、认知跃升、视野扩展的过程。

认识股市要"从小到大"，即对一根K线的方向判断要看其前后各2根K线，对短带运行方向的判断要放在中带走势中，对中带运行方向的判断要放在长带走势中，对长带运行方向的判断要放在年带走势中，对年带运作方向的判断要放在股市走相中，对股市走相大势方向的判断要放在股市外的宏观政策、货币政策等国家发展需要和方向中，这个认识流程是从艺术向科学化的、可遵循的规律化过程；

操作股票的过程，是"从大到小"的视角，从大格局大方向判断出发，逐渐缩小聚焦范围，提出具体操作方案并实施的过程。先运用股市行为规律并结合宏观政策支持导向来判断大势走势，决定是否进场，如果大势适合，决定进场，则结合经济发展发力方向、行业政策选择主投行业方向，利用公开信息、分析工具和个股基本面研判甄选目标个股，并组成个股池，最后运用股票行为规律在目标个股合适的走势位置进行买卖操作。这个操作流程是从科学向艺术化的、不可复制的行为化过程。

要想在股市里乘风破浪，在具体操作上要做到"四选、四作、四控"，才能为锁住利润提高胜算，达到盈利的目的。

"四选"是选市、选行、选股、选时。选市是指选择股市大环境处在"四市一轮"中的什么"市"时进场,选行是指进场后选择什么板块、行业为主要投资方向和范围,选股是指从确定的主投板块、行业中选出若干目标个股,选时是指具体买入某只目标个股时的时点与位置。

"四作"是买入、持守、卖出和等待四种操作动作的具体技术阐述。

"四控"是指投资风险控制,包括指令纪律控制、资金仓位控制、操作策略控制和操盘风格控制。

第一节 四 选

"四选",即根据股市走相行为规律,选好进出方向,选好行业板块,选好优质个股,再结合股票走势行为规律,选好买入时机,是股票操作的最重要的环节。因此,做好"四选"是操盘盈利的最大基础保障。

一、选市

方向不对,努力白费。选市是操作股票最顶层、最重要的一步。有人说,若在牛市趋势中,大风一来、顺风借势,买啥赚啥,虽然有些绝对,但是盈利的可能性大,股票操作做的就是大概率;如若在熊市趋势中,覆巢之下无完卵,买啥赔啥,这是非常有可能的。总之,大势不可逆,判明大势、选对大势非常重要。

(一)趋势结构选市

根据股市大盘趋势结构"四市一轮"的归纳,牛市和猴市可进场操作,熊市和鼠市不可进场,应清仓在场外等待。

在一轮大牛市过后紧接着是大熊市,因为,在大牛市中高歌猛进,股市赚钱效应深入大街小巷,牛市后期时段能入场的资金都已入场,市场后续买盘力量枯竭,同时,牛市过程中获利的盘子在顶部大量兑现获利,抛出筹码,再加之,股市的过热表现在政策面引起多方位降温预期和措施,使得大牛到顶,物极必反,形成大的熊市。

随着大熊市的"跌跌不休",累计跌幅超乎寻常,明明是利好市场反应却表现为下跌,各种政策吹风喊话和出台政策措施都不能扭转熊市大势,市场照常运行在熊市下降通道之中,哀鸿遍野,公司股价破净比比皆是,对股市人人敬而远之,市场极度悲观,在股市大盘走势上形成大砸坑,政策面出台重大利好,加上之前利好政策的累积,技术面矫枉过正,物极必反,市场才形成底部,翻转向上。但是市场经过一轮大幅度的、时间紧的急跌熊市后,好比是刚刚经历过一次大手术的人一样,没有恢复元气、没有休养生息、没有扎扎实实的厚重底子，所以市场不能形成大牛市，而是上蹿下跳震荡、慢慢上行的猴市。

猴市虽然是慢涨状态，但持续时间也不短，在猴市期间也不乏局部的牛市行情或板块，也会形成市场获利盘，这些获利盘到一定的高度和时间跨度后，实现兑现，使得原本负重疲惫的猴市形成顶部，进入下跌通道，形成鼠市，鼠市的特点不像大熊市那样凶狠杀跌，而是细水长流阴阴慢跌。

随着鼠市的慢跌，市场也形成了大坑，破净个股增多，信心丧失，政策频出利好，市场进入牛市筑底阶段，牛市的底比大熊市跌下来形成的猴市的底要时间跨度要长些，走势平缓触底、筑底。大熊市后的猴市底好比从相对较高的空中落下的球掉地后弹跳一样，高度越高下跌越急，形成的底越尖、越急，牛市的底是从相对低些的高点缓慢下跌下来夯实的底，所以牛市底比猴市底平缓些、时间长些。

市场经过猴市的报复性的、修复性的上涨和消化猴市获利盘的鼠市以及经过更为扎实的夯实筑底，已为迎来一轮浩浩荡荡的大牛市，厉兵秣马、休养生息多时，经过这些过程之后，市场内外多方力量准备充分、预期趋于一致，市场有了蓄积已久的上涨意愿和动能，之后进入的才是大牛市。牛市的启动要比猴市的启动更具市场内部蓄势已久的、破土而出般的内能，其后期上涨是无负重的、轻快的、后劲足的走势，正因此，大牛市的上涨才比猴市上涨更加顺畅痛快，更加酣畅淋漓。

（二）走势趋势选市

根据股市大盘趋势定位"一带一线一域"规律，大盘月线短带金叉后进场操作，月线中带金叉后牛市大趋势确立。在月线级别K线走势中，不论是沪市还是深市的大盘大势，指数向下运行跌破长带小线即进入了历史底部域，指数再向下运行到历史底托线附近就将形成大底，只要是大底，不论是猴市底还是牛市底均遵循此律；当指数在历史底托线附近走出月线短带金叉，意味着指数进入空翻多，应积极进场可做多；当指数向上继续运行突破走平的月线中带小线，意味着这个大底是牛市大底并确立，而猴市大底没有此律，因为猴市底部不是酝酿筑成的底，而是大级别反弹底；当指数继续向上运行使得月线中带形成金叉，意味着牛市大趋势确立，打开了向上运行通道，而猴市大底不仅没有此律，相反，在猴市运行过程中，指数运行到使得月线中带形成金叉时，反而是猴市大顶将近的位置。但值得注意的是，不论猴市底还是牛市底，只要是大底，均有共性现象，那就是，凡是大底均伴随大盘砸大坑、政策宽松现象，还有就是，每次大底都是最为确定的做多机遇，因为，此时的做多是压抑已久的市场情绪的集体反攻大爆发。

（三）走势结构选市

根据股市大盘走势结构"四区八相"特征，在大盘日线级别大幅下跌走势过程中，出现量先增价后涨且低点逐步抬高，意味着底部区域触底，指数突破日线长带大线则是大底确立,这个可以是猴市底或是牛市底,均可安心做多,指数突破了日线年带小线,意味着向上空间打开,形成了走牛趋势,之后,或是急涨牛市或是慢涨猴市;在大盘日线级别大幅上涨走势过程中,出现量已在减、价创新高意味着高位冲顶,指数只要跌破日线中带就注意风险,如果继续下行运行到日线长带大线附近,意味着指数或是在顶部区域筑顶,在此附近形成反弹若创新高,则是上涨继续顶部未到,若不能创新高,则都是最后的出场机会,筑顶无疑,如果指数继续下行破位、跌破日线长带大线,意味着顶部确立,跌破日线年带小线则是打开了向下空间,形成了走熊趋势,之后,或是急跌熊市或是慢跌鼠市。

(四) 股市走相选市

随着我国股市的发展,根据股市走相行为规律,逐渐形成了股市行为是由众多指数走势及个股走势构成的走相综合行为特征。上证指数是重要表征性全貌类指数成员之一,但其表征代表程度正在被稀释,正因此,对股市大势判断不仅要以大盘指数走势为据,更重要的是以股市行为走相为据,尤其是头部成分类指数更具先导性指示意义;在众多指数走势走相中,总有一些指数走势的大的底顶的形成,多数情况都比上证指数同期大底顶形成的要早些,或至少同步形成,这类指数就是领先类指数,这类领先类指数主要是金融类指数及其细分板块指数;在众多个股走势走相中,结合运用牛熊定律的绝对牛熊家数比精准量化市场运行环境状况;同时,在大盘走势逼近大底的过程中,某只个股率先连续大涨,给悲观的市场"打了个样",好像是在预示着将来就照这个"样"涨一样,构成了底部标志个股,底部标志个股是"春江水暖鸭先知",意味着底部不远了;当大盘在一轮大的上涨过程中,虽然上涨了有一大段时间,涨幅也不小,但大盘没有出现明显的上涨乏力迹象,还在高歌猛进中,突然某只个股率先连续大跌,好像是在预示着将来就要大跌了一样,这就构成顶部标志个股,顶部标志个股"一叶忽落惊秋凉",意味着顶部不远了。

(五) 超级动因选市

根据股市行为根本特征,股市接近大底过程和接近大顶过程中,作为股市超级动因的宏观政策转向总是提前几个月于股市大盘转向,尤其是财政政策、货币政策的转向积极或转向紧缩总是提前实现于大盘,随着政策效应的累积,使得大盘转向,具体可跟踪社会融资规模、货币供应量变动、证券化率及股市估值等指标数据。

二、选行

大盘大势走势已经走出底部触底,正在形成上升趋势,方向逐渐明朗,总之,已选好、选对可操盘的市势了,此时,如何选择主攻投资方向,便成了重要课题,如果投向不对或不好,则会出现大盘涨,但你所持个股不涨,甚至出现"赚了指数赔了钱"的现象，因此，选择主要投资行业、板块显得非常重要。尤其是刚刚过去的两年牛市中，由于产业政策还处在调整阶段，昔日火红的金融地产板块遇冷，集中金融地产的上证综指受到拖累，表现不佳，当然对于沪市来讲，集中了大体量稳健低成长型个股，及沪市整体换手率疲软等也影响了其表现。

在未来的股市中，再难出现过去的牛市一来鸡犬升天那样大的普涨行情了，在过去，只要大牛市一来，随随便便什么买都能蹭车躺赚、稳赚，但今后，更多的是像本轮牛市这样，即使是牛市中也有涨幅高低，相差悬殊，甚至还有不涨的板块或个股。这好比马拉松比赛，过去牛市是"参赛者"，迟早都能跑到终点，几乎没有半途退赛者，而今后即使在牛市中，总有部分参赛者不能跑到终点，甚至有参赛者半途退赛。也就是说，即使是在大牛市中，市场的冷热高低区域更加"立体"了。

未来股票操作更加需要精耕细作、更加"吃功夫"了，因此，当牛市启动或牛势上涨的时候，投资主攻方向的选择更加重要了。

总而言之，选行是泛指主要的投资方向、板块、行业或者是某指数样本空间。

（一）产业发展选行

通过对我国股市发展历史演进，得出股市是以实体经济为基础、实体经济发展方向就是股市发力演进方向这一结论，通过对我国股市过去30年的大事记搜集归纳，得出宏观政策才是股市超级动因这一结论，因此，选择主要的投资方向和行业板块，首先就要研究国家宏观产业政策和产业发展方向。

展望2035年奋斗目标，使人振奋、充满力量，时代潮流浩浩荡荡、滚滚向前。我们要沿着党所指的方向，响应政策号召，踏准步伐。国家发展需要、国家发展发力方向就是我们密切跟踪聚焦的股市投资方向。

（二）中层走相选行

根据股市行为中层走相的行业板块走相对比得出结论，再从更长视角和时间跨度，进行行业指数走相对比分析，来进一步探讨投资行业板块选择问题。

依然沿用沪深300指数为根指数的十大行业指数走相进行比较分析，见表3-1。

表3-1　沪深300十大一级行业指数走相涨跌幅对比表

指数代码	指数简称	区间涨跌幅%				沪深300涨幅为零轴相对涨跌幅% （300行业 - 沪深300）/沪深300 * 100				备注
		2019牛市	2014牛市	2005牛市	2005至2021	2019牛市	2014牛市	2005牛市	2005至2021	
		20190131-20210226	20140630-20150529	20050630-20071031	20050630-20210226					
000300/399300	沪深300	77.26	124.50	564.60	523.50	0.00	0.00	0.00	0.00	根指数、对标基准

· 251 ·

续表

指数代码	指数简称	区间涨跌幅%				沪深300涨幅为零轴相对涨跌幅% (300行业-沪深300)/沪深300*100				备注
		2019牛市	2014牛市	2005牛市	2005至2021	2019牛市	2014牛市	2005牛市	2005至2021	
		20190131-20210226	20140630-20150529	20050630-20071031	20050630-20210226					
000908	300能源	-5.99	66.72	759.20	63.51	-107.75	-46.41	34.47	-87.87	沪深300十大一级行业指数
000909	300材料	113.70	122.60	607.20	338.20	47.17	-1.53	7.55	-35.40	
000910	300工业	68.99	219.00	288.60	275.30	-10.70	75.90	-48.88	-47.41	
000911	300可选	110.60	112.90	456.90	940.90	43.15	-9.32	-19.08	79.73	
000912	300消费	217.40	80.91	608.50	3749.00	181.39	-35.01	7.78	616.14	
000913	300医药	116.60	85.93	470.80	1823.00	50.92	-30.98	-16.61	248.23	
000914	300金融	37.43	108.70	451.70	684.20	-51.55	-12.69	-20.00	30.70	
000915	300信息	106.00	145.50	199.40	301.10	37.20	16.87	-64.68	-42.48	
000916	300通信	23.91	152.80	333.30	226.30	-69.05	22.73	-40.97	-56.77	
000917	300公用	0.49	149.10	218.10	116.60	-99.37	19.76	-61.37	-77.73	

以沪深300为根指数、对标基准，对沪深300十大一级行业指数在2005.06.30-2007.10.31（简称为2005牛市）、在2014.06.30-2015.05.29（简称为2014牛市）、在2019.01.31-2021.02.26（简称为2019牛市）、2005.06.30-2021.02.26（简称为2005-2021年区间）的涨跌幅进行对比，并为了显示更直观、更明显，以沪深300指数涨幅为对标基准，与沪深300行业指数涨幅进行对比计算相对涨跌幅，制成表3-1、图3-1至图3-4。

	沪深300 000300/399300	300能源 000908	300材料 000909	300工业 000910	300可选 000911	300消费 000912	300医药 000913	300金融 000914	300信息 000915	300通信 000916	300公用 000917
相对涨跌	0.00	-107.75	47.17	-10.70	43.15	181.39	50.92	-51.55	37.20	-69.05	-99.37

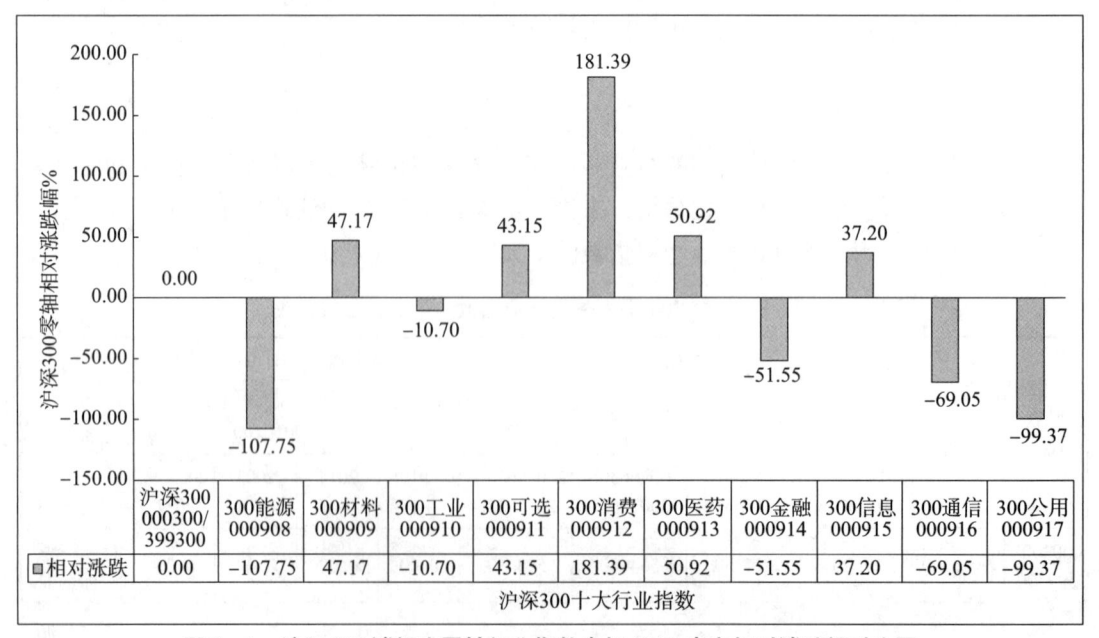

图3-1　沪深300涨幅为零轴行业指数走相2019牛市相对涨跌幅对比图

第三章 股票交易操作艺术

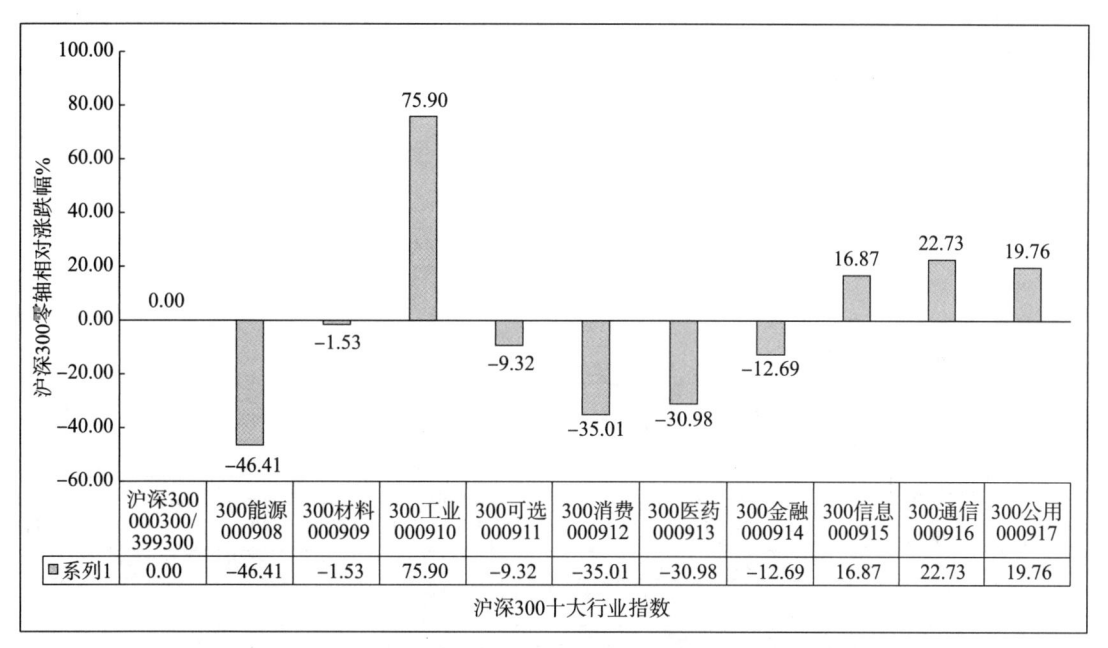

图 3-2 沪深 300 涨幅为零轴行业指数走相 2014 牛市相对涨跌幅对比图

沪深300 000300/ 399300	300能源 000908	300材料 000909	300工业 000910	300可选 000911	300消费 000912	300医药 000913	300金融 000914	300信息 000915	300通信 000916	300公用 000917
系列1	0.00	-46.41	-1.53	75.90	-9.32	-35.01	-30.98	-12.69	16.87	22.73	19.76

沪深300十大行业指数

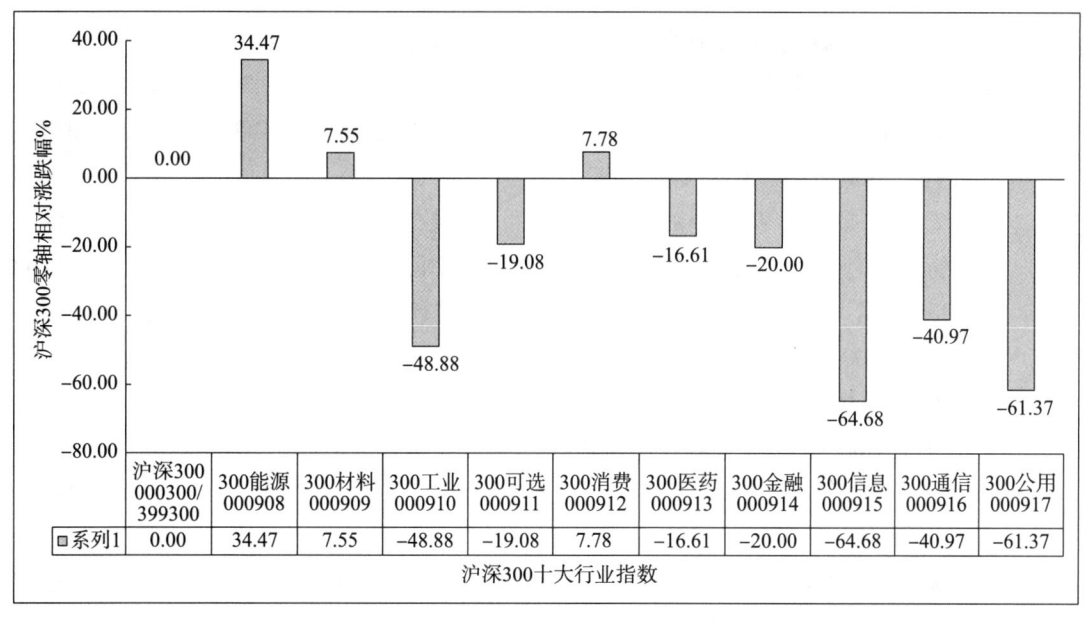

图 3-3 沪深 300 涨幅为零轴行业指数走相 2005 牛市相对涨跌幅对比图

沪深300 000300/ 399300	300能源 000908	300材料 000909	300工业 000910	300可选 000911	300消费 000912	300医药 000913	300金融 000914	300信息 000915	300通信 000916	300公用 000917
系列1	0.00	34.47	7.55	-48.88	-19.08	7.78	-16.61	-20.00	-64.68	-40.97	-61.37

沪深300十大行业指数

图 3-1 是在 2019 牛市区间沪深 300 十大行业指数涨幅对比，其中，沪深 300 涨幅为参考的零轴，通过对比发现沪深 300 行业指数中涨幅大于沪深 300 涨幅的有 300 消费、300 医药、300 材料、300 可选、300 信息，小于沪深 300 涨幅的有 300 能源、

沪深300 000300/399300	300能源 000908	300材料 000909	300工业 000910	300可选 000911	300消费 000912	300医药 000913	300金融 000914	300信息 000915	300通信 000916	300公用 000917
0.00	-87.87	-35.40	-47.41	79.73	616.14	248.23	30.70	-42.48	-56.77	-77.73

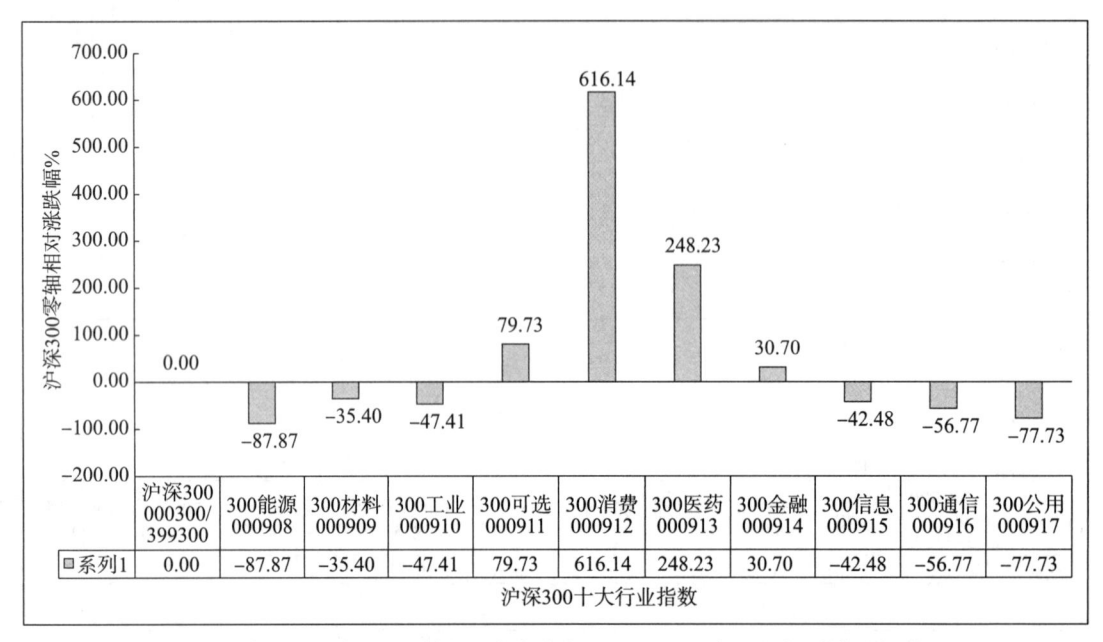

图3-4 沪深300涨幅为零轴行业指数走相2005-2021年区间相对涨跌幅对比图

300公用、300通信、300金融、300工业。

图3-2是2014牛市中沪深300十大行业指数涨幅对比，其中，沪深300涨幅为参考的零轴，通过对比发现沪深300行业指数中涨幅大于沪深300涨幅的有300工业、300通信、300公用、300信息，小于沪深300涨幅的有300能源、300消费、300医药、300金融、300可选、300材料。

图3-3是2005牛市中沪深300十大行业指数涨幅对比，其中，沪深300涨幅为参考的零轴，通过对比发现沪深300行业指数中涨幅大于沪深300涨幅的有300能源、300消费、300材料，小于沪深300涨幅的有300信息、300公用、300工业、300通信、300金融、300可选、300医药。

图3-4是2005-2021年区间沪深300十大行业指数涨幅对比，其中，沪深300涨幅为参考的零轴，通过对比发现沪深300行业指数中涨幅大于沪深300涨幅的有300消费、300医药、300可选、300金融，小于沪深300涨幅的有300能源、300公用、300通信、300工业、300信息、300材料。

从2005-2021年间的2005、2014、2019三大牛市的每轮牛市中沪深300十大行业指数表现，也能窥见国家产业发展变化。

从2005年6月30日至2021年2月26日连续区间长远角度看，沪深300十大一级行业指数涨幅前四名为主要消费、医药卫生、可选消费和金融地产。

随着国家在补强内需这一"马车"，升级中国智造，打造健康中国等国家宏大战略的实施，未来消费、医药、科技等行业板块应依然会表现不俗。

总之，从长期角度重点关注的行业板块有：主要消费类如国家级品牌食品饮料，医药类如肿瘤、心脑血管病、基因技术等重大疾病治疗技术的突破，科技类新材料新技术比如下一代计算机技术、信息技术、人工智能、芯片等。

（三）走相指标选行

利用股市行为的指数走相指标，在股市走牛的过程中，市场的冷热高低区域立体明显，据此进行选行。

1. 指数区间涨幅指标

直接利用区间涨幅指标，对各类指数进行涨幅对比，选择涨幅靠前的指数，进行选行。

对沪深两市 A 股在 2019.01.31 – 2021.02.26 区间选取涨幅靠前的指数进行对比，相比之后可选深证 100 和创业板指作为主投目标行（科创板指数 2019 年 12 月 31 日发布，因此未进行对比），见表 3–2。

表 3–2　沪深 A 股区间涨幅靠前指数对比表

指数全称	指数代码	指数简称	样本空间	样本数量排名	20190131 – 20210226 涨跌幅	备注
上证 50 指数	000016	上证 50	上证 180 前 50 龙头蓝筹股	50 = 1～50	63.87%	
上证 180 指数	000010	上证 180	沪 A 前 180 = 大盘蓝筹股	180 = 1～180	60.96%	
深证 100 指数	399330	深证 100	深证前 100	100 = 1～100	135.40%	
深证 300 指数	399007	深证 300	深证前 300	300 = 1～300	110.80%	
深证成分指数	399001	深证成指	深证前 500	500 = 1～500	100.40%	
中小板指数	399005	中小板指	深中小板前 100	100 = 1～100	106.40%	
创业板指数	399006	创业板指	深创业板前 100	100 = 1～100	133.00%	

注明：0 = 1～3580 是代表全部样本股，51 = 1～51 是代表前 1 至 51 只样本股。

2. 市场活跃度指标

通过运用板块成交量能、流通盘、涨跌幅、换手率等数据，运算板块换幅比、日金幅比、绝对价格等市场活跃度指标，来发现板块冷热区和轻重域，进行选行。

（1）通过对板块或指数的成交量堆积萎缩、换手率高低比较直接发现市场冷热区，选择市场热区进行选行，见图3-5和图3-6。

图3-5是A股创业板综、深证综指、中小板综、上证指数、上证180、上证50指数在2019年和2020年K线换手率之和，创业板综换手率最高，上证50换手率最低。

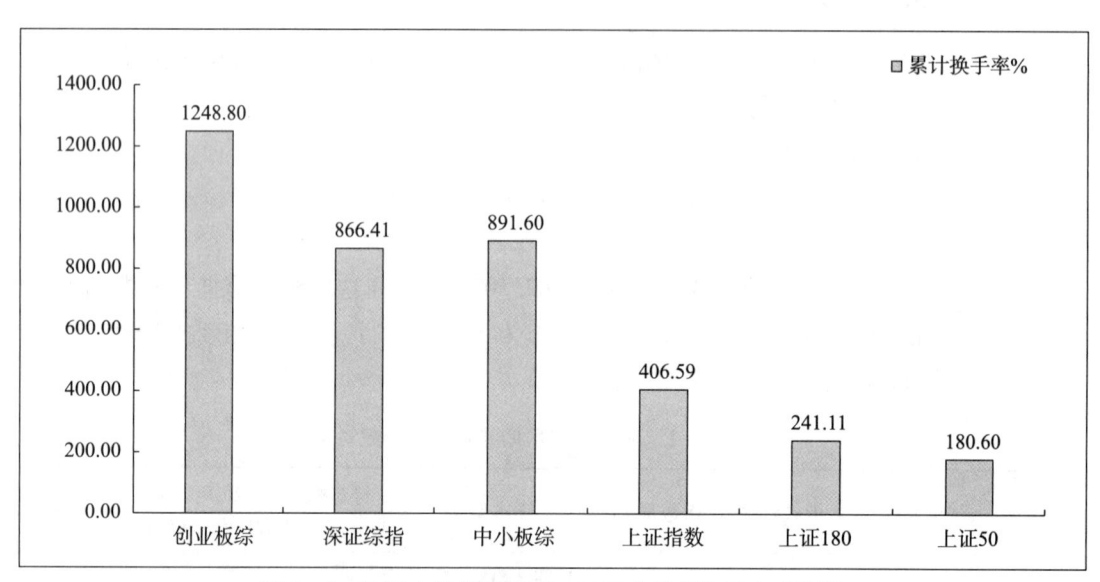

图3-5 沪深A股指数2019-2020年线级换手率对比图

图3-6是中证指数有限公司公布的《全球上市中国股票概览（2020）》报告中的2017-2020年A股不同市值股票的年化换手率，换手率与股票市值呈现反比关系。

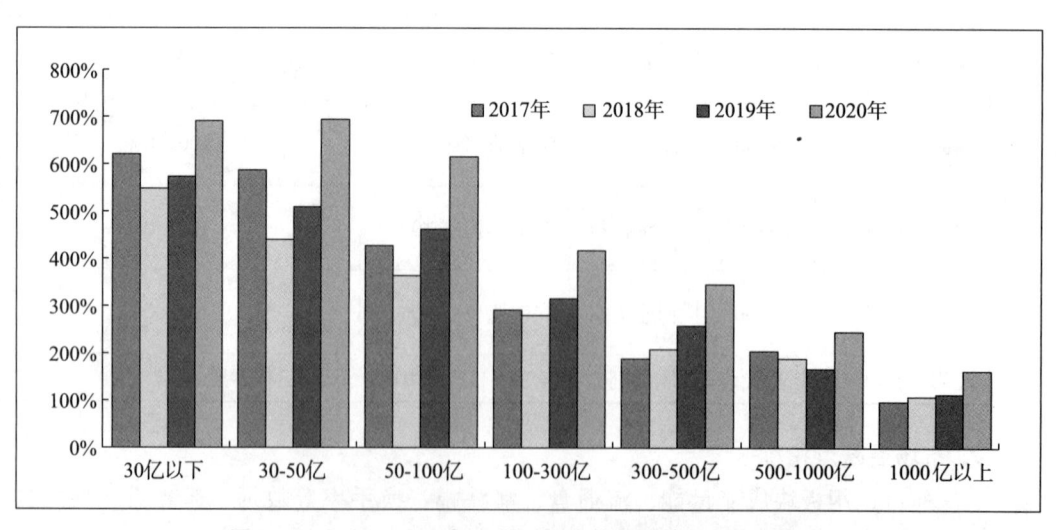

图3-6 2017-2020年A股不同市值股票的年化换手率图

图 3-5 和图 3-6 表明，在 A 股市场中，小市值的股票比大市值股票更为活跃，由小市值个股为主股相的板块或指数更容易形成市场热区。

（2）通过对指数或板块的换幅比、日均金幅比和绝对价格等指标综合对比，发现并选择市场轻域进行选行，见表 3-3、图 3-7、表 3-4 和图 3-8。

表 3-3　沪深 300 行业指数 2019-2020 年涨幅、绝对价格、日金幅比计算表

指数代码	指数简称	绝对价格	调整涨幅%	日均金幅比	累计涨幅%	成交金额（亿元）	备注
000912	300 消费	103.84	228.01	8.87	214.00	101141.00	为了分析显示直观效果，以调整涨幅%显示并计算日均金幅比，绝对价格采用的是 2019 年绝对价格和 2020 年绝对价格的累加值，日均金幅比＝金幅比/500
000913	300 医药	68.94	129.11	13.91	115.10	89783.00	
000915	300 信息	34.14	128.41	27.39	114.40	175848.00	
000911	300 可选	32.72	127.31	14.37	113.30	91480.00	
000909	300 材料	19.84	92.31	20.23	78.30	93350.00	
000910	300 工业	21.69	71.89	30.96	57.88	111270.00	
000914	300 金融	25.75	48.62	111.13	34.61	270147.00	
000916	300 通信	39.81	40.03	23.40	26.02	46837.00	
000917	300 公用	11.11	14.31	10.35	0.30	7405.00	
000908	300 能源	12.19	1.00	291.06	-13.01	14553.00	
000300/399300	沪深 300	29.64	87.11	229.86	73.10	1001160.00	对标参考、根指数

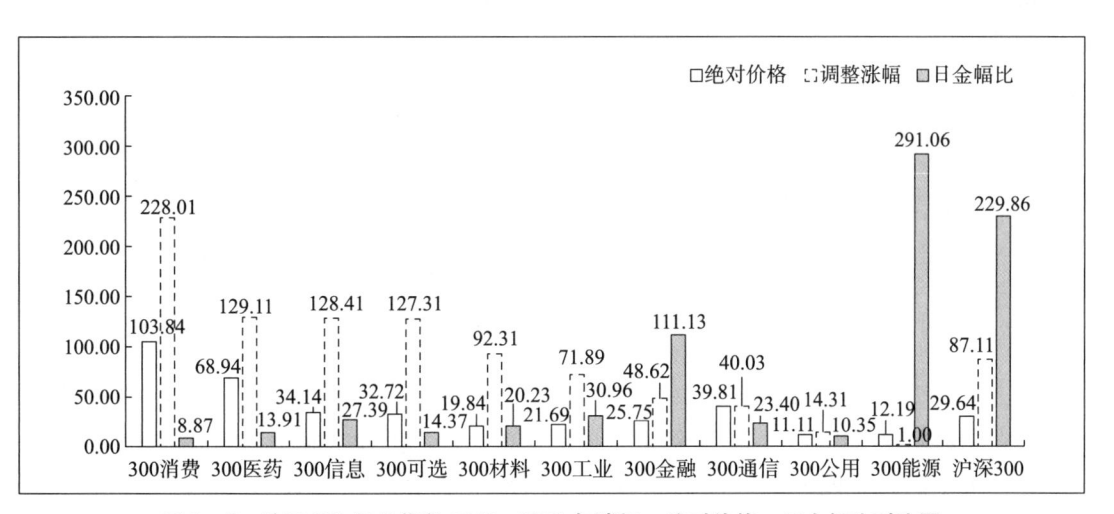

图 3-7　沪深 300 行业指数 2019-2020 年涨幅、绝对价格、日金幅比对比图

表3-4 中证全指行业指数2019-2020年涨幅、绝对价格、日金幅比计算表

指数代码	指数简称	绝对价格	调整涨幅%	日均金幅比	累计涨幅%	成交金额（亿元）	备注
000990	全指消费	37.70	169.98	26.93	167.50	228915.00	为了分析显示直观效果，以调整涨幅%显示并计算日均金幅比，绝对价格采用的是2019年绝对价格和2020年绝对价格的累加值，日均金幅比＝金幅比/500
000991	全指医药	35.89	104.28	52.97	101.80	276169.00	
000993	全指信息	29.00	87.18	150.11	84.70	654316.00	
000989	全指可选	18.24	65.76	93.44	63.28	307224.00	
000988	全指工业	18.65	63.40	162.56	60.92	515318.00	
000987	全指材料	17.62	60.50	121.36	58.02	367106.00	
000992	全指金融	22.16	33.87	206.30	31.39	349366.00	
000994	全指通信	29.86	26.95	85.13	24.47	114708.00	
000995	全指公用	11.52	8.20	78.61	5.72	32230.00	
000986	全指能源	11.54	1.00	748.40	-1.48	37420.00	
000985	中证全指	22.12	66.27	929.84	63.79	3081020.00	对标参考、根指数

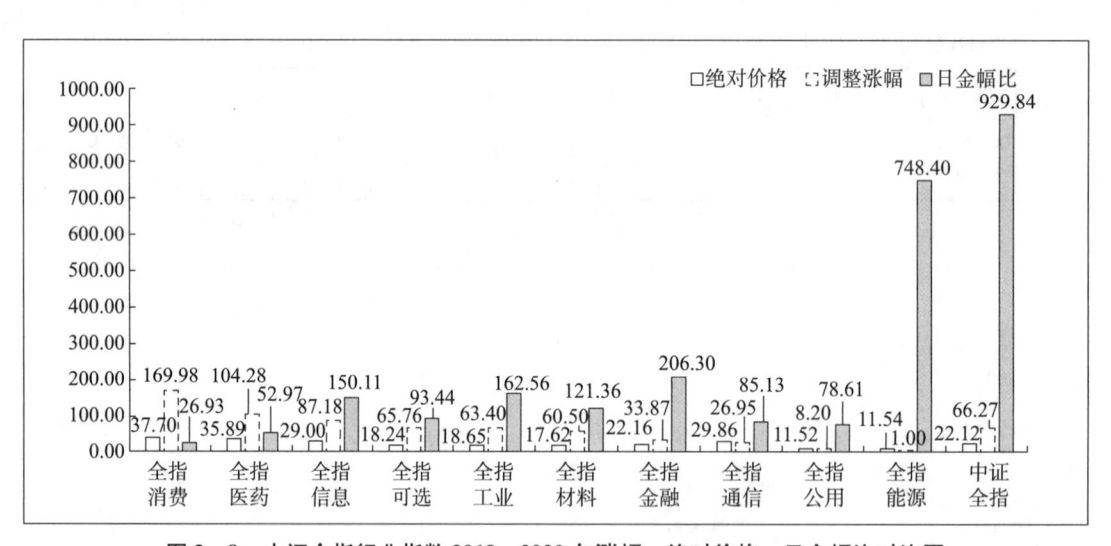

图3-8 中证全指行业指数2019-2020年涨幅、绝对价格、日金幅比对比图

表3-3是年K线走势中取2019-2020年区间相关数据，计算沪深300及其行业指数区间涨幅统计、绝对价格、日均金幅比，并为了分析显示直观效果，以区间涨幅最小的300能源区间涨幅统计作为参考（取值调整为1.00，否则该指数涨幅-13.0的话，计算日均金幅比无意义），调整其他指数区间涨幅统计，按调整后的涨幅计算日均金幅比。

图3-7是表3-3中沪深300行业指数绝对价格、调整涨幅和日均金幅比的柱

状图。

在年 K 线走势中取 2019－2020 年区间相关数据，计算中证全指及其行业指数区间涨幅统计、绝对价格、日金幅比，并为了分析显示直观效果，以区间涨幅最小的全指能源区间涨幅统计作为参考（取值调整为 1.00，否则该指数涨幅 －1.48 的话，计算日均金幅比无意义），调整其他指数区间涨幅统计，按调整后的涨幅计算日均金幅比，见表 3－4。

图 3－8 是表 3－4 中证全指行业指数的绝对价格、调整涨幅和日均金幅比柱状图。

从表 3－3、图 3－7、表 3－4 和图 3－8 中可得出如下结论：①主要消费行业指数日金幅比最小，说明最"轻"，而绝对价格最高，说明所含样本个股股价高、板块涨幅最大；②能源行业指数日金幅比最大，说明聚集了大量资金交投，但绝对价格接近垫底，说明该板块最"沉"，或者说该板块集聚了大量的资金但所含个股股价偏低。

如果某板块市场行为一致性差的话，交投活跃但上涨不易或不大，如果某板块市场行为一致性好的话，交投不大但上涨幅度可观，综合以上分析，从长远角度看，消费板块、医药板块都值得重点关注。

值得注意的是，十大行业样本是从其根指数样本里构成，但其有关数据并非简单相加等于根指数有关数据，如十大行业指数的成交量能之和不等于其根指数成交量能。

以史为鉴、以数为据，市场活跃度高的市场热区行业、板块中的样本个股纷纷上涨的结果，是使得所在行业指数绝对价格上升、日均金幅比下降，使得该行业指数变得又轻又高。

总之，一轮牛市即将来临时，如何从整个市场中选出即将要成为热区的行业、板块，要看对国家发展、政策导向和股市行为规律的把握能力。关于国家政策方面，主要是指国家发展需要、产业发展方向；关于股市行为规律方面，主要是指股市走相行为规律。

三、选股

在操盘中，通过选市知道了什么时候进场，通过选行确定了主投行业、板块方向之后，接下来就是选股了，即选择好具体操盘的个股。

选择的个股不是一只个股，而是要选出多只股票形成股票池。组成股票池是本着"鸡蛋不能放一个篮子"的风险防范原则，从不同行业、板块中选出的多只个股组成，而绝不是选定的某一个主投行业或板块的某一只或某几只个股。

（一）指数成分股选股

指数本身就是一种指标、一种工具，在选股时，首选利用指数工具进行，在众多指标中选取高股相的指数，其成分股就是高个股属相的股票。

通过对股市走相内容的研究和探讨，对各类指数对比分析，得出以下结论：

（1）对于某市场或某板块或某行业来讲，①全貌指数涵盖了全部样本参与指数计算，反映整体走势，走势往往是"参照线、合格线"，成分指数涵盖了排名前排的部分优质样本参与指数计算，反映头部走势，走势往往是"领跑者、引领者"；②在风格指数中，成长型风格指数涨跌幅往往比价值型风格指数涨跌幅大。

（2）从大行业类别看，消费、医药、科技更被市场认可、追捧，从细化行业分类看，食品饮料、生物医药、新材料新技术等方面有更大的涨幅。

（3）在市场活跃度上，深市比沪市活跃，在深市中创业板最为活跃，此外，流通盘小的比流通盘大的更为活跃，再有就是低价股比高价股活跃。

（4）板块龙头类别更被市场追捧，比如上证龙头、深证龙头、中证龙头以及行业龙头板块指数涨幅都很高。

据此，综合利用指数工具，成长型、成分指数＋行业、板块龙头等指数的成分股票，是主要的长期关注方向，还要辅以市场活跃度加以考虑，尽量选择多板块属性的个股选入股票池。

同时，要知道指数样本个股是变动的，因此，要密切关注新调入指数样本的个股及备选样本个股涨跌轨迹变化，还要留意被选入股票池的个股在指数样本中的排名情况，若有名次下降或被调出指数成分的个股，就要尽量找出其变化的原因，重新考虑其被选入股票池的资格，如果只是因为个股市值排名原因导致的成分股排名变化的话，可保留在股票池中，如果是其他原因导致变化的话，尤其是基本面发生了变化而导致的成分股排名变化或被调出成分股，则考虑调出股票池。

值得一提的是，对没有公开指标成分列表的指数，以及就连权重前十个股也没有公布的指数，不是本节讨论、考虑的指数，也不是我们选股时能利用的指数工具。

在具体看盘的时候也可以利用多股同列的方法，选出领涨龙头，作为股票池备选股、关注股，并用指数成分股选股的思路和方法进行甄别，考虑是否将股票选入股票池。

（二）基本面指标选股

对于上市公司基本面的了解分析，一是通过公开的基本面资料，二是通过对上市公司实地考察调研。

对于上市公司基本面的研究分析，重点要放在收入利润情况、资产负债情况和账款相符与否。

对于一个公司来讲，收入是生存发展的动力和源泉，没有收入企业不能继续存活、更不能发展壮大。主营业务收入应是企业收入的主要来源，若收入主要来源于非主营业务，比如各种补贴收入、变卖有关资产收入等非经常性收入，是有风险的。

从"利润＝收入－费用"的动态反映经营成果的会计恒等式看，如果营业成本和三项费用即销售、管理、财务费用高，则总成本就会高，相应地，净利润就不会高，即净利润＝营业利润＋营业外损益（也叫其他利润，是主营业务以外的非经常性的利润）。其中，营业利润＝毛利－税金，毛利＝营业收入－营业成本。

资产是公司的基础，从"资产＝权益＝债权人权益＋所有者权益＝负债＋所有者权益"的静态反映财务状况的会计等式看，负债是借来的别人的钱，所有者权益是自己固有的钱。

把反映收入利润的"利润表"和反映资产负债的"资产负债表"算作"账"表的话，"现金流量表"就是"款"表，账款要匹配，不然有风险。这就是俗话说的"年终一算账：好像是挣钱了，但是兜里没钱"的风险。

基于以上大框架思路，通过对公开的基本面资料分析上市公司营业状况，是最为便捷的途径，其中，基本面指标包括财务指标、每股价值指标和每股估值指标，基本面信息主要是指公开的各类报告及消息，如年报、季报、调研报告等。

基本面指标中财务指标分析为主，每股价值指标和每股估值指标为辅，其中，财务指标包括成长能力指标、盈利能力指标、运营能力指标、偿债能力指标及现金流量分析。

1. 成长能力指标

对于个股投资来讲，企业未来的成长性是投资者重点关注的指标之一，成长性好的企业具有更广阔的发展前景和预期，因而更能吸引投资者。

通常，我们通过企业在过去几年中规模、利润和所有者权益增加来预测企业未来的成长性。

利润增长方面的数据来自利润表，包括主营业务收入增长率、主营利润增长率和净利润增长率。

（1）主营业务收入增长率＝（本期主营业务收入－上期主营业务收入）/上期主营业务收入。通常具有成长性的公司多数都是主营业务突出、经营比较单一的公司。如果一家公司能连续几年保持30%以上的主营业务收入增长率，就基本上可以认为这家公司具备成长性，这样的上市公司大多是一些新兴行业和国家重点扶持行业的上市公司。

（2）主营利润增长率＝（本期主营业务利润－上期主营业务利润）/上期主营业务利润。一些公司尽管年度内利润总额有较大幅度的增加，但主营业务利润却未相应增加，甚至大幅下降，这样的公司质量不高，可能隐藏着巨大的风险，也可能存在管理费用居高不下等问题。

（3）净利润增长率＝（本期净利润－上期净利润）/上期净利润，是公司经营业绩的最终结果，净利润的连续增长是公司成长性的基本特征。

规模扩张方面数据来自资产负债表,包括总资产增长率和固定资产增长率。

(4) 总资产增长率=(年末资产总额-年初资产总额)/年初资产总额,处于扩张时期公司的基本表现是总资产规模的扩大。这种扩大一般来自两方面的原因:①所有者权益的增加,如果是由于公司发行股票而导致所有者权益大幅增加,则需关注募集资金的使用情况,如果募集资金还处于货币形态或作为委托理财等使用,这样的总资产增长率反映出的成长性将大打折扣;②公司负债规模的扩大,公司往往在资金紧缺时向银行贷款或发行债券,当公司资产负债率较高时,负债规模的扩大空间有限,且财务风险也会高。

(5) 固定资产增长率=本年固定资产净增加额/年初固定资产总额=(本年增加固定资产原值-本年减少固定资产原值)/年初固定资产原值。对于生产性企业而言,固定资产的增长反映了公司产能的扩张,特别是供给存在缺口的行业,产能的扩张直接意味着公司未来业绩的增长。在分析固定资产增长时,需分析增长部分固定资产的构成:①对于增长的固定资产大部分还处于在建工程状态,则需关注其预计竣工时间,待其竣工,必将对竣工当期利润产生重大影响;②如果增长的固定资产在本年度较早月份已竣工,则其效应已基本反映在报表中,未来收益增长预期不可太高。

所有者权益增加方面数据来自所有者权益变动表,所有者权益增长率可简单理解为净资产增长率。

(6) 所有者权益增加。所有者权益是指企业资产扣除负债后由所有者享有的剩余权益,在股份制企业中叫股东权益;所有者权益就是所有者权益变动表中归属于母公司的权益,当少数股东权益为零时,等于资产负债表的净资产,当少数股东权益不为零时,所有者权益即归属于母公司股东所有者,权益合计=股东权益合计-少数股东权益;在资产负债表中,净资产=资产总额-负债总额=实收资本(即股本)+资本公积+盈余公积+未分配利润+其他(非常规项,如一般风险准备、外币报表折算差额等),净资产分为"本金"和"收益"的话,"本金"包括"实收资本(股本)"和"资本公积金","收益"包括"盈余公积金"和"未分配利润",所有者可分享"收益"但不能分"本金"。

增加所有者权益的途径如下:①通过股权融资增加实收资本;②增加资本公积,包括资本(或股本)溢价、接受捐赠资产、外币资本折算差额等;③留存盈余公积,包括法定盈余公积和任意盈余公积;④增加未分配利润。

2. 盈利能力指标

盈利能力是各方面关注的核心,也是企业成败的关键,通常用利润占收入比率和利润占资产比率来反映。

毛利率、净利率都是利润率类指标,数据来源于利润表。

(1) 毛利率(又称销售毛利率、营业利润率)是指毛利(即营业利润)占销售收入的百分比,毛利率=(营业收入-营业成本)/营业收入=(净利润+所得税+其他费用)/营业收入，一般参考值为15%。

毛利率是判断上市公司盈利能力和未来成长性的关键指标。从优秀上市公司的经验看，很多公司的毛利率都保持在30%以上，甚至有很多毛利率保持80%以上暴利级别的公司，如名酒、旅游、高速公路、制药类、房地产、矿业类、软件类公司。

(2) 核心毛利率。年报的经营情况讨论和分析里有一个相当重要的表格——主营业务分析——业务板块收入及毛利率情况表。借助该表，可以清晰地了解一家上市公司各种主要产品的毛利与毛利率，才有可能准确了解到底是哪些产品在真正支撑上市公司的毛利、毛利率，毕竟毛利是企业获利的基础，也是利润的来源。

三项期间费用（销售、管理、财务费用）如果出现异动，则要认真分析，找出原因，看看是不是会影响此前分析所得出的结论。

(3) 净利润率（也叫销售净利率）＝净利润/营业收入，净利润＝总收入－总成本＝毛利（即营业收入－营业成本）＋其他利润－税金。

其中，扣除非经常性损益后的净利润率或扣除非经常性损益后的全面摊薄净资产收益率，更能准确反映上市公司的真实价值。在年报等定期报告中，单独对"非经常性损益"列示明细表。

净资产收益率、总资产利润率都是资产收益率类指标，利润数据来自利润表，资产数据来自资产负债表。

(4) 净资产收益率简称ROE，又称股东权益报酬率、净值报酬率、权益报酬率、权益利润率、净资产利润率，是净利润与净资产百分比、净利润与年度末股东权益百分比、净利润与平均股东权益的百分比，其中，平均股东权益即平均净资产＝(年初净资产＋年末净资产)/2。

市盈率由于考虑了股价的因素，本质上不属于财务指标，而每股收益由于送红股、转增股本等原因，其变化与公司经营优劣与否，可能没有任何关系。所以，在所有评价上市公司的常用财务指标中，净资产收益率是最重要。净资产收益率是反映上市公司盈利能力及经营管理水平的核心指标，也是判断一只股票是否值得买的指标，指标值越高，说明投资带来的收益越高，体现了自有资本获得净收益的能力越高。

净资产收益率有全面摊薄净资产收益率即净利润/期末净资产（12月31日那天的数值）、加权平均净资产收益率即净利润/加权平均净资产、扣除非经常性损益后全面摊薄净资产收益率和扣除非经常性损益后的加权平均净资产收益率。其中，加权平均净资产收益率在杜邦分析中常用。

观察净资产收益率至少要看过去三年的指标，年报正文开始部分的"报告期末公司前三年主要会计数据和财务指标"表格中，有连续三年的数据。如要考虑融资、投资进度等原因，应查阅分析连续几年的净资产收益率最能显示上市公司的盈利能力。

一般来讲，在刚刚上市的几年里，上市公司往往都有不错的净资产收益率表现，但几年过后，这个指标会出现明显下滑。如果一家上市公司随着规模的扩大，仍能长期保持一个较好的净资产收益率，则说明该公司的领导者具备带领企业从一个胜利走向另一个胜利的能力。对于这样的企业家所管理的上市公司，我们可以给予更高的估值与关注。

净资产收益率上不封顶，越高越好。新股能够溢价发行的原因是净资产收益率高，这样市场才能接受，但不能低于银行利率，高于银行利率的净资产收益率是上市公司经营的底线，正因此，证监会《上市公司证券发行管理办法》第十三条明确规定，上市公司在公开增发时，最近三年的加权平均净资产收益率平均不得低于6%。

在选股过程中，净资产收益率偶然一年低于银行利率也许还可以原谅，但如果长年低于银行利率，这家公司上市不能作为目标个股净资产收益率的参考值为8%，选好股票的净资产收益率为12%~30%。

在杜邦分析法中，净资产收益率=净利润/净资产=总资产收益率×权益乘数=销售净利率×资产周转率×权益乘数（财务杠杆）。其中，销售净利率=净利润/营业收入，总资产周转率=营业收入/资产总额，权益乘数=资产总额/净资产=资产总额/所有者权益总额（期末净资产）=1+（负债总额/股东权益总额）=1/（1－资产负债率），资产负债率=负债总额/资产总额。

由此可见，净资产收益率是一个综合性最强的财务比率指标，是杜邦分析系统的核心。它反映所有者投入资本的获利能力，同时反映企业筹资、投资、资产运营等活动的效率。决定净资产收益率高低的因素有三个方面——权益乘数、销售净利率和总资产周转率，它们分别反映了企业的偿债能力、盈利能力和运营能力指标：①权益乘数高则企业偿债能力弱，资产负债率高，企业有较多杠杆利益，同时也有较多风险；②销售净利率高则企业盈利能力强，要想提高销售净利率：一是要扩大营业总收入，加强销售能力；二是降低总成本费用，加强内部成本控制能力；③总资产周转率高则企业运营能力强，一般而言，如果一家公司的资产周转率高，则说明该公司从原材料采购——加工——销售——收回现金——再采购原材料，这一个完整的经营流程运行得很快。

企业资产的营运能力，既关系到盈利能力，又关系到偿债能力。一般而言，流动资产直接体现企业的偿债能力和变现能力；非流动资产体现企业的经营规模和发展潜力。两者之间应有一个合理的结构比率，如果企业持有的现金超过业务需要，就可能影响企业的盈利能力；如果企业占用过多的存货和应收账款，则既影响盈利能力，又影响偿债能力。因此，要进一步分析各项资产的占用数额和周转速度。对流动资产应重点分析存货是否有积压现象、货币资金是否闲置、应收账款中应分析客户的付款能力和有无坏账的可能；对非流动资产应重点分析企业固定资产是否得到充分利用。

一般来说，权益乘数、销售净利率和总资产周转率三个指标中，更看重销售净利率，因为该指标往往是判断一家公司能否持续成长的决定性因素。资产周转率次之，其主要表现一家公司管理能力、营销策略水平。权益乘数则适中为好，也就是说，一家上市公司的资产负债率要保持在适中的程度，过低则说明公司没有发挥负债的杠杆作用。资产负债率过高（超过70%）则说明公司在经营中过多依赖负债，权益乘数发挥到极致，反而存在较高的风险。也就是说，以高负债风险为代价，追求高净资产收益率，虽然一时看上去风光，但风险也不可小觑。低负债率（如低于30%）高盈利能力的公司，恰恰有大幅改善业绩的可能。

（5）总资产报酬率又称总资产利润率、资产所得率、总资产回报率、资产总额利润率，它表示企业包括净资产和负债在内的全部资产的总体获利能力，总资产利润率＝总利润/总资产，也可以按（利润总额＋利息支出）/（期初资产总额＋期末资产总额）/2计算，是指企业一定时期内获得的报酬总额与资产平均总额的比率。

（6）总资产净利率＝净利润/总资产。

3. 运营能力指标

运营能力是以企业各项资产的周转速度来衡量企业资产利用效率的指标。周转速度越快，表明企业的各项资产进入生产、销售等经营环节的速度越快，那么其形成收入和利润的周期就越短，经营效率自然就越高。

（1）存货周转率（次）＝营业成本（销售成本）/[（期初存货＋期末存货）/2]，是存货周转速度的主要指标。

存货周转天数（天）＝360/存货周转率＝[（期初存货＋期末存货）÷2×360]/销货成本，反映的是企业从购入存货、投入生产到销售出去所需要的天数。

如果在流动资产中存货所占的比重较大的话，应特别重视对存货的分析。

（2）应收账款周转率（次）＝销售收入/[（期初应收账款＋期末应收账款）/2]，是指在指定的分析期间内应收账款转为现金的平均次数，也可表述为企业在一定时期内赊销净收入与平均应收账款余额之比。应收账款周转率要与企业的经营方式结合考虑，特别是季节性经营的企业、大量使用分期收款结算方式的企业、大量使用现金结算的销售的企业、年末大量销售或年末销售大幅度下降的企业。

应收账款周转天数（天）＝360/应收账款周转率＝{[（期初应收账款＋期末应收账款）/2]×360}/销售收入，是用时间表示的应收账款周转速度，也称平均应收账款回收期或平均收现期。

（3）营业周期（天）＝存货周转天数＋应收账款周转天数，也就是说从取得存货开始到销售存货并收回现金为止的这段时间。

（4）流动资产周转率（次）＝主营业务收入净额/平均流动资产总额＝营业收入/[（期初流动资产＋期末流动资产）/2]＝（营业成本/流动资产平均余额）×（营业收入/营业成本）＝流动资产垫支周转率×成本收入率。

流动资产周转天数（天）＝流动资产平均余额×计算期天数/流动资产周转额（产品销售收入）。

(5)总资产周转率（次）=主营业务收入净额/[（期初资产总额+期末资产总额）/2]，反映总资产的周转速度，用于衡量企业运用资产赚取利润的能力。单从该指标的角度，企业可以采用薄利多销的方法，加速资金周转，使利润绝对额增加。

4. 偿债能力指标

偿债能力分为长期偿债能力和短期偿债能力。

短期偿债能力是指企业偿还短期债务的能力，具体指标有流动比、速动比、超动比、现金比、现金流量比、营运资金；短期偿债能力不足，不仅会影响企业的资信，增加今后筹集资金的成本与难度，还可能使企业陷入财务危机，甚至破产。一般来说，企业应该以流动资产偿还流动负债，而不应靠变卖长期资产，所以要用流动资产与流动负债的数量关系来衡量短期偿债能力。

以流动负债为分母，把流动资产作为分子一层一层分析——流动资产、速动资产、超级速动资产、现金、经营现金净额分析至净营运资本：

(1) 流动比率=流动资产/流动负债，流动比率越低风险越大，虽然资产负债率不高，但流动比率较低，最常见的原因是短债长用，也就是将短期银行借款用于固定资产等长期投资，导致流动负债大大高于流动资产，形成负债结构与资产结构不匹配，形成风险，流动比率一般企业也要大于1。

(2) 速动比率=速动资产/流动负债=（流动资产－存货－预付账款－待摊费用）/流动负债，用来衡量流动资产中可以立即变现用于偿还流动负债的能力，一般该比率为1左右合适，小于1则代表短期偿债能力偏低。

(3) 保守速动比率（也称超速动比率）=（现金+短期证券+应收票据+应收账款净额）/流动负债，由于超速动比率的计算，除了扣除存货以外，还从流动资产中去掉其他一些可能与当前现金流量无关的项目（如待摊费用）和影响速动比率可信性的重要因素（比如信誉不高客户的应收款净额），因此，能够更好地评价企业变现能力的强弱和偿债能力的大小。

(4) 现金比率=（货币资金+交易性金融资产净额）/流动负债，在应收账款和存货变现能力存在问题的情况下，对现金比率计算更具意义，但是通常高现金比率表明公司流动资金利用效能低。

(5) 现金流量比率=年经营活动现金净流量/年末流动负债，反应本期（一年）产生的经营性现金流量抵付未来（一年）期内流动负债的能力。

(6) 营运资金（也称净营运资本）=流动资产－流动负债，该指标越高，表示企业可用于偿还流动负债的资金越充足，企业的短期偿付能力越强，因此，可将营运资本作为衡量企业短期偿债能力的绝对数指标。

流动资产既可以用于偿还流动负债，也可以用于支付日常经营所需要的资金。流动资产过高有效率低之嫌，过低则有管理不善的可能，究竟多少合适没有定律，因为不同行业的企业具有不同的经营特点，使得其流动性也各不相同；另外，要用速动比率（剔除了存货和待摊费用）和现金比率（剔除了存货、应收款、预付账款和待摊费用）辅助进行分析。总的来讲，当上市公司流动比率较低时，不可一味高估其短期偿债风险，而是要仔细研究其流动负债构成与流动资产构成，同时结合其所经营的业务进行分析。

长期偿债能力是指企业偿还长期利息与本金的能力。资产是清偿企业债务的最终物质保证，盈利能力是清偿债务的经营收益保障，现金流量是清偿债务的支付保障。

（7）资产负债比率（又称财务杠杆）＝负债总额÷资产总额，由于所有者权益不需偿还，所以财务杠杆越高，债权人所受的保障就越低，但这并不是说财务杠杆越低越好，因为合理的资产负债率有利于企业的发展壮大。理论上，资产负债率越高，风险越大，一般40%～70%为合理区间，超过70%就说明经营风险过高；另外，宏观经济环境波动和企业自身盈利状况下滑，银行收缩贷款，风险就更大。

（8）股东权益比率（又称自有资本比率、净资产比率、所有者权益比率）＝股东权益总额/资产总额，反映企业全部资产中有多少是投资人投资所形成的。

股东权益比率与资产负债率之和等于1，股东权益比率的倒数称为权益乘数，是指资产总额与股东权益的比率。

（9）产权比率（又称净资产负债率）＝负债总额/股东权益，参考值为1.2，能反映企业的资本结构是否合理、稳定，同时也能表明债权人投入资本受到股东权益的保障程度。一般说来，产权比率高代表高风险、高报酬的财务结构，产权比率低代表低风险、低报酬的财务结构。

（10）利息保证倍数（也称利息赚取倍数、利息收入倍数）＝息税前经营净利润/利息费用＝（净利润＋所得税＋利息费用）/利息费用，参考值大于1，能考察企业的营业利润是否足以支付当年的利息费用。一般来说，这个比率越大，长期偿债能力越强。

（11）债务本息保证倍数＝息税前经营净利润/还本付息金额，债务本息保证倍数比利息保障倍数能更精确地表达企业偿债能力的保证程度，参考最低标准为1，该指标越高，表明企业偿债能力越强。

（12）固定费用保证倍数＝息税前经营净利润/固定费用，参考最低标准为1，否则说明企业无力偿还到期债务，该指标内涵比利息保证倍数和债务本息保证倍数指标更广泛、更综合，经常被当作这一指标中固定费用的项目有利息费用、租赁费用中的一部分或全部、支付的债务本金，大量的优先股股利也可能包括进去，不管固定费用包括多少项内容，其原则是一致的，包括的内容越多，指标就越稳健。

短期偿债能力的流动比、速动比、超动比、现金比是（流动、速动、超动、现金资产）/流动负债，数据均来自资产负债表，现金流量比是经营现金净量/流动负债，数据来自资产负债表和现金流量表；长期偿债能力的资产负债比、净资产负债比是负债/（资产、净资产），净资产比是净资产/资产，数据均来自资产负债表，利息、本息、固定费保证是息税前经营净利润/（利息、本息、固定费用），数据来自利润表和现金流量表。

5. 现金流量分析

现金流量是指企业在一定时期的现金和现金等价物的流入和流出数量。在现金流量表中，现金流量分为经营活动现金流量、投资活动现金流量和筹资活动现金流量。

经营性现金流净额是三大经济活动现金净流量（现金净流量＝现金流入－现金流出）中最为重要的，这个数据可被视为现金版的净利润，具有风险警报和价值捷报作用。

（1）现金到期债务比＝经营活动现金净流量/本期到期的债务，其中，本期到期债务＝一年内到期的长期负债＋应付票据，参考值为1.5。

（2）现金流动负债比＝年经营活动现金净流量/期末流动负债，能反映经营活动产生的现金对流动负债的保障程度，参考值为0.5。

（3）现金债务总额比＝经营活动现金净流量/期末负债总额，参考值为0.25。

以上指标属于偿债能力指标的三种现金债务保障率，能反映现金流入对债务清偿的保障程度，指标数值越高，保障越强，其中，现金流动负债比和现金债务总额比是重点指标，企业除借新债还旧债外，一般应当是用经营活动的现金流入才能还债。

（4）销售现金比率（也称每元销售现金净流入）＝经营活动现金净流量/主营业务收入。

（5）全部资产现金回收率（也称每元资产现金净流入）＝经营活动现金净流量/资产总额，参考值为0.06，该指标的倒数有全部资产用经营活动现金回收期的含义。

以上指标属于获取现金能力指标的两种每单位经营现金流量，是反映现金流量对获取现金的保障，指标数值越高，保障越强。

财务弹性是指企业自身产生的现金与现金需求之间的适合程度。

（6）现金满足投资比率（也称现金流量适合比率）＝一定时期累计经营活动现金净流量/同期累计（资本支出＋存货净投资额＋现金股利），反映经营活动现金满足主要现金需求的程度，参考值为0.8，低于1则表明企业需要外部筹资才能补充现金需求，比率越大，资金自给率越高。

注意：指标各因子取值烦琐，对指标的含义的理解要比会计算指标具体数值更重要，因此，这里省略了取值部分。

（7）现金再投资比率＝经营活动现金净流量/（固定资产原值＋对外投资＋其他资产＋营运资金），反映了经营现金净流量减去股利和利息支出后的余额，与企业总投资之间的比率，即反映企业有多少现金投入资产更新和发展，参考值为0.07～0.11，各行业有区别，同一企业不同年份有区别，高速扩张的年份低一些，稳定发展的年份高一些。

（8）现金股利保障倍数＝经营活动现金净流量/现金股利额＝每股营业现金流量

/每股现金股利,参考值为2,该值越大,说明支付现金股利的能力越强。这是需要重点关注的指标。

(9) 现金营运指数=经营活动现金净流量/经营所得现金,其中,经营所得现金=经营活动净收益+非付现费用=净利润-非经营收益(投资收益+营业外收入)+非付现费用(营业外支出+本期提取的折旧+无形资产摊销+待摊费用摊销+递延资产摊销),参考值为0.9。该指标是通过会计收益和现金净流量的比例关系来评价收益质量的,数值接近1,说明企业可以用经营获取的现金与其应获现金相当,收益质量高。若小于1,则说明企业的收益质量不够好;若大于1,则说明一部分营运资金被收回,返回现金状态。

6. 每股价值指标

每股价值是将每股所含的上市公司净资产、当期收益以及当期经营现金流量综合起来的指标,能反映股票所含账面价格及公司优劣。

(1) 每股净资产(又称股票账面价值或净值)=净资产/股本总股数=股东权益总额/股本总股数,是每股股票所含的股东权益额,反映每股股票所拥有的实际资产现值,是判断企业内在价值最重要的参考指标之一,通常每股净资产越高越好。该指标在年报开始部分的重要表格"主要会计数据和财务指标"中的"归属于母公司股东的(每股)净资产",和个股资料的财务指标中有显示。

净资产主要由股本、资本公积金、盈余公积金和未分配利润组成,根据《公司法》的有关规定,股本、资本公积和盈余公积在公司正常经营期内不能随便变更,因此,每股净资产的调整主要是对未分配利润进行调整。因此,每股资本公积金、每股未分配利润,也会在个股资料的财务指标中明确列示。

调整后的每股净资产=(净资产-3年以上应收款项净款-待摊费用)/股本总股数。其中,调整后净资产是从净资产的应收款项净额(包括应收账款、其他应收款、预付账款、应收股利、应收利息、应收补贴款)中,减去一些会计科目。为了尽量做到稳健谨慎起见,将净资产中可能存在的"水分"挤干,计算出的每股净资产更加实在,比如,3年以上的应收款项要从净资产中扣除,这是因为账龄超过3年的应收款项收回的概率很小,最终很可能成为坏账。

据此,对大量公司每股净资产演算后,①绩优公司、盈利能力强的公司,每股净资产与调整后的每股净资产的差额往往很小,有时候,这个差额甚至可以忽略不计,这是因为绩优公司对于应收款项的管理很好,或者是产品很抢手,买家都是先付款后提货,应收账款微乎其微,3年以上应收账款很罕见,绩优公司由于盈利能力强以及出于少缴税的原因,对于如广告费、开办费这样的支出,不愿意分年度摊销,而都是作为当期费用在利润表中全部列支,这样一来,在计算调整后的每股净资产时,扣除项的金额相当少,因此,与每股净资产的差额也自然就很小了;②与此相反,在绩差公司的年报中,这一差额往往很大,其原因与绩优公司的情况刚好相反,在极个别上市公司中,其每股净资产可能还是正数,而其调整后的每股净资产会是

· 269 ·

负数。

另外，调整后的净资产与扣除非经常性损益后的净利润有些类似。前者是挤干资产中的水分，更接近上市公司资产的真实质量；后者是挤干当期利润中的水分，更接近上市公司的真实盈利能力。

(2) 每股收益（EPS）= 净利润/股本总股数，又称每股盈利、每股税后利润、每股盈余，是税后利润与总股本的比率。

每股收益通常被用来反映企业的经营成果，衡量普通股的获利水平及投资风险，是投资者等信息使用者评价企业盈利能力、预测企业成长潜力、进而做出相关经济决策的重要的财务指标之一。

年报开始部分的"主要会计数据和财务指标"和利润表中，列示"基本每股收益"和"稀释每股收益"项目，基本每股收益就是我们平常所说的每股收益，稀释每股收益可用来评价"潜在普通股"对每股收益的影响，以提醒投资者注意，每股收益指标中可能存在的"水分"，潜在普通股是指赋予其持有者在报告期或以后期间享有取得股票权利的一种金融工具，目前上市公司发行的潜在普通股主要有可转换公司债券、认股权证、股票期权等，这些金融产品将来都可能增加上市公司股本。稀释每股收益是假设现在这些产品已经转换成股票，由此按照新的总股本，计算出的每股收益。该指标与基本每股收益的差异可以提醒投资者：该上市公司还发行了其他金融工具，未来有可能会使总股本增加。

值得注意的是，①如果上市公司在报告期发行了新股，每股收益与以前比，可能会明显下降，这种下降很正常，是由于总股本突然增加而出现的下降，而并非上市公司盈利能力降低；②扣除非经营性损益后的基本每股收益，这个每股收益更接近实质价值。

(3) 每股销售收入 = 销售收入/股本总股数。

(4) 每股营业现金流量 = 经营活动现金净流量/普通股股数，反映每股经营所得到的净现金，其值越大越好，是重点关注指标，①每股经营现金流是最具实质性的财务指标，能用来反映该公司经营流入现金的多少，如果一个公司的每股收益很高或者每股未分配利润很高，同时现金流差的话，意味着该上市公司没有足够的现金来保障股利的分红派息，那只是报表上的数字而已，没有实际意义，②该指标能反映企业最大分派现金股利的能力，超过此限，就要借款分红。

7. 每股估值指标

每股估值指标是股价与每股价值的比值，包括市净率、市盈率等。

(1) 市净率（P/BV）= 股价/每股净资产 = 总市值/净资产，市净率告诉我们，购买上市公司1元的净资产，要花多少钱。

①适用：一些资本密集型上市公司用该办法很合适。比如，钢铁类上市公司由于行业周期性强，盈利水平易大起大落，用市盈率对其估值容易引起误判，因此，一般用市净率估值，因为无论在行业景气时还是不景气时，钢铁类上市公司的净资

产是稳定的，而且钢铁行业属于成熟行业，资产质量相对安全，不会出现资产价值因技术进步而迅速贬值的问题；还有石化类、高速公路类、电力类上市公司以及很多制造业企业等等，因此，我们完全可以将净资产视为此类公司的价值底线。

②不适用：对于一些高科技类、服务类上市公司，用市净率的办法进行估值效果就不理想了，因为这些企业的核心价值在很大程度上游离于会计报表之外，如果不考虑人员、管理、研发、市场开拓等因素，其报表中的资产很难与股价形成明显有效的对应关系。

③"破净"：股价低于每股净资产的现象，叫"破净"。出现破净的原因有对行业或宏观经济的未来发展的担忧，或市场处于大熊市中，投资者认为股价还会下跌，因此纷纷抛售股票，不愿买进。一般认为，市价高于账面价值时企业资产的质量较好，有发展潜力，反之则质量较差，没有发展前景。

从历史经验和股市行为看，可以发现这样一种现象：当市场中有一大批上市公司的股价，特别是一些资产密集型上市公司的股价出现破净或者接近每股净资产时，大盘基本上已跌至底部，据此，有用破净家数研究大盘底的。

④用市净率选股时，对于上市公司的净资产也要具体分析，有些净资产能够帮助企业持续经营并创造利润，有的净资产则可能纯粹是破铜烂铁；企业的盈利能力强是一个前提，很多时候，企业前景好的股票，市净率高一点也要好过市净率低一些但是经营前景差的股票。

（2）市盈率（P/E）=股价/每股收益=总市值/净利润，市盈率能粗略地传递这样一个信息：如果上市公司保持目前的盈利能力，投资者购买股票的本金，什么时候能收回来。

①市盈率使用范围：亏损企业无法进行市盈率计算。对微利企业，市盈率也没什么意义，因为，每股收益0.01元，市盈率200倍，每股收益升到0.1元，但是有可能股价没怎么变化，市盈率一年后有可能变为20倍。

②市盈率的相对性：市盈率高，有风险，但是如果公司未来几年发展好，果真连续2年净利润增长50%，那现在的高市盈率两年后将变得不高；市盈率低，如果基本面不好，业绩无法增长，甚至亏损，之前的市盈率会马上变成高市盈率。

③市盈率常用种类：静态市盈率=股价/上年审计年度每股收益，不能反映今年和未来的最新变化；动态市盈率=股价/[每股收益×$(1+i)^n$]，其中i为净利润增长率，n为增长年数；滚动市盈率（TTM）=股价/已经披露的最近4个季度的每股收益之和。

三种市盈率区别：股价都是最新的股价，在每股收益（EPS）方面，静态市盈率中的每股盈余是过去一年年报数据，即年报数据市盈率；动态市盈率中的今年及明年的预估每股盈余，一般用市场平均预估每股盈余，是追踪公司业绩的机构收集多位分析师的预测所得到的预估平均值或中值，即研报数据市盈率；滚动市盈率中每股盈余是已经披露的始终用最近12个月的每股盈余，即始终包括四个不同的财务季度（1、2、3、4，2、3、4、1，3、4、1、2，4、1、2、3），虽然这四个财季有可能属于两个不同的自然年度/财务年度，但直接弥补了公司季节性的客观差异所造成的影响。

④选择成长型公司：动态市盈率以静态市盈率为基数，乘以动态系数，该系数为$1/(1+i)^n$，i为企业每股收益（已知的）的增长性比率，n为企业的可持续发展的存续期（预估的）。比如，某上市公司如今股价为20元，每股收益为0.38元，增长性比率为35%，即$i=35\%$，该企业未来保持该增长速度的时间可持续5年，即$n=5$，则动态系数为$1/(1+35\%)^5=22\%$；动态市盈率为11.6倍＝静态市盈率$52\times22\%$，而静态市盈率为20元/0.38元＝52倍，两者相差很大，说明投资股市一定要选择有持续成长性的公司，才能获得高回报。

⑤市净率与市盈率：在牛市中，大家往上看，市盈率给市场提供了无限想象空间，静态市盈率不行就用动态市盈率；在熊市中，大家往下看，市净率常常给大家充当寻底的指标。

（3）市销率（PS）＝股价/每股销售收入＝总市值/销售收入，市销率越低，说明该公司股票的投资价值越大。

①市销率的优点是：指标具有可比性，虽然公司盈利可能很低或尚未盈利，但任何公司的销售收入都是正值，市销率指标不可能为负值；指标具有真实性，销售收入不受折旧、存货和非经常性支出所采用的会计方法的影响，因而难以被人为扩大；指标具有持续性，一些上市公司面对季节性因素的不利影响，可以通过降价来保持一定的销售额，销售收入的波动幅度较小；指标具有预测性，有助于识别那些虽然面临短期运营困难，但有很强生命力和适应力的公司。对于一些处于成长期并且有良好发展前景的高科技公司，虽然盈利额很低、甚至为负数，但销售额增长很快，用市售率指标可以准确地预测其发展前景。

②市销率的缺点是：不能反映成本的变化，而成本是影响企业现金流量和价值的重要因素之一；只能用于同行业对比，不同行业的市销率对比没有意义；若上市公司关联销售较多，该指标也不能剔除关联销售的影响。

③市销率适用范围：成熟期的企业，通常使用市盈率来估值，而市销率适用于尚未盈利的高成长性企业，或者销售成本率较低的服务类企业，或者销售成本率趋同的传统行业的企业，也适用于一些毛利率比较稳定的行业，如公用事业、商品零售业。

每股所含的净资产、净利润、营业收入、经营现金流量，能反映每股价值，即（净资产、净利润、营业收入、经营现金流量）/股本总股数，相应的就是每股净资产、每股收益（EPS）、每股销售收入、每股经营现金流量指标；用股价与每股价值的比倍数，表示股票估值状况，即股价/每股价值指标（每股净资产、每股收益（EPS）、每股销售收入、每股经营现金流量），相应的就是市净率（PB）、市盈率（PE）、市销率（PS）、市现率（PCF）。

值得注意的是，由于许多上市公司均大量持有其他上市公司的股权，导致指标数据产生极大波动，因此，需要对相关指标数据进行修正分析。

（三）基本面信息选股

对于普通投资者，了解和掌握上市公司的生产经营等基本面情况的途径大概有了解公开信息、调研报告及寻访，通过公开发布的公告信息了解上市公司是主要途径。

公告分为定期公告和临时公告，其中，定期公告有一季报、中报、三季报和年报，临时公告有业绩预告、分红公告、持股变动、资产重组、再融资、股权激励、关联交易、担保及退市风险公告等等，包括了业绩、重大事项、股份变动、决议等，有很多种类。

证监会第182号令发布了最新的《上市公司信息披露管理办法》，其中规定，信息披露文件包括定期报告、临时报告、招股说明书、募集说明书、上市公告书、收购报告书等。依法披露的信息，应当在证券交易所的网站和符合中国证监会规定条件的媒体发布，同时将其置于上市公司住所、证券交易所，供社会公众查阅。信息披露文件的全文应当在证券交易所的网站和符合中国证监会规定条件的报刊以及依法开办的网站披露，定期报告、收购报告书等信息披露文件的摘要应当在证券交易所的网站和符合中国证监会规定条件的报刊披露。信息披露义务人不得以新闻发布或者答记者问等任何形式代替应当履行的报告、公告义务，不得以定期报告形式代替应当履行的临时报告义务。

如何在报告中提取重点信息，来为操盘提供有效信息支撑，是我们最为关注的，下面以最具典型性、最全面的年报作为分析对象，看看有哪些关注点。

旧规定年报内容有①概要内容有"重要提示、释义"和"公司基本情况和主要财务指标"，②经营方面有"公司业务概要""经营情况讨论与分析"和"重要事项"，③股债方面有"普通股股份变动及股东情况""优先股相关情况""董事、监事、高级管理人员和员工情况""公司治理"和"公司债券相关情况"，④财务报告有"审计报告和财务报表"。

新规定年报内容有①概要内容有"公司基本情况"和"主要会计数据和财务指标"，②股债方面有"公司股票、债券发行及变动情况，报告期末股票、债券总额、股东总数，公司前十大股东持股情况""持股百分之五以上股东、控股股东及实际控制人情况"和"董事、监事、高级管理人员的任职情况、持股变动情况、年度报酬情况"，③经营方面有"董事会报告""管理层讨论与分析""报告期内重大事件及对公司的影响"，④财务报告有"财务会计报告和审计报告全文"。

旧规定年报内容也好，新规定年报内容也罢，年报主要体现了：概要内容、股债方面、经营方面和会计报告四大块内容。

1. 概要内容

概要内容中的"公司基本情况和主要财务指标"是重点，其中，主要会计数据非常重要，包括营业收入、归属于上市公司股东的净利润（是税后的净利润）、归属于上市公司股东的扣除非经常性损益后净利润（是从净利润中减去"非经常性损益"后的经常利润）、经营活动产生的现金流量净额（是公司经营活动中实现的现金净增额或净减额，可理解为是真利润），以及近三年的非经常性损益项目、近三年主要财务数据指标等。

2. 经营方面

公司业务概要，能帮助我们从报告期内公司主要业务情况、主要资产重大变化情况、核心竞争力分析的角度，大致了解到公司经营业务概况。

经营情况讨论与分析，就是回顾过去一年的经营情况，并在此基础上展望未来。报告期内经营状况回顾，包括总体经营情况、主要业务情况（其中，从经营活动的角度概要说明各种财务数据构成状况分析及变动情况，因此重要）；公司未来发展展望，包括公司所处行业发展趋势、公司未来发展机遇、新一年工作计划等。

重要事项。二十项重要事项中，多数内容与公司估值有重大关系或蕴含潜在风险提示。比如，承诺事项履行情况、聘任或解聘会计师事务所情况、面临暂停上市风险的情况、破产重整相关事项、重大诉讼仲裁事项、重大关联交易、重大合同及其履行情况等，其中，交叉持股、关联交易、担保事项因其风险隐晦，更显重要。

（1）交叉持股，是指上市公司又持有其他上市公司股票的现象。交叉持股来源很多，从其持股目的和持股时间可划分为交易性金融资产、可供出售金融资产和长期股权投资三大类别。

划归为交易性金融资产时，被持股公司股价变动会影响持股公司的当期利润，反映在年报中的利润表中的"公允价值变动收益"。

划归为可供出售金融资产时，被持股公司的股价变动会影响持股公司的净资产，具体表现在财务报告附注中"资本公积——其他资本公积"增加。此类交叉持股情况居多，所以要留意分析年报中的可供出售的金融资产以及这些资产的初始投资成本。

划归为长期股权投资时，被持股公司的股价变动对持股公司不造成任何影响，但是被持上市公司的业绩变化，会对持股公司的业绩产生影响，主要表现在利润表的"投资收益"中。

（2）关联交易，是指上市公司及其控股子公司与关联方之间发生的交易。企业关联方主要有上市公司的控股股东（母公司）及同一控股股东所控股的其他公司（兄弟公司）。关联交易在公司运作中经常出现，种类众多，易发生不公平结果。关联交易主要发生在采购环节及销售环节，上市公司与关联方之间发生的资产置换、重组，属于非经常性关联交易。

关联交易最容易滋生黑幕，是指：虚增利润，即关联方利用关联交易向上市公司输送利润，如高价购买上市公司产品，如果由于关联交易虚增了上市公司的利润，那么可以从应收账款、存货、经营性现金流量净额中看出端倪。一般来说，在虚增利润的情况下，应收账款、存货都很可能呈明显增加趋势，同时经营性现金流量净额明显低于净利润。抽走利润，即利用关联交易从上市公司身上榨取暴利，如高价向上市公司出售产品或服务。如果是打压了上市公司利润，很可能出现的明显标志是，产品毛利率与同行业公司相比明显偏低。

在年报中，关联交易及关联方信息除了在"重要事项"内容中有详细的描述外，还在年报的"股份变动及股东情况""董事、监事、高级管理人员和员工情况""财务报告"的财务报表中也有专门的"关联方及关联交易"内容。

（3）担保事项。对于上市公司来说，关联企业之间相互担保，可以解决资金问题，这样的担保也是关联交易的一种。担保风险在于，上市公司为其他企业向银行贷款提供担保，如果贷款企业届时还不了钱，上市公司则需代为还款。担保属于非经营性风险，经营性风险大都有一个渐进的过程，但是担保的风险一旦发生，股价就会突然大跌；因此，要特别注意回避存在以下几种担保情况的公司。

担保总额占公司净资产的比例，是上市公司可能承担的风险上限；一般来说，无论担保对象是谁、资质如何，这个比例也不宜超过50%，超过这个比例，则说明公司面临的风险过大，同时也表明管理层控制风险的意识较为薄弱。正因为如此，对担保总额超过净资产50%的上市公司尽量敬而远之为好。

高风险担保，一是直接或间接为资产负债率超过70%的被担保对象提供担保，二是为股东、实际控制人及其关联方提供担保。

对外担保，指上市公司出于业务开拓、客户维系等原因，为无关联公司提供的担保，如果在年报中发现对外担保占净资产比例过大，就要加倍小心。相对而言，上市公司给子公司提供担保风险较小，原因是上市公司可以对子公司的经营决策进行控制，进而控制子公司的还款违约风险。

对于企业资金缺口问题，真正优秀的、有实力的上市公司一般可以通过无须担保的信用借款，融集大部分所需资金。借款一般分为三种：一是保证借款，指有其他公司或法人作为借款担保人而获得的借款；二是抵押借款，指以公司的财产作为抵押而获得的借款；三是信用借款，指不需要保证人担保、不设定财产抵押而获得的信用借款。

（4）公司对会计政策、会计估计变更或重大会计差错更正原因和影响的分析，主要说明会计账本是否认为"操纵"。如果会计师事务所对上市公司财务报表出具了非标准审计报告，则就有相关说明；如果公司做出会计政策、会计估计变更或重要前期差错更正，则就此介绍原因及影响，在此如果有相关会计变更，有可能蕴涵对股价有重大影响的信息。

（5）聘任、解聘会计师事务所情况。要对更换会计师事务所的情况务必保持高度关注,其原因在于,如果会计师事务所要出具非标意见的审计报告,而上市公司对此无法接受,当这种矛盾极端激化时,上市公司就有可能采取更换会计师事务所的方式,以得到其希望得到的审计报告;因此,上市公司更换会计师事务所,特别是更换理由不充分时,就要保持高度警惕;以往的现实案例说明,在进行财务造假的上市公司中,更换会计师事务所的行为很普遍。

按照规定,上市公司解聘会计师事务所或者会计师事务所辞聘,上市公司与会计师事务所均应报告中国证监会和交易所并披露原因,并对所披露信息的真实性负责;被解聘的会计师事务所对被解聘的理由如有异议,有权向上市公司股东大会申诉,同时可以要求公司披露,公司也有义务进行披露。

3. 股债方面

应重点注意实际控制人情况和限售股情况。

实际控制人,是指虽不是公司的股东,但通过投资关系、协议或其他安排,实际支配公司行为的人,实际控制人之所以重要,是因为上市公司的未来发展一方面取决于自己的经营,另一方面也取决于实际控制人的实力与地位。实际控制人可以分为三类,即个人、地方国资委和国务院国资委。央企就是由国务院国资委直接控制的企业,央企所控股的上市公司往往成为证券市场的热点。此外,对那些发达地区地方国资委所控制的国有上市公司也要重点关注。

目前A股市场的限售股主要有股改产生的限售股和新股首发IPO产生的限售股;包括①股改限售股,即俗称的"大小非";②新股公开发行前股东所持有的股份都有一定的限售期限规定,这部分股份限售期满后解除流通权利限制,构成了新的限售股,这类限售股目前占全部限售股的大多数,将来随着新股的发行还会更多;③有财政部、税务总局、证监会等共同确定的其他限售股。在年报中,留意限售股的解禁时间和解禁量及比重,可能对股价有利空冲击。

4. 财务报告

财务报告由审计报告和财务报表组成,财务报表主要内容,详见"基本面指标选股"相关财务指标内容,此略,因此,下面主要是审计报告的注意要点。

对年报中披露的财务报表,由上市公司自己编制,其真实性、准确性与完整性,除了需要上市公司董事、监事、高管担保外,还需要会计师事务所作为独立方进行审计,审计后,会计师事务所要出具审计报告。审计报告分为两种:一种是标准的无保留意见审计报告,会计师认为财务报表质量合格;一种是非标准意见审计报告,会计师认为财务报表质量不合格,根据不合格的程度分为:

①带强调事项段的无保留意见审计报告,意味着会计师认为报表存在瑕疵;

②保留意见的审计报告,意味着会计师认为报表存在错误;

③否定意见的审计报告,意味着会计师认为报表存在相当严重的问题;

④无法表示意见的审计报告,则说明会计师认为报表满纸荒唐,已无话可说了。

上市公司被出具非标准意见审计报告后的后果是再融资可能受阻、股权激励可能无法实施、成分股剔除。

值得注意的是:"重要提示"中只会列示审计报告的类型,而审计报告的具体内容则出现在年报财务会计报告的开始部分;标准意见审计报告的内容几乎完全一致,是格式化的文本;而非标意见审计报告则会因为各公司不同的情况,有很大区别,注册会计师会在其中明确阐述出具非标意见的原因。按照规定,如果财务报表被出具了非标意见,上市公司董事会、监事会对非标意见所涉及的事项要在年报中进行详细说明,这个详细说明分别见于年报的相关部分内容。

5. 董事会报告

根据新规定,年报中重新列入了"董事会报告",下面结合过去董事会报告和目前年报内容情况,重点进行阐述。

(1) 经营情况。包括公司行业地位、主营范围及经营状况,经营中出现的问题及解决方案。另外,报告期利润实现与预期低10%以上或高20%以上时,要详细说明。

(2) 财务状况,即对报告期总资产、长期负债、股东权益、主营利润、净利润比上年增减变动的主要原因,对会计师事务所出具的有解释性说明、保留意见、拒绝表示意见或否定意见的审计报告所涉及事项的说明。如果注册会计师对涉及报表的项目出具了非标审计报告,投资者在分析时可将其反映的金额从报表中扣除,以反映出该公司相对较为公允的财务状况。

(3) 投资情况。包括报告期内公司投资额比上年的增减变动及增减幅度,被投资的公司名称,主要经营活动、占被投资公司权益的比例等。

(4) 环境变化。如果生产经营环境以及宏观政策、法规发生了重大变化,已经、正在或将要对公司的财务状况和经营成果产生重要影响,上市公司应明确说明。

(5) 发展计划。包括新建及在建项目的预期进度。值得注意的是,应说明公司业务规划是否切合实际,是否具有可行性,是否能够产生预期的效益。

(6) 日常工作。包括董事会会议的召开时间,重要决议及其刊登的信息披露报纸及披露日期,报告期内利润分配方案、公积金转增股本方案执行情况,配股、增发新股等方案的实施情况。

(7) 高管情况。包括现任董事、监事、高级管理人员的姓名、性别、年龄、任期起止日期、年初和年末持股数量、年度内股份增减及增减变动的原因、年度报酬总额。

(8) 分红预案。分红是投资者股票投资的重要收益来源,如果公司不准备分红,投资者应该了解公司不分红的理由是否充分。

证监会规定,在审议通过年度报告的董事会会议上,董事会应对公司本年度利润分配方案和预计下一年度利润分配政策等事项作出决议并公告。因此,分红派现高、增送股比例大的预案必将受到投资者的青睐。

分红预案包括三种:利润分配预案、资本公积转增股本预案、盈余公积转增股本预案。在年报中，利润分配预案、资本公积转增股本预案被放在一起表述，盈余公积转增股本预案极少实施，可暂不关注，其中，利润分配又有现金和送红股两种方式。

在实践中，利润分配预案的提出要同时满足两个前提条件。第一，本年度净利润弥补以前年度亏损后仍为正，且当年盈利。第二，在满足利润分配条件后，在分配前，从当年利润中提取：10%法定盈余公积金（法定公积金达到注册资本50%以上时，可不再提取）和任意盈余公积金（上市公司很少做）之后，与以前年度未分配利润加总形成可供股东分配的利润。

理论上，只要资本公积项目金额为正，都可以提出资本公积转增的预案，但在实际操作中，绝大多数上市公司提出资本公积转增预案时，会遵循利润分配的两个前提条件。

现实中，提出大比例送红股或大比例资本公积转增股本的预案的公司，较受市场关注。判断一家上市公司送股潜力的最重要因素要看每股未分配利润和每股资本公积，前者可用来送红股，后者可用来实施资本公积转增。

一般而言，上市公司选择大比例送转的时机很有讲究的，以下几种情况，上市公司大量送股的概率会大一些：公司有再融资的打算，有需要提高股价而进行大量送股；公司的大股东或者其他重要股东要抛售股票，有需要提高股价而大量送股；公司股价太高了，流通性下降，需要通过送股除权降低股价；小盘绩优股，有着强烈的股本扩张冲动。

现金分红。虽然与送红股或转增股本相比，投资者对年报现金分红的期望程度不高，但是能大量送现金的上市公司，大都很健康，且常受一些长线机构投资者的青睐，如社保基金。证监会于2008年10月推出有关现金分红的新规，鼓励现金分红。

个人所得税。不论是送红股或是现金分红，或是盈余公积转增股，性质都是"收益分配"范畴，所以缴纳所得税，称为"股息红利个人所得税"，资本公积金转增股本，属于"本金分配"范畴，所以不缴缴纳所得税。

总之，对上市公司了解和研究分为三个层次：①初步了解，对资产、负债、权益和经营成果产生重要影响的信息，如重大投资、合作、资产重组、兼并收购、股权转让公告、经营业绩增长、公司遭受重大损失、公司减资、合并、分立、解散及申请破产、重大诉讼、分红方案等进行初步了解，大致判断对股价的影响，是利好、利平或利空；②详细分析，对公告信息或事项的前因背景、历史经验、现在进展、事项影响等等进行详细解读；③全面了解，查阅上市公司最近年报、中报、季报，从资金从哪来、货往哪销、谁在管理为主线，重点关注经营业绩、分红方案、业绩预告等信息。

（四）选股综述

利用以上方法选股时要在纵向连贯性（如连续 3 年的情况）和横向对比性（如行业内横向比较）相结合进行综合考虑，尤其利用基本面指标选股时要纵横结合。

利用指数成分股选股是选股最为重要、最为核心、最具主导性的方法，但在本小节较少涉及。整个第三章围绕指数展开探讨股市指数走相的相关内容，因此，本小节中直接采用结论应用，所以内容较少。相对而言，个股基本面方面的内容，在本小节中占的篇幅较多。

总之，对普通投资者来讲，指数是由专业团队研究开发又由权威部门发布的。因此，必须将指数工具作为主导选股工具，与此同时，也要掌握一定的基本面方面的知识及各种公开咨询信息，具备一定的独立思考、判断能力，作为辅助。

四、选时

从选市、选行到选股，股票池就形成了。这好比是养了一池子鱼，不是随意捞，也不是都要捞，而是哪条鱼够肥够大，跳出了"水面"，才捞哪条鱼。

（一）把握大趋势机会

我们首先要明白或认可一个具有结论性的大的认知基础，那就是"趋势才能把握，也值得把握；随机不能把握，也不值得把握"，但这得需要实战经历和多方理性分析求索才能得出，并确信、实践。越大时间跨度的运行越是有趋势、越显规律、越是确定的；越小时间跨度的运行越是混沌无序的、越是随机的、越是不确定的。也就是说，越是短期的交易越不用理会基本面、大势环境等等，看个股形态及当时个股交投状况即可交易。

（二）长期整理走好带

从"四市一轮"看，大盘在底部区域震荡整理时，虽然成交换手低迷但时间长，正因时间长，才使得各均线走平、黏缠，是充分蓄势的过程。这一特征，反映到个股走势上，就是股价经历长期震荡整理，这是包括主力在内的参与个股交易的各方力量市场行为意愿趋同的过程，就是人们常说的经过长期震荡消化套牢盘的过程。从股市行为风格看，光凭资金实力纯技术性强主力硬拉升风格，已成过去式，也就是说，越来越多的情况是，股价需要经历了一段时间的整理之后，把各均线带走平走好后才能轻松地拉升，或者说，才会发动行情。那么，我们应在什么时候买入一只股票呢？买早了，个股在震荡整理中，弄不好还会赔了本金，甚至直接退市。

（三）突破顶折才能涨

从"二折四位"走法分析，股价要上涨必须经过"顶折高位"，才能突破到"多位"实现上涨。简言之，股价总是必须突破前高点才能上涨。那哪种突破、什么级别的突破，才是我们要"出手"的时机呢？从"三带多空"走法分析，股价突破前10日内的高点是短高突破，突破前30日内高点是中高突破，突破前120日内的高点是长高突破，股价只有实现长高突破才能进入多方环境；从"四区十二相"走势结构分析，股价底部区域运行结束，突破年带小线继续上涨形成长升浪，进而进入上涨区域的拐点处；从"一带一线"走势趋势分析，股价从大底部只有突破了年带小线后，才能确认进入牛市环境，突破了年带才能走牛。

股价运行的阶段不同，我们选择"出手"的突破级别位置也不同。本小节讨论的是，股价从大底部向上运行，从多方环境突破到年带小线后进入牛市环境的这一段突破，如果取一个具体运行数据作为参考表述的话，日线级185日（长带大线120日与年带小线250日之和的一半）至年线即250日之间的区间出现的突破，才是本小节讨论的"选时"位置，结合周线、月线、季线等不同级别周期去观察研判，会更为准确，尤其是月线级研判，股价短带金叉后突破中带小线的位置，更为稳健、更直观、更易观察到该"选时"位置。

（四）利好配合才能买

虽然我们知道要选择的时机和位置了，但如何辨别真假突破呢？如何判断真要进入上涨区域了呢？如何判断进入上涨区域后的拉升空间可观、可期呢？这就需要用到价值判断的内容了，即从行业政策扶持方向、个股基本面研判角度，来分析、挖掘、研判个股未来股价走势预期和股价突破的确定性、可靠性。股价运行到本节探讨的时机和位置时，真正要突破、拉升的个股通常其信息面都是利好频出、基本面向好，也就是说，真正突破、拉升的个股，一要股价运行到上述"选时"关键位置，二要基本面向好、利好不断。二者齐备，才是我们真正出手的确定性强的时机和位置。否则，仅股价运行到关键位置，但是基本面不予以向好确认的话，有可能是假突破，或者，即使股价形成有效突破且还能继续上涨，那也是空中楼阁、无源之水、无本之木，股价隐含着崩塌的巨大风险。从这一点上说，基本面向好是我们买入某只个股的前提，只要这个前提条件存在，在股价运行到我们出手的关键位置时，在股价反复折腾、拉锯震荡时，我们才有足够的耐心和持续看好个股未来走势预期的坚定信心。

（五）实际案例

300298三诺生物，2019年全年报告里不见"新冠检测"试剂事项，但到了2020年3月一季度报及"个股资料—经营分析—董事会经营评述—2020.03.31"中开始显示"新冠检测"事项了。图3-9显示了公司自主研发的产品新冠病毒抗体检测试剂盒具备欧盟市场准入条件的利好信息。

> 3、产品研发与持续创新方面
>
> （1）受新型冠状病毒肺炎疫情影响，公司在特殊时期发挥公司在检测领域的专业优势，积极响应国务院联防联控机制的号召，成立项目组并输出新冠抗体检测技术开发方案，提高产品研发效率。报告期内，公司自主研发的产品新型冠状病毒抗体检测试剂盒（胶体金法）完成向欧盟主管当局提交CE产品通知，具备欧盟市场准入条件，体现了公司在新型冠状病毒疫情下的产品研发能力。
>
> （2）强化和推行公司产品"储备一批、在研一批、注册一批、上市一批"的战略的实施，有效规避产品技术研发风险，积极推进在研项目注册及产业化。
>
> （3）持续探索智慧健康模式，加强慢病服务平台建设、iPOCT配套系统的开发和CGMS连续血糖监测系统开发。
>
> 4、质量控制体系方面

图3-9 三诺生物：2020第一季度报告（新冠病毒检测试剂盒）图

此时，该股价走势正是突破2020年1月7日高点平台状态，2020年4月15日倍量小中阳K线创新高点16.87元、2020年4月16日一根大阳K线放量完全突破前期2020年1月7日16.5元顶折高点和2020年3月12日16.65元高点等所有高点的关键位置。图3-10是三诺生物2018年10月17日至2020年11月4日的日K线走势图，解析为：

长带金叉上涨回踩：2020.01.07-2020.04.15，长带金叉上涨之后进行回踩整理动作，如图3-10中主图实线框所示。

有效突破进入拉升：2020.04.15-16，突破前期所有高点，包括从2018.10.30，8.82元历史低点开始的所有高点，打开了上涨空间，此时段在基本面信息显示"新冠检测"等利好不断，来确认突破的有效性、可靠性，并不断助推股价拉升，为有效突破，是选时的关键位置。

年升浪+主升浪行情：2020.03.17-2020.07.23，区间涨幅接近三倍，说明这段行情是年升浪+主升浪行情，也就是说，三段拉升都走完了，接下来是顶部出货阶段。

总之，我们在思想观念上，要树立"顺趋势而为"和"整理是长期的"的观念，加上股价三带走多运行到关键位置和基本面向好共振，我们才去重点买入。

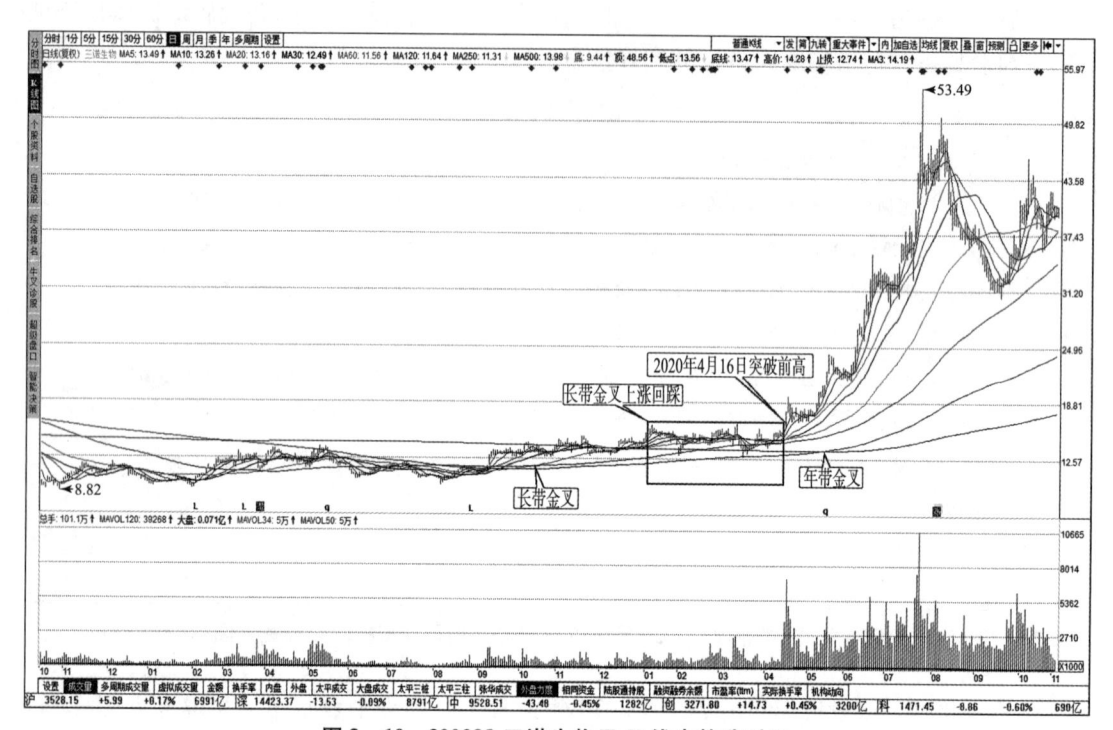

图 3-10　300298 三诺生物日 K 线走势选时图

第二节 四 作

通过上节"四选"内容，把握了大盘方向、选好了主投方向、选出了股票池之后，也能大致把握个股应在什么位置重点买入，但是更精细化的买入点、持股期间如何应对洗盘、什么时候卖出股票、什么时候空仓等待等一系列的具体操作问题还等着我们深入探讨，本节内容就围绕这些问题进行探讨。

"四作"是指股票交易中的"买入股票、持股待涨、卖出股票、空仓等待"四个操作动作，简单讲就是买、守、卖、等四个操作。

一、买入股票

万事开头难，好的开始是成功的一半，股票操作也一样，买入前对股市政策环境及大盘走势、行业政策、板块指数走势、个股基本面情况及个股走势的思考、研判、分析等"四选"工作和操作计划非常重要，这是买股、持股的最大的信心来源和根本。

买入股票要根据买点出现的位置决定持股时间长短。买点可分为长期买点、中期买点和短期买点。

（一）长期买点

长期买点是大级别买点，是长期趋势持股买点，在大级别周期走势上判断更为清晰。

1. 季线走势长期买点

在季线走势出现阳双克后股价在短带小线上，则买入长期持股，趋势型短带金叉买入长期持股，见图3-11，是000875吉电股份的季K线走势图。

2. 月线走势长期买点

在月线走势出现阳双克后短带金叉股价突破中带小线买入长期持股，突破前高点买入长期持股，股价在中带金叉上持股，见图3-12，是002414高德红外的月K

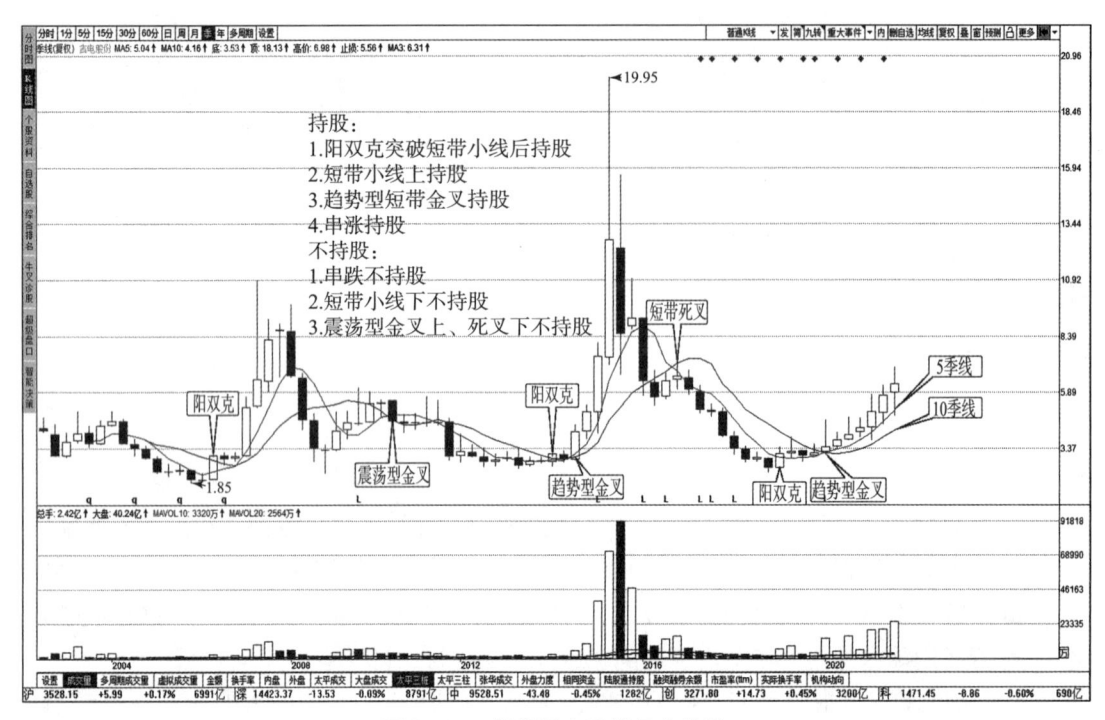

图 3-11 长期买点季线级走势图

图 3-12 长期买点月线级走势图

线走势图。

3. 周线走势长期买点

在周线走势股价突破长带小线买入长期持股，长带金叉长期持股，见图 3-13，是 002414 高德红外的周 K 线走势图。

图 3-13　长期买点周线级走势图

4. 日线走势长期买点

在日线走势股价突破年带小线、年带金叉、突破前高，都是日线走势长期买点，见图 3-14，是 002245 蔚蓝锂芯 2019.06-2021.07 的日 K 线走势。

（二）中期买点

中期买点要在日线走势上进行判断操作，包括底部长带金叉回踩买点、长升浪回调买点、年升浪回调买点和顶部整理反弹买点。

1. 底部长带金叉回踩买点

在年带走空压制下形成长带金叉回踩动作，回踩不破前低形成止跌，短带金叉突股价破前短高、突破中带，买入中期持股，见图 3-15，是 600177 雅戈尔 2018.07-2019.06 的日 K 线走势，图中实线框所示是长带金叉回踩走势阶段，股价突破短高、突破中带是中期买点。

2. 长升浪回调买点

股价向上突破走空年带展开上涨，形成上涨区域长升浪上涨走势后，走出长升

· 285 ·

图 3-14 长期买点日线走势图

图 3-15 中期买点底部长带金叉回踩买点日线走势图

浪回调走势，股价走出缩量不破前低，之后股价向上突破中带、突破前高，买入持股，见图 3-16，是 600223 鲁商发展 2018.09-2019.10 的日 K 线走势，图中 A-B 点是长升浪回踩动作走势阶段，股价突破前高、突破中带是中期买点。

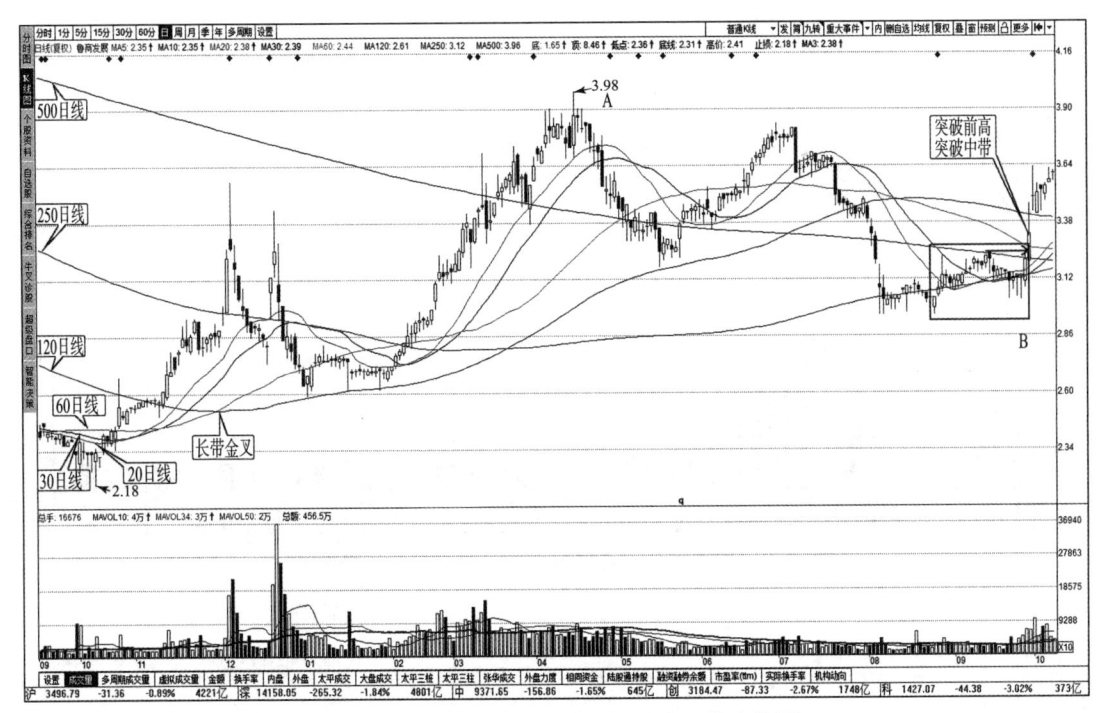

图 3-16 中期买点长升浪回调买点日线走势图

3. 年升浪回调买点

股价走出年带金叉上涨构成的年升浪上涨走势后，走出年升浪回调走势，股价走出缩量止跌不破前低，之后股价突破前高、突破中带，买入股票，见图 3-17，是 600223 鲁商发展 2019.11-2020.06 的日 K 线走势，图中 A-B 点是年升浪回调走势阶段，股价突破前高、突破中带是中期买点。

4. 顶部整理反弹买点

股价之前出现了顶部筑顶出货使得长带形成死叉，在长带走空下跌，跌穿年带大线构成顶部整理走势，缩量不跌破前低，股价突破短带、突破走平中带小线是中期买点，见图 3-18，是 600223 浙江医药 2020.06-2021.08 的日 K 线走势，图中实线框所示顶部整理走势阶段，股价突破前高、突破中带是中期买点。

（三）短期买点

短期买点在日线走势上进行判断操作，包括量价山包买点、金桩金梯买点和一阳启涨买点。

图 3-17 中期买点年升浪回调买点日线走势图

图 3-18 中期买点顶部整理反弹买点日线走势图

1. 量价山包买点

量能出现山包状量堆、红肥绿瘦，股价短带金叉回踩不破前低点，而后股价突破短高、突破中带小线是短期买点，见3-19，是600223鲁商发展2020.11-2021.04的日K线走势，图中主图实线框和成交量虚线框所示位置的量价山包是短带金叉回踩动作，股价突破前高、突破中带是买点。

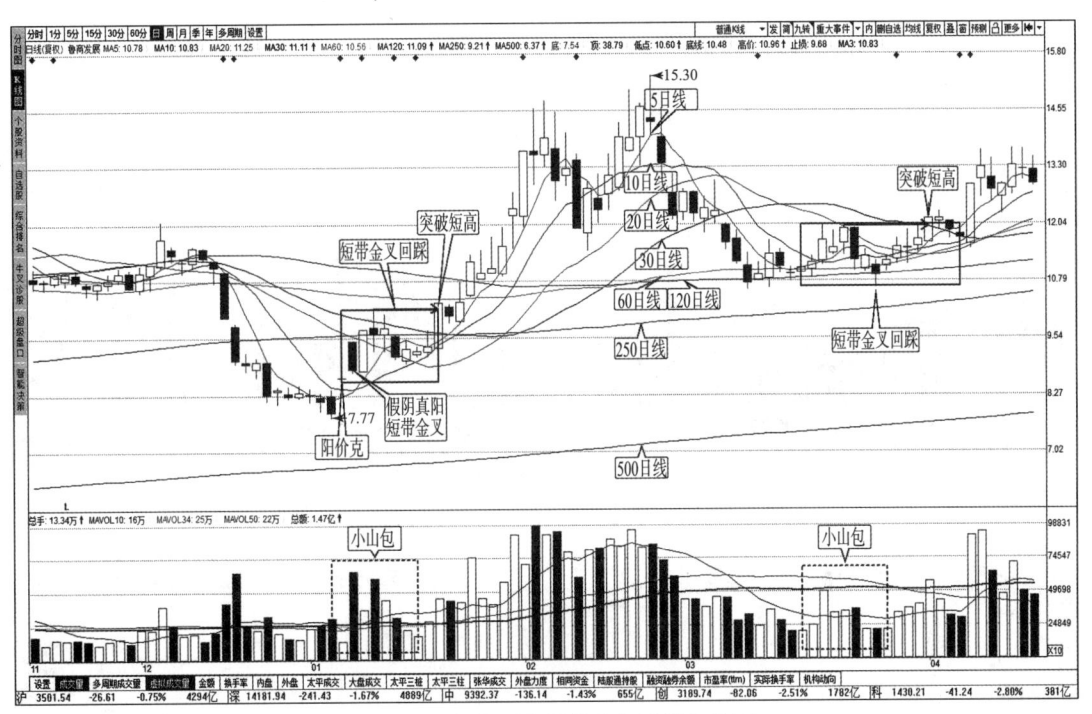

图3-19 短期买点量价山包日线走势图

2. 金桩金梯买点

桩是指中长以上实体K线踩成交量比前一日放大一倍或以上量柱，金桩是指出现桩之后的两日K线最低价均高于桩收盘价之上桩，金梯是指金桩出现两个或以上构成上梯状，量价出现金桩或金梯，股价突破中带小线之上是买点，见图3-20，是603232格尔软件2020.04-2020.08的日K线走势。

3. 一阳启涨买点

在短中两带运行、缩量止跌明显，不破前低，逐步形成多带黏缠状态，均线黏缠阶段出现一阳穿多带构成了启涨点，启涨突破中带买入，见图3-21，是603888新华网2020.09-2021.05的日K线走势，如图所示一阳穿三带启涨买点。

（四）买入股票综述

在大盘牛市底部见底之后，一直到大盘牛市结束，以及大盘猴市阶段，个股都有可能出现持股时间以年为单位的长期买点；个股走势结构的底部区域底仓之后的

股票涨跌行为规律解密

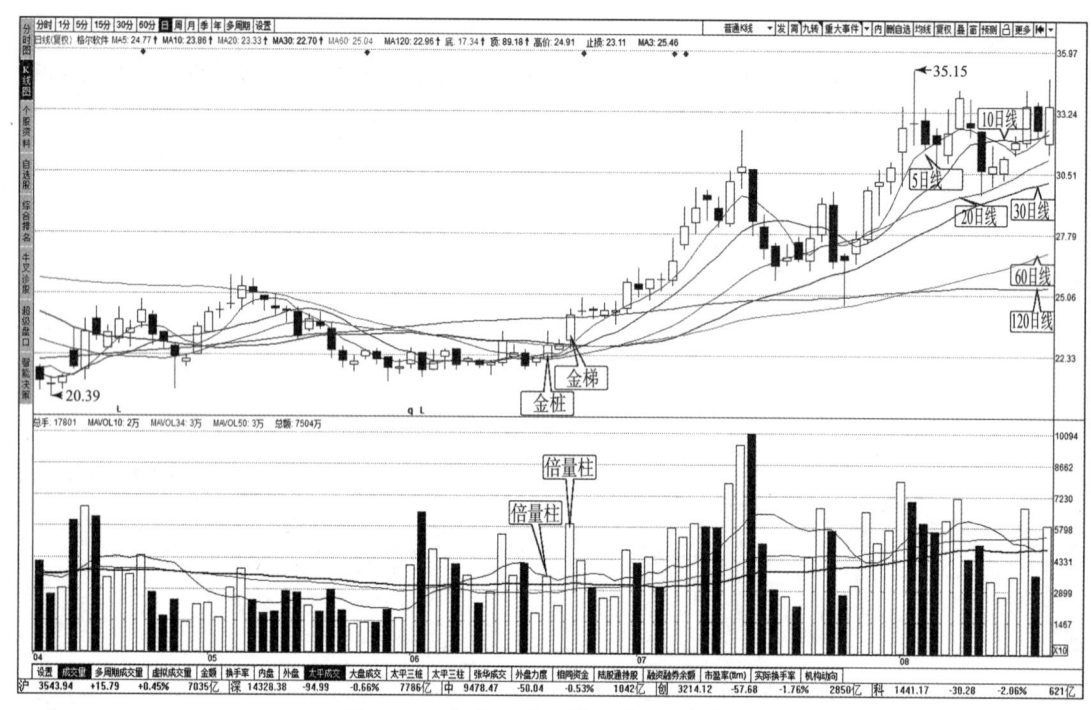

图 3-20　短期买点金桩金梯日线走势图

图 3-21　短期买点一阳启涨日线走势图

·290·

上涨过程和顶部区域砸盘出货之前，都有可能出现持股时间以月为单位的中期买点；在个股走势结构的任何阶段都有可能出现持股时间以周为单位的短期买点。

守点抢点，是主要实盘买入方法的简称，守点是指守住涨必经点和涨或经点，抢点是指股价突破涨必经点时抢点买入，涨必经点和涨或经点都是买股机会，股价经过涨或经点时慢慢守点买，股价经过涨必经点时迅速抢点买。

1. 抢必经点买入

根据"二折四位"走势走法，股价要上涨必定经过涨必经点，因此，不论是长期、中期买点还是短期买点出现后，股价继续上涨必定经过长期前高、中期前高和短期前高，方能创新高继续上涨。

股价要涨，必定要突破前顶折高点这一必经点，虽然股价会多次试探、过程复杂，但最终是要经过前高点才能逼空上涨，因此，实盘时可守住涨必经点，进行抢点买入。

抢必经点买入，股价突破前短高、中高、长高和年高时抢点买入，在日线上可叫作"野猫扑雀"，不见雀飞猫不扑、不见兔子不撒鹰，即见到股价突破前高点并有放量迹象才买入。

突破年高，突破长带大线及以上时间交易日的所有高点，说明短中长期套牢盘都消化完，各成本线资金统一步调，可能进入上涨区域，这是非常重要的长期买点，可抢点买入。

共振选股，大盘指数走势不走空和行业板块指数走势蓄势走多形成大环境向好的环境共振为最好，至少行业板块走势量价向好形成局部环境共振条件，个股月、周、日各周期走势形成共振向好态势，以及量价配合齐涨形成个股共振，选出在向好大环境下的走势共振个股，是我们买入的目标个股。

每日捕捉，用多股同列的方法，先从技术上筛选出来正在突破前高点上的股票，尤其之前没涨过正在突破年高点的个股，再逐一识别选出朝阳行业、或当下社会热点、或政策支持、或有实际利好的个股，这便是我们买入的目标个股，业绩暴增最为可靠，如果未查清出具体原因或基本面无利好的情况下突破年高的个股，则多看多等少动。

2. 守或经点买入

根据"二折四位"走势走法，股价要走出下跌创新低走势，则必定经过前低点即跌必经点才能走出创新低下跌，但是股价从高点向下回调运行过程中，不跌破前低点即跌必经点，而是在跌必经点之上整理调整，走出底折走势后再次上涨，该底折或出现在前高点之上形成多位底折，或出现在前高点位置形成高位底折，或出现在前低点位置形成低位底折，因此，股价下跌在跌必经点价位之前，走出的不跌破跌必经点的底折位，统称为涨或经点。

守或经点买入，股价上涨一段后进行回调不破前低跌必经点之上，形成底折、整理、上攻之时，等待出现短期买点时买入，也叫守涨或经点买入。

涨或经点有多位点、高位点和低位点三大经典位置，出现守点买入机会。

守多位点，股价上涨一段后出现顶折回调之后，或在比前期高点还高的多位形成底折整理上涨，甚至形成平台式箱体横盘盘整，这时守住涨必经点，一旦有突破箱体上方经过涨必经点时可抢点买入。

守高位点，股价上涨一段后形成顶折回调之后，在前期高点附近形成底折构成踩顶走势，之后出现止跌、整理期间等待出现短期买点之时买入。

守低位点，股价上涨一段后形成顶折回调之后，股价未在多位、高位形成底折，一直下跌在前期低点附近形成底折，未跌破前低创新低下跌，构成踩底走势或叫探底走势，之后出现止跌、整理期间出现短期买点之时买入。

二、持股待涨

总原则是"看大做小"，即买入股票的理由是长期买点或中期买点出现后才考虑买入股票，具体买入得等到出现短期买点才可买入，买入股票后，通常是以日线级中带为持股带，即股价突破中带买入，跌破中带卖出。

1. 长期持股

出现长期买点之后，买入的股票要持以长期持股的思路进行操作。在持股期间，股价出现回调跌破日线级中带走势，则可考虑减仓；股价重回中带之上时，买回所减仓位；若股价跌破中带继续下跌跌破长带，则继续减仓；股价重回长带之上买回所减仓位；若跌破年带则考虑清仓。清仓之后股价运行在年带之下时不宜以长期持股思路进行操作，股价继续运行，股价若在年带死叉后年带空排下方运行，则失去了长期持股的走势条件。

2. 中期持股

出现中期买点之后，买入的股票要以波段持股的思路进行操作。在持股期间，股价出现回调跌破日线级中带可考虑减仓；股价重回中带之上，应买回所减仓位；若股价继续下跌跌破长带，则考虑清仓。清仓之后股价运行在长带之下，不突破中带不持股。

3. 持股待涨综述

股价不走出底部区域、不突破年带小线、不进入上涨区域，很难有中长期趋势走势，也就难以形成中期长期持股的基础条件，不把握住趋势性走势机会，就很难实现盈利，因此，交易操作做的就是趋势交易，努力寻找趋势机会。

根据个股走势趋势，在股价月线级别走势中，短带金叉走多则可持股待涨，中带金叉走牛则持股待涨，中带走牛短带黏缠可持股待涨，但这些走势趋势都要在日线级别走势中带即持股带中研判买卖方向和仓位增减及滚动操作。

在股市大盘指数至少在日线走势长带小线之上，中带多排运行的走多环境下，对个股基本面利好信息的掌握，是持股待涨的信心来源。

另外，一旦买入股票后，持股出现跌破预设止损价则必须止损，首先保住本金。这是一切操作的前提。

三、卖出股票

卖出股票分为主动卖出和被动卖出，主动卖出更适用于中短期波段交易操作，被动卖出更适用于中长期及更长时期的趋势交易操作。

被动卖出之前，通常会出现主动卖出的机会。

（一）主动卖出

主动卖出是见好就收的"碰卖"，碰卖可分为碰线卖出、碰位卖出和碰 K 线卖出。

1. 碰线卖出

根据股价"三带多空"走势规律，股价下跌出现底折止跌后上涨的过程中，碰到三带中每一条均线时通常出现碰撤现象，当出现碰撤时应主动卖出。图 3-22 是 600640 号百控股 2020.12-2021.06 的日 K 线走势。如图所示，股价运行到 10、20、30、60、120 和 250 日均线时都走出了碰撤动作，这些碰撤位置可执行碰线主动卖出操作。

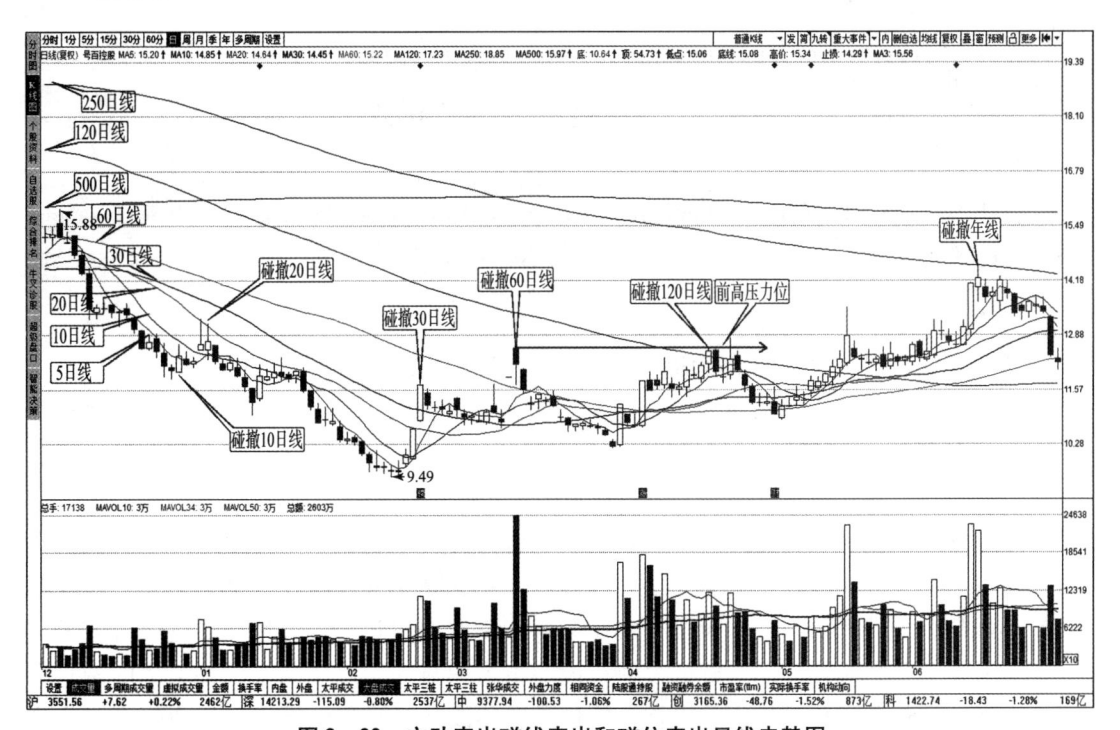

图 3-22　主动卖出碰线卖出和碰位卖出日线走势图

2. 碰位卖出

股价运行到前高点位置附近出现顶折则主动卖出，如图 3-22 所示，股价碰到前高点压力位，可执行碰位主动卖出操作。

3. 碰顶 K 线卖出

股价在日线走势短带小线之上攻击出现一段上涨后走出大小周顶走势，详见"走势走法"内容，见到标志性顶 K 线状时应主动卖出。

（1）日线级顶 K 线有一剑封喉、阴吞阳、趁火打劫、独登高山、阳孕阴等，见图 3-23，是 300063 天龙集团 2019.11-2020.10 的日 K 线走势。

图 3-23 主动卖出碰顶 K 线卖出日线走势图

一剑封喉：股价创新高增量的长上影线十字阴线或阳线。

阴克：股价阴 K 线吞前一日阳 K 线，如果价量双阴克，中大实体阴线则是更为标准的顶 K 线状态。

趁火打劫：股价创新高，高开低走，踩增量收出大阴 K 线。

阳孕双阴：创新高增量大阳 K 线，之后两日股价出现串跌，跌破阳线实体底部。

（2）量能异动，虽然倍量柱、天量柱与缩倍量都属于量柱异动，但在一段涨幅后出现的阴线踩倍量柱、天量柱和小阳、阳剑线踩倍量柱、天量柱，是股价或见波段顶的量能标志性异动，放量大阴线说明主力明显处于出货状态，接下来的两日交易不能收复失地更是代表着出货，放量滞涨阳线量幅比降低同样有主力暗度陈仓出货之嫌，也可以用接下来的两日交易股价表现来判断，见图 3-23。

(3) 月线顶K线有月太平K线，月太平K线有阴阳之分，详见"个股走势趋势"月线级牛熊相关内容。

碰月阳太平K线考虑卖出股票，在日线走势上落实具体卖出位置，即使在底部区域位置出现的月阳太平K线也表示在一年内不要轻易碰该股。在股价突破该月太平K线最高点时，再考虑在日线走势买入位置，比如000159国际实业在2019年3月、4月，300079数码科技在2019年3月，600624复旦复华在2019年3月，300431麦克奥迪在2019年11月都出现了月阳太平K线之后出现长时间调整走势。

月阳太平K线若出现在顶部区域位置，则成为大顶的概率非常大，如果出现一剑封侯式月太平K线则为大顶，要在日线走势上落实具体挑顶位置，这样的走势情况非常常见，故不列举实例个股。

（二）被动卖出

被动卖出是见坏所迫的"破卖"，破卖可分为破位卖出、破线卖出和破势卖出。

1. 破位卖出

根据"二折四位"走势走法，股价跌穿底折前低位创新低，则应破位被动卖出，见图3-24，是600643爱建集团2021.01-2021.08的日K线走势。股价走出破位前低点要考虑卖出，即使是出错了也要执行卖出操作，但之后股价走出一阳穿两带时可以买入，股价再次出现一阳穿两带时可以买入或加仓，但如果股价走出破位之后的走势不是止跌回升，而是继续下跌，则很有可能套牢更深。

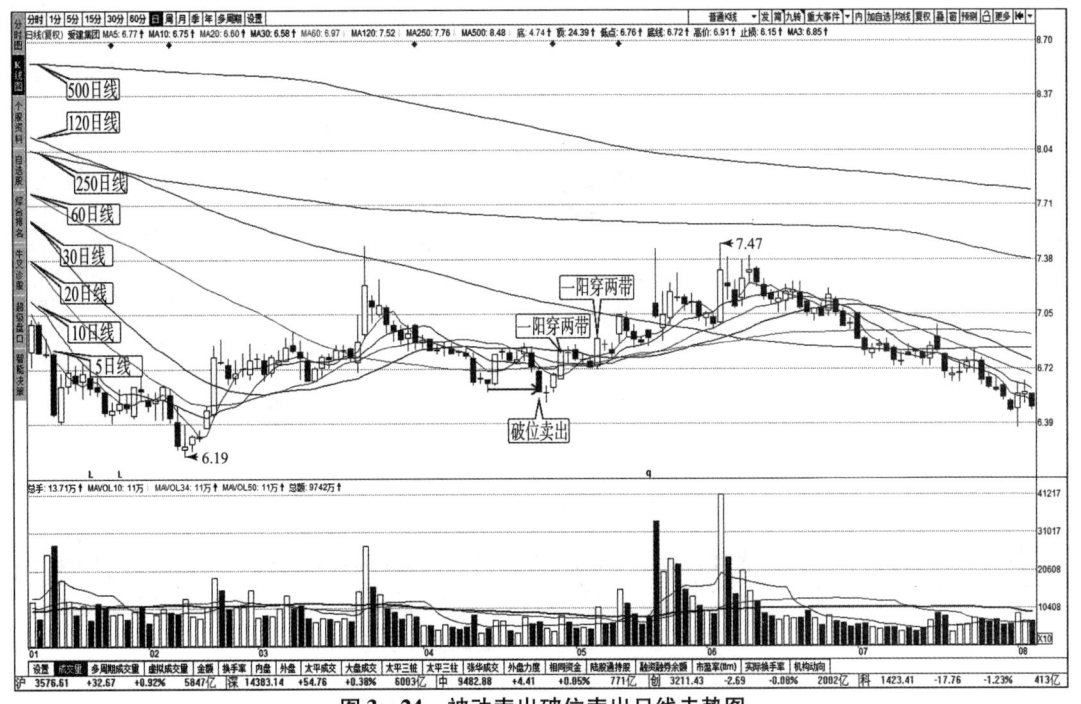

图3-24 被动卖出破位卖出日线走势图

2. 破线卖出

破线主要是指股价跌破短带两线，破线后股价不在短带即攻击带上方上攻运行，根据破线步骤可分为：

顶折：股价出现顶K线，之后出现顶折，卖出。

破短带小线：出现顶折后股价跌破短带小线，使其多翻空，卖出。

破短带大线：股价跌破短带小线后继续跌破短带大线，卖出，或在走出短带死叉反抽时卖出。

3. 破势卖出

破势主要是指股价跌破中带两线，破势后股价不在中带即持股带上方上攻运行，根据破势步骤可分为：

跌破中带小线，使其多翻空，卖出。

跌破中带大线，股价运行在中带下方，使中带形成死叉，卖出。

异动K线破势，是指不因大盘影响，而因个股自身原因，个股走势在正常上涨途中出现一两日K线断崖跌破长带的异动现象，这样的破势对后势杀伤影响深远，见图3-25。该图是300023宝德股份2020.07-2021.06的日K线走势图，该股2020年9月10日三只乌鸦跌破长带K线异动且量能堆量明显，2021年3月23日发布了实际控制人拟减持公告，2021年4月29日公告显示*ST宝德，为一重大风险警示。

图3-25 被动卖出异动K线破势日线走势图

（三）卖出股票综述

买入股票的基本条件是出现短期买点，出现短期买点的基本条件是，股价突破中带小线之上。

对持有的股票进行卖出操作时，通常有三个卖出条件：股价跌破短带大线是第一个卖出条件，需要减仓操作；股价继续下跌跌破中带是第二个卖出条件，需要减仓甚至清仓操作；股价跌破前低创新低了是第三个卖出条件，需要降至最低仓位甚至清仓操作。

卖出股票的"五看"：看走势位置，底部位置多出现碰卖，上涨区域多出现破卖；看涨速涨幅，急涨出现碰顶K线和顶折K线走势时卖出股票，长线大涨出现破势卖；看量能量柱，急涨或大涨后大阴量、绿肥红瘦，易出现顶K线、顶折卖；看价均线带，短带为攻击带，中带为持股带，即跌破中带卖；看撑压线位，破位前低点撑压线创新低卖。

股价运行在顶折前是可执行主动卖出，顶折后就要被动卖出。对所持股票的卖出操作源于对个股股价走势市场行为的敬畏与尊重。因为，我们永远不知道股价下一步会怎样走，因此，买点出现刚买入股票后股价破位了则卖出，买股持股出现大幅急涨则顶折卖出，买股持股有了大幅上涨则破线破势卖出。只要跌破中带即持股带后，股价位置在低位也要至少执行减仓操作，若股价位置偏高和有一段涨幅情况下，甚至需要清仓操作。

不论哪种条件下卖出股票后，可在短期震荡调整重回中带小线之上时再买回来，否则股价不重回中带小线之上继续下跌，就要在中带下方运行时观望等待，等待买点出现。

四、观望等待

观望等待，主要根据股市大环境而定，仅从大盘指数走势角度看，要在大盘指数走势跌破中带时观望等待。

（一）轻仓观望

大盘指数处于牛市和猴市大环境中，出现日线中带下走空情况下，尤其是一波上涨行情后出现日线中带下走空情况时，应减仓观望。

行业板块指数跌破日线中带下走空时，板块中的个股表现也不会好，因此，个股操作应减仓观望。

在目标个股出现卖出条件并执行卖出操作之后，应轻仓观望，随时准备出现买点时再买入。

（二）空仓等待

大盘指数处于熊市和鼠市大环境中，出现成顶在日线长带下进入下跌区域到指数诱空创新低突破日线长带见底区间，应空仓等待。

五、四作综述

股票操作有如下"七不"。

①大盘指数：大盘处在熊市和鼠市环境下，即指数在日线长带下方运行时不买股；

②行业板块：宏观政策调控的行业（如房地产）个股不买；

③涨幅涨速：一年内爆炒过的股票不买，急涨猛涨一倍以后的尤其是猛涨三倍后的个股不买；

④主力表现：交投不活跃的、主力介入少的个股不买，比如分时图走势显示好长时间都不成交，成交了也就几手，是交投不活跃的表现，还比如在日K线走势中，大量的K线留下长长的上下影线、整体走势规律性差都是主力介入不深的表现（如603268 松发股份 2020.11.04－2021.06.08 的日K线走势）；

⑤基本面：业绩亏损的、ST、*ST、重大利空的个股不买；

⑥走势形态：波段涨幅翻倍回调不缩量的、底部区域未突破还在做上下震荡的、在日线中带下方还在创新低的、股价运行在年带小线下方的、量能天量出逃的、量增价滞的（600602 云赛智联 2020 年 2 月中旬附近量能异常堆砌比 2019 年 4 月份长升浪时量群还高，之后大跌），都不买；

⑦操盘心理：不要想着买在最低点、不要想着卖在最高点、不要只买低价股、不要一套就死扛、不要一涨就卖、不要一只股满仓、不要不观望不等待一直重仓满仓、不要想着机会天天有、不要想着一夜暴富、不要热衷短线操作、不要纠结几分钱错失买卖良机、不要不反思不学习、不要不尊重市场行为。

第三节
四 控

买涨卖跌是交易博弈方向，在买卖双方交易博弈中，先有卖方卖出所持股票，后才能有买方买到股票，买方盛则股价上涨、卖方盛则股价下跌。

涨跌危机是交易基本状态，股市中阴和阳、涨和跌、危和机、偶然和必然、随机和趋势交互共存，要牢牢把握"永远不知道价格下一步会怎么走"和"鸡蛋不要放在一个篮子里"的风控意识。

在交易操作中，尊重市场、遵循规律，进行大概率、确定性、把握性大的交易，才是最根本的出发点，也是最根本的风控原则。

因此，在交易操作中，要以保证本金为前提条件，为此要通过"四控"来扎紧风控的篱笆。"四控"包括指令纪律、资金仓位、操作策略和操盘风格。

一、指令纪律

指令是指以"四作"为核心的交易操作指令，即股价出现买、守、卖、等市场行为状态就是操作指令。要尊重市场行为状态，坚决执行"四作"操作，确保按股价走势行为出现的操作状态进行操作，并以此为操作纪律，严格遵守执行。

当股价出现买入点操作指令时，执行买入股票操作，买入操作后未出现卖出点时坚持持股待涨，当股价出现卖出点操作指令时，坚决执行卖出股票操作，卖出操作后股价未出现买入点操作指令时，安心管住手，耐心等待。

提出严格按照"四作"交易指令操作的纪律，是源于"永远不知道价下一步会怎么走"，也是尊重市场行为、遵循市场行为规律具体体现，因此，掌握市场行为规律、按市场行为规律操作，是最有效的风控途径，也是最铁的纪律。

按令执行操作是纪律，勇于认错、顺势而为；

按令执行操作是保障，积少成多、少赔多赚；

按令执行操作是修行，不急不躁、不贪不惧；

按令执行操作是学习，善思善学、实事求是。

· 299 ·

二、资金仓位

股市中危机四伏，到处是机会，到处是危险，更重要的是"永远不知道价下一步会怎么走"，为了避免踩雷，要对资金仓位进行控制并分仓操作。

一是要控制仓位。仓位控制的目的是保障本金安全，为此实战经验很重要，总的原则是，尽量不要一直重仓或满仓操作。大盘进入上涨区域，持股个股也进入上涨区域在持股带上走出三浪拉升走势态势阶段时，可考虑重仓操作，偶尔结合满仓操作。

二是要分仓操作。分仓操作是分散风险的有效手段，为此可采用"2242"分仓操作法，即一只股票分占总仓位的20%，每只股票至少分两批买入，至少买四只股票，最后20%仓位为机动仓或滚动仓，尽量避免满仓，尽量避免一只股票重仓；个股占仓上限，是在"2242"分仓操作法为总思路下，即使是把后备的20%机动仓位加仓买入已持20%的个股，一只个股最多只能分占总仓位的40%。

三、操作策略

操作策略之一：股农策略。在上大学之前，我经常下田铲地，把长在垄中间的壮实的秧苗留下，其他的铲掉。对于股票池里的股票，要根据个股基本面情况或是成分股变动情况进行调整，对于所持个股根据走势行为状态进行仓位调整或买卖操作，这样的股票操作跟干农活很像，股票池目标个股和所持个股就是那操盘手中的"秧苗"，看哪只"秧苗"长坏了就要铲掉或换掉。

操作策略之二：滚仓策略。对于一只个股来讲，在相对低位时买入底仓不动的情况下，根据个股上涨态势的展开，伴随着股价的涨跌波段进行加仓、减仓调整操作，比如个股股价在攻击带上拉升走出长升浪或年升浪时在底仓上加仓，等到股价波段上涨出现跌破持股带时减仓，等到长升浪或年升浪回调整理再次突破持股带时再买回来加仓的操作手法。

操作策略之三：麻雀策略。每年秋收的时候，有很多麻雀在秋场附近，人一来它们就飞散在树上，人一走它们又齐落在秋场上啄米。股票操作中，可采取麻雀啄米一样的操作策略，认为有机会就操作一把，没机会就在场外等着。这种操作策略需要高超的实战技术和经验来保证成功率，同时散户得有实时盯盘的时间和精力，因为不知道股价下一秒会怎么走。市场瞬息万变，越是小的走势越具随机性，越难把握；越是长的走势越具趋势性，越易把握。

四、操盘风格

每次操作依据的思路和遵循的规律可以一样，但交易行为结果可能不一样。股票交易操作是遵循科学规律的艺术行为。正因是一门艺术，所以就没有一种"公式化"的方式方法或是流程化的工艺技术手段能够保证其每次的结果具有一致性，但总的原则和遵循框架就是"四选"为前提基础、"四控"为风控保障、"四作"为手段方法，以最大的可能性来实现操作的成功。

要尊重市场行为、顺应行为规律，要把握大势、大机会，要选好股、买好股，要趋势操作、分仓操作、指令操作。

（一）操盘行为进化

曾经百万人拥抢，别说是买到股票了，就是抢购到认购证，都能从中发大财的股市疯狂年代，已成遥远的过去。

曾经光凭手中资金量、筹码量，硬生拉抬股价的纯技术年代，同样成为历史。

曾经凭借与上市公司联手，利用资金优势、技术优势、信息优势、运作优势的主力年代，也在远去。

曾经凭借手中大资金和高超技术、凶狠手法、幽灵般神出鬼没的涨停板敢死队游资年代，也已落幕。

随着注册制的推出，在不断优化的制度安排和顶层设计下，必将迎来优胜劣汰、优质优价、劣质劣价的价值投资风格。

随着进一步放宽外资门槛，机构投资趋势性行情明显，A股估值体系和市场环境越来越向成熟市场靠拢，越发偏向以价值投资为基础的投资风格。

（二）操盘行为因素

影响操盘行为的因素众多，比如资金大小、信息咨询、盯盘时间、技术水平等诸多方面因素。

资金方面，主力掌控的资金量大，是大优势，但弱点是船大难掉头、运作时长而复杂，而散户显然没有主力的资金优势，但散户有最大优势就是资金量小船小好掉头、进退自如，因此从资金规模大小角度，采用什么样的交易风格都没有障碍。

信息方面，散户对市场信息的掌握没什么优势。

时间方面，如果没有实时的盯盘时间和精力则不能采用超短线和短线交易，短线交易时，即使有足够的时间和精力盯盘，如果技术不过硬也是徒劳。

技术方面，可以通过学习、提高操盘技术，但越是短线交易对操盘技术的要求越高。

在以上几项因素中，对普通投资者来讲，交易资金规模方面可以说是进出自由，只有这一点算是明显的优势，但这是普惠的优势，盯盘时间因每个人工作生活条件所致而异，信息掌握方面散户不具备主力的优势，在操盘技术方面可通过自身勤奋好学适当弥补提升。

影响操盘行为的因素众多，甚至交易者心理、性格因素都会反映在交易行为上。

股票交易是人的交易行为，是人的心理活动的行为结果，股票市场也就有了市场情绪心理层面的表现，这也就反映着股票操作交易行为本身也是一门艺术的一面。

（三）操盘艺术风格

要在众多因素影响操作的情况下，选择好适合自己的操作策略和操盘风格。

1. 操盘稳健风格

操盘稳健适合投资性长期趋势持股交易，底仓埋伏、突破年高进入拉升时加仓出击长期持股策略以及滚仓策略操作。

对操盘技术要求不高，不像超短线或短线操作那样严苛精准买卖点的把握，且对盯盘时间宽松。

对大盘走势要求严格，最好是大盘走势处在牛市底部区域进入上涨区域，并在走出走牛期间进行操作，适合稳健风格操盘，还可以在大盘走势处在猴市底部区域进入上涨区域期间操作，适合稳健风格操盘。

对个股基本面要求高，基本面良好、政策扶持、行业龙头、指数成分、多料概念等等，越优良越好，是保证股价上涨的预期和基础保障。

对个股走势要求高，个股走势从底部区域走完突破年带小线或突破年高进入上涨区域的走牛区间，持股到股价跌破年带小线进入下跌区域之前都可以持股跟踪操作。

2. 操盘激进风格

操盘激进风格属于投机性短期机会持股交易，是当个股走势出现技术性短期买点时，短进短出、快进快出的麻雀策略操作。

对操盘技术要求高，越是短期持股交易越对买卖点、仓位控制等有高要求，而且还要求有实时盯盘时间和精力。

对大盘走势要求不严格，但最好不要在大盘走势处在牛市顶部区域下跌进入下跌区域期间后的大熊市，和大盘走势处在猴市顶部区域下跌进入下跌区域期间后的鼠市期间进行操盘。

对个股基本面要求不高，但选择非退市警示的个股为好，交投活跃、市场热点最好。

对个股走势要求不高，个股走势只要不是在下跌区域的长带下跌和年带下跌单边走大熊区间，其他走势区间都可以采用操盘激进风格进行操作。

总而言之，操盘稳健风格对走势环境要求严格，操盘激进风格对操盘技术要求严格，应根据不同的技术水平、不同的时间精力和市场运行环境变化，采用不同的操盘风格和操盘策略，但始终本着指令纪律、资金仓位思路进行风控。

五、股市行为艺术综述——突破股市行为牛熊规律

本书从走势博弈的阴阳克顺、走势走法的三带多空、走势结构的四区多相、走

势趋势的一带一线到趋势结构的四市一轮，从个股属相、指数股相到股市走相，从四选、四做到四控，从股票行为规律、股市行为规律到股票交易操作艺术，形成了一个整体。

种庄稼，首先要选对时节，最好抓紧春播，不要选择秋后寒冬播种，其次要选对地块，最好选择沃土，不要选择无墒沙地，其三要选对种子，最好选择良种，不要选择中干瘪籽，其四最好播种后有雨水，不要无底肥水不要干茬种，完成四项工作后经过一夏天的生长才能有五谷丰登的秋收。股票操作之道亦如此，首先要选对市，其次要选对行，其三要选对股，其四要选对时，方可买入股票，并组成多股组合投资，经过一段时间的持股才能有收获。

在股市里，有多种多样的操盘手法和路径，条条大路通罗马。选择一条更长久、可持续、行稳致远的路径，方为真长道。

下面从前面讨论过的央视50指数成分个股中，挑选了2014.07－2021.02区间涨幅统计超过1000%的三只个股，从更长时间跨度，在个股属相的众多指标中选取了主营收入、毛利率、市净率、动态市盈率等指标状况进行对比、总结。

首先，主营收入状况，见图3－26至图3－28，是个股属相基本面主营收入格力电器、贵州茅台和片仔癀日线走势，三只选样股主营收入指标走势状态均基本呈现逐年增长态势。

图3－26　个股属相基本面主营收入－格力电器日线走势图

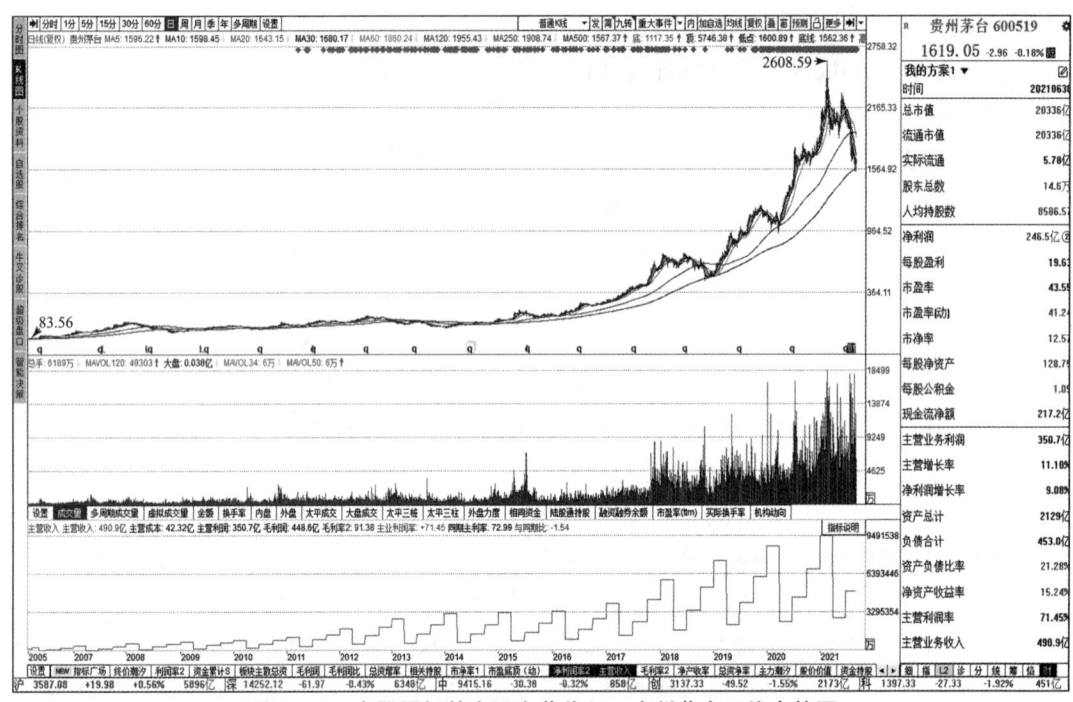

图 3-27　个股属相基本面主营收入-贵州茅台日线走势图

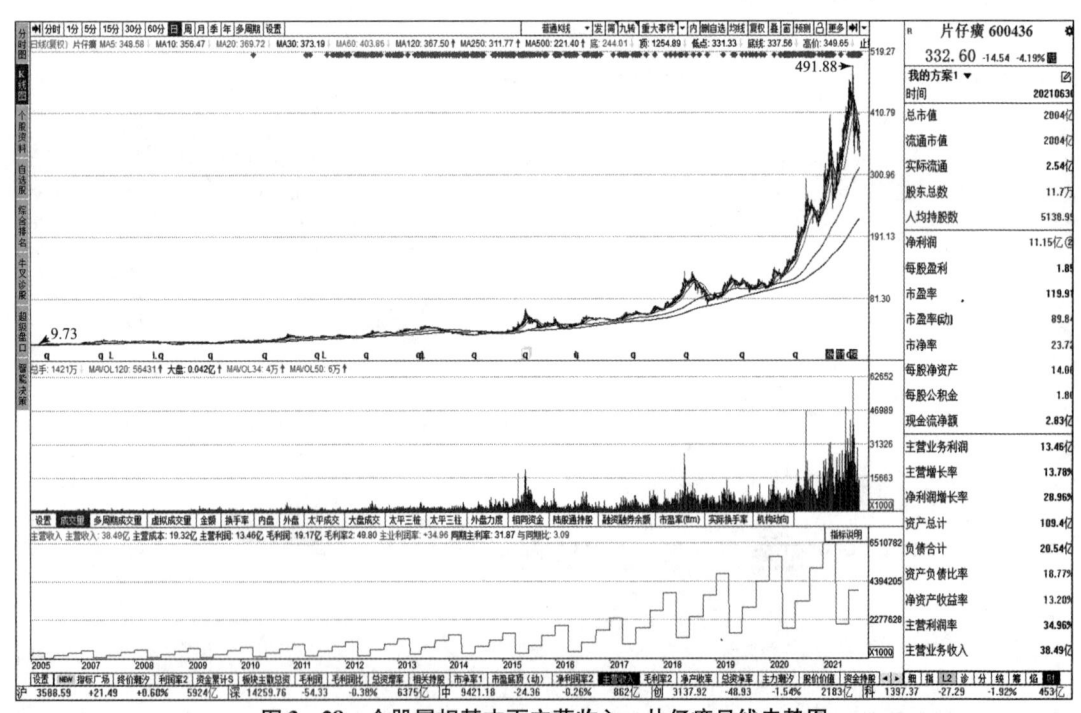

图 3-28　个股属相基本面主营收入-片仔癀日线走势图

其次，毛利率状况，见图 3-29 至图 3-31，是个股属相基本面毛利率格力电器、贵州茅台和片仔癀日线走势，三只选样股毛利率指标走势基本呈现相对稳定的态势，其中，格力电器毛利率大概为20%、贵州茅台毛利率大概为90%、片仔癀毛利率大概为50%。

图3-29 个股属相基本面毛利率-格力电器日线走势图

图3-30 个股属相基本面毛利率-贵州茅台日线走势图

图 3-31 个股属相基本面毛利率-片仔癀日线走势图

其三，市净率状况，见图 3-32 至图 3-34，是个股属相基本面市净率格力电器、贵州茅台和片仔癀日线走势，随着公司发展、净资产增加，股价上涨，市净率高位运行。

图 3-32 个股属相基本面市净率-格力电器日线走势图

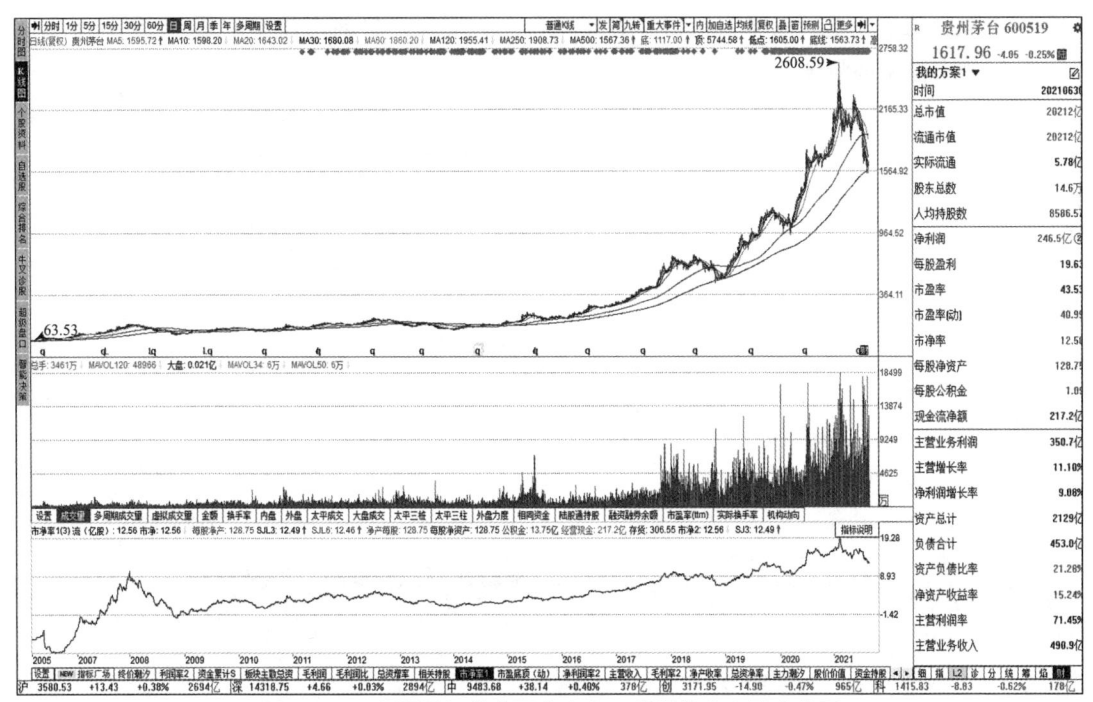

图 3-33 个股属相基本面市净率-贵州茅台日线走势图

图 3-34 个股属相基本面市净率-片仔癀日线走势图

其四，动态市盈率状况，见图 3-35 至图 3-37，是个股属相基本面市盈率格力电器、贵州茅台和片仔癀日线走势，随着公司发展、净利润增加，市盈率涨幅远低于股价涨幅，这一点格力电器和贵州茅台尤为明显，目前市盈率均低于2007年牛市时的市盈率高峰值。

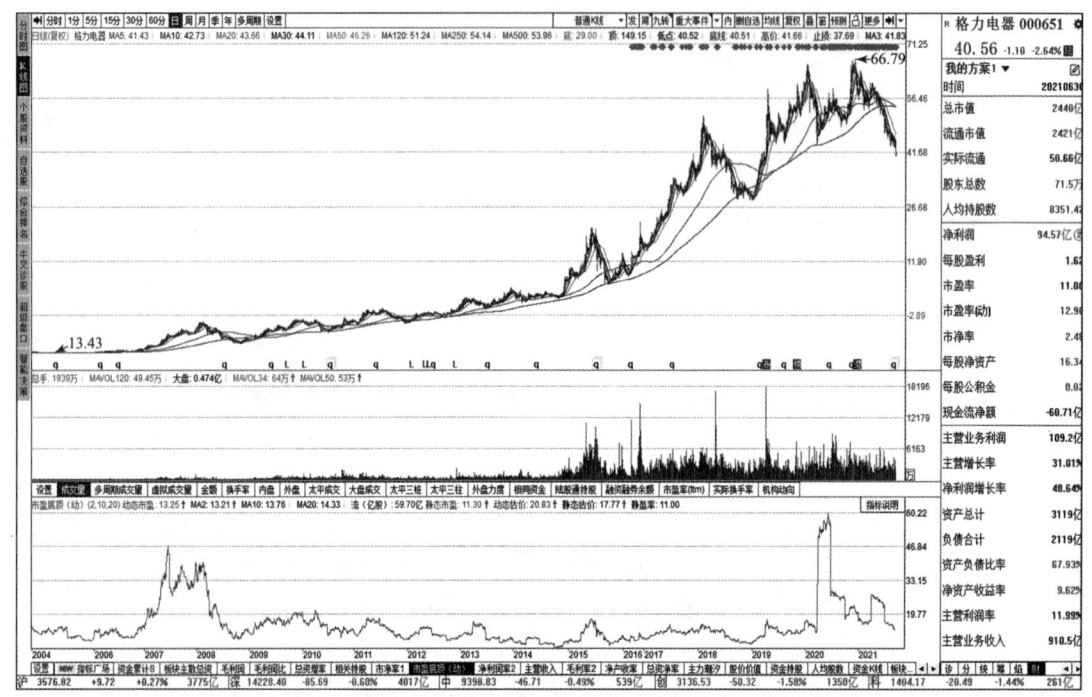

图3-35 个股属相基本面动态市盈率-格力电器日线走势图

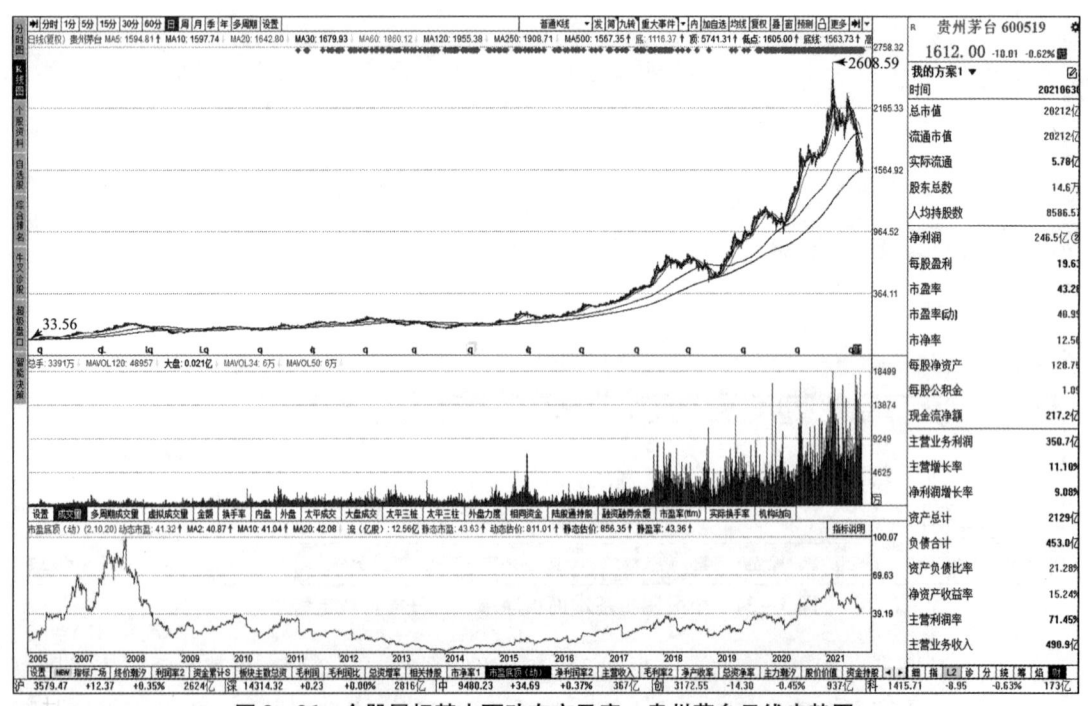

图3-36 个股属相基本面动态市盈率-贵州茅台日线走势图

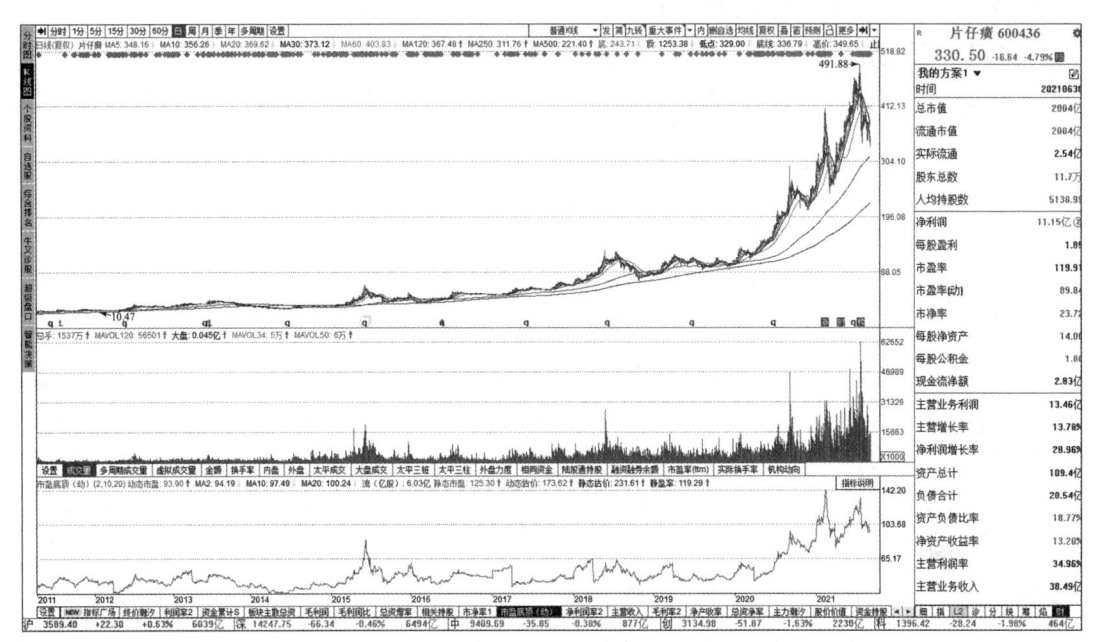

图 3-37　个股属相基本面动态市盈率-片仔癀日线走势图

如果从 2005 年至今的大时间跨度去看这三只选样个股股价涨幅的话，都是惊人的，而且是仅从股价涨幅看，未考虑分红等其他收益因素，已经有惊人的收益率了。

如果从 2005 年至今的大时间跨度看，早已突破股市行为趋势结构的六年一轮的运行时间跨度和四市一轮的牛熊涨跌跨度了，也就是说，突破了股市行为牛熊涨跌规律了，让我们引以为傲的绝大多数的技术分析、规律理论，就连避免一直满仓操作的警句，都完全是苍白的。

这就是突破股市行为牛熊规律后的另一幅美丽的大图。

股市的根基在于实体经济基本面，个股的根基在于上市公司基本面，归为一点就是，价格运行是围绕价值的市场行为。

人们追求的一切美好的东西皆具备价值，比如温饱、幸福、金钱、快乐、健康、美丽、知识、技术等。事物都存在着从诞生到消亡的生命周期过程，生命周期过程中的成长期到成熟期的区段，是最能显示事物价值的，该区段是积极的、向上的、扩张的、可持续的，而不是消极的、向下的、萎缩的、不可持续的。

股市里的价值集中在可持续扩张的成长型和可持续发展的成熟型行业和企业，要回避产能过剩或者终端需求在萎缩的行业和企业。成长型行业和企业要比成熟型行业和企业更具投资价值。成长型行业和企业是不断创造的利润和不断扩张规模的加速发展的行业和企业，成熟型行业和企业是在不断创造利润但规模扩张放缓或接近"天花板"的均速发展的行业和企业。

我国经济发展趋势势不可挡，有预测显示，或许在十年后，或许在更短时间内，我国将成为世界最大经济体。与其他发达国家的股市现状进行比较，我们的股市是后起之秀，虽有差距，但我们在奋力追赶当中。股市与 GDP，在长期走势和规模比率方面都是正相关，因此可以预见我们的股市未来要发展的空间也是巨大的。

从 2021 年 11 月 14 日美国、英国、中国股市的个股总市值前排 35 名个股对比看，美股和英股共同特点是，消费类和医药类公司具有交集存在，且相关个股总市值规模大，尤其是医药个股的规模大；与之相比，我国 A 股的消费类和医药类个股总市值规模和行业组成方面都有发展空间，见图 3－38 至图 3－40。

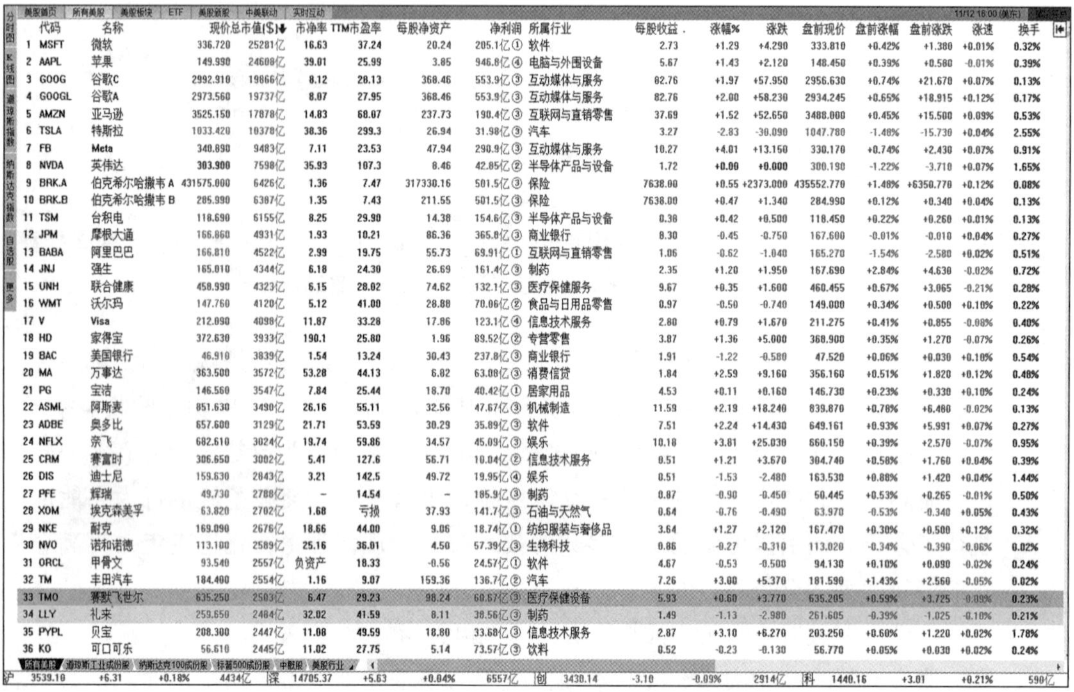

	代码	名称	现价	总市值($)↓	市净率	TTM市盈率	每股净资产	净利润	所属行业	每股收益	涨幅%	涨跌	盘前现价	盘前涨幅	盘前涨跌	涨速	换手
1	MSFT	微软	336.720	25281亿	16.63	37.24	20.24	205.1亿①	软件	2.73	+1.29	+4.290	333.810	+0.42%	+1.380	+0.01%	0.32%
2	AAPL	苹果	149.990	24608亿	39.01	25.99	3.85	946.8亿④	电脑与外围设备	5.67	+1.43	+2.120	148.450	+0.39%	+0.580	-0.01%	0.39%
3	GOOG	谷歌C	2992.910	19866亿	8.12	28.13	368.46	553.9亿③	互动媒体与服务	82.76	+1.97	+57.950	2956.630	+0.74%	+21.670	+0.07%	0.13%
4	GOOGL	谷歌A	2973.560	19737亿	8.07	27.95	368.46	553.9亿③	互动媒体与服务	82.76	+2.00	+58.230	2934.245	+0.65%	+18.915	+0.12%	0.17%
5	AMZN	亚马逊	3525.150	17878亿	14.83	68.07	237.73	190.4亿③	互联网与直销零售	37.69	+1.52	+52.650	3488.000	+0.45%	+15.500	+0.09%	0.53%
6	TSLA	特斯拉	1033.420	10378亿	38.36	299.3	26.94	31.98亿③	汽车	3.27	-2.83	-30.090	1047.780	-1.48%	-15.730	+0.04%	2.55%
7	FB	Meta	340.890	9483亿	7.11	23.53	47.94	290.9亿③	互动媒体与服务	10.27	+4.01	+13.150	330.170	+0.74%	+2.430	+0.07%	0.91%
8	NVDA	英伟达	303.900	7598亿	35.93	107.3	8.46	42.85亿②	半导体产品与设备	1.72	+0.00	+0.000	300.190	-1.22%	-3.710	+0.07%	1.65%
9	BRK.A	伯克希尔哈撒韦 A	431575.000	6426亿	1.36	7.47	317330.16	501.5亿③	保险	7638.00	+0.55	+2373.000	435552.770	+1.48%	+6350.770	+0.12%	0.08%
10	BRK.B	伯克希尔哈撒韦 B	285.990	6387亿	1.35	7.43	211.55	501.5亿③	保险	7638.00	+0.47	+1.340	284.990	+0.12%	+0.340	+0.04%	0.13%
11	TSM	台积电	118.690	6155亿	8.25	29.90	14.38	154.6亿③	半导体产品与设备	0.38	+0.42	+0.500	118.450	+0.22%	+0.260	+0.01%	0.13%
12	JPM	摩根大通	166.860	4931亿	1.93	10.21	86.36	365.8亿③	商业银行	8.30	-0.45	-0.750	167.600	-0.01%	-0.010	+0.04%	0.27%
13	BABA	阿里巴巴	166.810	4522亿	2.99	19.75	55.73	69.91亿①	互联网与直销零售	1.06	-0.62	-1.040	165.270	-1.54%	-2.580	+0.02%	0.51%
14	JNJ	强生	165.010	4344亿	6.18	24.30	26.69	161.4亿③	制药	2.35	+1.20	+1.950	167.690	+2.84%	+4.630	-0.02%	0.72%
15	UNH	联合健康	458.990	4323亿	6.15	28.02	74.62	132.1亿③	医疗保健服务	9.67	+0.35	+1.600	460.455	+0.67%	+3.065	-0.21%	0.28%
16	WMT	沃尔玛	147.760	4120亿	5.12	41.00	28.88	70.06亿②	食品与日用品零售	0.97	-0.50	-0.740	149.000	+0.34%	+0.500	+0.10%	0.22%
17	V	Visa	212.090	4098亿	11.87	33.28	17.86	123.1亿④	信息技术服务	2.80	+0.79	+1.670	211.275	+0.41%	+0.855	-0.08%	0.40%
18	HD	家得宝	372.630	3933亿	190.1	25.80	1.96	89.52亿②	专营零售	3.87	+1.36	+5.000	368.900	+0.35%	+1.270	-0.07%	0.26%
19	BAC	美国银行	46.910	3839亿	1.54	13.24	30.43	237.8亿③	商业银行	1.91	-1.22	-0.580	47.520	+0.06%	+0.030	+0.10%	0.54%
20	MA	万事达	363.500	3572亿	53.28	44.13	6.82	63.08亿③	消费信贷	1.84	+2.59	+9.160	356.160	+0.51%	+1.820	+0.12%	0.48%
21	PG	宝洁	146.560	3547亿	7.84	25.44	18.70	40.42亿①	居家用品	4.53	+0.11	+0.160	146.730	+0.23%	+0.330	+0.10%	0.24%
22	ASML	阿斯麦	851.630	3490亿	26.16	55.11	32.56	47.67亿③	机械制造	11.59	+2.19	+18.240	839.870	+0.78%	+6.480	-0.02%	0.13%
23	ADBE	奥多比	657.600	3129亿	21.71	53.59	30.29	35.89亿③	软件	7.51	+2.24	+14.430	649.161	+0.93%	+5.991	+0.07%	0.27%
24	NFLX	奈飞	682.610	3024亿	19.74	59.86	34.57	45.09亿③	娱乐	10.18	+3.81	+25.030	660.150	+0.39%	+2.570	-0.07%	0.95%
25	CRM	赛富时	306.650	3002亿	5.41	127.6	56.71	10.04亿②	信息技术服务	0.51	+1.21	+3.670	304.740	+0.58%	+1.760	+0.04%	0.39%
26	DIS	迪士尼	159.630	2843亿	3.21	142.5	49.72	19.95亿④	娱乐	0.51	-1.53	-2.480	163.530	+0.88%	+1.420	+0.04%	1.44%
27	PFE	辉瑞	49.730	2788亿	-	14.54	-	185.9亿③	制药	0.87	-0.90	-0.450	50.445	+0.53%	+0.265	-0.01%	0.50%
28	XOM	埃克森美孚	63.820	2702亿	1.68	亏损	37.93	141.7亿③	石油与天然气	0.64	-0.76	-0.490	63.970	-0.53%	-0.340	+0.05%	0.43%
29	NKE	耐克	169.090	2676亿	18.66	44.00	9.06	18.74亿①	纺织服装与奢侈品	3.64	+1.27	+2.120	167.470	+0.30%	+0.500	+0.12%	0.32%
30	NVO	诺和诺德	113.100	2589亿	25.16	36.01	4.50	57.39亿③	生物科技	0.86	-0.27	-0.310	113.020	-0.34%	-0.390	-0.06%	0.02%
31	ORCL	甲骨文	93.540	2557亿	负资产	18.33	-0.56	24.57亿①	软件	4.67	-0.53	-0.500	94.130	+0.10%	+0.090	-0.02%	0.24%
32	TM	丰田汽车	184.400	2554亿	1.16	9.07	159.36	136.7亿②	汽车	7.26	+3.00	+5.370	181.590	+1.43%	+2.560	-0.05%	0.02%
33	TMO	赛默飞世尔	635.250	2503亿	6.47	29.23	98.24	60.67亿③	医疗保健设备	5.93	+0.60	+3.770	635.205	+0.59%	+3.725	-0.09%	0.23%
34	LLY	礼来	259.650	2484亿	32.02	41.59	8.11	38.56亿③	制药	1.49	-1.13	-2.980	261.605	-0.39%	-1.025	-0.10%	0.21%
35	PYPL	贝宝	208.300	2447亿	11.08	49.59	18.80	33.68亿③	信息技术服务	2.87	+3.10	+6.270	203.250	+0.60%	+1.220	+0.02%	1.78%
36	KO	可口可乐	56.610	2445亿	11.02	27.75	5.14	73.57亿③	饮料	0.52	-0.23	-0.130	56.770	+0.05%	+0.030	+0.02%	0.24%

沪	3539.10	+6.31	+0.18%	4434亿	深	14705.37	+5.63	+0.04%
6557亿	创	3430.14	-3.10	-0.09%	2914亿	科	1440.16	+3.01
+0.21%	590亿							

图 3－38　2021. 11. 14 美国股市个股总市值前排 35 名个股图

在杰里米·西格尔教授的著作中，有两张对标准普尔 500 指数的研究图表。一张是 1957－2003 年标准普尔 500 指数行业年收益率和市场份额表，即表 3－5。表中，在行业扩张方面，金融、信息科技和卫生保健扩张明显，在行业收益率方面，卫生保健和日常消费品收益率明显；一张是 1957－2012 年间标准普尔 500 指数中组织结构未变化、业绩优秀的前 20 名公司表，即表 3－6。表中，占比最大的是日常消费品类公司，其次是医药保健品类公司。

知名英股 所有英股

	代码	名称	现价	总市值	每股收益	TTM市盈率	市净率	净利润	每股净资产	所属行业	开盘	昨收	最高	最低	现手	买价
1	ULVR	联合利华	3915.500	159828亿	102.12	34.07	10.95	2678亿②	357.74	个人护理、药物和食品杂货	3900.000	3919.000	3935.500	3898.500	1270218	3860.000
2	AZN	阿斯利康	8801.000	136338亿	116.62	51.91	12.01	1529亿②	732.97	制药与生物技术	8923.000	9444.000	9235.000	8759.000	545291	8680.000
3	RDSB	壳牌B	1657.000	129369亿	82.41	亏损	1.07	6414亿③	1553.64	非可再生能源	1670.000	1675.800	1673.800	1647.800	2491007	1650.000
4	RDSA	壳牌A	1641.200	128873亿	82.41	30.56	1.06	6414亿③	1544.75	非可再生能源	1657.000	1664.800	1660.000	1634.600	8989544	1621.000
5	BHP	必和必拓集团	1960.800	99155亿	161.89	12.11	2.67	8188亿④	734.29	工业金属与开采	1964.400	1975.000	1975.200	1942.600	4559265	1938.000
6	DGE	帝亚吉欧	3826.000	89522亿	113.80	63.54	12.98	2660亿④	294.77	饮料	3813.500	3801.500	3833.500	3791.500	881256	3791.500
7	HSBA	汇丰控股	434.200	88440亿	13.91	23.11	0.615	3827亿④	705.94	银行	435.900	433.550	437.000	432.150	9476746	398.000
8	GSK	葛兰素史克	1593.400	80164亿	72.70	18.59	5.20	3636亿③	306.62	制药与生物技术	1594.400	1589.800	1604.400	1587.600	2369713	1540.000
9	RIO	力拓	4562.500	73830亿	442.10	10.33	2.14	7150亿④	2128.39	工业金属与开采	4630.000	4597.000	4650.000	4548.000	1517066	4543.500
10	BP.	英国石油	340.900	69364亿	19.21	11.97	1.25	3889亿③	271.73	非可再生能源	342.600	345.150	344.150	340.250	15496100	340.000
11	SNP	中石化-H股	56.000	67800亿	0.08	524.4	56.85	114.6亿③	0.99	非可再生能源	56.000	56.000	56.000	56.000	5	–
12	HBR	Harbour Energy	361.800	63623亿	-102.99	亏损	负资产	-953.2亿④	-0.68	非可再生能源	360.800	362.200	363.800	355.600	482377	358.600
13	BATS	英美烟草	2613.000	59958亿	142.10	9.68	0.953	3250亿②	2741.07	烟草	2603.500	2590.500	2626.000	2594.500	219501	2590.000
14	TYT	丰田汽车	–	56421亿	109.28	1.80	0.229	15245亿②	8852.52	汽车及零件	2029.500	2029.500	2029.500	2029.500	42891	2100.000
15	GLEN	Glencore	367.900	48641亿	-10.45	亏损	1.77	-1393亿④	208.37	非可再生能源	368.650	370.000	371.100	364.400	1844817	365.000
16	REL	RELX	2380.000	45989亿	63.50	37.57	21.91	1224亿④	108.63	媒体	2365.000	2363.000	2382.000	2356.000	549359	1950.000
17	RKT	利洁时	6242.000	44491亿	166.70	37.48	4.88	1187亿④	1278.81	个人护理、药物和食品杂货	6214.000	6220.000	6302.000	6213.000	320839	6000.000
18	BNC	桑坦德	271.850	43866亿	-48.16	亏损	0.428	-7852亿④	635.88	银行	280.000	279.750	280.000	270.550	3332209	268.550
19	PRU	保诚	1509.000	41443亿	59.41	26.73	2.71	1550亿④	556.43	人寿保险	1495.500	1499.500	1516.500	1489.500	7990570	1435.000
20	AAL	英美	2891.000	39408亿	112.17	25.77	2.08	1529亿④	1386.68	工业金属与开采	2885.500	2897.000	2913.500	2858.500	993047	2710.000
21	NG.	英国国家电网	977.800	35366亿	46.60	21.56	1.78	1640亿④	548.51	燃气、水务和复合型公用事	973.500	968.800	979.800	967.100	2286725	950.000
22	LLOY	劳埃德银行集团	49.230	34879亿	1.20	40.32	0.806	865.0亿④	61.09	银行	49.930	49.880	50.170	49.230	5657268	48.960
23	LSEG	伦敦证券交易所	6938.000	34356亿	119.23	82.39	9.94	417.0亿④	697.71	金融与信贷服务	7004.000	6992.000	7054.000	6926.000	244016	6900.000
24	BARC	巴克莱银行	195.300	33886亿	8.80	22.21	0.515	1526亿④	379.22	银行	196.600	196.600	197.020	194.520	11511043	189.000
25	MEL	三菱电机	–	32756亿	–	–	–	–	–	–	1525.500	1525.500	1525.500	1525.500	72801	–
26	EXPN	益佰利	3485.000	31969亿	63.38	54.99	14.31	581.4亿④	243.47	工业支持服务	3477.000	3465.000	3504.000	3456.000	110055	3300.000
27	VOD	沃达丰	113.560	30473亿	0.32	319.6	0.641	95.34亿④	177.02	电信服务提供商	113.920	114.020	114.960	113.560	19541295	113.000
28	CRH	CRH水泥	3786.000	29713亿	104.60	36.18	2.07	821.3亿④	1833.24	建筑与材料	3768.000	3772.000	3800.000	3755.000	230079	3550.000
29	AHT	Ashtead集团	6450.000	28980亿	38.81	41.56	8.87	697.4亿④	727.49	工业运输	6420.000	6404.000	6494.000	6404.000	178893	6400.000
30	TSCO	特易购	285.000	27911亿	63.80	4.54	2.26	6143亿④	126.03	个人护理、药物和食品杂货	284.050	283.700	285.400	283.400	1161537	250.400
31	CPG	金巴斯集团	1543.500	27534亿	7.46	207.0	5.75	133.0亿④	268.51	消费服务	1577.500	1576.500	1586.500	1542.000	448629	1450.000
32	FERG	Ferguson	11870.000	26711亿	530.66	24.64	7.73	1084亿④	1536.33	工业支持服务	11680.000	11670.000	11870.000	11635.000	202541	11250.000
33	NWG	NatWest Group	218.700	26450亿	-6.20	亏损	0.603	-753.0亿④	362.66	银行	220.800	220.500	221.600	218.100	2586428	206.400
34	SMT	Scottish Mortgage	1500.500	21569亿	640.98	2.34	1.27	9214亿④	1181.94	封闭式投资	1505.000	1501.000	1505.000	1492.500	5422	1490.000
35	BA.	英国宇航系统	570.800	18379亿	40.37	14.15	3.96	1299亿④	144.20	航空航天与国防	569.800	571.000	572.800	569.000	1323091	530.000
36	SSE	苏格兰和南部能源	1650.000	17581亿	218.41	7.72	2.63	2276亿④	627.04	电力	1659.000	1656.000	1664.000	1638.500	7344321	1550.000

所有英股 伦交所GDR 伦交所ADR 伦交所GDS 伦交所ADS 沪伦通GDR

沪 3539.10 +6.31 +0.18% 4434亿 深 14705.37 +5.63 +0.04% 6557亿 创 3430.14 -3.10 -0.09% 2914亿 科 1440.16 +3.01 +0.21% 590亿

图 3－39　2021. 11. 14 英国股市个股总市值前排 35 名个股图

自选股 我的板块 板块同列 最近浏览

排	代码	名称	现价	流通市值	总市值[20...	所属行业	销售毛利...	营业总收入...	市盈率[pe][...	市盈(静)	市盈(动)	TTM市盈率	每股净资产	市净率	股性评分[...	市销率[20...
1	600519	贵州茅台	1773.78	22282亿	22282.19亿	饮料制造	91.19	17.08	44.84	47.72	44.84	44.44	138.79	12.78	21.99	21.69
2	601398	工商银行	4.65	12537亿	15584.46亿	银行	–	6.71	4.94	5.25	4.94	4.89	7.91	0.588	8.21	1.75
3	300750	宁德时代	641.00	13056亿	14928.94亿	电力设备	27.51	36.02	144.45	267.4	144.5	149.6	31.21	20.54	34.60	15.26
4	600036	招商银行	52.40	10810亿	13257.69亿	银行	–	9.56	10.59	13.58	10.59	11.56	27.95	1.87	19.87	3.94
5	601939	建设银行	5.85	561.2亿	10920.33亿	银行	–	6.73	4.72	5.40	4.73	4.92	9.69	0.604	9.66	1.76
6	601288	农业银行	2.93	8769亿	10021.15亿	银行	–	7.00	4.12	4.75	4.12	4.32	5.72	0.513	3.91	1.41
7	601318	中国平安	50.61	5482亿	9074.18亿	金融(美股)	–	11.00	8.50	6.47	8.50	7.60	43.33	1.17	17.82	0.77
8	601857	中国石油	4.81	7788亿	8404.36亿	石油加工贸易	19.76	-1.38	8.79	46.33	8.79	10.47	6.81	0.707	19.54	0.35
9	601988	中国银行	3.06	6449亿	8347.25亿	银行	–	5.38	4.13	4.67	4.13	4.28	6.32	0.484	3.25	1.48
10	002594	比亚迪	306.78	3543亿	8270.98亿	汽车整车	12.97	13.92	274.16	210.9	274.2	273.6	33.05	9.28	65.24	4.61
11	000858	五 粮 液	203.85	7912亿	7912.66亿	饮料制造	75.26	23.83	34.25	39.65	34.25	34.80	23.96	8.51	43.45	11.94
12	601628	中国人寿	29.13	6066亿	6916.41亿	金融(美股)	–	8.09	12.73	16.38	12.73	15.93	16.66	1.75	21.07	0.85
13	601012	隆基股份	94.77	5130亿	5129.86亿	电力设备	21.30	49.42	50.92	59.98	50.92	52.61	8.50	11.15	46.21	6.84
14	000333	美的集团	72.17	4923亿	5038.41亿	白色家电	23.80	5.70	16.11	18.51	16.11	17.58	16.97	4.25	24.12	1.44
15	002415	海康威视	52.62	4285亿	4912.50亿	计算机设备	46.33	14.86	33.60	36.70	33.60	30.87	6.16	8.54	37.36	6.62
16	603288	海天味业	116.40	4903亿	4903.44亿	食品加工制造	38.87	16.05	78.12	76.58	78.12	74.99	5.09	22.87	27.70	20.44
17	601658	邮储银行	5.34	602.1亿	4802.02亿	银行	–	8.42	5.74	7.68	5.74	6.50	6.71	0.796	17.88	1.55
18	600028	中国石化	4.11	3927亿	4720.45亿	石油加工贸易	19.94	-3.73	6.23	15.11	6.23	7.18	6.36	0.647	17.04	0.19
19	601633	长城汽车	61.75	3754亿	4636.27亿	汽车整车	16.58	0.70	86.49	106.3	86.49	73.87	6.35	9.72	59.91	4.71
20	600900	长江电力	19.97	4542亿	4541.55亿	电力	59.83	4.84	17.41	17.27	17.41	17.73	7.73	2.58	14.20	8.42
21	300760	迈瑞医疗	367.21	4464亿	4464.14亿	医疗器械	65.60	23.46	50.25	67.05	50.25	56.10	21.22	17.30	29.77	17.27
22	601888	中国中免	223.56	4365亿	4364.95亿	零售	36.34	22.97	38.56	71.09	38.56	38.07	14.74	15.16	32.35	6.61
23	601166	兴业银行	18.84	3696亿	3913.86亿	银行	–	13.22	4.58	5.87	4.58	4.97	27.83	0.677	19.47	1.79
24	603259	药明康德	128.90	3283亿	3805.63亿	医疗服务	36.99	28.65	80.21	128.7	80.21	91.71	12.66	10.18	42.80	17.29
25	300059	东方财富	35.43	3023亿	3661.96亿	证券	–	47.89	44.05	76.64	44.05	48.09	3.77	9.40	28.52	28.50
26	601088	中国神华	19.12	3153亿	3605.78亿	煤炭开采加工	32.46	-2.12	6.99	9.70	6.99	8.19	18.45	1.04	37.48	1.22
27	601728	中国电信	4.21	185.5亿	3568.33亿	通信服务	30.48	2.30	12.39	18.47	12.39	15.12	4.66	0.904	3.80	0.89
28	600809	山西汾酒	291.89	3547亿	3561.39亿	饮料制造	75.35	30.04	54.75	115.7	54.75	65.25	11.94	24.44	55.52	15.48
29	000001	平安银行	18.27	3545亿	3545.46亿	银行	–	13.22	9.13	12.26	9.13	9.94	16.43	1.11	26.53	2.09
30	300999	金龙鱼	63.83	346.1亿	3460.60亿	农产品加工	8.75	8.94	70.51	57.67	70.51	75.36	15.97	4.00	35.14	1.60
31	600276	恒瑞医药	52.55	3352亿	3361.87亿	化学制药	86.49	26.09	59.93	53.12	59.93	53.56	5.35	9.82	24.88	12.48
32	601328	交通银行	4.63	1817亿	3199.23亿	银行	–	7.90	4.01	4.39	4.01	3.82	10.36	0.447	4.59	1.29
33	600309	万华化学	98.52	1403亿	3093.28亿	化学制品	29.53	11.40	11.87	30.81	11.87	12.76	20.38	4.83	39.32	2.16
34	002714	牧原股份	58.58	2080亿	3082.69亿	养殖业	24.12	77.62	26.56	11.23	26.56	20.32	10.02	5.85	60.05	4.11
35	000568	泸州老窖	210.00	3075亿	3075.98亿	饮料制造	86.30	17.01	36.76	51.22	36.76	41.20	17.99	11.67	47.88	16.35
36	600030	中信证券	25.34	2487亿	3065.89亿	证券	–	7.90	13.92	21.98	13.92	16.47	14.94	1.70	17.54	4.25
37	002475	立讯精密	40.48	2849亿	2853.19亿	消费电子	16.11	59.43	45.63	39.49	45.63	39.43	4.57	8.86	30.77	2.64
38	002352	顺丰控股	62.30	2806亿	2838.66亿	物流	11.28	29.28	118.43	38.75	118.4	80.51	12.66	4.92	26.99	1.57

沪深京A股 创业板 科创板 自选股 自定义 概念 地域 行业 指标股 ETF基金 REITs 股转(新三板) 港股 已发沪伦通

沪 3539.10 +6.31 +0.18% 4434亿 深 14705.37 +5.63 +0.04% 6557亿 创 3430.14 -3.10 -0.09% 2914亿 科 1440.16 +3.01 +0.21% 590亿

图 3－40　2021. 11. 14 我国 A 股个股总市值前排 35 名个股图

表3-5　1957-2003年标准普尔500指数行业年收益率和市场份额表

序号	行业	1957年市场份额（%）	2003年市场份额（%）	市场份额变动（%）	行业收益率（%）	行业中原始公司收益率（%）
1	金融	0.77	20.64	19.87	10.58	12.44
2	信息科技	3.03	17.74	14.71	11.39	11.42
3	卫生保健	1.17	13.31	12.14	14.19	15.01
4	非必需消费品	14.58	11.30	-3.28	11.09	9.80
5	日常消费品	5.75	10.98	5.23	13.36	14.43
6	工业	12.03	10.90	-1.13	10.22	11.17
7	能源	21.57	5.80	-15.68	11.32	12.32
8	电信服务	7.45	3.45	-4.00	9.63	10.47
9	材料	26.10	3.04	-23.06	8.18	9.41
10	公用事业	7.56	2.84	-4.81	9.52	9.97
标普500指数		100	100	0	10.85	11.40

表3-6　1957-2012年标准普尔500指数前20位最优公司表

序号	1957年的名称	2012年的名称	1美元投资累计收益（$）	年化收益率（%）	所属行业
1	菲利普·莫里斯公司	阿尔特里亚集团	19737.35	19.47	日常消费品
2	雅培公司	雅培公司	2577.27	15.18	医疗保健
3	可口可乐公司	可口可乐公司	2025.91	14.68	日常消费品
4	高露洁公司	高露洁公司	1990.55	14.64	日常消费品
5	百时美公司	百时美施贵宝公司	1768.50	14.40	医疗保健
6	百事可乐公司	百事公司	1547.44	14.13	日常消费品
7	默克公司	默克公司	1419.26	13.95	医疗保健
8	亨氏公司	亨氏公司	1317.34	13.80	日常消费品
9	梅尔维尔公司	CVS Caremark公司	1224.81	13.65	日常消费品
10	糖果公司	爱心糖果公司	1178.92	13.57	日常消费品
11	科瑞公司	科瑞公司	1178.44	13.57	工业
12	好时食品公司	好时公司	1154.02	13.53	日常消费品
13	辉瑞制药	辉瑞制药	1072.61	13.38	医疗保健
14	公平天然气公司	EQT集团	964.47	13.16	能源
15	通用磨坊食品公司	通用磨坊公司	947.03	13.12	日常消费品
16	俄克拉何马新天然气公司	新万欧卡公司	907.42	13.04	公共事业
17	宝洁公司	宝洁公司	890.97	13.00	日常消费品
18	迪尔公司	迪尔公司	833.05	12.86	工业
19	克罗格公司	克罗格公司	768.88	12.70	日常消费品
20	麦格劳希尔公司	麦格劳-希尔公司	725.52	12.58	非日常消费品

杰里米·西格尔教授在他的著作中，还告诉我们另一个与时间有关的更重要的结论。图3-41是对一个虚拟投资者的1美元投资在1802－2012年的200余年中所产生的真实财富（剔除通货膨胀的影响）进行的逐年跟踪，这1美元分别投资于美股股票、债券、短期国债、黄金及美元，到2012年后的真实总收益分别是，在股票收益中，一个充分分散的股票投资组合（如指数基金）的年平均真实收益率为6.6%，收益是704997美元，在债券收益是1778美元，在短期国债收益是281美元，在黄金收益是4.52美元，自1802年以来美元的购买力平均每年下跌1.4%，收益是0.05美元；图3-42是1802－2003年剔除通货膨胀因素后各个持有期内股票、债券、票据的年平均收益率风险（以标准差来衡量），随着股票持有期的增加，平均股票收益率风险下降的速度接近固定收益资产收益率下降的2倍，持有期增加到15年和20年，股票风险落到了固定收益资产之后，到了30年，股票风险是债券和票据风险的3/4。

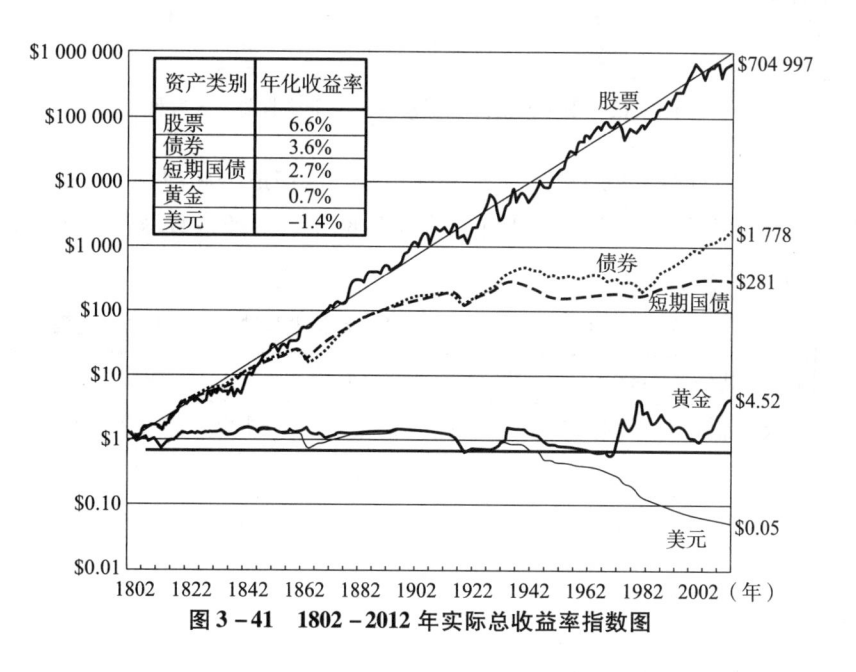

图3-41 1802－2012年实际总收益率指数图

众所周知，巴菲特对好股票在便宜的时候集中投资长期持有著称。资料显示，伯克希尔公司1977－2006年间一共持有过60只左右股票，主要配置行业是金融（银行、信用卡、财务顾问、信用评级、抵押贷款、保险、金融租赁、短期套利）和消费（饮品、刮胡刀、食品、零售、医药、保健服务、连锁快餐、专业服务、烟草），其次是传媒（报纸、娱乐）、资源（石油、采矿）、制造业（钢铁、建材、航空防卫）等，持股时间超过12年的股票有华盛顿邮报33年、GEICO 20年、可口可乐18年、富国银行16年、吉利14年、美国运通12年、Freddie Mac12年，持股10年的1只，持股9年的1只，持股8年的1只，持股7年的1只，持股6年的1只，持股5年的3只，持股4年的6只，持股3年的2只，持股2年的8只，持股1年的近30只。

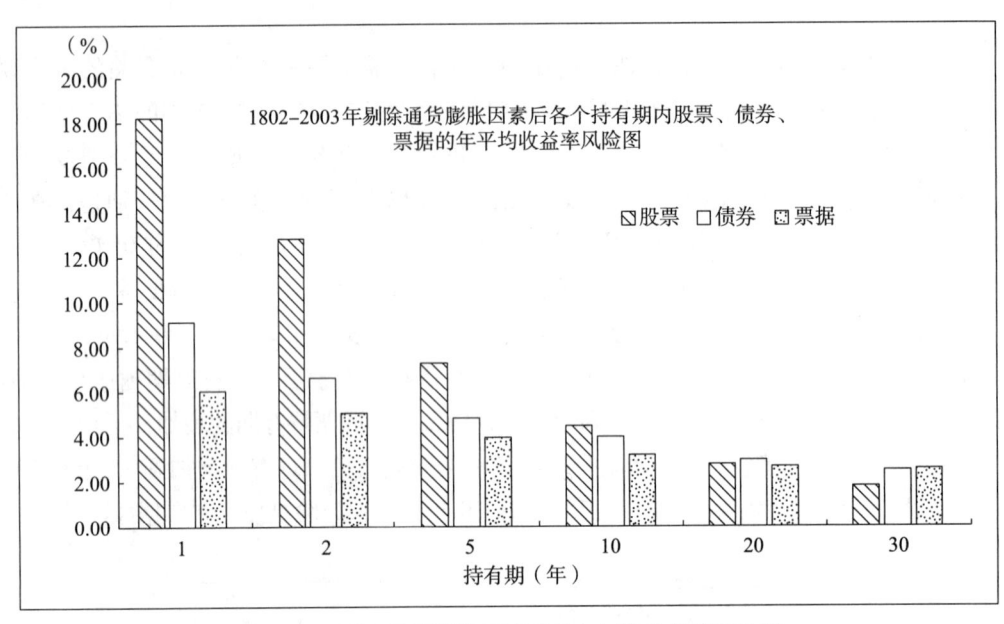

图 3-42 剔除通货膨胀因素后的年平均收益率风险图

对比 2005.1.4－2021.10.22 的上证指数、深证成指和沪深 300 区间涨幅，沪深 300 涨幅为 395.70%、深证成指涨幅为 380.80%、上证指数涨幅为 187.27%，见表 3-7 和图 3-43。

表 3-7 2005.1.4－2021.10.22 大盘指数与沪深 300 涨幅对比表

指数简称及代码	000001	000300	399001	调整	调整	调整	备注
阶段高低取点日	上证指数	沪深 300	深证成指	上证指数	沪深 300	深证成指	
2005 年 1 月 4 日	1249	1000.00	3016	1.00	1.00	1.00	
2005 年 2 月 25 日	1328.53	1059.48	3481	1.06	1.06	1.15	
2005 年 6 月 6 日	998.23	807.78	2590.53	0.80	0.81	0.86	
2007 年 10 月 17 日	6124.04	5891.72	19600.03	4.90	5.89	6.50	
2008 年 11 月 4 日	1664.93	1606.73	5577	1.33	1.61	1.85	
2009 年 8 月 4 日	3478.01	3803.06	13943.44	2.78	3.80	4.62	
2010 年 4 月 26 日	2986	3207.00	11680	2.39	3.21	3.87	
2010 年 7 月 2 日	2319.74	2462.20	8945.2	1.86	2.46	2.97	
2010 年 11 月 10 日	3186.72	3557.99	13936.88	2.55	3.56	4.62	
2012 年 1 月 19 日	2296	2414.00	9144	1.84	2.41	3.03	
2013 年 6 月 25 日	1849.65	2023.17	7045.6	1.48	2.02	2.34	
2013 年 10 月 22 日	2228	2470.00	8815.75	1.78	2.47	2.92	
2014 年 5 月 21 日	1993	2096.00	7091	1.60	2.10	2.35	

续表

指数简称及代码 阶段高低取点日	000001 上证指数	000300 沪深300	399001 深证成指	调整 上证指数	调整 沪深300	调整 深证成指	备注
2015年6月9日	5178	5380.43	18211	4.15	5.38	6.04	
2016年2月29日	2638	2821.22	8986	2.11	2.82	2.98	
2018年1月26日	3587.03	4403.34	11714	2.87	4.40	3.88	
2018年5月29日	3041.00	3841.00	10349	2.43	3.84	3.43	
2019年1月4日	2440.91	2935.83	7911.33	1.95	2.94	2.62	
2020年1月14日	3127.17	4223.51	11076	2.50	4.22	3.67	
2020年3月19日	2646.80	3503.19	9634	2.12	3.50	3.19	
2021年2月18日	3731.69	5930.91	16293.09	2.99	5.93	5.40	
2021年10月22日	3588	4957.00	14501	2.87	4.96	4.81	
全区间涨跌值	2339.00	3957.00	11485.00	2.87	4.96	4.81	
全区间涨跌幅	187.27%	395.70%	380.80%	187.27%	395.70%	380.80%	
最近高点涨幅	298.77%	593.09%	540.22%	298.77%	593.09%	540.22%	2021-2-18

上证指数、深证成指和沪深300同比例走势图

2005.1.4-2021.10.22日最近高点涨幅：沪深300为593.09%，深证成指为540.22%，上证指数为298.77%。

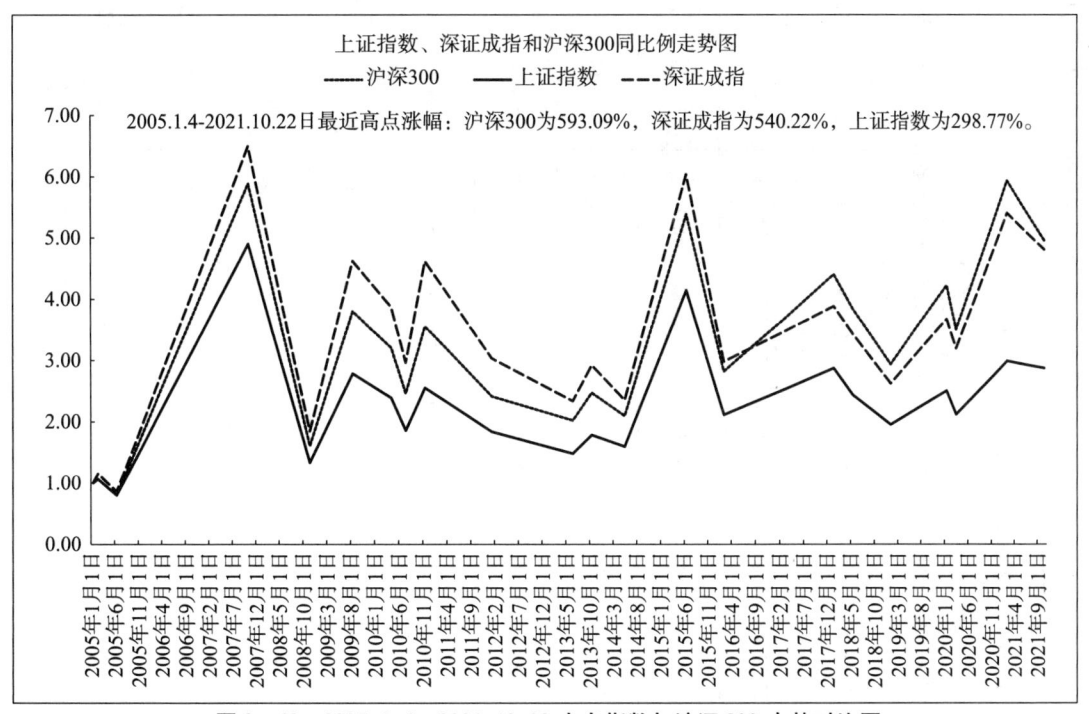

图3-43　2005.1.4-2021.10.22大盘指数与沪深300走势对比图

对比2005.1.4-2021.10.22的沪深300行业指数，涨幅最大的是300消费，为3102.10%；其次是300医药，为1382.50%，见表3-8和图3-44。

表3-8　2005.1.4-2021.10.22日沪深300行业指数涨幅对比表

指数简称及代码	000300	000912	000913	000911	000914	000909	000916	000917	000910	000915	000908	备注
阶段高低取点日	沪深300	300消费	300医药	300可选	300金融	300材料	300通信	300公用	300工业	300信息	300能源	
2005年1月4日	1000.00	1000.00	1000.00	1000.00	1000.00	1000.00	1000.00	1000.00	1000.00	1000.00	1000.00	发行日及基点。
2005年2月25日	1059.48	1084.00	1065.00	1072.83	1086.00	1079.81	1087.00	999.00	1020.00	1053.87	1060.00	
2005年6月6日	807.78	897.00	827.00	791.00	862.00	775.00	790.14	785.00	805.00	692.00	780.49	全区间涨跌值=当前点位-发行基点，涨跌幅=涨跌值/发行基点。
2007年10月17日	5891.72	7209.00	5176.00	5077.00	9401.00	6444.00	3880.66	3722.00	5384.83	2384.00	7813.90	
2008年11月4日	1606.73	2714.00	2085.52	1467.00	2290.00	1463.89	1599.00	1447.00	1391.24	738.37	1724.00	
2009年8月4日	3803.06	5095.00	4391.00	3548.00	5873.00	3964.42	3089.51	2494.00	3109.00	1555.00	4944.19	
2010年4月26日	3207.00	5727.00	6125.07	3887.00	4323.00	3018.00	2765.00	2042.00	2770.00	2056.00	3697.00	
2010年7月2日	2462.20	4536.06	4402.22	2947.22	3571.00	2104.97	2114.91	1626.78	2077.56	1430.89	2566.00	
2010年11月10日	3557.99	7463.00	7340.82	4482.00	4344.00	3943.00	2678.00	3557.99	3130.00	2155.89	4312.00	沪深300为根指数，为基准涨幅。
2012年1月19日	2414.00	5511.34	3824.86	2864.00	3376.00	2263.00	2059.00	1369.00	1903.00	1042.00	3154.00	

续表

指数简称及代码	000300	000912	000913	000911	000914	000909	000916	000917	000910	000915	000908	备注
阶段高低取点日	沪深300	300消费	300医药	300可选	300金融	300材料	300通信	300公用	300工业	300信息	300能源	该根指数派生了十大行业指数。
2013年6月25日	2023.17	5050.00	4914.00	2684.32	3080.58	1454.57	1623.00	1135.37	1383.40	1191.11	1802.00	
2013年10月22日	2470.00	6166.20	6180.35	3930.00	3610.00	1670.00	2158.00	1267.00	1703.00	1718.91	2043.00	
2014年5月21日	2096.00	4845.00	4840.27	3227.00	3276.00	1405.00	1671.00	1186.00	1433.00	1339.00	1559.00	
2015年6月9日	5380.43	9823.00	10000.00	8090.00	8016.30	3574.00	4936.81	3474.00	5237.01	3821.00	3193.61	
2016年2月29日	2821.22	6284.00	6384.00	4000.00	4739.82	1678.00	2168.10	1608.82	2083.26	1699.87	1442.00	
2018年1月26日	4403.34	16564.00	10636.00	6614.72	7432.49	2735.00	3424.00	2006.00	2749.00	2401.00	2190.00	
2018年5月29日	3841.00	15219.00	13239.32	5759.00	5710.93	2348.00	3052.00	1923.00	2374.00	2183.00	1762.00	
2019年1月4日	2935.83	11282.00	7257.89	4016.29	5073.00	1638.97	2051.00	1738.00	1888.16	1392.52	1456.37	
2020年1月14日	4223.51	21336.00	11212.00	6119.94	7060.00	2252.00	3095.00	1815.00	2321.00	2556.00	1552.00	
2020年3月19日	3503.19	18257.00	10023.20	4698.00	5591.48	1789.60	2934.00	1570.00	1964.00	2383.00	1206.00	

续表

指数简称及代码	000300	000912	000913	000911	000914	000909	000916	000917	000910	000915	000908	备注
	沪深300	300消费	300医药	300可选	300金融	300材料	300通信	300公用	300工业	300信息	300能源	
阶段高低取点日												
2021年2月18日	5930.91	44903.52	20349.84	10265.39	7357.00	4125.00	2829.00	1790.00	3603.62	3191.00	1423.00	
2021年10月22日	4957.00	32021.00	14825.00	7950.00	6327.00	3739.00	2425.00	2097.00	3344.00	2814.00	1613.00	
全区间涨跌值	3957.00	31021.00	13825.00	6950.00	5327.00	2739.00	1425.00	1097.00	2344.00	1814.00	613.00	
全区间涨跌幅	395.70%	3102.10%	1382.50%	695.00%	532.70%	273.90%	142.50%	109.70%	234.40%	181.40%	61.30%	
最近高点涨幅	593.09%	4490.35%	2034.98%	1026.54%	735.70%	412.50%	282.90%	179.00%	360.36%	319.10%	142.30%	2021-2-18

沪深300及其行业指数全区间走势图

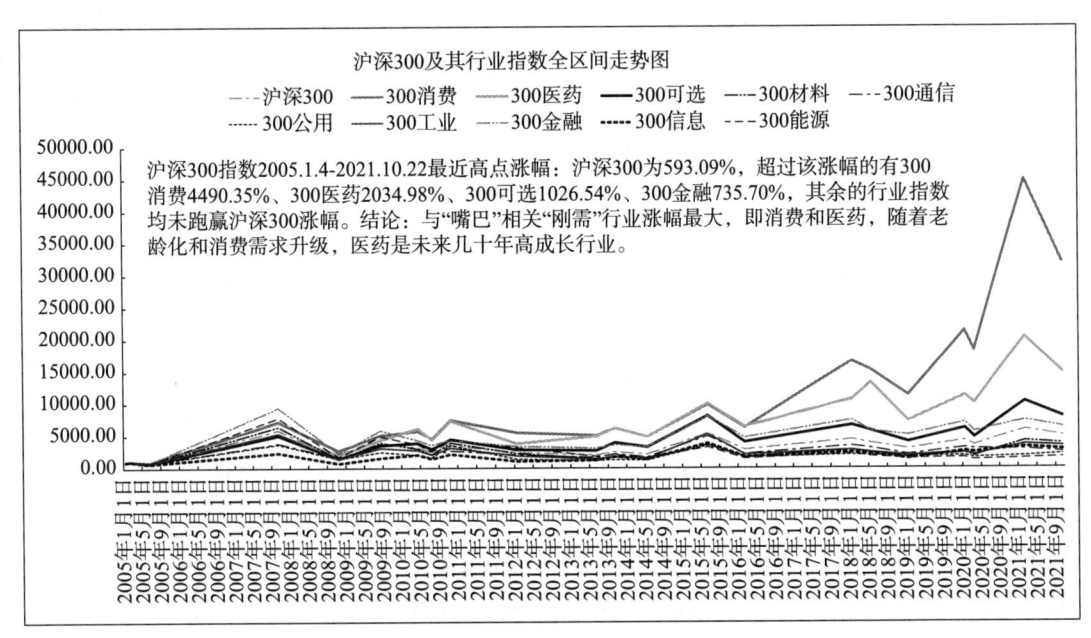

图 3-44　2005.1.4-2021.10.22 沪深 300 行业指数走势对比图

对比 2005.1.4-2021.10.22 的沪深 300 指数与贵州茅台、片仔癀涨幅，沪深 300 涨幅为 593.09%，300 消费涨幅 4490.35%，向后复权的贵州茅台涨幅 25988.34%、片仔癀涨幅 24867.64%，见表 3-9 和图 3-45。

表 3-9　2005.1.4-2021.10.22 沪深 300 与贵州茅台、片仔癀涨幅对比表

指数简称及代码	000300	000912	贵州茅台		片仔癀		备注
阶段高低取点日	沪深300	300消费	向后复权	向后复权调整	向后复权	向后复权调整	
2001年8月27日	0	0	35.55				向前复权后股价形成负数无法进行统计比对。
2003年9月23日	0	0	25.88		13		
2004年10月27日	0	0	65.05		14.7		
2004年12月22日	0	0	54.95		11		
2005年1月4日	1000.00	1000.00	58.6	1000.00	11	1000.00	
2005年2月25日	1059.48	1084.00	68.79	1173.89	13.39	1217.27	
2005年6月6日	807.78	897.00	71.4	1218.43	18.98	1725.45	
2007年10月17日	5891.72	7209.00	845.7	14431.74	54	4909.09	
2008年11月4日	1606.73	2714.00	372.86	6362.80	21.66	1969.09	
2009年8月4日	3803.06	5095.00	682	11638.23	45	4090.91	
2010年4月26日	3207.00	5727.00	552	9419.80	61	5545.45	

续表

指数简称及代码 阶段高低取点日	000300 沪深300	000912 300消费	贵州茅台 向后复权	贵州茅台 向后复权调整	片仔癀 向后复权	片仔癀 向后复权调整	备注
2010年7月2日	2462.20	4536.06	552	9419.80	45.08	4098.18	
2010年11月10日	3557.99	7463.00	798	13617.75	125	11363.64	
2012年1月19日	2414.00	5511.34	831.32	14186.35	78	7090.91	
2013年6月25日	2023.17	5050.00	974	16621.16	199	18090.91	
2013年10月22日	2470.00	6166.20	696	11877.13	164	14909.09	
2014年5月21日	2096.00	4845.00	752.79	12846.25	107	9727.27	
2015年6月9日	5380.43	9823.00	1588.93	27114.85	365.01	33182.73	
2016年2月29日	2821.22	6284.00	1227	20938.57	164.23	14930.00	
2018年1月26日	4403.34	16564.00	4697.47	80161.60	426	38727.27	
2018年5月29日	3841.00	15219.00	4421	75443.69	733.61	66691.82	
2019年1月4日	2935.83	11282.00	3127	53361.77	400	36363.64	
2020年1月14日	4223.51	21336.00	7331	125102.39	771	70090.91	
2020年3月19日	3503.19	18257.00	5747.49	98080.03	663	60272.73	
2021年2月18日	5930.91	44903.52	15229.17	259883.45	2255.15	205013.64	
2021年7月21日	5133.00	33946.00	11705	199744.03	2735.44	248676.36	
2021年10月22日	4957.00	32021.00	11170	190614.33	2415	219545.45	
全区间涨跌值	3957.00	31021.00	11111.40	189614.33	2404.00	218545.45	
全区间涨跌幅	395.70%	3102.10%	18961.43%	18961.43%	21854.55%	21854.55%	
全区间最高点涨幅	593.09%	4490.35%	25988.34%	25988.34%	24867.64%	24867.64%	

千说万说，归结为以下三点：

首先要知道危险，把风险控制放在第一位，不要赔钱。风险在行业层面，风险在企业层面，风险在市场层面，风险在操作层面，风险在人性层面，风险在时间层面，风险在认知层面。

风险来源于行业特性。行业内企业需要不断创新，不断迭代、更替频繁的行业属于不稳定特性行业，比如工业、材料类，柯达公司就是实例。终端市场扎根于最为广大民众百姓服务的公司，比如与日常有关的，群众基础好的公司，多为消费和医药行业中的快消品类公司，比如可口可乐卖了上百年，还在卖，这才是稳定的、确定的。

风险来源于企业竞争。企业间的竞争会削弱企业龙头地位。

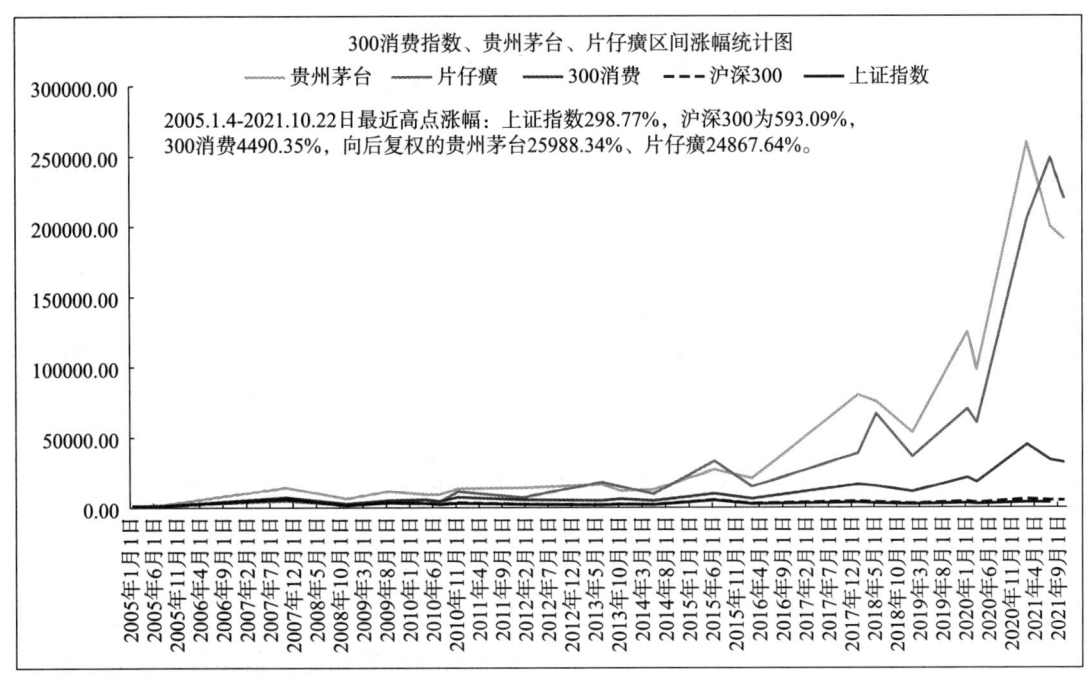

300消费指数、贵州茅台、片仔癀区间涨幅统计图

2005.1.4-2021.10.22日最近高点涨幅：上证指数298.77%，沪深300为593.09%，300消费4490.35%，向后复权的贵州茅台25988.34%、片仔癀24867.64%。

图3-45　2005.1.4-2021.10.22沪深300与贵州茅台、片仔癀涨幅对比图

风险来源于企业研发。企业投入研发成功的概率非常低，最好不要研发。

风险来源于企业重资产。企业依靠大量的资产投资（如固定资产）来获得扩张和收益，是有风险的，比如靠不断开分店来扩张、盈利的公司。最好的是"投资一定，产出无限"的轻资产类企业，比如投入一条生产线，但产品可卖到全国乃至全球，市场无限的某饮料公司。

风险来源于终端客户。公司产品的终端用户需求意愿在下降或萎缩的，具有风险。公司产品终端用户不是百姓，而是下游公司的，稳定性差，具有风险。

风险来源于公司管理层。高素质管理层以及良好的公司治理结构，是公司可持续发展的动力，反过来是风险。

风险来源于市场位置。市场处在牛市高位，股价被高估，不便宜时风险巨大。

风险来源于市场波动。市场的波动几乎无法判断，大盘波动下个股波动，这两个波动很难踏准。所以只有穿越波动周期地长期持股来降低市场波动引起的风险。

风险来源于分散投资。过度的分散投资反而是一种风险，研究关注几十只，集中投资几只及十几只即可。

风险来源于人性的弱点。被市场中当下热点或炒作吸引，禁不住诱惑而偏离了初心和原有的行业判断和持股，是风险；人性在市场中所表现的恐惧或贪婪，是风险，所以要保持一颗平常心。

风险来源于持股时间。持股时间越短，风险越突出，如果买了贵州茅台第二天便卖出，就好比猜硬币一样，风险巨大，但是要是持股十至二十年的话，风险几乎为零。

风险来源于不作为。在这个资产证券化的大时代，几十年后回头看，现在没有捂住未来大龙头股，本身将是最大的风险和最大的损失。

风险来源于认知。做事情预先想不明白是最大风险，想得不对是最大的风险。股市波动是"溜达的狗""台上表演的木偶"，产业波动是"牵绳遛狗的主人""木偶表演的艺人"。所以我们要把握的是遛狗的主人往哪儿走和木偶表演艺人的动作。

其次要知道机会，选择又好又便宜的公司才有机会。机会在产业差距，机会在公司当下，机会在管理层，机会在简单，机会在快消品，机会在成瘾，机会在老字号，机会在便宜，机会在稳定，机会在确定，机会在龙头，机会在时间，机会在认知。

机会在产业未来。终端需求在不断扩大的朝阳产业有机会。比如，众所周知，我国正在进入老龄化社会，在不久的未来，我国将出现老年人峰值比现在的数据翻一倍，大健康产业将形成刚需的朝阳产业。

机会在产业差距。与美英成熟股市行业或产业相比，有落差的产业有机会。比如与美英成熟市场个股总市值前排个股规模和行业组成相比，尤其在医药类个股总市值规模和行业组成方面都有明显的差距。

机会在公司当下。公司不是未来某一天突然变好的，一定是之前也是好的，一直稳定得好才是好。好公司大家都知道，好公司的财务知识已经告诉大家了。

机会在管理层。好的管理层能够在未来的发展中不断开拓市场，带领公司走向辉煌。

机会在简单。机会在简单易懂的生意、简单易懂的产品、简单容易接触的公司信息，这也是股市作为人性市场的需要，这些简单的东西是市场资金追逐的喜好。

机会在快消品。经过种种资料和分析对比，在国内外股市中，与人有关的快速消费品，尤其是与人的嘴、脸、健康、感受有关的快速消费品产业孕育成长型和长青公司的机会多。

机会在成瘾。烟草、咖啡、酒品、药物等都是有成瘾性特点的产品，客户对公司产品具有习惯性、类似成瘾性的重复反复消费，是可持续发展的一种保障，是机会所在。

机会在老字号。经历了几十年、上百年，甚至经历了上千年的确认和沉淀形成的老字号、老品牌，就是机会。

机会在便宜。好东西不便宜不是机会。各个公司间有竞争，未进入产业成熟期之前、股市熊市时、公司碰到危机时、好公司股价与公司价值比率合理出现低估时，才是机会。

机会在稳定。行业内部企业不是更迭的稳定的行业特性，企业不是大力研发、不是重资产创利的稳定的企业特点，这些稳定就是机会。

机会在确定。对行业发展的过程不一定知道,但对行业发展的结果一定知道,比如未来几十年,我国老龄化后的医疗保健服务增长趋势是确定的,对企业发展的过程不一定知道,但对企业发展后的存在与否的结果一定知道,比如贵州茅台还在,一直会在。

机会在龙头。各行各业的各类资源向行业龙头集中是全球规律,机会在龙头企业、机会在明星企业、机会在伟大的公司,跟着他们一起成长才有机会。

机会在时间。股价是"外表"的,"外表"波动是短期的,是很难避开、很难把握的;行业发展趋势和公司发展趋势是"内本"的,"内本"波动是长期的,对长期波动的东西的把握总好于对短期波动的东西的把握。

机会在认知。想明白、想对,才有机会。认知来源于研究学习,更深刻的认知来源于行为教训引发的感悟。感之深,行之切,心胜方能行胜。

其三要知道买卖,买卖是低买高卖。前提是,买的时候这东西是好东西,是未来有市场的、不断扩张的,才行,而且买的时候是便宜的,才行,这里涵盖着未来的某个时间段,这东西存在涨价的趋势,这些是你已经预判确定的,才行。所以,要看得远、看得准,才行。

也就是说,股市里赚钱的方式是"值一块钱的东西在四毛钱时买入,等到一块四时卖出",即价格低于价值时买入,价格高于价值时卖出。当行业终端需求萎缩时,当公司基本面变化时,当出现更好更便宜的目标出现时,卖出。

最终,投资盈亏 = 认知 + 现金 + 时间。